Thomas Reid

トマス・リード

実在論・幾何学・ユートピア

Shinichi Nagao
長尾伸一【著】

名古屋大学出版会

トマス・リードの肖像（ヘンリー・レーバーン画　©University of Aberdeen)

はじめに

人はなぜ思想の歴史を書くのだろうか。あるいは、人はなぜ特定の過去の人物の考え方を取り上げ、長期間をかけて調査し、それについての書物を書こうとするのだろうか。現代のような制度化された学問の時代には、それはあえて問いかける必要もないことのように思えるかもしれない。

しかしだからといって、これらの問いかけに対する答えが自明だとは考えられない。誰もが決してこのようにあからさまに表現しはしないだろうが、仮にその理由は、自分の業績目録を増やし、学界での評価を得るためであるという、産業としての学問に従事する者らしい率直な答えがあったとしよう。このような告白が、現代における「学問的営為」の暗黙の動機を指示していることは否定できない。しかしこの「答え」は現代の市場社会においてさえ、企業の行動原理を「利潤を上げることを目的としている」と表明する場合ほどには、社会的承認を要求する説得力を持っていないだろう。じっさいには現代では企業でさえ、「企業ガヴァナンス」と消費者や環境に対する責任に縛られて、営利活動の社会的正当化を必要としている。まして学問と呼ばれている営み、とくに思想史がその一部である人文系の知は、最先端の指導的な自然科学者たちの業績と同様に、あるいはそれ以上に、成果が発表される世界に対するなんらかの寄与の予想と、個人としての著者の内面的関与とを、自身の正当化の理由として要求している。どの文化圏でもかつては「生き方」の一つとして追求されてきたこの知の領域は、産業としての科学が制度化されている現代でさえ、生業という意味での「職業としての学問」に、決して十分には馴染まない性格を保っているのだ。

無防備な告白ではなく次のような言い回しによって、単純で説得力ある回答が与えられるかもしれない。この人物の思想Xは重要である。なぜならそれは現代のYという問題に解答を与えるか、それを考えるための示唆X′を提供するからである。だが本書の第3章で論じるように、現代の歴史研究の方法から考えると、このような解答は不用意かつ不当なのだ。

あるいは説得力に欠けるとはいえ、たんに著者自身の伝記的背景にその理由を求めることができるかもしれない。それは著者が信奉しているある思想潮流の始祖の一人が、記述の対象だということである。たとえば現在アダム・スミスやフリードリッヒ・ハイエクなどについて本を書いている人々の多くは、こうしたあまりにも素朴な想定に立っているように見える。そう考えると、トマス・リードを叙述の対象に選択したこの書物の著者は、哲学的リアリズムの信奉者だということになるだろう。しかしそれは事実ではない。本書全体の叙述が示すように、著者は若干の個人的共感を除いて、この研究対象とはおそらく正反対の思想的立場を採っている。


本書はこの人物の思想を論じながら、同時になぜリードについて思想史を書くのか、という問い自体に対しても解答を与えようとする。本書がその名前から題名を得ているトマス・リードという人物は、デヴィッド・ヒュームとともに一八世紀スコットランドを代表する哲学者だった。その学説は一九世紀から二〇世紀にかけて、スコットランドばかりでなくブリテン全域、アメリカ合衆国、フランス、ドイツなどに支持者を持った。リードはスコットランドが生んだ、国際的な影響力を持った重要な哲学者の一人だった。しかし二〇世紀の哲学の現場では、この哲学者は基本的に忘却されてきた。一九六〇年代までは、専門的な哲学史、思想史の研究者の中にも、リードを専攻する者は少なかった。一般にリードの著作を読む人は数多くはなく、つい最近まで彼の著作の最終版は一九世紀のウィリアム・ハミルトンが編集した二巻本だけだった。研究者は小さな活字で組まれ、リードの学説の「正否」を論じたハミルトンの「尊大な」注がいたるところに付けられた、この読みにくい版を使うしかなかった。

このような状況は一九六〇年代から、少しずつ改善されてきた。リード哲学に対する関心は復活し、研究者も増加し、スコットランドにある母校のアバディーン大学では、八〇年代から二〇〇〇年にかけて、専門家の会合である国際シンポジウムが三回開かれた。二一世紀の早い時期には、新しい未公刊資料を含んだリード全集が完結する予定になっている。

このような研究動向をできる限り綜合し、現代の読者にとっても啓発的なリード像を提供することが本書の一つの目的である。そのうちで本書は、主に歴史的、思想史的な研究に立脚している。しかしこの分野でも専門領域の壁は厚い。科学史からの研究と政治、倫理思想史からの研究は、それぞれの代表者であるポール・ウッドとクヌート・ホーコンセンの双方が知人であるにもかかわらず、資料的基礎以外には交わる点が見出せない。さらにはまったく異なった専門的訓練を受けてきた哲学畑の研究者たちと思想史家たちとでは、議論の接点を見出すことも容易ではない。本書は著者の初期ニュートン主義研究を土台として、科学史的リード研究と政治、社会、倫理思想史からのアプローチを結びつけ、そこから哲学による従来のリード研究と対話可能な論点を引き出すことを目的としている、一種の学際研究である。

本書は著者による以前の著書と同様多くの欠陥を持っているが、なによりもこのような著作が英語圏にも存在しないことは、本書の利点であるとともに短所でもある。本書が描く、極めて歴史的でありながら極度にモダナイズされた「トマス・リード」は、この思想家を思想史研究の立場を守りながら現代化する一つの試みである。そのため本書が諸外国の学会でのリードについての教科書的、平均的理解を解説しているのではないことを、あらかじめ読者諸氏に注意しておきたい。

ここで本書の読み方について、少し書いておく必要があるかもしれない。本書の著者は、著作は全体としてしか存在できず、最初から最後までの叙述を追って注意深く精読することによってのみ、著者の真意を理解できるのであり、そのため著書にインデックスなど付けることはできない等々と、尊大な主張をするつもりはない。通常の専門的読者がそうするように、本書は巻末のインデックスを使って必要な情報を抽出する素材として使われることも、ある程度想定して書かれている。のんびりした一八世紀には読書の邪道であったかも知れないが、斜め読みばかりでなく、部分読みや拾い読みや逆行読みは、膨大な文献的資料をこなしていかなければならない現代では、一種のプロフェッショナルな技術でもある。とはいえ作品としての本書は、最初から最後にいたる一つの構成を持っているので、その点に読者が注意を払うことを要求する権利はあるだろう。とくに本書の第I部は、ナレティヴの構成上では事実上一つの章として書かれたので、その構成部分をそれぞれ別の章として自由に読まれると、メタ・メッセージの重要な一部が失われる危険がある。この部分に続く第II部のそれぞれの章については、一応単独に読むことができる。とはいえ、それぞれの章のナレティヴと全体の叙述の物理的順序にはメタ・メッセージが含まれているので、結局本書は、与えられたテクストを最初から最後まで通して読んでいく読者を想定していることになる。

このような注意書きは、まるで料理に調味料をかけると怒り出す料理人や、喋りながら食べる客は出て行けと叫ぶラーメン屋の主人の店に、知らないでうっかり飛び込んだ客のように、本書の読者を扱っているような印象を与えるかもしれない。自己の習慣ではなく、書物の流儀に従って書物を読まなければならない、というのは、主客転倒のようでもあり、経験を積んだ読者にとっては、大変な苦痛でもある。以上のような労苦を一見無垢な入門書とも見える書物の読者に強いるのは、この書物の叙述が、読む行為についての一種の「異化作用」を方法としているからである。

読み方を読者に強制する本書の叙述の複雑さは、本書自身に責任があるのではない。それは本書が、実証性を重視するという意味で「科学」性を高めている現代の歴史記述と、それがいまだに継承している、集団的記憶の語り手という社会的役割との対立を、叙述の中で暗示することを目的としているからである。この理由で、思想史のナレティヴとしての本書には、複数の主題がある。それはトマス・リードという一八世紀スコットランドの哲学者と、トマス・リードについて語ること自体の二つである。第一義的には、本書は現在復活しつつある哲学者トマス・リードが何者なのかを説明しようとする。だがそれはもう一つの本書のテーマと切り離すことができない。

なぜ現代の読者が、忘却された一八世紀の思想家の学説を知らなければならないのだろう。同国人のアダム・スミスについては、このような問いかけは必要がない。多くの誤解と無知がつきまとっているとはいえ、スミスの思想のある部分は、現代世界でも生きていると見ることができる。確かにリードについても、現代英語圏での哲学の動向によって、彼の理論の一部に関心が寄せられるようになってきた。しかし基本的にキリスト教的有神論の性格が強い彼の哲学が、そのまま現代世界で普遍的な意味を持つとは考えられない。また実際、そのようなものとしてリード哲学が現代に「再生」しているわけではない。「リード研究」は、この問いかけに対しても答えなければならない。

そのために本書の構成はやや複雑になっている。本書の第I部は、「トマス・リードという哲学者」と「トマス・リードについて語ること」という二つの課題を同時に扱う。第II部では、異なる視点と方法によって、さまざまなリード像の提示を試みる。第4章では、一八世紀的な知識人としてのリードの達成を考察しながら、現代では見られないような、初期近代の科学と哲学の結びつき方を描く。第5章では、従来「保守的」な思想家と誤解されてきた傾向があるリードの社会的、政治的思想を、未公刊資料を基に、一八世紀スコットランド啓蒙でのラディカルな想像力の中に位置づけて検討する。第6章では、リードの哲学の「現代性」を、リード哲学の含意を取り出し、それを自由に再構成することによって試みる。前半部分では、「コモン・センス」という概念を中心に、言説としてのリード哲学の意味を考察する。後半部分では、リード哲学とリードの知的体系全体のかかわりを問題にして、「不完全な体系」としてリードの体系を考える。

「付録」は補足的資料であり、以下の試訳から成り立っている。

A　リードの最初の主著である『コモン・センスの原理に基づく人間精神の一研究』の中の、「非ユークリッド幾何学」についての部分の試訳。

B　リードの自筆草稿の中から、「ユートピアの体系についての考察」

第4章と第5章は、それぞれこの二つのテクストへの注解として読まれることができる。

冒頭部分の典型的な「伝記的」語り口から、最終章末尾のカーニヴァル的な論述に至る本書の叙述の方法は、バフチン的な「声」の多重性を原理としている。その点で本書では研究データとしての内容ばかりでなく、叙述形式が重要なメッセージの伝声管としての役割を果たしている。ただし小説と違って本書のような「研究書」では、語り手／登場人物は単数でなければならない。そうでなければ、読者は混迷の中に突き落とされるだろう。そのため本書では、複数の「声」ではなく、一人称／三人称の「声」そのものの変化を通じて、それを達成しようとした。著者が

「研究書」としては異例な、このような叙述法を採用したのは、現在の時点で歴史について何かを物語ることについての問題性と責任に、読者の注意を喚起するためである。

本書には文献リストが付属していないが、詳細なリストを名古屋大学出版会ホームページの本書記載部分からリンクする形で公開する。またアバディーン大学のスコットランド哲学研究センター（旧リード・プロジェクト）のホームページ（二〇〇三年時点のURLはhttp:// www.abdn.ac.uk / cssp /）では、リード研究のための文献検索機能を持ったレファレンスサーヴィスが公開されている。とくにThomas Reid Resersch Toolsは、リード関連文献の完全な目録検索を目指している。本書の注に挙げたいくつかの原資料や研究文献以上に研究を深める場合には、ここからはじめるのが今後最も便利な方法になるだろう。

なお、文中に掲げたマニュスクリプトは、特に注記のない限り、アバディーン大学図書館が所蔵するリードの自筆ノートである（MS.で表記）。

目次

第Ⅰ部　「トマス・リード」を読む

第1章　「忘れられた哲学者」

トマス・リードは間違いなく一人の天才である。にもかかわらず彼の業績は長い間ほとんど知られることなく、その著作は絶版となっていた。

（ヒラリー・パトナム）(1)

思想史上での重要さが理解されているにもかかわらずほとんど研究されていない思想家は、必ずしも多くはない。本書が取り上げる一八世紀イギリスの哲学者トマス・リード（Thomas Reid, 1710-1796）は、その一人である。リードはイングランドとの合邦直後のスコットランドに生まれ、フランス革命の熱気と混乱の中で世を去った。「天才の温床」と呼ばれたこの世紀のこの国で、彼は数学者コーリン・マクローリン（Colin MacLaurin, 1698-1745）や、道徳哲学者ジョージ・ターンブル（George Turnbull, 1698-1748）といった、スコットランド啓蒙の初期の代表者たちから教えを受けた世代に属していた。

トマス・リードは一七一〇年四月二七日に、スコットランド北部キンカーディン州に牧師の息子として生まれた。生地ストローンは、同国の東北部に位置する厳寒の都市アバディーン近郊の、山中の谷にあった。啓蒙思想家の世代としては、リードはデヴィッド・ヒュームやジャン＝ジャック・ルソーとほぼ同年で、アダム・スミスより一〇歳、イマヌエル・カントよりは一四歳年上だった。父ルイス・リード師は代々牧師の家系の出自で、ストローンで牧師を五八年間勤めた。トマスには兄デヴィッドと、イザベル、ジェーンという姉妹がいた。実母の死後、父リードは再婚し、七人の子供を持ち、一七六二年に亡くなった。

父リードの一族には、幾人かの牧師や学者が数えられる。父リードの母方の親類には歴史家バーネット司教がいた。父方については、知識人としての才能という点で、先祖の一人、ジェイムズ・リード師の子供たちがとくに恵まれていた。例えばジェイムズ・リードの次男トマス・リードは、哲学者、詩人として活躍した。この人物はヨーロッパを広く旅した後、ラテン語詩集を発表し、ロンドンに移り住み、ジェイムズ一世のギリシャ語、ラテン語秘書官となった。またジェイムズ・リードの三男アレグザンダー・リードはジェイムズ一世の医師で、医学や外科学に関するいくつかの書物を著した。四男のアダム・リードは、ブキャナンの『スコットランド史』を英訳した。[2] このジェイムズ・リードの長男、ロバート・リードの孫が、この本の主題である、トマス・リードの父の祖父だった。しかし学問的名声という点では、父方より母方の家系の方がはるかによく知られている。後に見るように、トマスの母マーガレット・グレゴリーが、有名なグレゴリー一族の出だったからである。

スコットランド啓蒙の最盛期からその終焉に至る時代を生きたリードの人生は、意外なほど平穏で淡々としていた。あるいは伝記作家に腕前を披露する機会を与えない、退屈なものだったとも言える。それは天性の社交性に恵まれ、首都エディンバラのクラブや居酒屋を渡り歩いて知的社交界のオーガナイザー役を勤め、外交官役も果たしたデヴィッド・ヒュームのような人物と比較してそうであっただけではない。あの社交べたと放心癖で名高い変わり者のアダム・スミスでさえ、バックルー公の家庭教師として大陸に渡り、ヴェルサイユを尋ねて、宮殿内の「中二階の間」でフランソワ・ケネーに面会するなど、啓蒙知識人らしい華やかな人生の一幕を持っていた。北方の哲学者リードの生涯はこのアダム・スミスと比べても、はるかに単調で、色彩豊かなエピソードを欠いていた。

知的環境としては恵まれていたかもしれないが、決して裕福でない家庭に生まれたトマスには、教育歴についても、さほど特筆すべきところはなかった。この未来の哲学者は、キンカーディン州の教区学校で二年間の教育を受け、その後アバディーンのグラマー・スクールで古典教育を受けた。生徒としてのリードは、まじめで勤勉だが、なんら目覚しいところはなかったと言われている。それから六ヶ月後の一七二二年、リードは一二歳の年に、アバディーンの新市街にあるマーシャル・カレッジに入学した。当時の「大学教育」がこの年齢から始まるのは普通だったので、少年リードが早熟な学問的才能を顕していたわけではない。また将来「スコットランド哲学」の代表者となる彼が、若くして哲学に志したのでもなかった。このとくに目立ったところもない少年は、先祖代々の「家業」を継ぐ道を進んでいった。灰色の石造りの尖塔を持つマーシャル・カレッジで、彼は四年間の一般教育課程を終えて、一七二六年、MAの学位を得た。トマスは牧師になるため、続けてこの学舎で神学を勉強した。そして一七三一年に同校を卒業し、スコットランド教会の牧師に任命されることとなった。

いまや聖職者となったトマス・リードは、すぐに魂の牧者としての任務に就きはしなかった。その代わりに彼は、しばらく教会の仕事に携わった後、一七三三年からの三年間、母校のマーシャル・カレッジの図書館で司書を勤めた。この職は彼の先祖である、チャールズ一世の医師アレグザンダー・リードが創設したものだった。一八世紀のスコットランド人トマス・リードの知的生活は、家庭環境ばかりでなく、今後このような同族的、縁故的ネットワークの支えを得ていくことになる。彼はパトロネージや有力者の後援などによって職を得ていく、この時代の職業生活システムの中で人生を送った典型的な知識人の一人だったと言える。このような仕事の配分方法は、機会均等が重視される現代での「公募」や「就職試験」などに基づいていないので、時として当事者間での紛糾を生じることがあった。図書館司書の仕事は閑職だったようで、その間リードは好きな勉強を進めることができたと言われている。しかし俸給支払いが停止されるという問題が生じ、リードはアバディーンの市会を訴えた。この問題は大事にならずに解決したが、この種の小さないざこざが、彼のその後の職業生活を彩ることになる。

司書の仕事を務めた後、リードはアバディーンにあるもう一つの大学、キングズ・カレッジの聖職者任命権によって、同市近郊の村ニューマハーの教会に牧師として赴任した。このパトロネージによる上からの押し付けは、信心深い教区民の反発を買った。とくに先任者の人気が高かったため、この感情はリード排斥の声となり、若い牧師は苦戦を強いられた。一七三七年五月一二日の就任の際には、リードは教区民に襲われ、守られながら説教を行なった。しかしやがてリード師は、教区民の信頼を獲得することに成功した。その間この学問好きな若い牧師は、一七四一年にロンドンの医師であり、叔父のジョージ・リードの娘、エリザベス・リードと結婚した。エリザベスは夫の牧師の仕事を助けて、教区民に慕われた。最後には教区民たちは、離任するリード師に対して別れを惜しんだと言われてい

写真1　マーシャル・カレッジ

写真2　キングズ・カレッジ

る。ある教区民は、「われわれは憎しみを持って彼を迎え、涙でもって彼を送った」と、証言している。一四年間にわたるニューマハーでの牧師生活の後、一七五一年に、リード師は旧市街に建てられ、尖塔に王冠を抱く壮麗なカテドラルを持つキングズ・カレッジに、後述する「リージェント」の職を得て、この後生涯にわたる教師としての人生に入ることになる。その翌年には、リードは同大学の哲学教授に就任した。そのとき、彼はすでに四〇歳を超えていた。

デヴィッド・ヒュームが『人間本性論』を出版したのは、二〇代の終わりだった。この主著の不評を受けて、続けて刊行した『道徳・政治論集』で、三〇代の初めには、ヒュームはすでに著作家として注目を集めていた。また青年スミスがオックスフォードのベリオル・カレッジへの留学から帰国し、二〇代の半ばに首都エディンバラで公開講義を行ない、それによって良い評判を得て、グラスゴー大学に職を得たのは、二八歳の時だった。彼らと比較すれば、ここまでのリードの人生は、破綻はないとはいえ、決して極めて目覚しいとは言えない。ヨーロッパを股に駆け、大きな世界の舞台で活躍し続けたヴォルテールや、伝記作者の興味をそそる波乱の人生を送ったルソー、断頭台に消えたコンドルセなど、啓蒙のフィロゾフたちの極彩色で飾られた生涯と比較すれば、この国の「フィロゾフ」たち、特に世紀の後半以後に活動した人々については、全体として淡色の肖像しか描くことができない。その中でも、リードについては特にそうだった。それはアカデミズムの内部で過ごされた後半生についても同じだった。

リードの人生の第三の転機は、偶然が生み出した。一年半におよんだ大陸旅行から帰国したアダム・スミスが、十分な年金を得て道徳哲学教授を辞任してグラスゴー大学を去ると、後任問題が持ち上がった。当初グラスゴー大学の同僚たちは、スミスの後任を自分たちの間から選ぼうとした。ところがこれを知ったかつてのキングズ・カレッジの学長で、リードと仕事をともにしたデスクフォード卿や、スコットランド啓蒙のプロモーターの一人ケイムズ卿といった外部の有力者が、強力に大学の人事に介入した。彼らは前年に主著を出版していたアバディーン大学のリード教授がこの大学の道徳哲学教授にふさわしいと考え、「王国の中でこの職にもっともふさわしい人物」[3]だと主張し、グラスゴー大学のスタッフに圧力をかけたのだった。アダム・スミスの学生だったジョン・ミラーなどは最後まで抵抗したが、結局リードが選任されることとなった。教授会の投票では、二票の反対票が投じられた。リード教授の就任後も、ミラーはスミスの自然法学の伝統を守るために、リードの講義にぶつけて自分の講義を行なった。

ともあれリードはスミスの後任として低地地方のグラスゴーに移住し、これ以後、産業革命以前は静かで美しい港町だったこの地に、人生の最後の日までとどまることとなった。それからのリードの人生には、特筆すべき大きな変化や波乱はない。晩年のリードは当時の大学教授が通常そうであったように、講義をかつての学生で、後に道徳哲学教授職の後任となったアーチボルド・アーサーに任せながら、グラスゴー大学に道徳哲学教授として在職し続けた。だが研究会に出席したり、学者仲間と学術的な文通を続けるなど、学者としての活動から引退することはなかった。例えばジェレミー・ベンサムの友人ジョージ・ウィルソンはベンサム宛書簡の中で、七八歳の彼の健在振りを報告している。

彼はいまや八〇歳に達しようとしていますが、精神の活力にはいささかも衰えを見せていません。(4)

しかしそれはこの哲学者が華やかな社交や、活発な政治的活動に従事したということではなかった。総じて、いささかやっかいな仕事でもあった牧師を辞めた後、大学の実務上の問題に煩わされることはあったとはいえ、リードは終始淡々とした学究生活を送ったのだった。

それぞれに異なった理由で生涯独身だったヒュームやスミスとは違い、リードは結婚生活を営み、九人の子供を育てたが、四人が成人する前に早世した。彼は終始健康で、あまりにも長生きしたため、最後には妻にも先立たれたのだった。とはいえこの哲学者の個人的な生活には、激しい恋愛や離婚や抗争などの、情熱的で劇的な事件はなかった。

そのうえリードは一度も外国旅行をしたことがない。それだけでなく、五〇代にいたってスコットランド南西部のグラスゴーに移動するまで、北方の都市アバディーンとその周辺が彼の限られた生活圏だった。リードは図書館司書在職中に、ニューマハーの牧師になるまでの一年間、親友であり、後にアバディーン大学の同僚となった数学者、ジョン・スチュアートと、大ブリテンの首都ロンドンやケンブリッジやオックスフォードへ旅したことがある。彼がスコットランドを出たのはこの時と、結婚のため一七四〇年にロンドンに行った二回だけだったと言われている。(5) 確かにこの旅行は有意義で、マーティン・フォークス、リチャード・ベントレーや数学者ニコラス・サンダースンなどの知識人との出会いを生んだ。また後の妻と知り合ったのは、ロンドンの伯父の家に滞在した時だった。とはいえ、一年半におよぶスミスの大陸旅行に比べれば、それは決して伝記作家の意欲をそそるものではなかっただろう。

グラスゴー大学での彼の道徳哲学講義にも、さほど特筆すべきことはなかった。ディクテートと呼ばれる、ラテン語で教師が読み上げた文章を学生が黙々と書写していくという旧い講義方法を廃し、英語で即興的な、生き生きとした講義を行って学生たちを魅了した「スコットランド啓蒙の父」、フランシス・ハチスンや、ハチスンの後任であり、講義内容の斬新さと文飾の豊かさで学生たちの人気を集めたアダム・スミスという二人の前任者に比べ、リードの講義への出席者はあまり多くはなく、講義の仕方は、決して魅力的でもなかった。彼の学生であり、よき理解者であり、友人でもあったデュガルド・スチュアートは、「数学者のように」説教をしたかつての牧師リードの、講義の単調さを指摘している。

彼の話し方と教え方には、とりわけて魅力的なところはなかった。即興的な弁舌の熱気を表すことなど、めったになかった。あるいは原稿を読み上げる口調によって、書かれたものの効果を高めることもほとんどなかった。(6)

ニューマハーでの説教もまた、数学の推論のように論理的で、活気に乏しいものだったと伝えられている。とはいえヒュームやスミスに比べて長生きをした点だけは、リードは彼らに勝っていた。また家庭人であり、愛情ある夫としては、彼はこの二人の独身者たちに誇るものを持っていたのかもしれない。フランス革命の進行を見届けることなく、ヒュームは一七七六年に、スミスは一七九〇年に世を去った。年下のスミスより長く生き延びたリードは、一七九二年に長年連れ添った妻を失い、大きな痛手を受けた。その際の衝撃を、リードは友人に伝えている。

五二年間を共に過ごした心の友を亡くしたので、古い習慣を変えたり、新しい習慣をつけることが難しい年齢になって、私は一種のまったく新しい世界に連れて来られてしまったのです。とはいえ、どんな世界も神の世界であり、私は神がここに残してくれた慰めに感謝しています。[7]

その四年後の一七九六年の夏、リードはエディンバラを訪れ、友人で親戚の医師ジェイムズ・グレゴリー宅に数週間滞在した。スコットランドに自然法学を導入したとされているガーシャム・カーマイケルの息子パトリック・カーマイケルと結婚し、すでに未亡人となっていた娘に世話されながら、リードはこの夏をスコットランドの首都で過ごした。すでに耳が遠くなり、会話が困難になっていたにもかかわらず、リードは友人と散歩を楽しむことができた。美しいエディンバラの夏の彼は六〇代に見えて、とても八六歳とは思えなかった。彼の頭脳は、デヴィッド・グレゴリーの数学草稿の中に誤りを指摘できるほど、しっかりしていた。

秋になると彼はグラスゴーの自宅に戻り、終生の趣味だった庭いじりを楽しみながら、祖先の系譜を書き留めつつ、同じく終生好んだ数学に取り組み、難しい代数の問題を解いていた。しかし九月の終わりになると、彼は激しい発作に襲われ、病床に臥した。そして死期を悟り、「そろそろ解放されそうだね」と友人に語ったと言われる。ジェイムズ・グレゴリーに看病されながら、リードは牧師、大学教師としての長い人生を終え、一七九六年一〇月七日にグラスゴーの自宅で死んだ。[8] 一八世紀スコットランドの有名な画家ヘンリー・レーバーンが、晩年のリードの肖像を残している（口絵参照）。リードの身長は当時の平均よりやや低めだったが、健康なスポーツマン・タイプであり、腕力が強かったと言われている。[9]

一　ヒュームの批判者

この程度のわずかなことが、従来リードの伝記的エピソードとして語られてきた。この伝記作者に多くの仕事を残さなかった学究トマス・リードが、入門書レヴェルの思想史、哲学史にわずかに顔を出すのは、ヒュームの「懐疑論」の批判者の役割を負った人物としてだった。それらの記述では、リードは当時ヒュームが否定したと考えられた、因果律や外的世界や心の実在性を、「常識」の概念に訴えて正当化したと考えられてきたのだった。それを通じてリードを代表者とする「スコットランド常識哲学」が形成された、といった説明が、リードに関する哲学史的記述の常識となってきた。

リードをスコットランド常識哲学の代表者とする考え方は、一九世紀に遡ることができる。例えばこの学派を扱った代表的な書物である、一八七五年に出版された『スコットランド哲学――ハチスンからハミルトンに至る伝記的、批判的解明』の著者ジェイムズ・マコッシュは、「スコットランド哲学派」におけるリードの重要性を指摘している。

もし創設者でないとしても、彼はスコットランド哲学のもっともふさわしい代表者である。(10)

戦後日本で書かれた、現在に至る哲学史のいくつかの入門書にも、同様な見解の反響を見ることができる。例えば一九六七年の渡辺義雄・小田清治編の『西洋哲学のあゆみ』は、ヒュームの懐疑論を「常識」の概念によって論駁しようとした、「常識哲学」の指導者としてリードを紹介する。

一八世紀後半のリードに率いられたスコットランド常識学派は、ヒューム哲学を批判してこの懐疑論を克服しようとした。彼らによれば、経験論が否定する物質的実体や精神的実体の存在あるいは因果律などは、常識によって確信され直覚的に知られる自明の根本概念である。それらは人間精神に刻印された「常識の原理」であり、「あらゆる推理および科学の基礎」である。[11]

それから十年を過ぎて書かれた一九七九年の小倉志祥編『西洋哲学史』は、道徳的懐疑論に対する批判の文脈に「常識学派」を位置付ける。[12] さらに十年経って、一九八九年の山下太郎編著『西洋哲学史』は、常識哲学を合理論と直結させている点では異なるが、先行する教科書の見解を受け継いで、それらと同様な文脈の中にリードを置いている。[13]

これらの説明が、最近までリードについて一般的に知られていたことを要約している。リードがまずヒューム批判者だったという点で、それらの記述は事実認識において間違ってはいない。最初学問好きな牧師だったリードが、ヒュームの学説の批判的検討を通じて哲学者となったことは、リード自身の回想によっても確認できる。リードは最初の著書『コモン・センスの原理に基づく人間精神の一研究』の「献辞」で、このことを明言している。

私は一七三九年に『人間本性論』が出版されるまで、人間知性についての一般に受け入れられた見解を疑ったことはありませんでした。この論文の才能ある著者は、懐疑論者ではなかったロックの原理の上に懐疑論の体系を築き上げました。それはどのようなことをも信じることを許さないのです。私には、彼の推論はまったく正しいと思われました。したがってそれがその上に築かれている原理を疑う必要がありました。そうでなければ、この学説を承認するしかありませんでした。[14]

リードはこの最初の著書の一部を、友人の著名な牧師・文人のヒュー・ブレア師を介して、草稿段階でヒュームに読んでもらった。ヒュームは丁寧にそれを読み、著作家としての先輩、および哲学的な論敵としての批評をブレアに送った。リードはそれに対して著書の要約をブレアに送り、それを見たヒュームはリードに返礼を書いた。[15] それへの返礼の中で、リードは自らの思想がヒュームにどれほど負っているかを率直に述べている。

必ずしも資料的には証明されないが、本人の証言によれば、リードはもともとバークリー哲学の信奉者で、彼の観念論哲学が信仰を裏付けるのに役立つと考えていた。だがヒュームの議論を知り、この二人が依拠している基本的な哲学上の仮定に疑問を抱き、それを論駁することに没頭するようになった。最後には、それが彼を哲学者にしたのだった。リードによれば、ヒュームの体系は近代哲学の基礎的な考え方を論理的に徹底した結果なのだった。そのためヒューム哲学は、近代哲学が内包する問題点を明らかにしたという意義を持っている、と彼は言う。

リード自身の証言によると、ヒュームの理論についてリードが問題にしたのは、リードが「観念の理論」と名づけた考え方だった。それによれば、人間は外的事物ではなく、その心的表象のみを思考の対象にすることになる。彼はブレアに送った主著の「企画書」の最初の部分で、まずこの点を指摘することによって、自身の研究の歩みを語り始める。

> 私が見るところでは、彼の体系はある一つの原理から結論されたものである。それらはいかに途方もなく思えるからといって、その原理から抗しがたい明証性を持って演繹されたのである。この原理とは、人間の思考の対象は、印象か観念のどちらかであるということである。私は『人間本性論』を読むまで、この考えにはまったく同意していたのだった。しかしそれが正しければ私は完全な懐疑論者にならなければならないと悟って、この原理を慎重に検討しなければならないと思うようになった。(16)

リードは最晩年にも、友人ジェイムズ・グレゴリー宛の書簡で、一つの学派の代表者としての矜持と、彼らしい率直さと謙虚さに充ちた筆致で、このことを回顧している。

> グラスゴー、一七九〇年八月二〇日
>
> ……あなたが喜んで私の哲学と呼んでくれるものに、なんの意味もないことを認めるとすれば、私には率直さが欠けていることになるでしょう。しかしその意義は主に、観念あるいは心の中の表象だけが思考の対象である

という、よく知られた理論に疑問を呈したところにあります。この見解は自然な偏見の上に築かれていて、言語の構造そのものに織り込まれているほど、広く受け入れられています。しかしそれが自明で疑い得ないと長い間思い込んでいた後に、何がこの理論を問題にするよう私に促したのかを詳しくお話しすれば、私と同じように、あなたも、そこには偶然が働いていると思われるようになることでしょう。この発見は、才能ではなくたまたまのものであり、バークリーとヒュームには、それを批判した人物よりはるかに、この問題に光を当てた功績があるのです。それが容易ではないにせよ、この先入観の発見から導かれる精神の哲学には、ほとんど私の成果と呼ぶことができるものはありません。

したがってあなたに心からお願いしたいのは、私を誉める目的で、哲学に関する私の先駆者たちを非難しないでほしいということです。私がいつも認めてきたし、これからも認めるように、彼らの著作に助けられなければ、私は私がしたことを、書くことも考えることもできなかったと言えますし、これからも常にそうであると言い続けることでしょう。……（傍点は原文の強調）[17]

二　「哲学者リード」の形成

このように、最初の主著『コモン・センスの原理に基づく人間精神の一研究』で公にされた「リード哲学」が、ヒュームの『人間本性論』の読書とその批判から生まれたことは、本人の証言によって容易に証明することができる。そればかりでなくこのことは、現存するさまざまな他の資料の検討によって裏付けることもできる。

この最初の著書の「献辞」では、それに収められた研究の全体が、大学での講義と、研究会での議論から成長してきたことが報告されている。

この主題についての私の考えは、ずいぶん以前に、学生のためにこれとは違う形でまとめられたものである。その後それは評価を仰ぐために、私も会員だった、ある私的な哲学協会に提出された。[18]

リードが教鞭を取っていたアバディーン大学には、一七五八年に設立されたアバディーン哲学協会という、小さな研究会があった。リードはこの団体の創設を提唱した中心的なメンバーの一人だった。[19] 最初の主著の草稿をめぐる往復書簡の中でリードやヒュームが触れている、キャンベル、ジェラード、グレゴリーといった人々は、この会のメンバーである、アバディーン大学のリードの同僚たちだった。この「献辞」で、リードが「私的な」という言葉で意味しているのは、この研究会がロンドンの王立協会のように国王の勅許を得た団体ではないということであり、それがインフォーマルな研究会だということを語っているのではない。当時のスコットランドの都市部には、学問、芸術、技術、政治・社会問題などを議論するために、さまざまな任意団体が設立されていた。これらの団体は、この国の啓蒙運動を支える「公共圏」の重要な一角を担っていた。そしてそれらは世紀末に向かって数も増加し、種類もますます分化していった。このような団体の一つであるアバディーン哲学協会は、私設だとはいえ、準公的な性格を帯びていた。哲学協会は「学問と技芸」の発達を目指すため、ブリテンの主要な都市に一つずつ存在する準公的機関として企画された、「公共」的性格が強い類型に属する任意団体だった。

すでに一八世紀前半のスコットランドでは、この種の団体の母体とも言うべき有名なエディンバラ哲学協会が機能していた。それは元キングズ・カレッジの自然哲学教授で、リードの親友の数学者、ジョン・スチュアートの前任者である、エディンバラ大学自然哲学教授コーリン・マクローリンを中心として設立された。その設立趣旨書によれば、この協会の目的は、ロンドンの王立協会と同様な活動をスコットランドで行なうことにあった。実際には自然科学と技術にかんする議論が主になったとはいえ、エディンバラ哲学協会は、人文学から技術にいたるあらゆる話題を討議し、知識を交換することを目的としていた。そしてこの哲学協会は、エディンバラとその周辺に居住する、大学教師や聖職者たちなどのめぼしい知識人、貴族、地主を結集していった。[20]

一七五五年に出版されたアレグザンダー・ウェブスターのセンサスによれば、スコットランドの人口は一二六万人で、そのうち人口が集中している低地地方のエディンバラの人口は三万強、グラスゴーが四万程度だった。それらの数字は、イングランドの首都であり、当時の世界的なメトロポリス、ロンドンと比較すれば、あまりにも小さい。それらよりもさらに小規模の都市で、このセンサスでは周辺地域を合わせた人口が二万二〇〇〇人とされているアバディーン[21]では、知識人の層もさらに薄く、少数の大学のスタッフが「アバディーン啓蒙」の中核的な担い手となっていた。そのためこの地域での先端的な文化活動は大学を中心とした性格を持っていて、この点を指して、それは「教授啓蒙」と呼ばれることさえある。多彩な人々が集ったエディンバラの知識人社会と比べて、わずか十数人に満たないこの大学の少数の哲学者たちは、凝集力が高く、思想的にも非常に同質的な集団だった。

それだけに、より大きく、異質的な構成を持った低地地方の団体と比べ、この団体は実質的な研究集団として機能したと言える。他のブリテンのアカデミックな討論クラブと同様に、哲学協会は定期的に会合を持ち、そこで会員の論説が読まれて、その内容が討議された。また“question”と呼ばれる論題が提案され、それをめぐって活発な討論が楽しまれた。このような集いの中から、リードの友人アレグザンダー・ジェラードの主著『天才論』[22]など、会員たちの主著の数々が生み出された。この北方の哲学協会が、会合でヒューム批判を一つの重要な論点としていたことは、グラスゴーに移った後のリードが、友人でかつての同僚の博物学者、デヴィッド・スキーンに宛てた手紙の中の文言にも示されている。

あなたの哲学協会は何をしていますか？　まだデヴィッド・ヒュームについて議論を戦わせていますか？[23]

哲学協会の議事録には会員の出席が記録されているが、それによれば、グラスゴー大学に移るまで、リードは熱心にこの会の会合に参加し、何度も議長を勤めている。[24]最初の主著の構想も同様な形で、この親密で高度に知的な討議の場から姿を現してきた。リードはこの協会で、九本の論説を読んでいる。そのうちの七本では、五官の分析に終始したこの書物の基本的な内容が展開されている。以下はそれらの題名と、報告された日付である。

(1)「人間精神についての正しい哲学の困難性、デヴィッド・ヒュームの体系についての一般的な偏見、視覚による知覚についてのいくつかの考察」(一七五八年六月一四日)
(2)「臭覚と味覚の感覚の分析」(一七五九年三月一四日)
(3)「感覚の分析の続き」(一七六〇年三月一五日)
(4)「触覚の感覚について」(一七六〇年九月二三日)
(5)「視覚の感覚について」(一七六一年九月八日)
(6)「主題の記録なし」(一七六二年一〇月一一日)
(7)「知覚について」(一七六三年九月一三日)

このようにリードが哲学協会での報告のために準備した論説の大部分が、最初の主著の主題をその内容としていた。一七六二年一〇月一一日に行なわれた報告の際には、リードは報告の原稿を「すでに会で読まれた他の論説と合わせて出版社に送る」ということを会員たちに告げているので、これらの論説が『コモン・センスの原理に基づく人間精神の一研究』の原稿の原形になったことがわかる。

論説の他にもリードはこの会で、いくつかの論題を提案している。一七五八年一月一二日には、リードは「人間精神の対象は印象と観念に正しく分けることができるか? そしてあらゆる観念は先行する印象の複製なのか?」という論題を提案し、七月一三日と二六日の会合でこれが議論された。(25) この問いは、後に自身が回顧しているように、「リード哲学」の中心問題を構成している。この会の規則では、論題に対してその提案者がまず答えることになっていたので、リードはそのために原稿を準備した。それは発展して、すでに題名を示した一七五九年三月一四日に読まれた論説になり、また第4章で取り上げる、一七五九年四月と一七六二年に行なわれた大学での講義の内容になった。この一連の草稿は最後には、一七八五年に出版された第二の主著『人間の知的力能について』の中で最終的な形を取り、初めて印刷に付されることになった。(26) これら一連の草稿のうち、初稿の冒頭で、リードはヒュームの「印象」の概念の批判を行なう。

哲学者たちの間では次のようなことが合意されているように思われる。精神はそこにあるところのものしか知ることができない。したがって精神でないもの、あるいは精神から離れて存在するものは、精神自体に刻印されたなんらかの印象によってのみ知覚される。精神に現前する印象はそれによって知覚され、われわれの知覚の正当な対象となる。これらの印象が記憶や想像で再現されるとき、観念になる。この二つだけが人間の思考の対象となるすべてなのである。(27)

リードによれば、この考えはヒュームとバークリーの哲学の礎石だが、それは「いかに一般に受け入れられているからといって、浅はかと言わないまでも、哲学的とはとても言えない」(28)。この草稿で、リードはいくつかの理由を挙げてこの学説を批判する。リードは後に「観念 idea」という用語そのものを使用しなくなるが、ここではまだそれを使いながらヒュームを批判する。第一にこの考えは、日常経験する物質的世界のあり方からの類推に基づいている。物体は接触なしに動かされることはなく、またその際には物体の上に接触の痕が残る。このことから、精神が何かを知覚するときには、他のものと接触していなければならないという類推が成り立つ。だが精神と物体はあまりにも異なっているので、物体の性質から精神に関することがらを導くことは正当だとは言えない。第二に、何より精神には場所はないのだから、精神的なものが「接触している」とか「離れている」と考えること自体、正確な思考ではない。第三に、真空とか、持続とか、過去、未来、人間自身の存在、精神の働きなど、先行するどのような印象にも似ていない観念が存在する。この場合のリードの「観念」という言葉の意味は、概念と同じである。このような事例は、「観念」が印象とは異なった存在であって、その複製ではないことを示している。それはあらゆる観念について、一般的に観察することができる。例えば机の観念には、硬く、滑らかで、丸く、燃えるといった、目の前にある現実の机の性質は含まれていないだろう。第四に、「印象」という言葉の意味を厳密に捉えると、人間が「印象によって知覚する」という命題が成立しないことがわかる、知覚するという行為と、知覚する行為の対象は別だが、「印象」

という言葉が知覚する行為を意味しているとすれば、「印象によって知覚する」という言明は、「知覚する行為によって知覚する」という同義反復を表明していることになる。もし印象が知覚される対象だとすれば、次のようなナンセンスが生じる。

例えば黒い雄牛を見ているとき、私の精神の上には「黒く角が生えた毛深い四フィートの印象」があることになる。そして観念は印象の複製なのだから、私が雄牛のことを考えるときには、いつも「黒く角が生えた毛深い四フィートの観念」を念頭に置いていることになる。この言葉は常識にとってはばかばかしく思えるが、純粋に哲学的な表現なのである。[29]

以上の議論に加え、これら一連の草稿の第二稿では、リードはヒュームの「類似性」の概念を攻撃している。

馬の観念は思想であり、思想が馬に似ている程度にしか、馬と類似性を持っていない。熱の観念は熱くなく、延長の観念は拡がりを持たず、色の観念には色がない。世紀の観念には秒の観念と同じように持続性がない。あるいは怒りの観念には、いかほどもこの感情が含まれない。痛みの感情にはどんな痛みもない。色、延長、音、味などの可感的な性質は精神の術語にはならず、またどのような常識に照らしても、精神の中に在るとは言えない。しかしこれらの可感的な性質の観念は、精神以外のどのような主体の中にも存在することはできない。また知覚されているということ以外に存在する仕方はないのである。苦痛と喜びは現実のものである。しかし喜んだり苦しんだりできる精神の中以外に、それらが存在する場所はない。喜びと苦痛の観念は、延長の観念が延長そのものと異なっているのと同じように、ものそのものとは異なっているのである。[30]

これらの議論が主著の執筆に先立って、アバディーン哲学協会で発表され、議論された。それらはロックに始まり、バークリー、ヒュームと展開したイギリス経験論の共通前提を問い直し、その経験的、論理的難点を克服しようとする、新しい哲学の体系を提示した。こうしてブリテン極北の地に生まれた学問好きな牧師だったリード師は、哲学者トマス・リードとなった。

三 「スコットランド哲学」の形成と拡散

リードの著作群はいったん発表されると、後に「スコットランド哲学」とか「常識学派」と呼ばれることになる、大きな学派の凝集力の中核となった。ただしときおり文献に見られるように、リードが「常識哲学」の創設者だったのではない。大学時代のリードの恩師だった道徳哲学者ジョージ・ターンブルが、すでに「コモン・センス」という言葉を愛用していた。一七三九年に出版されたターンブルの主著『道徳哲学の諸原理』[31]にも、この言葉の用例が見られる。哲学者リードの形成に先立って「コモン・センス」という哲学用語は、リードの先輩知識人たちの共有語彙集に入っていた。またヒューム批判を「コモン・センス」の立場から最初に体系的に行なったのが、一七六四年のリードの『コモン・センスの原理に基づく人間精神の一研究』だったのでもない。その先駆けとなる役割を担ったのは、デヴィッド・ヒュームの年長の同族人であり、グラスゴー時代にリードの友人となるジョン・ヒューム（ケイムズ卿）によって一七五一年に発表された『道徳と自然宗教の諸原理』[32]だった。

とはいえ以上簡単に検討したように、初等的な哲学史の知識に属している「ヒュームの批判者」というリードの位置付け自体が間違っているのではない。創設者ではないにせよ、哲学者リードはヒューム批判を大きな特徴の一つとした「スコットランド常識学派」の最も優れた代表者だった。この意味で、一般的な哲学史の中で一節が割かれることは稀だとはいえ、イギリス哲学の詳細な歴史記述では、リードがこの国の重要な哲学者の一人だったことが事実として承認されている。リードの影響は、彼がグラスゴー大学に移った一八世紀の最後の四半世紀から大きくなり、やがてそれは大学の教壇の範囲を超えた拡がりを見せるようになった。スコットランドでは、グラスゴー大学の教え子デュガルド・スチュアートなどの優れた祖述者を得て、リードの学説は一八世紀末から一九世紀にかけて、同国の哲学界を支配するところにまで登り詰めた。この時期には、リードは「ヒュームの誤った哲学」を見事に粉砕した真の哲学者とみなされていた。この状態は、旧版『リード全集』の編集者だったウィリアム・ハミルトンの時まで続いた。

このような事実を受けて日本の哲学史の入門書では、一八世紀後半のブリテンにおけるスコットランド学派の支配を強調する。

イギリス啓蒙思潮の合理主義は、破壊的な力となって急進化することなく、最後にはその徹底は緩和されていた……ヒュームの懐疑論における経験論の破綻も、リードによって代表され、〈常識の原理〉に立ってロックの前提を批判するスコットランド学派によって回避され、一八世紀後半にはこの学派が大勢を支配する。[33]

リード哲学のイギリス哲学への影響は二〇世紀にまで及んだ。例えば二〇世紀初頭ケンブリッジの哲学者G・E・ムーアは、コモン・センスの信奉者だったヘンリー・シジウィックを通じて、コモン・センスの擁護論を展開するようになった。[34]

さらに現在では忘却されてあまり意識されることがないとはいえ、スコットランド哲学の影響はイギリス国内にはとどまらなかった。ブリテン極北の地ニューマハーでの孤独な思索に始まった哲学は、一九世紀のある時点では、二つの大陸の哲学界に君臨した学説でさえあった。それは大英帝国の確立と膨張に伴って政治的、社会的、経済的自立性を喪失し、その一地方へと転落していったスコットランドが生み出した、観念の世界での帝国だった。

華麗なレトリックではなく、冷静で分析的な言葉で表現されたリード哲学は、一八世紀前半にはドーヴァー海峡を越えて支配を拡げる。哲学者で政治家であり、一八一一年にソルボンヌの哲学史教授となったピエール・ポール・ロワイエ＝コラールは、リードとスコットランド哲学のフランスへの本格的な導入に道を拓いた。イポリット・テーヌによれば、彼はセーヌ河畔の本屋で「キュヴィエとコック長名鑑の間に」「風の手以外によっては一度も繙かれた形跡がない」『コモン・センスの原理に基づく人間精神の一研究』を見つけ、「それを三〇セントで買って、フランス哲学の新しい学派を創設した」のだった。ロワイエ＝コラールはリードに導かれて、カバニスやデステュット・ド・トラシなどのイデオローグたちの感覚論を批判した。またロワイエ＝コラールと親交をもったメーヌ・ド・ビランにも、リードの人間知性の能動的力能論に共鳴した形跡があると言われている。

ロワイエ＝コラールの哲学的履歴は、政治参加によって途中で終了してしまう。だが彼を一八一五年に継いだ、一九世紀中葉フランスの代表的な哲学者であるヴィクトール・クーザンには、「コモン・センス」の概念など、リードとスコットランド哲学の影響を見ることができる。彼はリードがロックの経験主義を批判したのと同じように、イデオローグたちが継承したコンディヤックの経験論を批判した[35]。哲学史家でもあったクーザンは『スコットランド哲学[36]』を書いているが、この概説はハチスンから始まり、スミスの次にリードを扱った大部の章で終わっている。クーザン自身はリードの影響を明確に認めてはいないが、カント批判の論点、時間と空間の概念、人格の同一性、自由意志論、経験を成立させるア・プリオリな要素、リアリズムなどの点で、彼の哲学はリードと同様な思考方法を示している。これらの論点に関する以下のような箇所でのクーザンの議論の仕方には、明らかにリード的な響きがある。

世界に自由が存在するかどうかという問いは、この世界に存在する私が、自己自身の原因となることができる自由な存在であるか、あるいは抗うことができない運命に従うだけなのかを問うことである。このような問題にどう答えればいいのだろうか？　理性によってだろうか？　いや、それは意識の証言によってである。私たちが所持しているこの直接的な内的知覚の助けによってである[37]。

人格の同一性は意識や記憶の対象ではなく……単一で同一の人格の存在についての抗しがたい確信がある[38]。

われわれは事物を直接に、観念やその他のいかなる媒介もなしに知るのである[39]。

クーザンは大陸や合衆国でも多くの読者を持つ一方で、母国ではティエール内閣の下で文部大臣となり、以後のフランスの高等教育を方向付けた。ハミルトン版リード全集は、この「フランス最初の哲学者にして、スコットランドを再びかつての同盟者と知的に結び付けた政治家」に捧げられている。クーザンの影響下でテオドール・ジュフロワはリードとデュガルド・スチュアートの翻訳を出版し、フランスにおけるスコットランド哲学の導入に貢献した。[40]

またリードの学説は、早期に大西洋を超えた。一八世紀の半ばから終わりにかけて、プリンストン大学などいくつかの合衆国の大学は、リードたちがアバディーン大学で実施したようなカリキュラムにしたがって改革されていた。そしてそれらの大学は、スコットランド哲学の考え方を合衆国に伝える拠点となった。例えば憲法制定に関わったスコットランド出身のジェイムズ・ウィルスンは、常識哲学の立場に立っていたと言われている。[41]またプリンストン大学の学長となったジョン・ウィザースプーンは、リアリズム的な立場を取ってバークリーを批判し、この大学を新しい神学の拠点とした。スコットランド哲学は合衆国の神学者たちに、信仰と哲学を結び付ける新しいフォーマットを提供した。[42]

このような土壌が形成された後、一九世紀になるとアメリカの哲学界では、スコットランド哲学が支配的な学説としての権威を確立する。ブラウン大学の学長フランシス・ウェイトランドはスコットランド哲学の枠組みに沿って『道徳哲学の精髄』を書くが、これは哲学の教科書として広く使われ、版を重ねた。その他ハーヴァード大学のジェイムズ・ウォーカー、ミシガン大学のヘンリー・テパン、オーブリン・カレッジのアサ・マハンなど、アメリカの大学教育の確立に貢献した人々の多くがこの学派の学説を継承していた。[43]この世紀の合衆国の大学では、リードたちの経験主義的方法論と結びついた哲学的リアリズムが、支配的な教説となっていた。プリンストン大学ではウィザースプーンのリアリズムを、彼の学生だったスタンホープ・スミスが継承した。ハーヴァード大学ではレヴィ・フリスビーがスコットランド哲学を講義し、最初の哲学教授レヴィ・ヘッジはトマス・ブラウンの『人間精神の哲学』を教科書として使用した。同大学の学長を勤めたジェイムズ・ウォーカーはヘッジの後継者で、教室で使うためにデュガルド・スチュアートの『人間精神の哲学』を要約した。ウォーカーを継いだフランシス・ブラウンも、スチュアートの浩瀚な著作の編集本を作成した。[44]そして先に引用した『スコットランド哲学』の著者、ジェイムズ・マコッシュが、アイルランドのベルファストから一八六八年にプリンストン大学に移り、主著『精神の直観』で、この流れを確固たるものにした。また宗教界でも、合衆国に起源を持つ最大の宗派である「キリストの使徒会」の創設者アレグザンダー・キャンベルは、リード的な自由意志論を主張したと言われる[45]。

このようにいったんは支配的地位に登った合衆国でのスコットランド哲学は、カントなど大陸哲学の導入が進むとともに力を失っていく。一八三〇年代からのドイツ移民の波や、ドイツから帰国した留学生の影響、さらには皮肉なことにリード全集の編集者、ウィリアム・ハミルトンの折衷的な学説が、合衆国の哲学界がカントを受け入れる下準備をした[46]。しかしスコットランド哲学の影響が、この国で完全に消滅したわけでない。二〇世紀になると、マコッシュを通じてC・S・パースがリードを知り、コモン・センスの概念をプラグマティズムの一部に統合することになった。二〇世紀後半にも、合衆国のリアリズム哲学に、リードの影響が見られることが指摘される[47]。

四　カントのリード批判

一時は母国ばかりでなく、二つの大陸にまたがって影響力を振るった哲学者「トマス・リード」の名は、哲学史上に一つの失うことのない恒久的な地位を持っている。リードを「忘れられた哲学者」とみなすのは正しくない。だが教科書的な記述に見られるこの哲学者の像は、思想史のあらゆる通俗的理解がそうであるように、必ずしもリードの著作の正確な読解に基づいているとは言えない。

非専門家の間ではいまだ消滅していないリードに対する代表的な先入観は、形而上学に対するヒュームの問題提起を通じて、哲学に「コペルニクス的転回」をもたらしたとされるカントによって、一八世紀末に示された。カントは、彼自身の哲学に対する評価の高まりに伴って広まった、後の定型的なリードの「読み」を方向付けた。カントによれば、リードなどの「スコットランド常識哲学」に属する人々は、「常識」という非哲学的な、卑俗な観念によって、深遠なヒュームの懐疑論を一蹴した俗流哲学者だった。

ドイツ語圏では、リードは早くから紹介されていた。ヒュームの『人間本性論』のこの言語への翻訳は、一七五五年に出版されていた。この地域でも、リードはヒューム批判の文脈で読まれたと思われる。その結果ドイツ語圏の哲学界でも、彼の哲学はある程度の高い評価を得るにいたった。主著の翻訳に先立って、リードの議論はすでにドイツの哲学者たちの間で話題になっていた。リードの著作は、ゲオルク・ハーマンやフリードリッヒ・ハインリッヒ・ヤコービやゴットリープ・シュルツェらによって高く評価された[48]。このような名声に基づき、主著『コモン・センスの原理に基づく人間精神の一研究』のドイツ語訳が、匿名の訳者によって、原著第三版に基づき一七八二年に出版された。だがそれにわずか一年先立ったカントの『純粋理性批判』の刊行が、ドイツでのリードとスコットランド哲学の命運に暗雲を投じた。カントの著作は大きな反響を呼び、それによってライプニッツ、ヴォルフ哲学とカントとの対決が学界の議論の中心となっていった。その結果として一七九〇年代には、常識哲学はドイツでは姿を消したと言われる[49]。

カントは自己の批判哲学の先駆者としてヒュームを位置付けるにあたって、ヒュームの批判者たちを雑駁に特徴付けている。彼らの批判はカントによって、空想上の巨人に向かって突撃するドン・キホーテのような試みに過ぎなかったと一蹴される。『純粋理性批判』にリードの名は現れないが、『一研究』ドイツ語版出版の翌年にあたる一七八三年に発表された『プロレゴメナ』で、カントは「常識哲学」やプリーストリーのヒューム批判を取り上げて、彼らがヒュームの問題提起を正当に受け止めなかったと非難している。この読みやすい著作でのカントの「常識哲学」理解は、現在に至るリードに関する誤解の主な原因の一つとなっていると思われる。

カントによれば彼らのヒューム批判は、ヒュームが指摘してみせた旧来の形而上学の致命的な欠陥を、原理的に解決しようとしないでただ隠蔽するだけだった。それどころか、彼らはヒュームの主張を誤解し、それに基づきいわれのない批判を行なった。

ところがそもそもの始めから、形而上学に好意を寄せていない運命は、ヒュームが誰からも正しく理解されることを欲しなかった。正面きって彼に反対するリード、オズワルド、ビーティはもとより、プリーストリーまでが、ヒュームの提起した課題の最も重要な点をことさらに看過し、彼が疑った当の事柄を一般に承認されていることと見なし、これに反して彼が疑ってみようともしなかったことを激しい調子で、それどころかしばしば不遜きわまる態度で証明してみせ、こうしてヒュームが形而上学を改善するために与えた示唆を見損なったので、形而上学は依然として旧態にとどまり、あたかもすべてが平穏無事で何ごとも起きなかったかのような現状を眺めると、心に一抹の痛苦を覚えざるを得ないのである。(50)

リードたちは、ヒュームが心の外の世界の実在性を認めなかったという『人間本性論』の解釈を繰り返し主張し、それをヒューム自身の説とみなして批判している。この解釈が刺激剤の一つとなることによって、ヒューム哲学をめぐる論争が起き、それがスコットランド哲学の勃興の意図せざる触媒となった。とはいえ現在のヒューム研究では、このような理解は正確な読解ではないと退ける研究者も多い。因果関係の概念に対するヒュームの鋭利な分析は、サミュエル・クラークなどが好んで用いた因果関係論に対する有効な攻撃だった。彼らは究極原因としての神の自然神学的証明を正当化する目的で、因果連鎖の実在性という論法をたびたび使用していた。ニュートン主義の強い影響を受け、また有神論者しか存在しなかった一八世紀スコットランドの哲学界では、これに対するヒュームの批判は大変衝撃的であり、そのためヒューム自身の理論の内容は、極めて大雑把にしか受け取られなかった。この点では、カントの批判は正しいだろう。

だが哲学史家ではないカントのヒューム解釈は、カント自身の哲学的企図に基づいていて、そういう意味でヒューム本人の意図とは異なっている。カントは自身の哲学的課題に即して、ヒュームを読み込んでいる。カントが解釈するヒュームの課題とは、「原因」の観念がア・プリオリな妥当性を持つ理由を探求することだった。このような読みは、もちろん独自の学説を発展させようとする哲学者としては、当然かつ不可避的なテクストの「曲解」だと言える。だがヒュームに関わる人々の歴史的位置付けという点では、それはあまりにも杜撰であり、現在の読者がそれをそのまま承認することはできない。

ヒュームの問題は、原因の概念が正しいかどうか、有用であるかどうか、また自然認識の全体に関して不可欠であるかどうかにあるのではなかった。実際、ヒュームといえどもこれらのことをいまだかつて疑ったことはないのである。そうではなくて彼の問題は、原因の概念はおよそ一切の経験にかかわりのない内的真理を含み、従ってまたその使用は経験の対象だけに限定されることはなく、更にいっそう広い範囲に及ぶのかどうかということにある。[51]

前述したように実際には、因果関係の認識可能性などのヒュームが提起した「問題」が、じつは「問題」ではないことを弁証するために、リードは「観念の理論」批判を開始し、さらに認識についての独自の学説を展開した。それは著書の発表ではリードに年代的に先立つケイムズ卿や、「常識哲学」を広く普及させる役割を果たしたジェイムズ・ビーティの学説とは異なった、精緻な哲学的リアリズムの体系となり、三冊の主著として結実した。伝記的事実を参照するまでもなく、その評価の仕方を一見するだけで、カントが対象としていた「常識哲学」、「リード」とは、実際にはたかだかジェイムズ・ビーティの、通俗的で単純化された「常識哲学」に過ぎなかったことがわかる。カントはリードたちが、まじめな哲学的探究を避け、ヒュームを哲学的論争で真剣に論駁するのではなく、たんに抹殺しようとしたと主張する。

しかしこの高名な哲学者に反対する学者たちが、上記の課題を解決しようとすれば、理性が純粋思惟を論ずる限り、理性の本性に深く立ち入らなければならなかったであろう。だがそれは、彼らにとっていかにも厄介な仕事であった。そこで彼らはもっと安易な方法、すなわち透徹した洞察をまったく具えていなくても、人もなげに振舞う方法を編み出したのである。それは、普通の人間悟性なるものを引き合いに出すことであった。[52]

しかし自説を弁護する言句に窮した場合に、常識をあたかも神のお告げでもあるかのように持ち出すべきではない。洞察と学とが落ち目になり、衰退の一途をたどるようになると、この時とばかりに常識を引き合いに出すのは、当世の狡猾な発明の一つである。すると浅薄きわまる饒舌でも、造詣の深い学者と安んじて張り合うことができるし、またかかる学者を相手にして引けをとらずに済むのである。(53)

もちろんリードは、「コモン・センス」という言葉を振りかざして、著作や講義や書簡のいたるところでヒューム批判を繰り返している。だがこれらの評言では、後述するように『コモン・センスの原理に基づく人間精神の一研究』で、リードが知覚の能力について非ユークリッド幾何学の提唱にまで及ぶ複雑詳細な議論を展開して、五官の研究だけですべての枚数を費やしてしまったこと、そのためカントによってヒューム批判者として同一視されたプリーストリーから、問題を必要以上に複雑化する衒学趣味でロックの経験論を汚したと、激しく非難されたことなど、(54)まるでなかったかのように見える。もし自然科学の素養を持つカントが、数学者でもあったリードの緻密な議論のスタイルを一読していたとすれば、それを「浅薄きわまる饒舌」だと評することはとてもできなかっただろう。批判を受けたヒューム自身、当然リードの主張には賛成しないが、彼の文体を哲学的著作にふさわしいと高く評価していた。

あなたほどにご自分のお考えを明晰に表現できる人はいないように思えますので、そう考えないと公正さを欠くことでしょう。あなたが探求しておられる著述の分野では、この才能は何にもまして必要とされるものです。(55)

リードを読むことなく批判するカントは、さらにリードたちが本来の哲学の使命である分析的議論を行なわず、「常識」という漠然とした観念に納得してしまう「大衆」の背後に隠れて、扇動的なヒューム批判を行なったと非難する。

常識に訴えるということは、取りも直さず大衆の判断に頼ることにほかならない……(56)

非哲学的な大衆の予断を利用したデマゴーグのようにリードたちを扱った、このようなカントの評言が、リードの著作の丹念な理解に基づかないで書かれたのは明白だろう。カントは「コモン・センスの原理」に基づいてカントの『純粋理性批判』を批判したヨハン・ゲオルク・ハインリッヒ・フェーダーたちを批判するために、リードたちの常識哲学に対して、読むにも値しない非哲学的な議論だというレッテル貼りを行なったと見ることもできる。カントの友人で論敵だったハーマンも、カントを批判するために、ビーティの『真理の本性と不壊性について――詭弁と懐疑主義に抗して』（一七七〇年）を読んでいた[57]。リードとスコットランド学派の学説が、すでにある程度知られていたドイツの学界で行なわれた、勇み足とも思えるカントの『プロレゴメナ』での粗雑な批判は、ドイツの学界での論争の枠組みの中でカントが採用した戦略によって動機付けられ、方向を与えられていたのかもしれない。

しかし現代の研究では、カントがリードから、意識的、無意識的に影響された可能性が指摘されている。英語圏でのカント研究者であり、ドイツでのリードの影響を研究したマンフレート・クーンは、カントが『純粋理性批判』を構想するにあたって、リードの認識論を独自に発展させたヨハン・ニコラウス・テーテンスを通じてリードの影響を受けた可能性や、『一研究』のドイツ語訳によってリードを研究し、それが初版の心理主義的色彩を払拭した『純粋理性批判』第二版での改訂に反映した可能性を指摘している[58]。

リードは哲学が日常理性の範囲を超えてはならないと考えていた。ヒュームが『人間本性論』の序論で述べたような、一般人の常識に囚われないで思索する哲学者の立場に、リードは同意しなかった。しかしだからといって、ヒューム批判に際して彼が「大衆の判断に頼った」と言うことはできない。リードが頼ったのは、「大衆」の日常的な認知プロセスの妥当性と、それを保障している、「大衆」自身は意識していない根源的な認識原理の実在性であって、哲学的問題に関する「大衆の判断」でなかった。むしろ「観念の理論」批判と、それに対抗する積極的な自己の理論の提示にあたって、リードはカントが言う意味での「哲学者」として振舞っている。哲学者リードが、ヒュームの議論は常識から見ておかしいと主張したのではない。後述するように実質的には、彼の立場は、カントとさほど異なってはいなかったとさえ言える。

だがリードの十分な読解に基づいていないとはいえ、カントの解釈がまったく正当性を欠いているとも言えない。

カントは日常世界で日々行なわれている認知活動などの、通常の認識の前提として確認できる諸原則を、リードたちが「批判」的に扱わなかったこと、すなわちこの原則自体の妥当性の根拠を問題にしなかったことを批判する。それは経験的認識の究極的基礎付けを求める近代哲学の代表者としての観点から見れば、極めて不十分で、不徹底な立場だった。

常識は、なるほど自分自身の原則を持ちはするが、しかしこれらの原則の正しさを証明することができないからである。(59)

ここにはカントとリードの、「哲学」とは何かに関する決定的な相違点が表れている。リードは「常識」という漠然とした概念を採用して、あらゆる認識の根拠を「証明」しようとしたのではない。むしろリードが問題にしたのは次のようなことだった。リードによれば、デカルトやヒュームたちのような「哲学者」たちは、日常的知を成立させる「原則」を「証明」するための究極的な原理を探求しようとした。ところがその行為は、認識能力そのものの信頼性を掘り崩すことになる。なぜならそのような「原則」は、厳密な演繹的体系の出発点に置かれる幾何学の公理のように、ただ前提されるだけで証明されることができないからである。他方カントにとって、認識の究極的な根拠にまで遡及し、その存在証明を行なわない哲学は、哲学の名に値しないと考えられた。

リードとカントの哲学上の相違は、カントが考えた以上に、理論の内容というより「哲学とは何か」という問いに対する答え方の違いであるように見える。しかし以上のようなカントの批評は、後にリードに関する「通俗的」理解の前提となった。カント哲学は一九世紀には次第に国際的に受容され、多くの哲学者たちがそれを不可欠の参照点とするようになっていった。そして近代哲学史がカントの自己理解を踏襲する形で書かれるようになると、カントのリード批判も、リードを読まない人々の常識的なリード像の源泉となっていった。かつて母国で有名であり、多少の国際的知名度もあったとはいえ、近代哲学史上に重大な意義を持ったことを認められているヒュームの思想を、カントが言うように「常識」などという前哲学的観念を持って批判したつもりになった人物になど、哲学史年表を書く時以外にどのような興味を持つことができるだろうか。こうしてリードを読まないことが正当化されていった。

五 「反動の哲学」

「常識哲学」にまつわる誤解に並んで、後年のリードへの無関心には、母国でリードの体系が支持されなくなったもう一つの理由が加わる。スコットランド哲学界でのリードの名声は、一九世紀後半に失墜したと言われる。それはヒュームによって目覚めを体験したと自ら述懐したカントに始まる、ヨーロッパ大陸のディシプリンとしての哲学の理念が、この地にも流入したからだった。リードの体系は、一時は自然科学における「ニュートンの方法」の道徳哲学への完璧な適用であると讃えられた。だがこの時期には逆にそうであるからこそ、心理学から分離できていない不純な哲学だという理由で、それは徐々に拒絶されるようになった。

専門領域としての哲学の歴史に即して見たとき、「リード哲学」は、認知の具体的なプロセスの経験的分析ではなく、論理的・形式的な知の成立要件を扱う「厳密な学」としての哲学が成立する以前の時代に属している。現代ではこのうち前者の探求は、個別科学としての認知心理学に委ねられている。この科学は大脳生理学やコンピュータ・サイエンスなどの自然科学と結び付きを持ちながら、シミュレーションや実験的手段を駆使して認知プロセスの解明を目指す、確立したディシプリンへと成長している。かつてロックやヒュームが哲学的探求の正当な手段としていた人間心理の経験的研究は、科学の現代的手法によって進められている科学としての心理学と、知識の成立の論理的条件を扱う、ディシプリンとしての哲学とに分割された。現代の読者から見たとき、この両者のどちらにも属さない、粗雑な内観法を行なう前科学的な心理学と混交した「常識哲学」になど、現代的な関心に答える何物も残っていないと思えるだろう。この見方は心理学を実験的科学として確立しようという試みが開始されていた一九世紀半ばから、リード評価の低落に結びついてきたと言える。

以上に加えて日本の学界には、リードが積極的に研究されてこなかったもう一つの事情があった。リードはジャコバン独裁へと突き進む革命の只中で晩年を送ったが、この時期の彼には悪名高い小論がある。それは「政治的革新の危険性についての省察」と題された小さな論説である。この小さな文章で当時八四歳だった老哲学者リードは、政治体制の革命的な変革の試みを攻撃している。抽象的な思想に鼓舞された革命的な変化はしばしば危険であり、歴史的に徐々に形成されてきた既成秩序の合理性こそ尊重されるべきだ、とそれは主張する。小文に過ぎないとはいえ、この小論が展開したのは、エドマンド・バークのフランス革命批判に呼応するかのような、あるいは後にフリードリッヒ・ハイエクが取り上げた保守主義の弁証にも似た議論だった。

現代の啓蒙研究者たちはこの小文が書かれたフランス革命の時までに、スコットランド啓蒙の保守化が見られると考えている。一八世紀のスコットランド教会内の政治勢力だった穏健派は、ウェストミンスター信仰告白の護持とパトロネージ・システムの維持といった、一面で教会政治上の保守的な立場を保ちつつ、その反面で、学問の推進と、自由な議論の促進、世俗的道徳の涵養など、啓蒙的な価値観を教会内に持ち込み、それを擁護した。穏健派はその点で、スコットランド啓蒙の開花をもたらした主体と想定されている。人的資源についても、彼らのうちにはウィリアム・ロバートスンなど、何人かのスコットランド啓蒙の重要な知識人が含まれていた。しかし世紀末が近づくにつれて穏健派は、教会政治上で彼らと抗争を続けた民衆的な福音派に敗れて、教会の支配権を失う。これに対して福音派は、啓蒙の中の急進的な思想を一部受け入れていくことになり、思想上の攻守の逆転が生じることになった。例えばエディンバラ大学の重要な道徳哲学者であり、穏健派の中心人物の一人だったアダム・ファーガスンは、自ら渡米してまで、アメリカ独立を阻止するための努力を払っている。

リードを明確に穏健派に分類することはできない。リードが「保守的ウィッグ」と呼ばれる穏健派と、まったく同じ政治的見解を抱懐していたわけではない。だがリード師は福音派とは異なる穏健な宗教的信念を持ち、人脈的にも彼らとは対立し、パトロネージによって魂の牧者としての館を得た。そのことが、若い牧師として赴任したニューマハーでの仕事を困難にした。リードの伝記研究者ポール・ウッドは、牧師を務めていた時期における彼の教会政治上の立場を、この点では穏健派に近いものと考えている。

この時期［ニューマハーで牧師をしていた頃］の教会におけるリードの党派的立場は明らかでないが、彼の神学は穏健派と見ることでもっともよく特徴付けられるかもしれない。なぜなら、彼もまたキリスト教の道徳的、実践的側面、根本的な信仰箇条の分析と擁護のための理性の使用、異なる教義への寛容などを強調したからである。(60)

だが穏健派は世紀末には、もはやこのようなプログレッシヴな勢力ではなくなっていった。「政治的革新の危険性についての省察」の中の表現が、革命の過熱した状況を念頭に置いて読まれる時、リードもまたその一人だったという印象が生まれるだろう。哲学的な意味でラディカルだったヒュームに対抗して、「常識」の優位を振りかざした、哲学的「保守」派リードというイメージに加えて、この小論でのリードの反急進主義的な言説は、政治的、社会的にも、文字通り保守的な思想家というリード像をつくりあげることとなった。日本での一八世紀スコットランド思想研究は、主にアダム・スミスへの関心に導かれた社会・経済思想史家たちによって担われてきた。「政治的保守主義者」というリードの印象は、哲学史の定型的理解を超えて積極的なリード研究を進める動機を、彼らに与えはしなかっただろう。

最後にリードの思想には、それを啓蒙の時代の産物と呼ぶことをためらわせるような特徴があった。反教会的なフランスのフィロゾフたちや、キリスト教的信仰に対する態度が常に疑問に付され議論されているヒュームとは対照的に、リードはキリスト教的な神を信じ、著作でも常にそれに言及している。一八世紀の哲学者であるリードの、宗教に対するこの伝統主義的な態度は、神の存在を否定した啓蒙の唯物論者たちに真っ向から対立する。また理神論者たちは、創造主としての神の存在は認めつつ、キリスト教の具体的な教義を、理性に基づいて容認できる範囲の宗教に対する、歴史的事情で形成された不必要な付加物と見なしたが、リードの宗教に対する態度は、彼らとも大きくかけ離れている。自ら述懐するところによると、リードは最初バークリー哲学を、信仰を擁護するために有益だと考えて信奉していたという。だがヒュームの『人間本性論』に出会い、これを反面教師として、バークリー哲学が依存している論法が過激な思想への道を拓く危険性を自覚し、リードは独自の哲学の建設へと進んだ。ヒュームによって「独断のまどろみ」から醒まされたというカントとの対比は、極めて鮮明である。この「理性の時代」にあって、意識的に既成のキリスト教を擁護するために活動した哲学者は、確かに後の啓蒙研究者が多大な関心を払う対象とはならないだろう。

思想的な点ばかりでなく社会的にも、リードはスコットランド教会の国家宗教体制の中に安住していたように見える。彼の論敵ヒュームは信仰に対する態度を疑われたため、生涯大学の職を得ることを阻まれ続けた。これに対してリードの牧師生活は、パトロネージ制度による任命で始まった。あるいはウェストミンスター信仰告白に同意してグラスゴー大学の道徳哲学教授となったスミスも、『諸国民の富』では啓蒙思想家らしく、制度としての教会に対する、皮肉で批判的な見解を表明している。スミスは国家によって正統な教会制度を定め、それを税によって維持するより、宗教全体を説教師たちの「自由競争」に任せた方がいいと言う。それによってピューリタン革命時に見られたような、政治的に危険な民衆の熱狂的信仰を抑制することができ、また宗教活動にかかわる社会的な費用を節約できるとスミスは主張する。こうして『諸国民の富』では、ユーモアに溢れた筆致で、宗教活動が小売商人の販売努力のように描き出される。商売と同様に宗教的活動においても、利己心こそが活力の源泉である。

[宗教上]の教化を内容とする教義の教師たちは、他の教師たちと同様に、自分たちの生計を受講者の自発的な寄進に依拠させることもできようし、土地財産、十分の一税すなわち地租、定額の俸給すなわち聖職給のような、国の法律が彼らに受給資格を与えている何か別の財源から引き出すこともできよう。彼らの精励、彼らの熱意と勤勉は、まえの境遇にあるときのほうが、あとの境遇にあるばあいよりも、はるかに大きいようである。この点で、新しい諸宗教の教師たちは、旧来の国教諸体系を攻撃する上で、つねにかなり有利な立場に立ってきた。旧来の国教制度の聖職者は、自分たちの聖職給に安んじていたから、国民大衆の中に信仰と献身の熱意を維持することを放棄していたし、また、怠惰に身をまかせていたので、自分たち自身の既成制度についてであれ、

その擁護のために活発に精励することがまったくできなくなっていた。……そのような聖職者は、おそらく愚鈍で無知であっても人気があり大胆な熱狂者の一団から攻撃されると、自分たちが完全に無防備であり、それはちょうど惰弱で飽食したアジア南部の諸民族が活発勇猛で飢えている北方のタタール人から侵攻を受けたときのようなものだと感じるのである。……[61]

スミスにとって、自由競争の政策的追求こそが、高い利潤を求め、自然に独占の形成に向かう商人たちの行動を抑え、物資の安定供給と低廉な価格を維持するための最良の策だった。それと同様な論法に従ってスミスは、宗教上の寛容の維持と理性的な宗教の形成のためにも、聖職者たちの「自由競争」が有効なのだと言って憚らない。上からの寛容の押し付けではなく、小宗派が自由に乱立する国教体制の放棄こそが理性的宗教への道となる。

……それぞれの小宗派の教師たちは、自分たちがほとんど孤独であることを知って、他のほとんどすべての宗派の教師たちを、尊敬せざるをえないだろうし、たがいに譲歩しあうことが相互にとって都合がよく快適であることを知るだろう。その譲歩はやがて、彼らの大部分の教義を、不条理や欺瞞や狂信の混合物をいささかも含まない純粋で合理的な宗教、つまり、世界のあらゆる時代に賢明な人びとが国教であればいいと考えてきたのに、おそらくどこの国でも実定法が国教としたことがなかったし、することもないだろうような宗教にするだろう。[62]

宗教の自由競争論というスミスのこの議論は、同じ節で引用されている、『イングランド史』でのヒュームの議論に対する反論の形を取っている。ヒュームは国家による教会の財政的支持が正しいと考えている。しかしそれは、当然ながら、宗教上の理由からではない。彼はスミスと違って、聖職者に対する報酬の支払いを信者に任せるべきではないと言う。[63]ヒュームが聖職者の給与を国家が払うべきだと言う理由は、彼らがそのような保護に値する重大な職業に従事しているからではなく、ヒュームが聖職者たちを信頼していないからだった。スミスが効率的でないとした国教会体制は、自由に民衆に働きかけて社会を混乱させる聖職者たちを買収して、怠惰にさせるためにこそ有効だとされる。

なぜなら真の宗教以外のどの宗教においても、それはきわめて有害であり、しかも真の宗教に迷信や愚行や妄想の濃厚なまぜものを注入することによって、それを邪道におとしいれる自然的傾向さえ、もっているからである。……為政者は、司祭の定収入を払わずにすんだという節約の自負が、高くついたことを知るだろうし、実際には、霊的指導者たちにたいしてなしうるもっとも上品で有利な妥協は、彼らの専門職に定収入を割り当てることによって、彼らの怠惰を買収し、彼らの羊の群れが新しい牧草地を求めてさまようのをくいとめるだけを超えて積極的になるのは、無益だと思わせることだと知るだろう。(64)

スミスは宗教の「自由市場」理論を、国家の経費節約と、自由な競争が最後には穏当な理性宗教を生み出すだろうとの見通しから薦めている。ヒュームは国教体制を、生計を得るために民衆の歓心を買う努力をしないで済ませる立場に聖職者たちを置くことによって、彼らを怠けさせ、民衆に対する彼らの有害な影響を減衰させるという点で、政治的に有意義だと考える。どちらの思想家も、「真の信仰」の促すためにはどのような教会体制が望ましいか、とは議論していない。こうしたヒュームやスミスという、同国の啓蒙の代表者たちと比べて、宗教に対する態度についても、リードは「保守的」な思想家だった。マコッシュが出版した一七四六年三月三〇日の日付を持つ草稿は、妻の病気に直面した際の、ありふれた牧師の一人としてのリードの素顔を伝えている。リードは死の床に臥しているかに見えた妻の快癒を祈って、神への心底からの哀願を書き付けている。以下はその全文である。

神よ。私は打ちひしがれた妻の代わりに、聖なる主であるあなたに哀願いたします。彼女はあなたの手で大変衰え、差し迫った死の危険にさらされております。今ただ一人奇跡をなしたもうあなたが、お慈悲を持ってその万能の御手を差し延べ、彼女を死の淵から救っていただくことはできませんでしょうか。主よ、私はあなたが私の人生最大の慰めをお奪いになるに値する人間です。あなたがあのようなやさしく愛情溢れる妻をお恵み下さったことに、私は十分に感謝しておりませんでした。私は予想もしない、偶然の出来事の結びつきによって、私たちをいっしょにして幸せにしていただいたというあなたのやさしさを忘れておりました。そして私たちに大いなる愛と愛情の和合と、あれほどの人生の慰めと生活の快適さをお恵み下さったことも、すっかり忘れておりました。私はもっと注意深く、敬虔さとキリスト教徒の美徳を、彼女の内に育てるべきでした。私は子供たちや召使や親族のためにもっと苦労すべきでした。ああ！　私は自身の関心のために、牧師としての義務をあまりにも怠っておりました。この世の喜びと満足にあまりにかまけ、来世のお約束と希望によって動かされることがあまりにもありませんでした。私は私や他人の信仰心を高める前に、研究や読書や会話を楽しんでおりました。私は会衆や家族の魂の世話に没頭することを怠るという罪を犯しておりました。私は怠惰と睡眠に私の時間を浪費しすぎ、貧者の救済のためになすべきことを十分にしませんでした。さまざまな機会に、私は摂理が自らの悪しき性向を正すために与えてくれた手段を乱用して甘やかし、育ててしまいました。これらの罪や、その他私が忘れてしまった多くの罪のために、万能のあなたは私に正当な懲罰をお与えくださり、子供たちからは母を、私からは愛する妻をお奪いになろうとしてらっしゃいます。主よ、慈悲を持って、私の罪の謙虚な悔い改めの告白をお受けください。私はこれらの罪を恥辱と後悔の気持ちを持って認めることを欲し、あなたの恩寵に頼ってそれらを正そうと決心しております。もしあなたが私のこの嘆願の声をお聞きになってお喜びになり、妻の代わりに行っている私のこのお願いを聞き届けられて、彼女の健康を回復していただけるなら、私は感謝の気持ちを表すため、あの堕落から立ち直り、キリスト教徒と牧師と一家の主人としての義務に精励いたしますことを、ここにお約束いたします。そして一〇ポンドスターリングを、貧者たちの食事と義捐金として布施いたします。主よ、もしここに思い上がりや謙虚さに欠けるところがございましたら、お許しください。そして主よ、救世主たるイエス・キリストを通じて、私の魂をこの新しい義務によって縛るという、この真摯な決心をお受けください[65]。

前に引いたスミスやヒュームの、軽妙で知的で皮肉な文章と比べたとき、この文章にはまったく飾り気がない。それは真摯で、感動的でさえある。だが神について何かを書く、一人の啓蒙思想家の筆になるものとしては、あまりにもそうであり過ぎるのだ。

キリスト教の神が正面に現れ出てくるのは、個人的な信仰に関してだけではない。リードの神は哲学体系の内部に浸透している。『コモン・センスの原理に基づく人間精神の一研究』の序論で、リードは経験的研究の必要性を、神の力と比較した人間の理性の限界に求めている。経験科学の研究の対象は神が造り出したものであり、それは人間の理性とは大きく異なっている。この考え方は、一七世紀イングランドの科学者たちが行なった経験論の正当化と同じ論法に基づいている。

> 推論と理論は人間の創造物であり、それは神の創造物とはつねに大変異なっている。神の仕事を知ろうとするなら、われわれは注意深く、また謙虚にそれを観察しなければならない(66)。

このように自身の哲学的方法の根拠として、人間と神の能力の違いが引き合いにされるだけではない。彼の神は無作法にも、哲学的著作の中での彼の「論証」の只中に介入してくる。例えば人間精神の外側に客観的な世界が存在するかどうかを、知覚的経験によって知ることはできないといった、懐疑論的な論法を退ける際に、リードは「スコットランド哲学」で通常用いられる議論の方式を頻繁に用いる。懐疑論に対する彼の反論は、神から与えられた自己の精神と肉体の「本来の仕組み natural constitution」によって、人間は確実な知識を得ることができるようになっている、というものだった。このような前哲学的な「論証」に一切訴えることがなかった一八世紀のヒュームやカントの厳密に哲学的な推論の進行と比べ、リードの議論の仕方には、現代の読者にとって、はるかに説得力がない。

一八世紀の哲学ばかりでなく、神の存在を「論証」した後、その観念を体系の要として存分に利用した一七世紀のデカルトと対照してみても、そう見える。デカルトは、絶対的知識を与える哲学の内部で、確実な前提からの推論によって神の存在を確立する必要を感じた。これに対してリードにとっての「神」は、哲学によってその存在が論証されるのではなく、たんに議論にあたって公理のように前提されるべき存在だった。先に見た祈願文に心情が露呈しているような、信仰者としての自己の存在を、この哲学者は無反省に哲学的思索の前提に置いているように見える。リードの「哲学」は、一方で心理学などの「経験科学」と、ディシプリンとしての哲学を安易に体系内で混同してしまっている。他方で、フッサールの表現を借りるなら、本来何者にも依存することなく、「理性」のみの力によって、普遍的真理を論証的に確立することを理念とする近代哲学の内部に、無自覚にも宗教的観念の存在を許容している。このような哲学としては不徹底な特徴を持つ杜撰な体系が、近代哲学の一つとして現在でも考慮に値する価値を持つとは、とても言うことができないだろう。

リードの母国イギリスとは異なり、日本での一八世紀思想の理解は、反教会主義を一つの柱としたフランス啓蒙を基準点としている。たしかに教会に対抗する知的運動として啓蒙を位置付ける見方は、一八世紀でも検閲権を維持していたカトリック教会が君臨する世界については当然だったかもしれない。だがピューリタン革命から名誉革命に至る過程で、厳格な教義による支配が消滅し、穏健な広教会主義が勃興した国教会が支配的だったイングランドや、スコットランド教会内部の「穏健派」と呼ばれる人々が啓蒙の展開で重要な役割を果たしたスコットランドについては、このような反教会的な啓蒙像は、必ずしも妥当とは言えない。またリヴィジョニズム史学が出現する以前の日本のフランス革命理解が、「最高存在の礼拝」を強行したジャコバン主義を革命の頂点と位置付けていたという、研究史上の事情もあった。さらに思想史学でマルクス主義の影響が支配的だった時期には、ドルバックやエルヴェシウスたちの唯物論的無神論に至る道筋のみが、啓蒙思想の現代的評価に値する動向だと考えられ得た。このような解釈の前提的先入観から見れば、あれほど宗教にこだわりを見せたリードが、この国で重要な思想家と見なされることはありえなかっただろう。

こうしてロック以後の哲学の主要な系譜がヒュームからカントへと展開したという近代哲学史の解釈と、政治的・社会的・宗教的に「保守的」な思想家だったというリードに対する見方とが、伝統的リード像の中に融合することになった。それによれば、リードはヒュームの哲学上の鋭い問題提起を理解せず、これに対して既成の宗教や形而上学を維持しようとしつつ、同時にフランス革命に始まる近代の幕開けに抵抗しようとしたとされる。このような見方は、二重の意味での「反動の哲学」という、以下のような、日本の近代哲学理解における常識哲学のイメージの典型を生み出すことになった。

……［常識哲学］は畢竟、ヒューム哲学の範囲内にあって、しかも宗教を擁護せんとした点に意義が存する。だが、これは反動の哲学である。積極的成果を生み出さず、むしろ後ろ向きの哲学である。はたせるかな、常識学派は教会の聖職者の間に広範な普及を見出し、懐疑的帰結に陥るまいとする牧師たちの最後の理論的牙城となった。それは守旧的なスコットランド教会に於いては、永い間、勢力を得、やがてフランス革命の反動の時代には、フランス及びドイツにも影響を与えたのであった。……常識学派は常識に後退し、常識に固執し停滞する。実は、常識の破壊が、――常識の再建が――問題であったはずである。ヒューム晩年の保守主義は、すでにこのような反動性との連関性に於いて意味をもっていたかもしれない。しかし、ヒュームに於いては、それはいまだリアリズムの最後の一線を保持していたかに見える。常識学派は、この最後の一線を飛び越して、はっきりと反動に転じたものといってよいであろう。(67)

リードがヒュームと違って「リアリズムの一線」を飛び越えたという不可解な記述はともかく、このようなリードに対する思想的「反動」というレッテル貼りは、カントが大きな根拠なしに提唱した、「常識哲学」＝「俗流哲学」という決め付けの表現を継承し、さらに大きく歪曲する形で深化させた。その結果、リードを代表とするスコットランド哲学は、深刻な哲学的思索から逃避し、日常人の認識を反省なしに受け止めて定式化した、まじめな検討に値しない「哲学」とみなされた。それが一九世紀前半から中葉にかけて国際的に影響力を持ったという事実と結び付けられて、常識哲学はイギリス革命以後に「保守化」したイギリス市民や、フランス革命の頂点の熱狂に恐怖した大陸のブルジョワの意識に対応しているとさえ言われた。

ヒュームによって活発になった哲学論争に折衷的な態度をとったものに、トーマス・リードおよびこれに続く

「スコットランド学派」がある。これは、ヒュームにあった常識的なアプローチをそのまま哲学の方法にした「常識哲学」である。リードはバークリー、ヒューム以上に観念と対象の関係問題には立ち入らない。外的対象そのものが直接に知覚されるのだから、われわれの観念によって外的対象の知識はえられる、と問題を簡単にした。そして、ヒュームが否認した外界の実在も、自己の実在も復活させ、数学・論理学の公理、因果法則などともに自明な「常識の原理」とし、日常人の実在論に近づこうとした……これは経験主義の俗流化であり、市民革命後のイギリス市民の保守意識の哲学的表現ともいえる。[68]

リードが一八世紀末からスコットランド思想界に君臨したこと、彼の体系がやがて「スコットランド哲学」の代表と考えられるようになり、その支配は一九世紀中葉まで続いたこと、リード哲学の影響は国境を越えてアメリカ合衆国や一九世紀フランス思想にも反映し、さらにアカデミズムの領域に留まることなく、スコットランドや合衆国の教会の内部にも及んだこと等々、リード哲学の重要さを物語る事実は動かしえない。とはいえそれらの歴史的出来事は、リード哲学の歴史的機能の承認に結びつくだけであり、現代の研究者たちが積極的にモノグラフの対象としてこの哲学者を取り上げる理由にはならなかった。この事情は、アダム・スミスの自由主義思想への関心に導かれて一八世紀スコットランド思想に取り組む研究者がほとんどである日本では、とくにそうだった。むしろリード哲学が「反動の哲学」だったからこそ、そのような影響を与えたのだ、と解釈された。[69] そのため日本語で書かれた一八世紀スコットランド思想、スコットランド啓蒙に関する著書の多くは、当時の思想的文脈の中での重要性自体は否定できないトマス・リードについて、事実上その名前に言及するだけに留まってきた。哲学者リードは完全に忘却されたのではないが、否定しがたい存在感を認知した上での、冷淡な無視といった扱いを受けてきたのだった。

第2章　哲学的リアリズム、表象、失われた世界

一　「自然の鏡」の批判者

現在では近代哲学史上の主要な登場人物の一人となっているデヴィッド・ヒュームは、生前には『イングランド史』で名声を確立した歴史家と見られていた。彼は死後長い時間を経て、一八世紀イギリス哲学の異端者の地位から、イギリス経験論の重要な代表者へと、哲学のパンテオンにおける昇格を果たしてきた。この論敵ヒュームの、後進カントに導かれ、あるいは彼と手を携えた、エーテル界にまで達するめざましい昇天にちょうど反比例するかのように、哲学史上でのリードの地位は低下し、やがて彼の学説は、主要な哲学体系としてはほとんど省みられることがなくなっていった。

かつて歴史的リードは、誰も顧みない古びた肖像画のように、哲学の宮殿内にある、過去の王たちの肖像を展示する回廊の一つにかけられたまま、長い間、埃を被って色褪せるにまかされてきた。このような状況が変化したのは、六〇年代から徐々にリードに対する学問的言及が再開されるようになったからだった。やがて七〇年代以後の英語圏、フランス、イタリアの学界では、ある程度の範囲でリードに対する関心の復活が見られるようになっていった。(1) この時期を代表する二つの、相互にまったく対立する哲学動向が同時にリード哲学の現代的意義を見出したことが、その理由の一つだと考えられる。

リードの再発見を導いた哲学的動向の一つに、科学哲学での哲学的リアリズムの再生があった。二〇世紀前半の論

理実証主義は、科学的理論を根拠付けるとともに、世紀初頭の観念論的な哲学の「形而上学」的な言説を破壊しようとした。そのためにこの学派は、理論の感覚データ命題への還元というヒューム的なプログラムを、二〇世紀的な道具によって遂行しようとした。その試みの失敗の中から、カール・ポッパーやトマス・クーンやイムレ・ラカトシュなどの科学哲学が生まれてきた。とくにクーンの影響は、八〇年代に「科学知識の社会学 Sociology of Scientific Knowledge」の発展をもたらした。

科学哲学は当初、科学的と見なされる認知行為を見分け、それを規制する規範制定的な理論をつくる意図を持っていた。ところがその失敗は、最後には科学社会学におけるエディンバラ学派に代表されるような、科学的言説の含意の社会への還元と、相対主義的な科学観とに道を拓くことになった。この動向それ自体がそれへの反動として、科学に西洋的合理性の支柱を求めていた人々の間に、かつての実在論的な哲学への関心を高めた。これらの人々の危惧は、相対主義的な科学観によって真理の存在可能性が脅かされることだけでなく、現代の「民主主義社会」の社会的規範の正統性が傷つけられるというところにもあった。例えば現代オックスフォードの哲学者ロン・ハレは、新しい科学哲学と科学社会学に反対して哲学的リアリズムに加担する理由を、科学の社会的意義に求めている。ハレによれば、科学者たちの活動は人間の社会的行動における、合理的行為の規範としての役割を持っている。そのためそれに対する信頼の喪失は、個人が合理的に判断することで成り立っている現代社会の思想的根拠を危うくすると、この現代の哲学的リアリストは主張する。

> 科学者のコミュニティは、厳格な道徳的秩序の内部での、合理的な協働のモデルあるいは理想を示していると私は信じている。……そのため最近の科学の合理性への攻撃は、二重の意味で人を動揺させる。それは科学者のコミュニティの活動によってつくりだされた知識の信頼性を脅かすだけでなく、このコミュニティが保持している、道徳的範例を与える地位をも掘り崩してしまうのである。(2)

ハレの場合、科学が民主社会の拠り所だという確信が相対主義と科学社会学への反論を誘発した。しかし政治的に異なった見解を持ったグループ、例えばマルクス主義者の中にも、オックスフォード大学でのハレの後継者で、政治的なラディカル派のロイ・バスカー[3]が提唱する批判的リアリズムの中に、哲学的共鳴を示す人々が存在した。こうして七〇年代から九〇年代にかけて、「哲学的リアリズム」に関する多くの論考が、一つの流行のように書かれることになった。

そのため、イギリス哲学史年表上で必ず言及される地位を保っていたとはいえ、研究の対象としては事実上忘却されていたリードは、哲学的リアリズムの創設者の一人として、ふたたび哲学者たちの注意を集めることとなった。スコットランド哲学の中で、リードだけが哲学的リアリズムの弁証を行なっていたわけではない。だが三冊の「哲学書」の著者リードは、ヒュームのように感覚的所与のみから認識のすべてを導き出すことに反対した、「常識哲学」の提唱者の一人だった。彼はおそらくこの学派の中で、論敵ヒュームに匹敵する哲学的才能を持ち、理論的に高度な弁証を展開した点で、唯一考察に値する哲学者だった。日常世界とそのロジックの実在性には、経験に基づいた証明を与える必要がないと主張するだけでなく、それらは知覚的経験に論理的に先行し、かつ有意な知覚的経験が構成されるための前提であるとリードは考え、その主張を体系として緻密に展開したのだった。

また認識論にとどまらず倫理学についても、リードは道徳的リアリズムの体系的な提唱者だったと見ることができる。シャフツベリ伯に始まる「道徳感覚」の学説は、スコットランド哲学の父とも言われるフランシス・ハチスンの道徳哲学の礎石となっていた。それは原子論と利己心を個人の行動原理と考える、ホッブズやスピノザに対する批判という意味を持っていた。倫理学にかかわるヒュームの批判は、この学説に向けられていた。そのヒュームの学説を中心的な批判の対象としていたスコットランド哲学は、人間に本性的に備わる倫理的行為能力の弁証を学説の一つの柱とした。その中でもリードは、この課題を「道徳感覚」の観念を用いず、ハチスンとは異なった仕方で、しかも極めて体系的な形で果たそうとした。このような形でリードの実践哲学を要約すれば、『実践理性批判』のカントは、当人の認識に反して、多くを先輩リードと共有しているとも言えよう。

以上のような哲学界における対抗軸の布置の変化に伴い、リード哲学に対する関心が再生した。そのため哲学者たちは、リードの原典を読む作業をもはや厭わなくなってきた。現代の分析哲学者の間では、深刻な哲学的問題に目をつぶった「俗流哲学」といった類のリード哲学の事典的説明は、影を潜めつつある。例えば「指示の理論」を撤回する以前のヒラリー・パトナムは、「観念の理論」を批判しようとしたリードの問題提起の正当性を承認している。

> リードの戦略の一部は、われわれが感覚だけを見て物質的対象を見ないのだという主張と、一般人は『素朴実在論者』だという主張を攻撃することだった。この破壊的な議論の点では、リードは現代の分析哲学者に似ている。……
>
> 　はっきりしない点が多いはいえ、バークリーとヒュームの両者は、概念を心的表象と多かれ少なかれ同一視していたように見える。……主な問題は、もし概念が表象なら、現象的な事物の概念と物理的な事物の概念とはまったく違わないという主張は、少なくとも非常に蓋然的になるということである。(4)

パトナムはこのように、バークリーやヒュームを批判する場合に採用された、リードの議論の鋭さと有効性を認めるだけではない。この二〇世紀の合衆国の哲学者は、認識の根拠に関するリードの積極的な理論についても、カントの雑駁な理解とは異なる、テクストに即した解釈を与える。パトナムは『コモン・センスの原理に基づく人間精神の一研究』でのリードの叙述に、カントが言う非哲学的な「浅薄さ」とは程遠い、緻密な哲学的／科学的分析を見出している。さらに彼は、認識論に関わるリードのリアリズム的な議論の中に、きわめて有意義な着想が発見できると言う。それはディシプリンとしての哲学内部での議論として理解すれば、カントを予見するとも、あるいは認知理論にかかわる考察として見れば、現代の認知科学に先行するともとらえることができる発見だった。

パトナムによればリードは、当時の経験論哲学では当然視されていたように、人間の脳があらゆる知覚にあたって、個々の感覚刺激の合成というボトム・アップ型の情報処理だけを行なっているのではないことを自覚していた。リードが指摘したのは、ボトム・アップ型のプロセスに並行する形で、一種のトップ・ダウン型の情報処理を人間が行なっているということだった。このプロセスでは、感覚刺激を受けるに先立って、認知プロセスにあらかじめ組み込まれている、一種の認知スキーマタが用いられる。

リードは「カルナップやヴィトゲンシュタインのような」現代の機能主義的な概念化の理論を予期しなかった。彼が思いついたものはしかし大変興味深いものである。……何百ページにも及ぶ大変注意深い心理学的、認識論的分析のなかで、リードは概念化が抽象的スキマータの使用を要求すること、これらのスキマータは表象とも、表象からの抽象とも同一視できないということを示そうとした。この抽象的なスキマータは、つい最近になってノーム・チョムスキーが仮定している内的概念と非常に類似している。かくして例えば延長の概念は、経験論者が考えるように映像からではなく、リードの考えによれば、映像と触感の両方を解釈するために用いられる内的なスキマータから引き出されるのである。[5]

リードが一八世紀の「チョムスキー」であるかどうかはともかく、現代哲学者たちによる標準的な解釈の中で、カントとリードの距離はかつてなく小さくなったと言える。このように専門哲学史家ではない人々が原テクストに忠実な読みを始めたことによって、「常識」という通俗的な観念に基づいてヒューム哲学を非難したという、かつての哲学史での定型的なリード像は、もはや支持できなくなった。[6]

だが哲学界でのリードへの興味の高まりを刺激したのは、以上のような哲学的リアリズムの再登場だけではなかった。現代哲学の布置の内では、パトナムのような「哲学的リアリズム」とは対極に位置するとも言える、ポスト・モダン哲学からのリードへの言及も、リード復活の一つの背景となった。英語圏でのポスト・モダンの旗手リチャード・ローティは、主著『哲学と自然の鏡』で、「自然の鏡」としての人間の精神世界というメタファーが、近代哲学というディシプリンを根幹から支えてきたと考えている。この「鏡」のメタファーの理論的支持体だった「観念idea」の理論を、最初に批判したのがリードだった。英語圏の現代哲学に大きな衝撃を与えたこのコントロヴァーシャルな著作の著者によって、リードは「一八世紀における『〈観念〉という観念』の偉大な敵」[7]と名指しされた。ローティは「鏡のメタファー」を批判する際に、一九世紀のT・H・グリーンと並んで、しばしばリードを引用する。近代哲学における「鏡」のメタファー批判の系譜についてのローティの評価は、哲学の歴史に即して見ても妥当性を持っている。事実リードは、ヒュームの懐疑論を生み出すにいたった経験論の「誤謬」の源泉を、ロックにまで遡って指摘した。リードはその際、すでに見たように、事物の視覚的な「表象」と、その概念とを同一視したことがこの混乱の原因だと考え、これを論駁するために長大で複雑な考察を書き著した。しかもこの主張によってリードは、ケイムズ卿やジェイムズ・ビーティなどの「常識哲学者」たちとは異なった、独特の学説を形作ったのだった。

科学的知識に「合理性」の根拠を求め、そこに近代西洋文明の普遍性を見出そうとする立場の現代的な形態である哲学的リアリズムと、近代哲学の根源的な衝動である知識の「根拠付け」を解体して、徹底した哲学的な相対主義に立とうとするローティの現代プラグマティズムの両者が、スコットランド哲学の代表的哲学者トマス・リードを、歴史的先駆者の一人と見なすようになったのは、現代哲学の闘技場に見られる、最も奇妙な光景の一つである。だがこの対立する陣営の意図せざる共謀は、デカルト→ロック→ヒューム→カントという具合に始祖の系譜を辿る近代哲学史の叙述に飽いた、現代哲学者たちの気まぐれの産物ではない。それはリードの思想のある性格に基づいている。これについては、第6章で触れることになるだろう。

ともあれこれらの理由から、リードは現代哲学の表舞台で、歴史的回顧の主題だけでなく、論及の対象としての再生を果たすこととなった。もちろんリードに関する現在の新しい研究は、リードを聖カントや聖ヒュームと同等の、哲学の最高天の位階にまで引き上げはしないだろう。だがそれらは少なくとも、カントの追従者たちから石を投げつけられてきたこの受難の哲学者を、苔むした哲学史の墓石の中から復活させることには、確かに成功したのだった。アバディーン大学スコットランド哲学研究センターのJ・M・H・キャメロン博士が作製したリードについての文献目録（著書、論文）には、一九世紀後半からの百年間で四三件、一九四六―六九年までの二三年間で三三件の研究が挙げられているが、一九七〇―八九年の一九年間では七二件、一九九〇―九八年の一八年間では八一件、一九九九―二〇〇二年の三年間では二〇件が記録されている。こうして「リード研究」は、一つの「産業」として立ち上がったのである。

リードの再生を引き起こしたのは、現代の哲学界の動向だけではなかった。現代の「リード・ルネサンス」は、はるかに地道だが、歴史学的立場からのリード研究にとってはより重要な、七〇年代以後のスコットランド思想史研究の深化に基づいてもいた。それもまた、哲学とは異なった呪文を発明することによって、リードの蘇りをうながした。この思想史的な立場からの研究は、リードの既刊の著書を大学図書館の片隅から拾い出して現代人の目で読み、分析するだけではなかった。この分類項目に属する研究者たちは、スコットランド各地の貴重図書室で、手書きの原稿やノートや書簡を漁る作業に従事することによって、新しいリード研究の資料的基礎を提供してきた。スコットランド思想史の研究者たちはこの作業によって、読み方の提示だけでなく資料的な面からも、リードへの新しい興味をかき立てることに大きく貢献してきた。

二　歴史的リード

トマス・リードに関する二〇世紀末の歴史学的な研究の進展は、科学史的な関心によるところが大きい。七〇年代以後にスコットランド啓蒙研究の一つとして進められてきたスコットランド科学史研究は、いくつかの視点からリードに新しい照明を当ててきた。たとえば七〇年代にアメリカ合衆国の科学史家リチャード・オルスンは、スコットランド道徳哲学のイギリス自然科学への影響というユニークなパースペクティヴに基づいて、リード哲学を研究の対象に取り上げた。オルスンによれば、リードとデュガルド・スチュアートの道徳哲学は一八世紀末には、母国の大学のカリキュラムに組み込まれた。それは自然科学を専攻する学生にとっても必須科目とされた。当時スコットランドの大学はその優れた教育制度によってブリテン中から学生を集めていたので、リードとスコットランド哲学の考えは大学の教育課程を通じて、イギリスの科学者たちの思考を規制することになった、とオルスンは指摘している(8)。

またスコットランド啓蒙におけるニュートン主義の役割という点からリード哲学を考察する研究も、断続的にではあれ、Ph・D論文やモノグラフなどの形で現れている。とくにイタリアでのリード研究の中心地ボローニャ大学のルイジ・トゥルコは、一九七四年にこの問題に特化した著作を著し、それ以後も科学史と哲学史を結び付ける試みを続けている。[9] 伝記的に見た時、リードは数学や自然科学に深い造詣を持った哲学者だった。アバディーン大学には、同校で行なわれたリードの自然哲学講義のまとまったノートが残存しているが、それによれば、彼の講義は物理学のほぼ全分野にわたる、詳細なものだった。このような教養的背景と、「認識論」について三冊の著書を著したという著作歴から言って、リードは同時代の科学と道徳哲学を結び付けた代表的な思想家の一人とみなすことができる。トマス・リードという研究対象は、一八世紀スコットランドとブリテンにおける、哲学と科学という主題を論じる場合の、格好の準拠点となる可能性を持っている。

ヒュームやスミスなど他の同国の道徳哲学者たちは、専門家ではないが広い科学の知識と関心を持っていた点で、アマチュア科学者 virtuoso と呼ぶことができる。彼らは一七世紀の王立協会以来の、ブリテン科学の伝統の中にあった。彼らと比較した時、リードという人物は、狭義の「科学史」とより直接的な関係を持っていた。その明確な証拠となる議論が、『コモン・センスの原理に基づく人間精神の一研究』の「視覚論」で展開されている。そこではユークリッド『原論』の平行線公理を否定したとしても合理的な幾何学が存在可能である、という主張が、リード自身の考えとして述べられ、いくつかの定理が挙げられている。[10] この数学史上で重要な意味を持つ記述は、この主著の中では、知覚のリアリズム的な哲学的理論という本論の視覚を扱った部分に付加された、気まぐれな脱線のように登場してくる。おそらくそれが刊行された一七六〇年代には、この節の意義を理解できた読者はほとんど存在しなかっただろう。当然ながら現代の科学史家たちは、本書が付録の一つとして翻訳を提供しているこの箇所に注目し、「非ユークリッド幾何学」の発見者という視点から、リードの科学的業績の見直しを進めている。

リード「哲学」の展開過程に純粋数学上の発見が登場するのは、偶然ではない。トマス・リードは、しばしば遺伝学の研究で素材として取り上げられることもある、数学的天才の家系として名高い、スコットランドのグレゴリー一族の一員だった。同姓同名の有名人を輩出したこの一族は、スコットランドの数学と自然科学の発展に尽くした。例えばこの家系には、ニュートンの重要な盟友だったオックスフォード大学教授デヴィッド・グレゴリーが属していた。

デヴィッド・グレゴリー（1661–1708）は、同姓同名の父デヴィッド・グレゴリー（1627–1720）の息子だった。牧師ジョン・グレゴリーの息子であるこの父は医者で、アバディーンの発明家だった。息子のデヴィッドは、リードと同じマーシャル・カレッジで最初の教育を受けた後、エディンバラ大学に移り、一六八三年、二四歳の時に、同校の数学教授となった。彼は一六九一年には、オックスフォードのサヴィリアン講座を継いだ。デヴィッド・グレゴリーはライプニッツとニュートンの論争でニュートンを支持し、ニュートンの原理に基づく最初の浩瀚な天文学の教科書『自然学的および数学的天文学要論』*Astronomiae Physicae et geometricae elementa* を出版した。彼は数学、天文学、光学上の業績で名高い、ニュートンの時代の代表的な自然科学者だった。その息子のデヴィッド・グレゴリー（1696–1767）も、オックスフォード大学の最初の歴史学・言語学教授となった。この最も有名なデヴィッドばかりでなく、他にも有名なグレゴリーたちがいる。例えばデヴィッドの父の兄弟で、一六六八年にセント・アンドリューズ大学の数学教授、一六七四年からはエディンバラ大学の数学教授だったジェイムズ・グレゴリー（1638–75）は、ニュートンに先立つ反射望遠鏡の設計者だった。このグレゴリーの兄弟で、有名なデヴィッドの父は、リードの母親の叔父だったが、彼女の弟のうち二人、チャールズとジェイムズは、セント・アンドリューズ大学とエディンバラ大学の数学教授で、ニュートンの理論をスコットランドで最初に教えたと言われてきた。[11] その他アバディーン大学には、リードのいとこで同僚の哲学教授ジョン・グレゴリー（1724–73）がいたが、彼はキングズ・カレッジの医学教授ジェイムズ・グレゴリーの末子で、一七六六年にはエディンバラ大学に移り、医学教授となった。ジョンの息子のジェイムズ・グレゴリー（1753–1821）も、エディンバラ大学の医学教授となった。リードの最期を看取ったのはこの人物だった。このジェイムズの息子ウィリアム・グレゴリーも、アバディーン大学の医学、化学教授となり、一八四四年からはエディンバラ大学の化学教授となり、兄弟のダンカン・ファーグハーソン・グレゴリーは数学者となった。ジョンの別の孫ジョージ・グレゴリーも医者だった。「グレゴリー」は母方の血筋だったため「リード」を名乗ってはいたが、数学的、自然科学的知識の点では、本書の主題である哲学者も、「グレゴリー」の家名に恥じるところがなかった。

スコットランドへのニュートン主義の導入に大きな役割を果たしたと言われる彼らの一員らしく、この哲学者は自然観の点では、一八世紀前半の経験主義的で機械論的なニュートン主義の信奉者でもあった。リードは後年、若い頃に親友の数学者ジョン・スチュアートとともに『プリンキピア』を熟読したことを回想し、それをデュガルド・スチュアートに告げている。[12] ポリティカル・エコノミーという実学的なジャンルから啓蒙思想の主要な達成の一つを作り上げた、修辞の達人アダム・スミスと比較すれば、はるかに生彩なく見えるとはいえ、著者がリードの著作を好む主な理由である、正確な自然科学の知識に裏付けられた、その精確で分析的な文体は、この資質に由来しているのだろう。科学とスコットランド哲学の展開の相関性という視点から考察する時、リードは哲学史的関心とは異なった興味の対象となり得る。

そのようなアプローチは、現代哲学の構図の内部に古書を置いて、すでに数限りなく読まれたテクストに新しい照明を当てる方法とは異なった形で対象を描いていくだろう。それはかつてテクストがその中に存在した、一つの失われた世界の時空的境界内に、それを再度埋め込みなおしていく作業だと言える。このような方向からリードを理解しようとする現代の思想史家たちは、自分たちのアプローチが対象に即しているという、重要な資料上の根拠をすでに手にしている。それはリードが現代的意味での「哲学者」ではないということを明らかにし、歴史的コンテクストを辿っていく彼らの視点が、哲学という場所の内部でリードの学説を考察する哲学者たちのアプローチに優越することを実証するだろう。

ディシプリンとしての哲学以外の事象についてのリードの知的・学問的関心は、伝記ばかりでなく、直接的な資料によっても示すことができる。第3章で見るように、アバディーン哲学協会でリードが読んだ論説は、狭義の哲学ばかりではなく、数学と天文学を扱ったものもあった。またリードはすでに紹介した一七五八年一月一二日の、観念の理論に対する論題以外にも、以下のように多様な論題を提起している。それは彼の関心が狭義の「哲学」に限定されるものではなかったことを示している。

大気に含まれている植物の栄養には、大地に吸収され、液体の形で導管によって運ばれないものがあるのか？また水に完全に溶けないままで植物の導管に入るものがあるのか？

（一七五八年一月一二日、三月八日に議論された）

人間の道徳性は一つで、つねに変わらないか？

（一七五九年六月一二日）

なんらかの原理原則を教え込むことなしに子供たちを教育することは正当か？

（一七六〇年四月一日）

道徳的性格は意志ではなく愛情にあるのか、あるいは固定した習慣と恒常的な目的にあるのか？

（一七六一年四月一五日）

妥当な法律で促進することによって、大ブリテンの出生数を倍近く、あるいは少なくとも大幅に増大させることはできるか？

（一七六二年六月八日）

あらゆる道徳的に賞賛されるべき行為は、説得から生まれなければならないのか、あるいはそれ自体の道徳的な価値からなのか？

（一七六三年一一月二二日）

約束の本質は何か、義務は何から生じるのか？

（一七六五年三月一二日）[13]

哲学協会での議論ばかりでなく、リードによって書かれたテクストも有力な証言を提供する。リードについての新しい思想史的、科学史的研究の基礎には、最近の資料研究の進展があり、それは今具体的な果実を結びつつある。現在リードの母校アバディーン大学によって、同校所蔵の「バークウッド・コレクション」と呼ばれる草稿集成を中心とした、リードの自筆草稿や書簡を編集・出版する作業が進められている。アダム・スミスは遺言でほとんどの草稿の焼却を命じ、自らの思想形成史研究への道を永久に封印した。これに対してリードは無頓着に、死後多くの草稿が残存することを許した。現在に至るまでそれらは、アバディーン大学やエディンバラ大学などの貴重図書室に保存されている。一八世紀スコットランドの思想家たちの中で、リードは膨大な草稿を残した数少ない例の一つだった。そのためこれらの草稿類はリード自身の思想史的研究だけでなく、一八世紀スコットランド思想史の貴重な資料として、近年注目を集めてきた。

だがこれらの草稿の出版計画は、アバディーン大学の大学を挙げたプロジェクトとして八〇年代に構想されてから後、決して順調には進まなかった。それは八〇年代イギリスでの大学財政危機などによって、紆余曲折を余儀なくされてきた。現在ようやく軌道に乗りつつあるように見えるこの企画は、既存の刊行本の新しい版と合わせて、ここ数年の間に『エディンバラ版リード全集』として、一部実現される予定となっている。それは、百年以上前の極めて細かい活字で組まれ、編者の横槍がいたるところに突き出ている、ウィリアム・ハミルトン版のリプリントでしか読めなかったリードの著書を、読みやすい活字に新しい解説を付した形で提供するだけではない。この全集の刊行は、今までアバディーン大学やエディンバラ大学などの貴重図書室を訪れた、数少ない専門研究者しか見たことがなかった新しい資料を、広く読者の目に触れるようにするだろう[14]。

これらの未公刊資料を無視しては、現在のリード研究は成立しない。確かに生前に出版された著書に視野を限定するなら、幅広いジャンルで著作活動を行なった一八世紀スコットランドの思想家のうちで、リードはもっとも現代的な意味での「哲学者」に近い活動範囲を持った人物に見えてくるだろう。生前に刊行されたリードの論文と著書には、以下の五点がある。

(1) “An Essay on Quantity; Occationed by Reading a Treatise, in which Simple and Compound Ratios Are applied to Virtue and Merit,” *Philosophical Transactions of Royal Society*, 45, London, 1748（最初の論文）

(2) *An Inquiry into the Human Mind on the principles of Common Sense*, Edinburgh, 1764（主著）

(3) “A Brief Account of Aristotle's Logic,” in Lord Kames, *Sketches of the History of Man*, vol. 2, Edinburgh,

1774（ケイムズの主著の付録として公刊された論文）

(4) *Essays on the intellectual Powers of Man*, Edinburgh, 1785（主著）

(5) *Essays on the Active Powers of Man*, Edinburgh, 1788（主著）

このコンパクトな著作リストからは、初期の哲学的著作に始まり、文化、政治、経済、宗教、歴史にわたる広範な著作を著したヒュームのような人物とは対照的に、「専門家」的に哲学的研究に没頭していた人物というリードの印象が生まれるだろう。だが一八世紀の思想家を対象とする場合、刊本に限定した研究方法には資料論的に限界がある。彼らはあらゆる知的生産物を活字にするという、現代の「産業」としての知的生産システムとはまったく異なった世界で活動していた。自己との対話である私的な覚書以外に、当時の発話行為にはいくつかの水準があり、それらのうちでも複数の類型が「公共圏」での公的な言説に属していた。著作はその一つに過ぎなかった。それは「一般読者」という、もっとも広範囲の受け手に向かって発信された公的な言説だった。

著作の他に、一八世紀の知的世界を彩るさまざまな討議団体で行なわれた、より限定され、知的に高度な少数の受け手を目の前にした、「報告」という形での公表方法があった。そのためには通常、完成原稿が準備された。あるいは、結局出版されることがなかったスミスのグラスゴー大学での『法学講義』の独創性からもわかるように、当時の大学での講義は、教師の独自の、時には革新的な学説を展開する公的な場所でもあった。講義はたんなる教育のためのルーティン的な言説だからだという理由だけでなく、教師自身が自信を持った自説の開陳だったにもかかわらず、著作として公表するためにはまだ十分な完成度を持たないという理由だけで、出版されないこともあった。大学の貴重図書館や個人文庫に保蔵されている一八世紀の「講義ノート」の外形的性質は、その名称から想像されるような、走り書きで書き記された講義受講者の覚書ではない。しばしば熟練した筆で書き残された教壇での講義は、肉筆で題名と目次を付され、製本されて、羊皮紙に書かれた中世の貴重な筆写本のように、蔵書として個人の文庫に保存された。質の高い「講義ノート」は、回覧されるにふさわしい、立派な「書物」としての形態を持っていた。最後に、書簡もまた、受信者を限定した「公的言説」の一形態だった。専門学会が設立されていないこの時代の科学者同士の専門的な対話は、現代のように専門的な「インターナショナル・ジャーナル」での公表ではなく、単なる学術的な往復書簡の形を取っていることが多かった。

これらの多彩な、一八世紀的な知的「公共圏」での発話形態を考慮すれば、既存の公刊資料のみに安易に基づいて一八世紀の思想家の達成を議論することの危険性がわかる。それは高度に制度化が進んだ知的世界で活動している現代の学者を論じるのと同様な手法で、それとはかなり異なった発話環境で活動していた思想家を論じることを意味する。そしてリードは実際に、私的な覚書から「著書」へと広がる、言説形態のさまざまな水準のすべてで、倦むことなく活動していた。狭い技術的な専門家ではなく、「普遍的な人間 Man O' Parts」が理想とされたこの時代のスコットランドの学者らしく、リードの知的関心はヒュームに劣らず広範だった。

三　一八世紀知識人としてのリード

(1) 総合的知識の体系

歴史的研究は現在の時点での資料研究に基づく、草稿や講義ノートや書簡などのさまざまな言説形態が示唆する新しいリード像の提示を要請している。例えば現在残存しているわずかなリードの講義ノートを一見すれば、リードが学問のさまざまな分野にわたる該博な知識を持っていたことが判明する。それぞれの分野についての代表的な資料は、以下の通りである。

(1) 自然哲学講義ノート
Lectures of Thomas Reid on Natural Philosophy (1757–58), Aberdeen University Library, K.106

このノートは、アバディーン大学で行なわれた、リードの自然哲学講義についてのかなりまとまった記録である。内容的には、当時の力学の全体が講義されている。

(2) 論理学講義ノート

Thomas Reid, John Campbell, 1775, The system of Logic, taught at Aberdeen 1763, by dr. Thomas Reid, now professor of moral philosophy of Glasgow, Edinburgh University Library, DK.3.2

このノートは、アバディーン大学で行なわれたリードの論理学講義を伝えていて、短いが不完全ではない。

(3) 道徳哲学講義ノート

Thomas Reid, Lectures on Moral Philosophy, 1769, Glasgow University Library, MS.Gen.760

このノートはグラスゴー大学での、リードの道徳哲学講義についての極めて不完全なノートである。なお道徳哲学のうち、倫理学、自然法学、政治学については、Knud Haakonsen（ed.）, Thomas Reid, *Practical Ethics*, Princeton University Press, Princeton, 1990 で自筆講義ノートが出版されているので、これを補うことができる。

(4) 政治経済学自筆講義ノート

Aberdeen University Library, MS.2131/4/III/1-15

このノートは、リードがグラスゴー大学に赴任した直後の、政治経済学講義についての、かなり不完全な自筆ノートである。

(5) 美学講義ノート

P. Kivy（ed.）, *Thomas Reid's Lectures on Fine Arts*, Martinus Nijhoff, The Hague, 1973

(6) 自然神学講義ノート

E. H. Duncan（ed.）, *Thomas Reid's Lectures on Natural Theology*, transcribed from student notes, University Press of America, Washington, 1981

このようにリードの学問的思索は、著作に結晶した心理学／哲学だけでなく、論理学、自然神学、自然法学や、さらには政治学、経済学にまで及んでいた。それはスコープの点でも、決してヒュームやスミスの視野に劣らない。これらに加え、講義ノートに示されている自然科学の専門的な知識を考慮すれば、リードが自在に扱うことができた知識の範囲は、自然科学の分野でアマチュアの域を出なかったヒュームやスミスと比べ、より広大だったとさえ言える。確かに哲学的に類似した立場に立っていたケイムズやファーガスンなどと比べれば、リードははるかに精緻な哲学的議論を展開できた。とはいえ生涯にわたる知的活動領域のスペクトルを概観すれば、リードは現代的な意味での専門的な哲学者というより、自説に基づいて、森羅万象にかかわるあらゆることを論じることができたジェネラリスト的な学者の一人だったと考えるほうが正しい。当時「哲学者」と呼ばれた人々が扱った学問の全体は、ヘブライ語などを操る専門家が担っていた教義神学を除いて、およそ現代的に見た理論的知識の全体を包括していた。リードは神学博士の学位を持っていたので、現在のところ資料はないが、教義神学についても、ある程度専門的な議論ができたのではないかと思われる。

リード師の啓示神学上の立場については、今のところ明確な資料を見出すことはできない。マーシャル・カレッジでの教師の一人は開明的な神学者トマス・ブラックウェルだったが、その影響については想像の域を出ない。ニューマハーでの説教がどのようなものだったかについても、現在のところ研究史は多くを語らない。それがウェストミンスター信仰告白の厳格な契約神学でも福音派的なものでもなく、理性と世俗道徳を重視する穏健派的な信条だったのではないかという推測以外には、「リード師」の説教の輪郭を提示することはできない。アバディーン大学の哲学教授であり、グラスゴー大学の道徳哲学教授という立場に立った際、教壇でのリードは、あくまで「哲学者」としての言説を発話することに終始していた。それは啓示神学を尊重しつつ、理性に基づく自然神学の重要性を強調していた。

例えばグラスゴー大学での道徳哲学講義の「序論」部分で、リードは啓示と理性のかかわりを以下のように要約して示している。聖書に記された言葉は、理性によって導かれた結論と同等の神の知識を与える。[15] だが理性は神が人間に与え、その使用を許可した唯一の認知能力なので、啓示神学を重視するあまり、理性の使用を忌避したり、それから得られた結論を信用しないといった態度を取るべきではない[16]。聖書に書かれた神についての言葉は、自然神学の結論を証明するのではなく、哲学的な推論によって得られた真理に対して、人間を「啓発」する点で意味を持っている。哲学者リードの講義の中では、「理性」が「啓示」を補助するのではなく、「啓示」が理性の補佐役に回ることになってしまう。さらには「啓示」が「理性」を裁くのではなく、「理性」こそが「啓示」の真正さを判定すると、かつての牧師リード博士は言う。「没我的な」、「義しい」、「真正の」信仰を持っている人ではなく、冷静で論理的、学問的な推論に慣れ親しんだ哲学者こそが、啓示を解明する資格を備えている。

啓示は理性的な存在としてのわれわれに対して、理性の使用を妨害するためではなく、それを補助し、促す目的で与えられたのである。啓示と主張されるものが真正であるかどうかを判断するのは理性である。人間が啓示されたものの意味を知るのは理性によってであり、不合理で不敬でつじつまが合わない解釈に対してそれを守るのも理性なのである。どんなすばらしいものも悪用されることができるのだから、もし人間が理性の使用を放棄したなら、啓示は低劣な迷信や野蛮な狂信の手段とされるかもしれない。そして自然宗教に対する正しく理性的な感情を持つ人こそが、真の意味で啓示宗教の研究にふさわしいのである[17]。

このようなグラスゴー大学道徳哲学教授の、開明的な有神論的哲学者としての明確な態度表明は、しばしば科学史家でさえ曖昧な意味で用いることがある「理神」論者という称号を、この哲学者に献呈してもいいのではないかとさえ思わせる。しかしリードの先行者であり、その観念の多くを継承していたトマス・ホッブズやジョン・ロックのような、人文学や自然科学の分野から現れた一七世紀のアマチュア神学者たちと比べた時、神学博士だった彼の教養上の知識は、彼らよりは相対的に専門性が高かったと想定できる。

この知識のカタログとその内容の議論の水準を総覧してみても、リードが不得意だった分野は美学、芸術のみだったと結論づけられる。しかもそれらについてさえも、自筆の草稿や学生の講義ノートが残されている。著書として発表された彼の哲学的言説は、このような総体的な知的営みの一部を構成するものとして位置付けられた上で、研究されるべきだろう。

リードの自筆草稿研究の第一人者であるカナダの科学史家ポール・ウッドによれば、その一部が新しい全集に含まれるだろうこの未公刊資料の大半は、伝記的資料を除けば、大半が自然科学関係の草稿や書簡だった。この事実は次のような問題を提起している。かつてケンブリッジ大学に残されたアイザック・ニュートンの手稿を調査したJ・M・ケインズは、現代的意味での科学的研究と比べはるかに膨大な、錬金術や聖書研究などの痕跡を示す覚書の山に直面して、啓蒙の科学の英雄ニュートンは、じつは最後の魔術師だった、と結論した。それと同様に、生涯の最後の時まで続いた数学、自然科学研究の営みの証拠は、リードを通常の意味での「哲学者」としてとらえることが妥当なのかという問いを、研究者たちに突きつけている。カント以前の知的世界における哲学と科学の関係のあり方を再構成することなしには、これに答えることはできない。

資料の証言に基づけば、従来「リード哲学」の実体をなすものと考えられていた、彼の主著で展開された「認識論」に集成されたその「哲学的」営みは、著者の知的活動の重要ではあるが、その一部を構成していたに過ぎない。ロック、ヒュームの「人間本性の研究」批判を中心的な課題とした彼の「認識論」は、じつはリードの全体的な学的体系の構成部分の一つだった。この点については、アバディーン大学での論理学講義ノートで展開された「証拠」論が、一つの資料を提供している。そこではヒューム批判を念頭に置きながら、学問の多様な方法が論じられている。この講義では、従来「リード哲学」の本体と考えられてきた心理学＝「認識論」は、それぞれの知識の性質に適合して妥当だと考えられる、多様な日常的・学的知識の、たんなる一分野と考えられていた。[18]

リードの方法論によれば、最初の主著の序論が宣言しているように、この領域については「観察と実験の方法」が正当な学問の方法とみなされる。

自然の作品の知識を得る方法は只一つしかないことに、今や賢人たちは合意している。あるいはそうするべきである。その方法とは、観察と実験の方法である。われわれの自然の体制にしたがって、われわれは特殊な事実と観察から、一般的な規則へと進んでいき、そしてこの一般的な規則を他の結果の説明に用いたり、それらを作り出すための指針とする強い傾向を持っている。人間存在は、人生の通常のことについては、このような理解の仕方に親しんでいる。そして本当の哲学的発見などのようなものでも、それによってのみなされるのである。[19]

この箇所でリードが説明している「方法」は、ニュートンが『光学』で定式化した「分析と総合の方法」と同一である。これだけを見れば、リードは「哲学」の方法が経験科学の方法と同じだという、現代人の目から見て奇妙な主張をしていることになる。だがこの「ニュートンの方法」は、リードにとって正当だと考えられる認識の方法の一つに過ぎない。

単一の方法によって演繹的・合理的に体系を構成することですべての知識を基礎付けるという、特権的な知の体系である哲学は、リードにとって存在しなかった。通常彼の哲学と考えられている「認識論」、当時の術語では「ニューマトロジー」は、リアリズム的な真理論を基礎付けるという哲学的動機に基づき、経験的な知識の体系である自然科学と同様の「ニュートンの方法」によって建設される、一つの科学／哲学だった。

さらにそれはヒュームが『人間本性論』の序論で書いたような意味で、あらゆる知を基礎付ける権利を有する、基礎的な科学／哲学でさえない。「論理学講義」でリードが方法論の立場から構想する人間的知識の総覧では、「認識論」の他にも、日常知、信仰、数学、倫理学などのそれぞれが、別個の方法によって形作られるとされている。これらの全体を概括する役割は論理学に与えられているが、それはヘーゲル哲学の場合のように、自らの外側に根拠を持たない、質料から解放された純粋なエイドスとしての知の自己展開なのではない。リードやアバディーンの哲学者たちにとって論理学は、方法論をその一部に含んでいる、一つの経験科学だった。それはさまざまな知の経験的発展の最後に、それらを総括し、知の全体を方法論的に見通す鳥瞰図を提供するためにだけ存在すると想定されていた。[20]

この科学と哲学と信仰と日常知の同時並行的混在は、世界を説明するために少数の原理に基づいて演繹的に構成された、整合的な全体的体系としての「哲学」を、リードが持っていなかったことを意味している。リードにとって、知識の具体的・個別的なあり方からは形式的にも区別され、それらの上位に存在し、それらを総括し、規範制定的な学という意味での「哲学」は存在しなかった。パトナムが言うように、確かにリードの「観念の理論」批判と、それに伴う哲学的リアリズムの提唱は、狭義の意味での哲学史上で評価・検討されてきており、またそうされるべき価値を持っている。それをあらためて哲学者たちの手から奪い取る必要はない。だが現在までの資料研究に基づくなら、形式的に個々の個別的知識から分離されて存在し、一貫性を持った統一体として現前する学説を持たなかったという点で、リードは現代的な意味での「哲学者」ではなく、むしろ一種の「普遍的学者」ととらえられるべきなのだ。

リードにとっては、さまざまな知識の確実性のそれぞれのレヴェルについて、「正しい」方法が、並行して複数存在しえた。三冊の「哲学的」主著で展開された「認識論」は、その中の一つの方法を援用した結果でしかなかった。リードにとっては、唯一の、確実で絶対的な「哲学する方法」が存在しなかった。それはそれらの方法のすべてが、「コモン・センス」も含めて、総体的知識という意味での広義の「哲学」の手段だったということを示唆している。著書や講義のあちこちで繰り返し明言される、「ヒュームのような哲学者より市井の人々の方が正しい哲学的洞察を持っている」という彼の考えは、このような知識観に基づいている。

しかしだからといって、かつてカントの批判が普及させたように、リードが本来もっとも厳密な学的知であるべき「哲学」を、日常世界での素人談義にまで貶めた、と考えるのは正しくない。リードにとって「市井の人々」が持っているのは学的体系と呼びうるものではなく、たんなる直観的な洞察に過ぎない。反対に、リードが考える正しい学的知識は、長い訓練を経て鍛え上げられた方法の適用によってのみ獲得されるとされていた。それは資料的に見て、リードが現代的な意味での哲学者というより、哲学的関心を持った科学者だったという事実に関連する。

この哲学者／科学者にとって、それぞれの「科学的研究」それ自体が、哲学的動機に基づき、哲学的問題を解決する手段として機能する、二重の意味を持つ探求のプロセスだった。リードは「常識哲学」の創設者とみなされているケイムズ卿と、ニュートンを批判したケイムズの物理学論文について往復書簡を交わしている。[21] ケイムズはこの論文で、遠隔力という不可解な重力概念を否定し、日常的経験と日常理性に基づく推論によって「正しい物理学」を建設しようとした。これに対してリードは、学的方法の厳密さがなければ真理に到達することはできないという立場から、日常経験ではなく、専門家の手による実験結果のみに基づくニュートン物理学の諸命題を擁護している。この二人の「常識哲学者」は、日常的経験と日常理性が果たす役割や限界の点で、まったく異なった見解を持っていた。プリーストリーはロックの明快で平明な哲学を、煩瑣で衒学的な体系にしてしまったとリードを批判したのだが、リードにとっては、日常理性を満足させる明快さ、簡潔さより、経験科学の修練によって獲得された正確な推論こそが重要だった。[22] 第4章で見るように、リードの「平行線公理」の研究が示すのは、科学が提起した問題を哲学が議論するという、この二者の間の通常の関係ではなく、むしろ哲学的問題を科学的手段によって解決するという、「哲学すること philosophyzing」の前カント的なあり方だった。それは哲学が声高に「科学批判」を口にする以前の段階、哲学が科学との、激しい愛憎が複雑に交錯する縺れた関わりに、まだ入り込んでいない時代でのことだった。それは両者がまだ互いの本性を知ることなく仲睦まじく支え合っていた、一八世紀の蜜月時代に属していた。リードの総合的な体系は、そのような状況を代表的に具現した知のあり方を示している。

(2) ユートピアンとしてのリード

思想史家たちによる草稿研究の結果として、思想家リードの肖像の再描画が要請されているのは、以上のような自然科学との関係についてだけではない。それは社会科学的知識との関係についても、すでに必須の作業となっている。なぜなら、新版全集の企画に先行して始まっているリードの未公刊資料の活字化が、政治的な意味での「保守的思想家」というリードのイメージに亀裂を生じさせてきたからである。

政治思想史家クヌート・ホーコンセンは九〇年代の初めに、リードの自然法学、政治学にかかわる草稿類を編集して、『リードの実践倫理学』という題名で出版した。[23] 彼はこの本の序論で以下のように、「反動の哲学」者という日本でのイメージとは異なった、啓蒙知識人としてのリードの知的、社会的プロフィールを描いている。
リードは［アバディーン大学の同僚の自然科学者］グレゴリーやスキーンと数学の話をしながら、同時にジェントリーや貴族たちと農業改良を論じることができ、これらの人々と、教育可能な人間は「進歩する」存在であるという一般的な考えを共有していた。リードは偏見を持たない「リベラル」な人物で、監督派教会やクウェーカーたちと自由に交際し、社会問題への関心と同情を持っていた。彼は子供の心を理解して話すことができる社交的な人物だった。[24]

このような伝記的検討ばかりでなく、先に触れた「急激な変革の危険性についての省察」という、リードに政治的な保守主義者の烙印を押すことに貢献した小文が、じつはより大きく、しかもそれとはまったく反対の内容を持った論文の序論に過ぎないことが、この出版によって示された。本書は付録として、リード自身の筆によって清書され、明らかに閲覧のために体裁が整えられ、「ユートピアの体系についての考察」とリードの手によって題されたこの論文の全訳を提供している。この論説は、リードが所属していたグラスゴー大学のスタッフ有志の研究会だった「グラスゴー文芸協会」で、一七九四年一〇月に読み上げられた報告の原稿であり、フランス革命の中のジャコバン独裁への反応として書かれたと考えられる。日本ではホーコンセンによる出版の直後、当時すでにリードとスミスについての重要な研究書を著していた篠原久によって、いち早くこの論説の紹介論文が書かれたのだが、[25]なぜかほとんどの専門家が注目しなかった。だが「商業社会」と通称されていた当時の社会体制に対する、次のような激しい非難の言葉を読んだ後、当時八四歳だったこの老哲学者を「保守的」な思想家と呼ぶ根拠がどこにあると言えるのだろうか。

私的所有はつねに、そして必然的にきわめて不平等に分配される。時がたち、社会が進歩するにつれて、自然にこの不平等は拡大し、最後には国民の大部分が貧困によって打ちひしがれ、少数者に依存するようになる。彼らは富者のプライドと奢侈を満たし、生活必需品を購うわずかな収入を得るために、重荷を背負った獣のように労働しなければならない。それによってこの二者がともに腐敗するのである。

この資料は従来の常識に反して、リードをロバート・ウォレスなどと同様の、スコットランド啓蒙における「ラディカル」な政治的構想力を持った思想家と見ることを可能にする。よく知られているように、スコットランド啓蒙の思想家たちは、「商業社会」という言葉で、近代市場システムの発展が人類史的にどう位置付けられるべきであり、国家や社会や文化にどのような影響を与えるのかを考察してきた。それらの考察は、共和主義的立場からであれ、自由主義的な視点からであれ、なんらかの意味で、私的所有を社会体制の根幹に仮定した上で行なわれてきた。それはヒュームやスミスのような、自由主義の父とされる人々についても、アダム・ファーガスンのような、共和主義の強い影響を見せる著者についても同様だった。だがそれ以外にフランス革命の混乱のさ中に、私的所有を根絶した社会体制の可能性という、共和主義とも自由主義とも異なった立場からの体制の根底的な見直しが、この最晩年の老いた「保守主義者」によって、静かに行なわれていたのだった。

リードが「反動の哲学」者でなかったことは、すでに二〇年以上前に、リーズ大学で博士論文を書いていたポール・ウッドの伝記的研究によって明らかにされていた。それはリードの伝記的事実を丁寧に追えば、すぐに判明することだった。例えばリードは、革命のさなかに出版されたメアリー・ウルストンクラフトの著書に注目し、教え子で友人であり、当時道徳哲学教授を務めていたデュガルド・スチュアートに読むことを、強く勧めている。

グリーンヘッド、グラスゴー、一七九三年一月二一日

……あなたは『婦人の権利』を読みましたか？　同意できないいくつかの点があったにしても、これは道徳哲学教授にとって読む価値がある本だと思います……。(26)

あるいはリードはイングランドのラディカルであるプリーストリーから、ほとんど中傷に近い手痛い批判を受けたが、同じラディカルの一人であるリチャード・プライスとは、学問的に親密な交流を持っていた。リードとプライス

の間には、道徳哲学の問題を論じた学問的な書簡が何通か残されている。[27] 貧困問題に関心を持ち、その解決策として土地所有制度の抜本的改革を提唱したウィリアム・オーグルヴィは、一七五六年から五九年にかけて、キングズ・カレッジでのリードの学生だった。オーグルヴィは一七六二年から六三年の間にはグラスゴー大学にいて、アダム・スミスの講義に出ていたと言われるが、リードの残存する書簡の一つは、グラスゴーにいたオーグルヴィ宛と思われるものが一通ある。[28] それはシムスンのユークリッド『原論』を論じたものだった。その後、オーグルヴィはアバディーン大学でのリードの同僚になり、哲学協会で何度か席を同じくしたこともあった。[29] 第5章で論じるように「ユートピアの体系に関する考察」は、このような伝記的事実と照らし合わされた時、日本における政治、社会思想の分野でのリード解釈を転倒させる衝撃力を持っているとさえ言えるだろう。

第3章　リヴィジョニズムを超えて

一　解釈者としての哲学者と歴史家

現代哲学の新しい展開とともに一八世紀スコットランド思想史研究の深化が、いったんは真剣な研究の対象から外されていたトマス・リードを、今忘却の淵から蘇らせている。だが「リード」研究という共通のタイトルを持ちながら、この二つのグループに分類できる文献が提供するそれぞれのリード像は、必ずしも整合性を持たない。それは哲学と歴史という、それぞれ人文的学の二つの主柱を代表する立場から行なわれていた二種類の研究が、互いに手を携え、補い合う形で進んできたのではなく、むしろ方法論的に正面から対立した関係を持っていることに起因している。一方でリードに関心を持つ哲学者たちの仕事のほとんどは、彼の哲学的主著と見なされる三冊の既刊書から、現代哲学にかかわるロジックを拾い出し、その有効性や現代的な意味を明らかにすることを内容としている。この種の研究で「リード解釈」のツールとして持ち出される哲学理論は、カント哲学、現象学、プラグマティズム、記号論、哲学的リアリズムと、極めて多岐にわたっている。しかしそれらを用いて構成されるのは、いわばリードを彼ら現代哲学者たちの同時代人として扱い、この一八世紀の知識人に、彼ら自身の哲学的問題意識を投げかけることによって繰り広げられる、一種の時を超えた対話だと見ることができる。他方で、日々貴重図書室で未刊の草稿類に向き合っている思想史家たちの研究は、なんらかの意味で、現代の科学史や思想史学の方法であるリヴィジョニズムに基づいている。

「リヴィジョニズム」の言葉は、現在の日本の近現代史学やドイツ近現代史学では、独特の政治的意味合いを帯びている。この二つの敗戦国では、第二次大戦後の経済成長の成功と、冷戦終結後の外交的位置の変化に伴って、抑制されてきたナショナリズムが復活してきた。歴史学のこれらの分野での「歴史修正主義」という術語は、この流れに便乗し、それぞれの国の近現代史に肯定的な価値付けを与えようとする、保守的歴史学の代名詞として使用されている。だがその原義は、「ウィッグ史観」と通称される歴史記述に対する批判という意味を持っていた。それは一九世紀におけるウィッグ党の政治的立場から名誉革命以後のイギリス近代史を捉え、近代イギリスの形成という、一つの大きな物語を構成したのだった[1]。

一般にはこの言葉は、この原義から用法が敷衍され、歴史記述のある方法論上の立場を意味する場合が多い。それはヨーロッパ近代の達成物と歴史家が考える何物かに向かう歩みという形で、過去の事象を再構成することを拒絶する。とくに北米の学会では政治的に保守的傾向を持った歴史家の研究[2]ばかりでなく、ラディカル派による既成の建国史記述に対する批判も同じ言葉で呼ばれていたため、この述語が帯びている政治的色彩は希薄である。この立場に基づいて書かれる科学史、思想史は、「現代的観点」から過去の思想や学説を再構成することを避け、それらを歴史的文脈性の中に還元して、固有な歴史的世界の内部で描き終えることを目指している。したがってリヴィジョニズム的な視点に基づいて草稿研究を重視する思想史家たちにとっては、トマス・リードについての歴史記述の最終的な目的は、豊富な一次資料を利用して、一八世紀の一知識人が抱えていた意味的世界を、現在の読者の眼に対して余すところなく現前させることに限定される。そのため彼らにとっては、哲学者たちが捜し求めている「リード哲学の現代性」は、はじめから学問的な探究の主題とはならない。この哲学者と思想史家の対立は、一般的には、思想史における次のような問題の存在を示唆している。それは哲学者の作品は、同じ哲学者によって理解されるべきなのか、あるいは哲学者の言説は、いったん時間の流れの中に呑まれたときには、歴史家によって読まれるべき史料に変容してしまうのか、という問いである。このことがいったん意識化されるなら、もはやある思想家についての研究書を著すという行為を、無自覚的に遂行できなくなる。そのため「リード研究」に入る前に、以下の思想史の方法論に関する考察を行なう必要がある。

「事実」がすべてに優先するという現代の主流の学問観から判断された場合、リヴィジョニズムの問題提起をくぐった思想史家たちによる過去の思想の叙述は、次のような理由で、哲学者たちの方法より優れているように見えるかもしれない。もし思想史研究の目的が、かつて個人の脳裏に実在した観念の複合体の再構成にあるのなら、思想家の大脳が化学的に分解した跡に残された、その唯一の手がかりである言説もまた、「伝達装置」としての言語の機能へと還元した上で解読されなければならないだろう。書き残された「メッセージ」のできる限り完全な復元が、思想史の目的になるだろう。そして草稿研究に従事する思想史家たちは、一八世紀という、十分に過去に属するとみなされる時点に成立した哲学を扱うために必要な、資料操作と解読の技術を持っている。解釈の対象となる言説の発話者が現代の解釈者たちの言語共同体に属さなくなったという意味で、同時代性を失い「歴史化」した言説は、彼らの安易な接近を許さない。彼らが日常生活のスキルとして通常の成長過程で身に着けた一般的な言語能力や、研究者集団に迎え入れられるために高等教育を受けて獲得した、やや専門的なシンボルの操作能力だけでは、それらを十分に「読む」ことはできないだろう。言説が解釈者たちの母国語で書かれていたとしても、それは通常の読解というより、一種の「翻訳」の行為となる。そのプロセスでは、個々のメッセージの解読以前に異質な言説の枠組みが、読み手の前に立ちはだかるだろう。

歴史的現実性としてのリードの思想は、一八世紀固有の意味空間の中で成長し、一八世紀固有の談話空間の内部で語られ、聞かれ、読まれたのだった。したがってそれをそのようなものとして扱うためには、歴史家としての技術と熟練が要求されるだろう。それには個々の発話に先行し、それを規制していた、解釈者たちにとってはもはや現前しない異質な談話空間の知識が必要となる。じじつ先に述べたような、リードの草稿からうかがい知ることができる、現代的なディシプリンの構成方法とは異った知識の全体的体系のあり方は、リードに限ったことではなかった。それは学の専門分化と制度化が進行した一九世紀以前の時代に存在した世界における、知と哲学の関係様式の現れでもあった。例えばかつてリードの名声が凋落した原因となった科学と哲学の不分明な混交は、一八世紀の知的世界の境域内では、むしろリード哲学の讃えられるべき特長だった。

過去の時点に属する対象としていったん「現代的」意味をカッコに入れて考察された時、リードの知の体系は、現代語が指示する意味での「哲学」ではなかったと、思想史家なら考えるだろう。それはディシプリンとしての哲学が成立する以前の世界での、科学と信仰と哲学の共犯関係としてはじめて存在しえたのだった。リードを論じる哲学者たちがしばしば感じ取る、「リード哲学」の杜撰さ、不完全性は、彼のテクストを、そのような文脈性に囲繞された言語的実在としてとらえれば解消する。というより、哲学者たちのように、リードを現代の意味空間に招き入れて対話することで「現代性」を示すのではなく、このような歴史学の手続きを踏むことによってはじめて、従来しばしば陳腐で皮相な学説と思われたリードの「哲学」の真の意味を、現代語によって明確に述べることができると、思想史家は主張するだろう。

リヴィジョニズム的な志向性を持ったイギリスの経済思想史家ドナルド・ウィンチは、かつて歴史研究を社会人類学に喩えて、思想史研究の方法を語ったことがある。未開社会に住み着いてフィールドワークを行なう社会人類学者のように、歴史家も過去の時代に定住し、自己の言語を捨ててその時代の言語を覚え、その語彙による発話を身につけなければならない。やがて歴史家は、研究している時代の言葉を使って考えることができるようになる。歴史記述とは、この親しみのない世界を離れて住み慣れた現代に帰った歴史家が、自らの脳裏に染み付いた時代の言葉を現代語に翻訳した作業の結果なのだ。外国語の単語一つ一つを母国語に訳す習慣から抜けることができない語学学習者が、いつまでもその言葉を習得することができないように、過去の思想を現代語に置き換えることによってしか理解できない思想史研究は、研究の対象である思想家の目に現前していた意味の世界の内部に入り込むことはできないだろう。そのような歴史記述は、研究対象に投影した自己自身の影との非生産的な会話の繰り返しに終始することになるだろう。このような読解の方法は、学問的行為としては、歴史学の方法が十分に確立していない幼弱分野の半専門家の間でしか成り立たない。例えばクーン以後にはもはや見ることができなくなった旧式の科学史家たちは、アリストテレス自然学の文言を、ニュートン方程式によってパラフレーズしなければ理解できなかった。現代の科学の術語に置き直すというこの方法では、「解釈」の枠組みからはみ出してしまう剰余の部分が必ず発生するが、それらは彼らにとって、「前科学」的なたわごとでしかなかった。

科学と宗教と哲学が相互に補い合うという共犯関係に焦点を当てるなら、リードの思想は科学史家スティーヴン・シェイピンが言うような、一七世紀イングランドの「キリスト教的科学者」の系譜に位置付けられる、と思想史家は考える。内乱と宗教戦争に明け暮れる時代の中で、彼らは新しい科学の発展を「義しい」信仰の追求に結び付けようとした。それは彼らがこの混乱の原因となった分裂したキリスト教に、寛容で自由な政治・社会体制の基礎となる、安定した土台を提供しようと試みたからだった。この点から見れば、リードは王政復古から名誉革命に至る過程で形成された、イングランド科学者たちの思想を受け継いでいる。リードの「論理学講義」での「証拠論」も、彼らによって発展させられてきた蓋然性の理論を継承していた。この系譜には、ジョン・ダンによって、思想形成の宗教的動機が強調されてきたジョン・ロックを含めることができる。

そうであるなら、カントにならってロック→バークリー→ヒュームという系統図を描いてきた「イギリス経験論」の系譜理解が、その中でのリードの位置付けを含めて再検討される必要が生じるだろう。リードは「観念の理論」を中心に、ロック哲学を理論的に批判したのだが、それはリードがロックに思想的に反対していたからではなかった。リードは『人間知性論』に、全体としては「人間本性の研究」としての大きな意義を認めていた。このロックの試みに内包されていた重大な理論的瑕疵が、バークリーやヒュームの誤った学説を生み出したと考えたからこそ、彼はロックの理論を批判したのだった。その反面、リードの自然観や科学理解、宗教性、あるいは政治的関心などの思想的な傾向は、バークリーやヒュームの思想がそうであったより、はるかにロック自身に高い親近性を持っていたのだった。

二　不可逆過程の科学としての歴史

だがリードの知的体系の記述をこのように続けることの正当性は、必ずしも自明ではない。歴史研究への社会人類学者の喩えの適用には、次のような危惧が付きまとう。自己が属する時代へ帰ってきた、過去への想像上の旅行者である歴史家は、アフリカの奥地からイギリスへ帰還した『闇の奥』の主人公のように、二つの世界の断絶の大きさに囚われて、自己の体験を語る術を持たず、ただ呆然と沈黙するしかないのではないか。そこには珍奇な世界の色鮮やかな「冒険譚」を聞きだそうと待ち構えている聴衆が存在し、旅行者は自分たちを楽しませる話をしてほしいという、無邪気な彼らの執拗な頼みを断ることもできないにもかかわらず。しかもより悪いことには、この喩えでは、旅行者は「聴衆」からの募金によってこの冒険を果たしたのだった。そのため想像上の旅行者は、彼らが聞きたがっている何かを物語る責任があるのだ。

哲学者の分析を批判し、歴史的叙述の優越性を主張する歴史家も、この要求に応えられないという問題を抱えている。リヴィジョニズム的な思想史家なら、歴史上の思想を通じて現代にかかわる何かを語れという要求に直面した場合、以下のように反論するだろう。歴史記述が現代への提言を持っていないと批判する学者たちは、次のような二重の学問的怠慢さに陥っている。それは思想史が本来歴史学の一部であるという事実認識をいまだに持っていない過誤と、思想史の方法についての二〇世紀後半の議論に対する無知である。社会科学畑の歴史家なら、さらに次のようにこの反批判を続けることもできる。社会科学の他の分野でも、かつてそのような認識が広く存在していたことがある。例えばかつて経済学の原理論が、実際には経済学史を通じて教授され、研究さえされていた時期があった。それは、「サイエンス」に向かった専門化、方法的厳密化が進行する以前の、社会科学が伝統的人文学といまだ密接なかかわりを持っていた段階での、牧歌的なアームチェア・エコノミストたちの失われた世界に属していた。現在では、研究者が経済学にかんする何らかの学問的貢献を行なったと専門家集団の間で承認されることを目指すなら、応用数学で頭を一杯にするか、数字の統計的操作に埋没するか、国内外の工場や官庁や企業やＮＧＯやスラムを走り回って、資料収集に忙殺されるかしかない。そうして次のように、思想史家は締めくくるだろう。学問として確立した思想史は、現代政治や現代哲学に直接には何一つ寄与しない。もしそうできるのなら、それは当該学問の専門性の低さを証明しているだけなのである。

しかしたとえ同僚からの学問上の批判をこのようにかわすことができるとしても、専門家に資源を提供しているスポンサーからの声には、同じ言辞で応じることは難しい。もし「世論」によって、思想史には歴史学として、自身の意向とは無関係に、何か重要な「レシ（物語り）」を物語る社会的責任があるはずではないかと詰め寄られた場合、思想史家は困惑せざるをえない。しかしこの点に対しては、責任を取るためには責任能力がなければならない、と回答することができるかもしれない。この言い返しが可能なのは、歴史学としての思想史がどこまで学問性を持ちえるのかという、以下に述べるような問題が存在しているからである。

（1）資料制約と資料の無限定性

思想史的説明にはつねに学問的な不確かさが伴っている。リヴィジョニストの方法のように実証的な学問観によってそれを定義するとしても、この問題を避けて通ることはできない。自然科学の理論でさえ究極的には決定不全性を逃れることができないという一般的な科学論上の指摘を、思想史も免れられないという意味で、そうであるだけではない。思想史学は不可逆的な時間矢のなかで生じ、すでに過ぎ去ってしまった出来事を扱うという点で、歴史的現象を扱う学問の一つと見ることができるが、同様の不可逆的現象を研究する学問に共通する難しさが、思想史学にも存在する。

歴史学と同様な対象を扱う科学には、自然研究については宇宙史や古生物学などがある。これらの科学は対象となる事象の再現不可能性と、たまたま調査が可能な時空間の範囲に残存している資料に基づいてしか研究をすすめられないという、絶対的な資料上の制約のため、つねに困難に直面している。新種を求めて機材をトランクに詰め、飛行機に乗ってアマゾンに旅立つ同僚の昆虫学者をうらやむ古生物学者は多いに違いない。もしタイム・マシンが存在していれば、恐竜が恒温動物かどうかといった議論は、一瞬のうちに解決するだろう。同様な研究上の障碍は、思想史学の中にも見ることができる。タイム・マシンの発明は、主に思想家の著作の整合的解釈をめぐって展開されてきた、古典的な思想史研究の大半を無用にするだろう。エンゲージメント問題の中で『リヴァイアサン』を捉えるかどうか、といったコンテクスト主義が提起した問題も、ホッブズ本人とその周囲の人々に対するインタヴュー調査によって、簡単に決着がつくだろう。民衆思想史のように、ほとんど直接的な資料なしで手探りを続けざるをえない分野には、この発明によって、整理しきれないほどの豊富な資料が供給されることになるだろう。

だが思想史学を虜にしているのは、不可逆現象を扱うという点で他の学問の諸部門と共通する困難だけではない。以上のような難しさにもかかわらず、「現在」を扱う隣接科学の助けと、さまざまな資料操作上の巧妙な工夫を積み重ねることによって、少なくともそれらが信頼に値するとの社会的合意を得られる程度には、これらの学問は「精密科学」として成功していると言うことができる。それらの諸分野と違って、思想史学を経験科学ととらえることの危うさは、学問性のはるかに初歩的なレヴェルに存在している。

思想史では、研究の「対象」がなんであるのかが、いまだ明確に定義されていない。思想史の対象を定義するのは、二重の意味で混沌とした課題となる。それは研究の素材となる「資料」をどう定義するかという問題と、資料をどう加工し、正規化して、厳密な議論に耐える研究の対象とするかという問題との、二つの課題に分かれる。この二つのうち最初の、「資料」となる素材をどう限定するかという課題も、思想史というジャンルでの解答は、決して自明ではない。現在思想史の対象と考えられる資料の種類が、以下のように非常に多様になってきているからである。

素朴に考えれば、日本の主要な大学図書館の中ですぐに手に取ることができる刊行された文献が、固有の思想史の対象だと思えるかもしれない。しかしまずこの選択すべき「文献」をどの範囲で取るかについて、明確な合意が専門家集団の間に存在していない。現在の研究状況では、研究の資料をめぐって、伝統的に古典として読み継がれてきたカノンを対象とするコンヴェンショナルな思想史と、それを超えた広がりの中でさまざまな観念を取り扱おうとする社会史的な視点を採用する思想史の間で、大きな違いが生まれてきている。確かに前者は、一九六〇年代後半にクウェンティン・スキナーやJ・G・A・ポーコックたちによって行なわれたような、さまざまな方法上の微調整を受けてきた。とはいえ前者に属する研究が、基本的に「古典」を資料の中心に置いて思想史を組み立てていこうとすることには変わりない。これに対して六〇年代以後、歴史学の社会史に向かった変容とともに台頭してきた後者の動向は、前者が無視してきた「通俗的」、「民衆的」、「実用的」等々の諸言語や諸観念の、現実の歴史過程における重要性を指摘して、取り上げる資料の範囲を飛躍的に拡大しようとしてきた。社会史的思想史の視野の中には、従来研究史上で資料的価値を与えられてこなかった「通俗的」著作、パンフレットや新聞、雑誌の類が入ってくる。

さらに歴史上で実際に社会的に機能した諸観念を「読む」ためには、資料操作上、通常「著作」として取り扱われてはこなかった政治的資料、法律的資料、官庁資料、経営上の資料などの諸文献が、『人間知性論』などよりもむしろ重要になってくる。これに加えて、ハイ・カルチャーから区別される民衆文化や、サブ・カルチャーにかかわる観念のあり方を捉えようとするなら、「文献」という形式を取らない言語的資料、たとえば口承伝承や、ヴィジュアル・コミュニケーションに属するものなど、文字以外の形態を取る諸資料の収集と研究が必須になる。また現代のニュー・ヒストリシズムに基づく文学研究や芸術史研究、あるいはカルチュラル・スタディーズに属する諸研究が行っているように、従来文学史、芸術史が扱ってきた作品群も、これらの資料と同様に思想史的枠組みの中に組み入れ、「読む」こともできる。いまだ日本ではコンヴェンショナルな思想史が主流だとはいえ、「思想史」の潜在的資料は数的に際限なく、内容としてはきわめて雑多な事物の集合へと膨張してきている。これらを共通の手続きにしたがって扱う方法は現在存在しない。こうしてディシプリンとしての思想史学を定義することは、ますます困難になっている。

もちろん社会史的等々のアプローチを、いまだ不定形で「学問的」に熟していないと見て、確立された思想史学の枠組みの外に置こうとする守旧的な考えもあるだろう。トマス・リードという対象を扱う限り、この立場も可能である。そして伝統的な思想史の記述のように、カノンとして読み継がれてきた、「歴史をつくった」作品が思想史の正統的な対象である、あるいは少なくとも、思想史学の中心的な研究対象の一つとして、継続的に研究され続けなければならない、等々とあえて主張する研究者が、現在もなお存在するかもしれない。だが仮にそのような主張がある範囲の思想史家たちの間で受け入れられたとしても、思想史の対象を定義するということの困難は消去されない。なぜなら資料を図書館分類項目のXXからYYまでという具合に物理的に限定しても、研究の具体的なプロセスの中で、それらの対象となった「文献」を使って思想史家が何を明らかにするのかが不明確だからだ。

(2)「読み」の多義性、不定性

「読む」という単語にはいくつかの意味があり、それが指示する行為が何かは自明でない。言語をめぐる現在の理論的布置の中で、「古典」を「読んで」いる時、自分はいったい何をしているのか、という問いの意味がわからない思想史家がいるとすれば、方法的に無自覚と非難されても仕方がない。もし「文献」を読解する理由が、たとえば「ロックの思想」を解明することにあるなら、思想史は思想家とみなされる個人の脳の内部に生じた事象の再現だということになる。しかしこの場合、「読む」という行為によって思想史家の脳内に生じた意味的現象が、思想家である個人の脳の内容と同一である保障は存在しない。なぜならテクストが存在するのは書くという行為の結果としてであり、そのためテクストには書かれた内容だけでなく、発話内行為や、発話媒介的行為の産物といった次元も当然含まれているからである。

少なくともこのような意味で、あらゆるテクストはレトリック性を持っており、多層的に存在している。専門学術雑誌に発表される学術論文という、現代のような制度化された学問的テクストが生み出される時代以前に属する、「古典」が生み出された時代での「書く」行為については、はるかにそうだっただろう。そのため「読む」行為によって読者の脳内に産出される意味内容に関する、テクストと作者の脳内の一致という意味で、作者の誠実さが一般的に成立しているとする命題を、原理的に疑う理由がある。

だが以上のように言語行為論によって、テクストの意味の素朴実在論とも言える見方に修正を加えたとしても、さらにここには、コンテクスト主義に付きまとう、もう一つの困難が付け加わる。もしテクストの内容を把握するにあたって、作者の「脳内の出来事」を再構成するという意味で、それが書かれた「意図」を知っておく必要があるとしても、この「意図」自体、通常書かれたものからしか知ることができない。そうでなければ思想史家は、諸記録から確認できる著者の非言語的、外的行為を手がかりにして、その行為を発動させた別の「意図」を再構成して、そこからテクストに含まれた「意図」を推測することになる。だがその場合、「意図」はその非言語的、外的行為の背後にあったはずだとしても、その痕跡でさえ、著者の脳が滅んだ時点ですでに完全に消滅している。したがってその存在を直接的な資料によって検証する手段はない。コンテクスト主義の思想史家は、直接知ることができないものから直接知ることができないものを導き出すという、二重の不確実な操作を行なうことになる。

あるいはこのような素朴な実証主義を離れて、思想家自身や、対象となる時代に生きる人々の脳内での現象が思想史の対象だとは考えず、それはすぐれて言語的な出来事だと断定して、テクストの扱い方を変更することができるかもしれない。というより、思想史という伝統的な人文学的ジャンルを、「言説史」、「テクスト史」として読み替えることができるかもしれない。そうであるなら、少なくとも間接的、不完全な形でしか対象を扱えないという、素朴な思想史やコンテクスト主義に伴う資料操作上の困難を回避することができる。「テクスト史」では、探究の出発点となる一次的な対象が「テクスト」という形で、すでに研究者の机上に載っていることが、疑いえない事実として承認される。このように考えることによって、研究の「対象」が何かという思想史の方法上の問題に対する回答を、極めて自明な形で与えることができる。しかし著者の脳内の現象ではなく、すでに発話され、固定された「言説」のみを扱う学として、思想史の定義に全面的な改訂を加えた場合でも、「読み」の問題が再燃することは避けられない。そこには言語体としての言説の「意味」とは何か、という問いが成り立つからである。

「読み」が複雑で、一様でない行為であるために、テクストは複数の「解釈」を許容する。それが仮に著者の「意図」からずれを持っていたとしても、歴史的事象としてのテクストは、時には互いに対立することさえある、さまざまな色彩を持つ意味のプロミネンスをつねに身に纏って存在している。その中心に固い核が存在するのかどうかも、じつは明確ではない。「読み」の行為は創造であり、それ自体がテクストの延長でもあるからだ。そのため「影響史」であれ何であれ、このようなテクストを中心として形成された解釈の世界である意味的空間を描き出すことを、思想史の記述の目的と考えることができるだろう。この場合著者は、解釈者によって叙述される運動全体の、たんなる契機の一つに過ぎない。

だがテクストを手がかりにするしかない意味空間を間接的な研究の対象とすれば、思想史は結局「解釈の解釈」という循環に陥ると非難されても仕方がない。時系列の中で諸解釈が収斂する保証もない。素朴な思想史に比べ、それはたんに、著者の伝記を言及対象から外しただけであるようにも見える。これらのことを危惧するなら、対象をあくまでテクストの素材である言語に限定することもできるかもしれない。草稿の形成から原テクストの出版、それに対する批評の生産、二次テクストとしての原テクストの再生という形で、テクストは自分自身を生み出し、同時代や異時点に存在する、他のテクスト群と関係しあう。テクストの「意味」とは、このような諸関係の別名である。そして相互に指示しあう言葉によって編み出された、互いに参照しあうテクスト同士が作り出す言語の空間、「テクスト界」の記述こそが、言語としてテクストを扱う正当なやり方だと言うことができるかもしれない。そこではすでに作者は主役の座を降りるどころか、膨化した紙の山に隠れて、もはやその姿さえ明確ではなくなり、テクストの「著者」という名称だけを携えた、一種の透明人間になってしまう。

だが一見厳密な研究であるかのように映るとはいえ、このような記述が現実に行き着くのは、一種の巨大な辞書を編纂するという、退屈で、ほとんど社会的な意義を持たない仕事に過ぎないと、このようなアプローチを批判することもできる。むしろこれとは反対に、イデオロギー、構造、ディスクール、集合的無意識等々の、テクストやそれの個々の解釈などを超えた、「何者か」の探求こそが思想史の仕事だと考えることもできる。この種のアプローチを採用する者にとって、テクストの「真の意味」とは、それらの超越的な実在のことを指している。この場合、作者はあらかじめどこかに準備されている潜在的言説を、「語らされている」一種の俳優、というより一種のパペットになる。しかしこのような研究に対しては、素朴な思想史もコンテクスト主義も解釈学もテクスト学も共に声をそろえて、この種の研究は自立した学問と呼ぶに足る方法的厳密性を備えていない、それは結局哲学と思想史との猥雑な混合物の域を出ることはできないのだ、という非難を浴びせるだろう。構造主義などに基づくアプローチが提供する記述が恣意的な構成にしか見えず、現在のところそれらの結論が収斂するような研究の蓄積を生み出していないという意味では、この批判には妥当性がある。だがそれに対する批判者たちが代替的な回答を持っているとも言えない。これらの相互に異質的なアプローチのどれもが、他のアプローチに対する明確な優越性の印を備えてはいない。そのためそれらのうちからどの方法を採用するかは、いまだに個々の思想史家にまかされている。

このように思想史学の学問としての輪郭は、極めて不明瞭だと考えざるをえない。だが問題は以上のような、ある意味で近代的学問としての思想史の本質にかかわる困難ばかりではない。むしろこのジャンルの学問としての幼弱さから生じるともいえる、より深刻な難問がある。仮に古典であるテクストを中心的に扱うという、コンヴェンショナルな人文的学として定義された場合、思想史学は自然言語という、「生の素材」を研究の対象とする学問だと考えることができる。だが素朴な経験主義が研究の正当な対象と考える「生の素材」は、科学に対する現在の知見によれば、じつはどのような意味でも、厳密な学問の対象とはなり得ない。

(3) 対象生成の手続きの欠如

自然科学、あるいは経済学や社会学の一部など、社会科学の方法的に発展し、高度に制度化された部門は、そういう「生の」対象を扱わない。それらの分野では、学問の「対象」を生成するアルゴリズムとしての手続き的知識が、科学者集団の間で当該ディシプリン存立の前提として承認され、共有されている。そのためそれらの分野の研究者たちが従事している「実証研究」は、一九世紀の実証主義が考えたような、「いっさいの先入見を排して」、「裸の自然」を相手にするような、純粋無垢な認知プロセスではない。たとえば理論経済学者は、対象としているはずの事象が生じている現場を走り回りながら、実際に遂行されている経済活動を研究しているのではない。彼らは研究室に閉じこもり、コンピュータを前にして、所定の手続きによって精度がある程度確定された統計資料、つまりなんらかの経済活動を指示していると研究者集団の間で想定されている、特定の数字の集合を操作している。彼らが行なう「操作」とは、経済統計と呼ばれる数字の集合に対して、それらの間の関係を数学的に推定したり、あるいはそれらの数字を代入することができるように最初から組み立てられた手持ちの方程式にそれらを代入し、その計算結果として、経済「予測」と称される、一連の数字の集合を算出するような行為のことを指している。ここでは作業は数字から数字へともどっているだけであり、そこには対象の定義に関するなんの問題も存在しない。

経済活動のような、不定形で膨大で複雑な事象が学問的に扱える、あるいは扱えているように見せかけることができるのは、最初から数字しか相手にしないように、このディシプリンが方法的に囲い込まれているからなのだ。だからこそこの分野で製造された論文が「正しい」か、「間違っている」かを専門家集団の中で判断することができ、それに基づいて、彼らの間での合意が可能になる。これに対して「生の素材」を対象にする研究では、どの「読み」が学問的に正しいかを判断するために、専門家の間で共有されるべき手続き的知識が成立していない。思想史学が確定した学問であるかのように思えるのは、対象が言語であり、日常的な言語体験に即して、作品は「読めばわかる」ものだという、素朴な感覚を抱きがちだからだろう。だがこの錯覚は、テクストの解釈をめぐる論争が始まったとたんに消失する。

言語は音や文字といった物理的な形態を取るために、「そこに」存在しているかのように見える。そのためロック研究者が『人間知性論』を手に持ち、これが自分の研究対象だと言うとき、あたかもその意味は自明であるかのようにも思える。だが実際には、言語は物理的外装を伴いながら、それを超え、それに囚われることのない、半透明の存在である。だからこそ正字法で書かれたベルリン科学アカデミー編『カント全集』の一巻と、ズールカンプ版の文庫本の内容とが、同じ『純粋理性批判』だと断定することができる。言語活動が伝達するのは情報である、と言ったところで、この事態に随伴する困難は解消しない。コンピュータが処理する人工言語と異なり、思想史は自然言語を対象としている。プログラム言語をコンパイルして実行した時、コンピュータが毎回異なる動作をするとすれば、それはプログラムのバグであるに過ぎず、エンジニアはプログラムが「正しく」書かれていないと、ソフトハウスにさっそく苦情の電話をかけるだろう。だがそのような事態は、自然言語、特に思想史の対象となる言説については、日常的に起きている。この場合は、古典が「正しく書かれている」からこそ、読者は異なった反応を示し、解釈が無限に分岐していく。

現在の主要な自然科学の諸部門では、研究主体と対象との実在的な関係をテクストに翻訳する、「計算の中心」としての実験室が存在する。(3) そこに入った科学者たちは、アモルフォスな実在的な関係に直接触れることなく、実験装置というフィルターによって再構成された「現実」であるテクスト＝インスクリプションを相手にする。インスクリプションに基づく議論は、その原型である実在的な関係に翻訳し返すことができる。こうして科学者たちは、言語の世界から離れ、実験室内に生起する事象の関係という形で議論を遂行することができる。言い換えると、理論的言説の「テスト」が可能になる。そのため専門家集団の間での合意を成立させるだけでなく、しばしばそれが幻想に過ぎないとはいえ、研究の当否を実例によって示すことにより、専門家コミュニティの外部に存在する公衆を説得することもできる。これは経済学者がめったに成功しないことだが、それは経済学には「実験室」がない、つまり「計算の中心」が存在していないからである。まして現状の思想史学では、研究過程の中心に位置する実験室的な装置を作り出すことは不可能である。

「読めばわかる」という当初の感覚に反して、机上に存在する言語体の内奥へ進めば進むほど、古典の「読み」は複雑に分岐し、無限に拡散していく。テクストが見せる表情はカレイド・スコープのように多彩であり、その一つの綾を追いかけると、長期にわたって織り成されてきた観念の糸の織物をどこまでも手繰ることになり、やがてそれにつれて、テクストの全体が視野から消滅する。この徒労に気づき、目を机上に戻してテクストの全体を捕まえようとすれば、「読み」の見取り図を腕力に任せて強引に彫り上げる過程で、それ以上分割できない個物のような固い言葉の数々が、ばらばらと図の上から落下していくのだ。あるいはテクストの文字の背後に、著者が生きた時空間を透かし絵のように投影しながら、個々の語義を確定しようとすれば、確かに文字は書かれた直後の新鮮さを取り戻し、生き生きと動き出すように見えてくる。しかし同時にこの作業は、どこまで掘り下げてもその底に至ることができない井戸を掘るような、徒労にも似た感覚を伴っている。こうして「読む」という作業には、際限なく伸びていく悪無限の世界を放浪するような感覚が伴う。

もちろん思想史学の文献にも、投稿論文の査読や学位審査で容易に指摘できるような、初歩的な誤読や単純な事実誤認から生じる明らかな誤りもある。その点で、この世界にも「プロフェッショナリズム」が存在する根拠がある。だがそれがある程度熟練した読み手によるものであるなら、思想史の世界では、「読み」のどれが正しくどれが間違っていると決め付けることは、じつはほとんど不可能だろう。もしこれらの方法上の重大な問題点に気づいた研究者が、現状の思想史学の科学論的な性格を真摯に受け止めるなら、このジャンルでは決定的結論を得ることはできないと告白せざるをえないだろう。

(4) 補助科学利用の可能性と限界

とはいえ不可逆的な時間矢の上の事象を扱う自然科学の諸部門で採用されている方法から類推すれば、「科学」としての思想史学が建設される可能性がまったく存在しないわけではない。例えば歴史的事象を扱う天文学は、再現性がない宇宙史的な事象を推測していくために、ビッグ・バン理論など、現在の実験室での物理学的研究の成果を利用した理論構成を行ない、それを現在の観測結果とつき合わせて、宇宙の歴史を再構成するという方法を採っている。また古生物学では分野の設立の最初から、現存する生物の比較解剖学の成果が応用されてきた。現在ではこれに加えて、遺伝子解析の成果が有効に利用されつつある。不可逆的な過程の過去の事象を推定することを課題とする現代の科学では、これらの補助的学問の利用が、不可欠の手段となってきた。これらの「自然史」を扱う科学では、同一条件の下では同一の現象が再現されるはずだという前提に立って、現在の観測や実験によって確認できる理論の結論を、過去の時点に遡及して投影することで、絶対的な資料の欠如を理論によって補う。補助科学が提供する理論に決定的な瑕疵が発見されない限り、それらの理論による推定は、実際の資料の発見による証明と同等の確実さを持つと見なされている。同様なことは、思想の歴史についても可能かもしれない。

社会的に成立する意味的／言語的構造体には、時代精神、イデオロギー、集合無意識、ラング、構造、パラダイム、ディスクール等、従来異なる理論的立場から、様々な命名が行なわれてきた。その実体が何であろうと、与えられた時空間の内に存在する社会において、それが個人心理を超えて社会的に成立し、その社会の内部に組み込まれている個人の思考と行動を規制するという事実は否定できない。だがマルクス主義や構造主義や知識社会学等々の野心的な宣言と試みにもかかわらず、それが何であり、どう機能するのかは、現在のところ明らかではない。例えば、それがあたかも万能の神のように、個人をパペットとして操り、行動させ、その声帯を伝声管として使用して自らの言葉を語るのか、あるいはそれが合理的選択を行なう個人に対して、あらかじめ与えられているゲームのルールに過ぎないのか、また不可逆過程の中で行為する個人にとって、動機付けと選択と行動の前提となる、歴史的累積過程の中で生み出されてきた制度的な経路依存性とイナーシアなのか、それらを判定する基準となる、実証的に確認された結論は得られていない。そのため「それ」が個人の意味的、言語的行為をどのように規制するのか、そして逆に個人の行為がそれをどのように変化させるのかという問題は、それぞれの理論的立場から多様な説明が提供されているとはいえ、実際にはいまだ信頼に足る回答が存在していない。マルクスもパーソンズもレヴィ＝ストロースもフーコーもギデンズも、この点で互いに特権的な位置に立ってはいない。

思想史研究が困難なのは、過去に関する資料の絶対的不足ばかりでなく、この抽象的な社会的構造体と、個人の思想とのかかわりに関する実証的な研究が不足しているため、それらの関係を理解するために役立つ、信頼性のある理論が存在していないからでもある。そのためこの分野では、資料の欠如を理論的な推定によって補うことができない。例えば理論物理学を利用して行なわれている、宇宙の発生についての天文学の推定に匹敵できるような形で、近代の意味的世界の世俗化を説明できる理論が現在存在しているだろうか。それがロックやヴォルテールなど、「偉大な個人」の思想の影響だと言うほど、現代の思想史家は素朴ではない。そこには個人の偶発的な思いつきや行動を超えた、何かしら「法則」と呼ぶことができるものの力が働いていると考えるのが妥当だろう。だが歴史学でははるか以前に死滅した、ドイツにおける近代国家の起源をフリードリッヒ大王の伝記に帰するような類の、蒼古とした「英雄物語」に代わる思想の歴史の説明は、多く試みられているとはいっても、専門家集団の間で合意された、採用すべき確定的な方法が存在しているわけではない。この事情は、社会に関する確定的な理論が不十分なために歴史学一般が直面している困難の、ある種の地方版だと言える。だが二〇世紀後半の歴史学は、たとえその信頼性に多くの留保条件を付けるべきだとしても、社会学や経済学などの社会科学諸分野の理論的達成を利用して、歴史記述の手法を著しく改善してきた。同様なことが、思想史学で実行できない理由はない。

じじつ現在の時点で、「それ」——この不明の対象に仮に命名するとして——に関する多くの研究と知識が、さまざまなディシプリンや、学際的な領野で蓄積されつつある。例えば一九六〇年代以後の認知心理学の発展は、個人心理を実証的に扱う手法を洗練し、それらに基づく研究を積み重ねてきた。その一分野である社会心理学も、社会的な観念の形成や流布や、個人間、集団間の相互行為に関する、ある程度の説得力を持った研究成果を生み出してきている。また歴史家たちによる社会史的な研究は、絶対的な資料的制約の限界の内で、個人心理の範囲では捉えることができない、集団的意識／無意識の世界である「マンタリテ」の実態をある程度解明しつつある。その他にも、現代社会の意味的、言語的、コミュニケーション的現象の研究も、さまざまなディシプリンの内部や、学際的分野の展開によって進められてきている。とくにメディア・スタディーズやカルチュラル・スタディーズは、狭義の思想史の対象範囲を超えた、社会的な拡がりを持った意味的・言語的・メディア的現象の実態と、それらの社会統合／非統合上での機能を、社会内に存在する個人や集団の行為との関係で解明しようとしている。あるいは科学技術政策の研究は、集団や制度のせめぎあいの中で「真理」が社会的に形成される過程を、実証的手法で研究している。かつてのマルクス主義や構造主義が提唱したような、グランド・セオリー的な誇大な企画ではなく、ある程度確定的な結論が得られる範囲に限定した中範囲の研究を志向するのであれば、これらの研究の成果を思想史に対する補助的学問として利用することは有意義だろう。例えば心理学者と思想史家が協力して、社会心理学のさまざまな成果を思想の歴史に対して応用することが考えられる。あるいはＳＴＳと呼ばれる社会学的、政治学的な現代の科学研究を、科学史研究や学問史や知性史と連動して進めることも可能だろう。[4]

その可能性へのある程度の留保を行なうとすれば、現在でもこの種の複合的なアプローチに、まったく試みられる価値がないとは言えない。中範囲の理論化を目指すこのような研究は、例えば「モダニティの批判的解明」を行うといった類の、壮大なかけ声を最初から拒否して進められなければならない。したがってその成果は、堂々たる叙事詩的な語りに慣れた従来型の思想史家たちにとって、「思想史」とはとても呼ぶことができないほど貧弱なものだと映るかもしれない。そうであったとしても、不可逆的な時間矢の上に並んだ事象を扱うことに伴う学問的困難を解消する方法は、タイム・マシンが実在するならともかく、自然現象の場合と同様、補助的な理論的科学の成果の応用しか考えられない。またいかに幼弱なものにとどまっているとはいえ、理論的科学の思想史への導入は、それらの方法にしたがって扱いうる資料を整理し、正規化する作業を強いることになる。それはこのジャンルが直面している第二の問題である、「対象」のあいまいさという問題を、少しずつではあれ解決し、明確な輪郭を持った資料について、確定的な何事かを語ることができる学問分野へと変容させていく契機を与えるかもしれない。

しかし現状では、このような試みにまだ大きな期待を抱くことはできない。現在の心理学や政治学や社会学では、自然科学のよく完成した部門ほどには、専門家集団の間で方法上の合意が成立していない。また確立した自然科学に見られるような確定的な結論が、多く存在しているわけでもない。これらの分野での理論的成果を応用して、歴史的現象の再構成を行う試みは、当然この限界によって規定される。それは年代測定などの一部の自然科学から派生した技術を除いて、人間科学、社会科学の諸部門に支援を要請せざるをえない歴史学一般に当てはまる制約だと言える。そのため近い将来にわたって、おそらく人間科学、社会科学に属する諸分野との協同によって扱うことができる事象の範囲は、思想の歴史が従来扱ってきた主題や視角や資料の内の、ほんの一部を占める部分に過ぎないだろう。現状の人間科学、社会科学の達成についての冷静な判断に基づけば、思想史記述が直面している困難の大半が、近い将来のうちに解決される可能性はないと言わざるをえない。

三　「物―語り」としての歴史

こうして責任を問われる前に自分には責任能力がないと、リヴィジョニストの思想史家は答えることもできる。その理由の一つは、不可逆過程を扱う学問的ジャンルそのものの性質から生じている。研究対象の時空的配置から資料的に大きな制約を受けているという点では、思想史家は自然史を扱う自然科学者に劣っているわけではない。また歴史学固有の困難さを生み出しているもう一つの要因は、彼らの責任ではなく、補助科学となるべき人間科学、社会科学の理論的未成熟さにある。これらの条件は彼らの外に避けがたく存在するので、自分たちの努力が足りないからではないと、彼らは弁明を行なうことができるだろう。

だがそれは結局、自己破壊的な回答であるに過ぎない。このような形で方法論的な考察を続けていくなら、最終的に、思想史学には学問の名において何か重大なレシを物語る能力が初めから欠けている、と見なされるようになるかもしれない。もしそうならざるをえないのであれば、将来に期待しつつ、学問的良心の名において、ただでさえ少ない研究資金の枯渇、途絶に耐えながら、当面語ることができないことには沈黙を守るべきだと、思想史家は居直るべきなのだろうか。ハレが言うような、理性的な社会的相互行為の「道徳的モデル」となるべき集団の一員であるという責任を果たすためには、そうすべきなのかもしれない。だが責任能力を自ら否定することによって「科学者」としての知的誠実さを守ろうとしても、その行為は別の意味で、歴史家の一員としての責任放棄に帰結する。それはこの分野の知が伝統的に担ってきた社会的役割に関連している。

(1)　物語る権力

科学者集団を「合理的」、「民主的」な社会組織の実在する範型に祭り上げようとしてきた科学哲学者たちは、かつて「知」が権力であり、現代社会においてもそうであり続けているという事実を隠蔽している。思想史学の社会的有用性は、人文学としての歴史学の性質から生まれてくる。歴史学はその出生から言って、大脳が発達した哺乳類の探索行動や学習能力の延長上にある、人間に本来的な「知的好奇心」とか、近代科学の出発点となったメカニカル・アートのような、技術的・実用的動機から発展してきた知の分野ではない。それは他の人文的諸分野とともに、「記憶」という、共通の母から生まれた守護神の一つを持っている。あらゆる人文的な学がそうであるように、それは一見現実離れした、高踏的なその外観に反して、極めて大きな集団的利害をその存立の背後に持ち、それに突き動かされる知の領域を継承して成り立っているディシプリンなのだ。

重大な決断にあたって、個人はつねに「自分は何者なのか」を確認しようとする。その際にもっとも簡単な方法は、過去における自己の歩みを回顧し、それを基にして、「私はこういう存在である」という、自己についての何らかのまとまった観念を作り上げることだろう。その時振り返り見られる「過去」は、たんに過ぎ去った事象の雑然とした集合ではなく、過ぎ去りながら現在にとどまり、現在の自分自身の基底を形作っている、「既在」とでも呼ぶべき性質を持っていることが想定されている。このような心理的メカニズムの実在と、その人間生活の中での重要性を知るためには、なにも「本来的時間性」などの仰々しい哲学用語を持ち出す必要はない。それは精神分析やカウンセリングの治療現場を見るだけで十分である。

過去の上に現在と未来の自己を位置付けようとする人間心理の働きは、人間が生命という、不可逆過程の性質を持った、進化と成長のプロセスの上に存立する存在の一つであるところに、一つの根拠を持っている。その点では、過去を顧みて自己についての説明体系を構成することは、本能的に合理的な行為だと言える。だが哲学と違い、心理学はまた別のことを教える。それによれば人間の「記憶」は、生起した客観的、心理的事象についての単純な中性の記録ではなく、さまざまな心理的メカニズムが作り出す多くの必然的な歪曲を含んでいる。またそこには精神分析的な意味で、現在の心理的葛藤に基づき、過去の時空間の上に望ましい/望ましくない自己像を投影しようという、無意識の偽造作用も働いているに違いない。このようなプロセスを経てつくりあげられる「自己像」が、実際の自己に適合的である保証はない。むしろこのような心理的機序は、自己欺瞞や誤った判断に結びつき易い。だからといって、人間は折に触れて過去を振り返ることを止めることができない。

それは家族から国家や民族にいたる、さまざまな集団についても同様だと考えられる。それればかりか、過去、あるいは想像の上で作り上げられた過去は、集団にとって、実際には微かにしか実在してない構成員間の同一性を確立する主要な手段ともなる。例えば一九世紀に広範に見られた民族主義運動は、最後には相次ぐ「国民国家」の樹立と、そこから置き去りにされた諸集団の暴力的なまでの排除を生み出したが、その端緒には、言語や文化や芸術を通じた「国民的記憶」の形成があった。民族集団の集合的記憶の掘り起こし／創作は、知識人たちによって半ば自覚的に遂行された、政治的な戦略でもあった。『グリム童話』とか『ニーベルンゲン・リート』とか『カレワラ』などの、主に文学作品である、民族語で書かれた「カノン」の探索と集成が、その重要な武器を提供した。もしそれらが存在しないか不十分であれば、バイロイト劇場のような機関が作りだされなければならなかった。そして記憶や擬似記憶によってつくられた「民族的伝承」は、旧ユーゴスラビアの崩壊過程に見られたように、最後には同じ村に長年住んできた「異民族」同士を、銃を手にした流血の抗争へと追い立てていった。

こうして神話や伝説が語られ、記紀のようなテクストが編纂／偽造される。学問としての歴史学は、近代の知的分業システムに基づいて、おそらく人間集団の形成の時点から始まり、長期にわたって続けられてきた、このような集団的な社会的行為を遂行する役割を継承している。それは一つの犯しがたい権威として確立した「学問性」の名の下で、自らに先行する社会的知が占めていた地位を、現代社会でかろうじて独占しているに過ぎない。近代の知的分業は、知の生産・再生産に携わる専門家システムを作り出した。専門家たちは出版などのコミュニケーション手段を独占し、熟練や学位などの参入障壁を張り巡らせることによって、専門家集団を形成した。ここでは純粋な知が一つの権力となっている。と同時に人文学のような分野については、科学という名の下のこの知の権力は、集団的過去の解釈権を持っていた伝統的な知的権力に取って代わったのだった。この点で歴史家たちは、デルフォイの劇場のような古代から設営されている舞台の上で、ピナ・バウシュの作品を上演しているモダン・ダンサーのようなものだ。

人類や民族などの大集団の「歴史」を書き換える試みには、不可避的に現実的な集団の利害が関わっている。歴史的事実という固い実在ではなく、思想という半透明の流体を扱うために、思想史的な言説はいっそう広範な含意を持つ。人が人として何であるかは、さまざまな形で定義できよう。しかし人生の転換点で重要な意味を持つ、「自分は人間としてどのような存在なのか」という問いに対しては、加齢や病気や事故で変化する身体性や、状況に応じて変化する職業などの外面的な社会関係はあまり重要ではない。それらよりもこの問いに対しては、内的な意味の世界で個人がどういうものであるかが、回答として要求されるだろう。それは集団については、「文化」とか「宗教」とか「思想」などの言葉で表象されるに違いない。そのためこれらの言葉によって指示される集団の像をどう描くかは、集団が自己と他者との関係においてどう規定されるかに重要な意味を持つ。この点で思想史家たちは「冷静な科学者」というより、集団的想像力に取り憑かれ、その恍惚の中で、個人的な判断力と人格を喪失していくシャーマンに似ている。

思想史は人類や国家や民族などの巨大な母集団の「過去」を規定することによって、その中での文化的へゲモニーを握ろうとする、さまざまな集団の戦いの舞台となってきた。それが女性史の場合のように自覚的に行われようと、学問的営みの名の下で無自覚的に遂行されようと、あるいは現在の近代日本史学でのように粗野な政治主義の介入という形をとろうと、思想史の記述を書き換える行為の社会的・政治的意味は変わらない。例えば「近代思想」とは何かという問いは、第二次大戦直後の日本では、凄惨な失敗に帰着した明治以後の近代化を軌道修正するために、日本社会のどの点を中心的に変化させるべきかをめぐる、大きな政治的・社会的戦略に関わっていた。あるいはヨーロッパ近代思想をそのまま諸民族に対して普遍的に適用可能な、人類史的意義を持つ輝かしい達成と描くことは、現在の時点では、とくに近代ヨーロッパの諸国家から被抑圧的な関係を持つことを長期にわたって強いられてきた文明圏の人々にとって、自分たちが所属する大集団の過去が無価値だと宣告されるに等しい意味を持つ。思想史が関わっているのは、このような集団的過去の意味的な所有をめぐる大規模な抗争である。超越論的現象学の建設によって、第二次大戦にまで至ったヨーロッパ近代文明の危機を救おうとしたフッサールや、プラトン以来の存在理解を解体することで近代技術文明を覆そうとしたハイデガーのような試みを、数学やギリシャ語文献に埋もれたあげくに現実感覚を喪失した世捨て人たちが、世界戦争へと突き進む社会変動に揺り動かされて抱いた幻想の産物だと考えてはならないだろう。彼らの言説がいかに幻惑的、誇大妄想的色彩によって塗り固められていたといっても、思想を扱う行為の現実的機能に対する、プロフェッショナルとしての漠然とした予感が、彼らをそのような思念に向かわせたのだ。哲学者や思想史家が語りだす言葉は、その衒学的、抽象的、非現実的な外観の背後に、赤裸々な暴力の暗喩を伴っている。

このような現実的な問題性の自覚に立って、思想史家が社会的に要請される「現代性」を語ることを控えるとすれば、その沈黙は実証主義者としての学問的良心に適うとは言える。だがそれは歴史家としての社会的責任を果たしたことにはならない。もし歴史家たちが実証主義的な観点に厳密に従って「決定的なことは何も語ることができない」と呟きながら、あらゆるレシとしての歴史記述に沈黙を守っても、その沈黙の深い意味が理解されるわけではない。歴史家はヴィマラキールティーではなく、公衆はマンジュシュリーでもない。それどころか、薄弱な根拠に基づいて断定的な結論を下すことに職業的疚しさを感じない人々が、すぐさま彼らの地位を奪うだろう。もし職業的な思想史家が「科学者の良心」に基づき、過去の解釈権をめぐる戦いの舞台から退場したなら、本物のシャーマンや魔術師や御用詩人たちが、そこに乱入してくるだろう。なぜなら権力の地位にある者がその座を放棄したからといって、権力そのものが廃絶されるのではないからだ。

こうして哲学者たちの時代錯誤的なアプローチを非難しながら方法論的な反省を行なう現代の思想史家は、困惑する立場に立たされている。一方ではかつての無自覚な思想史学が読者に提供してきたような、研究対象に対する超越的で断定的な評価と、それに基づく当該思想の「現代的意義」の提唱を、断念したり、ためらわせたりするのに十分な理由がある。それはウィッグ史観的な歴史記述が、歴史学の学問的基準を満たしていないという意識と、科学的ディシプリンとして思想史学を成立させる困難さの自覚という二点について、そう言うことができる。だが歴史家がこのような方法意識を持ったとしても、歴史学が学問以前の集団的行為から受け継いだ社会的役割が、研究対象の「意義」について何かを物語ることを要請している事態は変わっていない。もしこのような状況を根本的に避けようとするなら、そのためにはこの「物語る」権力自体を解体しなければならないだろう。

もちろん近代科学とともに成立した現代社会のエキスパート・システムと二重写しになった、このシャーマン的権力を現実に問題化できるのは、最終的には言説の生産それ自体ではなく、社会的な行為空間における集団的行為だろう。そのためそれを社会的言説の形で意識化するとすれば、それは言説内の問題ではなく、社会システムの自己言及性をどう構成していくかという、社会の設計に関わる言説領域で行なわれなければならない。それは思想史の方法論などが立ち入る領域ではなく、基本的には、広い意味での政治学の課題となる。シャーマンたちが実証主義者から見て、不適当で非現実適応的な自己意識を集団に与えるというこの問題は、集合的な適応システムとしての社会に対して外部から個々の段階で要請される機能要件と、その社会的な「意識化」のずれを生み出す政治システム、情報システムの欠陥が原因であり、その解決のためには、仮にそれが可能だとして、それらのシステムの再設計を必要とするからだ。

太古から受け継がれてきた集合意識の無意識的な語り手の言説は、集団的同一性を意味的領域で成立させるために不可欠となってきた。それは個人主義的・功利主義的共同体観が支配的である現代の「民主主義」国家でも、いまだ機能を停止してはいない。功利の原理では、個人に死を強いることはできない。そのために自由民主主義の拠点となっている大国の指導者が、神がかり的な言葉で兵士たちを戦場へ駆り立てる。その背後にどのような個人的、集団的な利害計算が働いているとしても、それらの言説の中心的な修辞は、古典的な「虚偽意識」のカテゴリーに分類されるような、啓蒙以後の個人主義とあからさまに対立する、蒼古とした共同体的言辞の残滓によって構成されている。それはテミストクレスによって解釈されたデルフォイの信託を信じて行動した二千年以上前のアテナイ市民と、現代の代表的な「民主国家」の国民との間には、情報収集・解析能力という点で、じつは本質的な差異がないという、愕然とさせる事実を示しているのかもしれない。

このように現代の政治的言説でも、いまだ修辞が大きな威力を発揮している。社会的意思決定の仕組みとしての政治システムは、「合理化された」現代社会においてさえ、適応のプロセスという点から見て、決して完全に「合理的」

に機能しているとは言えない。そして政治家の演説のように戦術的な、直接的な形ではないが、集団を非適応と相互の抗争へと導く可能性という点で、歴史叙述はむしろより悪質だと言える。それは集団的意思決定の個々の局面で働く政治的言説と比べ、はるかに長期にわたって戦略的に機能する。それはその内部で個々の戦術的な言説が遂行される、大きな物語の枠組みを与える。そうしてそれは時として、第二次大戦にいたる日本の国粋主義的言説やドイツの国民社会主義的言説がそうであったように、巨大な集団を破滅へと駆り立てていくことすらある。シャーマンとしての歴史家の地位が消滅する時があるとすれば、政治的言説における修辞の機能を停止させるような意思決定システムが存在し得るような社会状態においてだろう。

以上の問題性に加えて、現代社会の中で人文学的知の分野がその一部として組み込まれている、近代的なエキスパート・システムという知の権力が内包する危険性がある。言説内容の合理化に大きく貢献してきたとはいえ、専門家集団の存立が非専門家を排除し、彼らの言説の検閲を通じて成立することは否定できない。社会システムを情報のフローとしてみた場合、このような独占状態は非対称的な情報アクセスを作り出す危険性を常に持っているだろう。したがって情報のフローの質の確保と、情報の対称的な分配が行なわれているかどうかをチェックしつつ、専門家による独占状態を徐々に削減していく社会的戦略が構想され、実施される必要がある。これらの課題は双方とも、歴史家の叙述とは無関係に、集合的行為そのものによってしか解決されないだろう。

(2)「語り手」の現象学

これらの問題を意識する時、思想史的言説の造り手は、もはや無邪気に過去の人物Xに属する思想の現代性を語ることはできないだろう。あるいは価値付けの命題を言説から完全に排除しようとするだけで、自己満足することはできなくなるだろう。思想史が集団的記憶の語り手という役割を否応なしに継承している限り、その記述には「語り」という性格が伴う。もちろん歴史記述についてのナラトロジー論が想定しているように、発展した歴史叙述がすべて物語言説という形態を取っているのではない。中華帝国で正史の一つの形式とされてきた紀伝体のように、作品として一つの構造の内部に統合された歴史叙述ではない、高度な歴史書も存在してきた。とはいえ歴史叙述は、宇宙史や進化の歴史の記述に先立ち、経験科学としての叙述形式が確立するはるか以前から存在してきた。そのためそこには、人文的学としての歴史がその前学問的な先駆者からいやおうなしに伝承してきた、「語り手」が誰であり、何の資格において語っているのかという、語りにおける人称問題が存在している。

思想史のナレティヴにおける人称問題は、特定の思想家を取り上げた、通常の解説書的叙述の中にも伏在している。それらはまず、叙述の対象となる思想家の伝記的事実の紹介から始めるだろう。それからその人物の思想の時系列に沿った発展が、伝記的な記述を背景として語られるだろう。そしてこれらの相対的に外面的で、解釈があまり問われない記述の最後には、主題となった人物の思想がどのように大きな歴史の中に入っていったのか、どのような評価を受け、どのような影響を与えたのかが語られるだろう。そしてその締めくくりとして、なぜその思想家がその本で取り上げられるのかが示されるだろう。それはその書物の存在証明となるからである。

だが思想史である以上、記述はここで停止することはできない。それは思想家という外面から、思想の内面へ向かわなければならない。そしてその中で、思想のさまざまな側面が分析され、解明を受ける必要がある。そのためには、おそらく似通った、あるいは対照的な思想家が取り上げられ、それとの対比が行なわれるだろう。方法意識が高くないコンヴェンショナルな思想史家の手による場合、これらの叙述のクライマックスは、分析を受けた思想の「現代性」に割かれることになるだろう。あるいは著者が方法的に敏感なリヴィジョニストであれば、記述は意識的に非現代性へと向かっていくだろう。この場合叙述は、対象となった思想家のステレオタイプの肖像に、一次資料の証言に基づいて亀裂を入れていくだろう。偶像破壊に熱中したり、現代の思想との相違を強調することに専念したりすることになるだろう。どちらにせよ、これらは一見まったく無邪気で、当たり前の教科書の構成法であるように見える。しかしこういった概説書における人称性の現象学を試みると、その無垢さの外見の下で繰り広げられている、歴史的語りを主導する人称の、危うい運動が明らかになる。

ある個人を取り上げる場合の思想史の叙述は、最も客観的に思われる伝記作者の語りから始めることができるかもしれない。歴史家はここでは傍観者として、あるいは目撃者として、叙事詩人として、または役所の記録係としての平坦なナレティヴを使用する。そこでは報告の主題となる人物の国籍、地方、生誕の地と生没年、受けた教育、また学者、思想家としての活動の始まり、家族や交友関係や社会的活動などの外面的プロフィールなどが紹介されるだろう。そしてこの冷静で淡々とした語りは、クライマックスである主著の成立と、その社会的評価、論敵との華々しい、あるいは生彩のない抗争へと進むだろう。時系列を追って書かれるとすれば、叙述は最後には、死後の評価の高まりや低落、思想のパンテオンでの戴冠や、歴史からの忘却などで締めくくられることになる。

主に内面に生きた人々を扱うこの種の歴史の伝記的叙述は、結局のところ、さほど読者の興味を引くようなものではなく、通常は読み物としての快楽を欠いている。とはいえ思想史家にとって、ここは比較的安全な領野だと言える。透明な三人称性はこの場合、中性的な傍観者の報告という語りの形態のために呼び込まれているのであり、物語空間の内部に生起する、あらゆる事象についての絶対的な知識を持つ、古典的小説のナレティヴにおける「神の視点」とは異なっている。しかもこの場合の人称性は、実証主義的な「客観的記述」の三人称性とも両立する。もちろんそこには事実の確認に対する疑念が残るだろう。また叙述に利用できるたまたま報告された事実と、記録が散逸して現存しないか、たまたま記録されなかった事実、また偶然ではなく記録が残された事実と、最初から記録が残されるはずがなかった事実をどう扱うか、という難問も存在している。これらは決して小さな問題ではない。だがそれらは歴史学一般の方法論の領分であり、少なくとも思想史にとって固有であるような人称問題が、そこに入り込む余地はない。

だが伝記は思想ではないのだから、叙述はやがて不可避的に、思想家が語ったことの意味の記述に移っていくだろう。それは最初は、伝記的な事実と順序に密着した、形成史的な叙述であることができるかもしれない。しかし主題となる人物の思想がどのような順番を経て発展したかを再構成する作業には、必然的に解釈の要素が入り込んでくる。この段階で既に人称問題が、叙述のあちこちに姿を現すことは避けられない。そのような語りでは思想史家は、あたかも対象となった思想家の内面を目撃しているかのように叙述を行なうからである。この種の「目撃者」は、現実には存在するはずがない。目の前で友人である自分と会話している人物、取調室で刑事である自分が対峙している人物、診療室でカウンセラーである自分に向かって座っている人物などを想起してみれば、そのことは明らかだろう。いくら時間を費やしたからといって、彼らの内面を目撃者として語りだすことができる友人や刑事やカウンセラーは、登場人物が同一人格の分割としての性格を持っているドストエフスキーの小説の外には、一人も存在しない。他人の内奥を覗き込むことができる人間はいない。それはつねに宇宙の深淵のように、他者の意識に対して、計り知れない闇の彼方にある。

そうであるなら、なぜ思想史家だけにそうする権利があるのだろうか。「形成史」的叙述の三人称性は、このような虚構の人称性を想定している。それは「神の視点」から語り出される、古典的な小説から持ち込まれたのかもしれない。しかし思想史では語りの対象となる人物は、作家が少なくとも権利上創造者であるような作中人物ではない。この存在し得ない人称の語りが、実際には歴史家の一人称的独白でないという保証は、いったいどこにあるのだろうか。控えめな口調だとはいえこの種の語りには、この虚構の人称性に基づく危険性が付随している。ただしこれに対しては、いくつかの対抗手段がある。三人称性への一人称の混入という危惧に対しては、叙述をあくまで草稿などの資料に即して行ない、それらを超えないように注意して進めることで、この危険を一見回避したように見せることができるだろう。テクストの解釈という原理的な難関を糊塗して、思想家が思想家に成るプロセスを、「資料自身」によって語らせる語り口を取ることもできよう。「内面に入る」危険を回避して、テクストの生成過程の時系列上での観察に、記述を限定することもできるかもしれない。

しかし個人の思想の発展も、それ自体としては思想史ではない。公的言説となるに値する思想史とは、個人を超えて成立した何ものかに関わるものだからだ。ある人物の考え方がある仕方で発展したからといって、それにどんな意味があるのだろう。それがその個人の内面にとどまっている限り、何らかの歴史的興味の対象となることはなかっただろう。それが他者によって知られることすらなかっただろう。したがって記述は、個人が生み出した諸観念が、社会と歴史の舞台へ入っていく有様に触れないわけにはいかない。そこでは語りの対象となった個人の思想と著作が、他の知識人たちの思想と著作の中にどのような反響を生み出したのかが説明されるだろう。もしそういう事態があったとすれば、それらが知識人の社会を超えて、どのような社会的影響を与えたのかについても、思想史家は説明するだろう。

この場合、語り手は複数の個人や、時には集団の「意識」の中にさえ、自由に出入りすることができる透明な人称性を持っている。長期間見知っている一人の人物の内面を語ることさえ不可能だというのに、多数の人物や、集合的人格についてさえ知り尽くしたように喋っているこの人称は、いったい何者なのだろうか。大河小説の作家に似た、この万能の語り手の眼差しの虚構性は、さらに高まることになる。だが形成史よりも解釈の度合いはさらに高くなるとはいえ、あくまで外見上の「影響」に言及を限定することによって、その語りはこの段階でも、一見中性的な外観を纏い続けることができる。学派が形成され、一つの支配的な潮流として一世を風靡する様子が、さらに国内を超えて海外へも浸透していく様が、そしてやがて必然的に生じる影響力の衰退と、忘却の時期の到来と、それからの目覚しい蘇りの瞬間が、あいかわらずの淡々とした、「主観」をまじえないように装った叙事詩的語りによって描き出されるだろう。

とはいえ「影響」の説明だけでは、この叙述を思想史と名づけることはできない。思想や言説の「影響」とは、その内容によって作り出されるものだからだ。解剖を行なうことなく動物の外見だけを描いている博物誌のように、それを「説明」することのない思想史は、外観だけをなぞっているだけの表面的な記述に過ぎないだろう。すでに古代のアリストテレスでさえ、外見の記述だけでなく、比較解剖学を行なった上で、さまざまな種の自然史を書き残したのだ。思想や言説の比較解剖は、それらの内側に入り込みながら、語りの相対的に中性的な外観を維持するために有効な方法だと考えられるかもしれない。どのような学問分野でも構造の比較解剖学は、安全な理論化の最初の段階となりうる。このような配慮から、主題となった思想家の思想や言説は、他の重要な思想家の生産物とつき合わされ、それぞれの特質が議論されることになるだろう。当事者たちが気づかなかった意外な共通性が見出され、また当事者たちの意識とは異なったところに根本的な相違点があることが主張されるだろう。比較の対象が時系列上に並んでいる場合には前後間の影響関係が、同時的であれば同時代性が発見されるだろう。特に直接の影響関係が見出されなかった場合には、それは個人の思想の背後にある「もの」の片鱗が現れている証拠として、大きく取り上げられることもあるだろう。

こうして思想史の叙述は、ようやく伝記的、外面的説明から離れて、社会的に成立していた意味的世界の内部に入り込む糸口を見つけたと思われるかもしれない。しかし一見実証主義者にとっても安全と思える叙述のこの段階で、すでに一人称が明示的に語り始めている。なぜならここでは、当事者たちの言説の表層を越えて、その「真の意味」、「背後にある観念」が議論の対象となってきているからである。

思想史家はどうやって「文字通りの意味」を超えて、言説の背後に回りこむことができるのだろうか。著者が著作という形でコード化したメッセージと、読者による脱コード化の結果が食い違う場合、それには三つの場合が考えられるだろう。第一に、コード化や脱コード化のプロセスでの単純な失敗が存在している場合がある。またメディア・スタディーズで強調されているように、読者が脱コード化にあたって、著者の意図に従ったヘゲモニー的な読みを行なわず、対抗的読みや交渉的読みなどのような、独自の形での脱コード化を行なっているということが考えられる。ある程度の訓練を積んだ読み手である思想史家の場合、基本的な実証的規準に従っているのだから、彼らはこれらの「誤読」や「過剰な読み込み」に対して敏感であることが想定される。そのため、これらのケースの蓋然性は必ずしも大きくはない。また著者が従っているコードと、読者が従っているコードが異なっている場合も考えられるだろう。著者と読者を隔てる時空的隔絶性が高いため、実際にはこの可能性は大きいが、これについても読者のプロフェッショナリズムによって克服されていると想定してみよう。それではなぜ思想史家は、著者が意識しなかった内容である、なんらかの「もの」を、テクストから読み取ることができるのか。

言説の深部に対する解釈の行為については、日々さまざまな訴えを持って訪れる患者たちの言説を「解釈」しているカウンセラーや精神科医たちの実践が、一つのモデルとなるかもしれない。彼らは患者たちのメッセージを真に受けることなく、それらの「言外」の「意味」を探ろうとする。カウンセラーや精神分析医であれば、患者の言説を彼ら自身の意識から隠された心理プロセスに還元していくだろう。精神病医のうちには、言説の背後に脳内の生理的な異常プロセスを読み取ろうとする者もいるだろう。カウンセリングや精神分析や精神病理学という、「心の医師」という種族の大分類ごとの違いだけでなく、それぞれの下位分類を構成しているさまざまな流派や流儀に従って、その具体的な方法は多様に存在している。身体医学が対象としている確立された症例についての治療方法のように、専門家集団の間で、確立された解読手法についての合意があるのではない。とはいえこれらすべての解釈者たちは、言説の「意味」を、患者の意識の背後にある心理プロセスや生理プロセスという実体に関係付けようとする点で、著者が意識しなかったテクストの「意味」を知ろうとする思想史家と似ている。彼らはそれぞれの解釈に従って、それらの「実体」に働きかける。ある者は患者の言説を「実体」の語りへと再構成し、無意識のプロセスを意識化することによって治療を試みる。ある者は化合物によって、直接「実体」を操作しようとする。現在のところ身体医学の場合のように劇的な治療効果は得られていないが、これらの実践がまったく有効性を持たないのでもない。

彼らがこの困難な解読行為を遂行する際には、言説それ自体ではなく、言説外への参照を行なう。声調や表情や身振りなど、患者の発言に伴うメタ・メッセージ、患者の履歴、病歴などの事実的資料、さらにとりわけ患者の非言語的行動の考察が、病理的言説に解釈を与える時に不可欠の資料として役立っている。注意深い観察者である他人にとって、これらの表徴を正確、冷静に評価することは、本人よりも容易だろう。同様に、思想史家はテクストの作者や同時代のそれらの読者に対して、時空的に隔てられている時点に生きている点に、一つの優越性を持っている。思想史家はテクストに関連した歴史的事態がどのように発展したかを知っているので、テクストの外部に属する歴史的事象を、解読にあたって参照することができる。もちろん歴史学の史料のほとんどが書かれた言説であるために、このような行為はテクストに対して異種のテクストを参照するだけであり、結局歴史記述はテクスト界の外に存在すると想定された「客観性」の領域に出ることはできないのだと、堅固な「事実」を追い求める歴史家を揶揄することもできるかもしれない。だが実際には、それはある程度まで資料間のクロス・リファレンスによって克服できる。

同時代だが著者自身が無自覚な、あるいは時間的に後に生じたため、著者自身が知りえなかったテクスト外の事象を参照する思想史家は、それらのコンテクストの中にテクストを置いて、テクストの「歴史的役割」を量るだろう。こうしてミルトンの叙事詩の中に家父長制家族の形成を進めるイデオロギー装置が発見され、一八世紀啓蒙の作品の中に、ユーロセントリズムや自然の植民地化に展開していく思想の「原型」が求められる。一九世紀の「帝国言説」の一覧がさまざまなテクストの集合から収集され、ニーチェがナチズムの成立に貢献したかどうかが議論される。一見相反する作品の間に共通して認められるそれらは、確かに著者自身によっては知られなかった、言説の社会的・歴史的「意味」だと言えるかもしれない。だが「役割」とは機能であり、機能は対象の構造と結びついてはいるが、対象自身とは異なっている。それをテクスト自身の「意味」と同一視することはできない。例えば殺人に用いられたからといって、キッチン・ナイフがサーベルと同じだと言うことはできない。ナイフが何であるかを示すためには、原材料やそれが作られたプロセスを知らなければならない。歴史的コンテクストの中でテクストが果たした「役割」を知ることは無意味ではないが、それはテクスト自身を「読む」こととは異なっている。そのため治療者の人称性は、「読み」のモデルとはならないだろう。

発信者のメッセージや通常のメタ・メッセージを超えたものをテクストの中に見出している受信者は、おそらく次のような操作を行なっているのだろう。受信者はメッセージを送信者に沿う形で復元しながら、そこからそれ以上のメッセージを取り出しているとすれば、メッセージの中には送信者自身が意識しない、何らかのメッセージが含まれていると考えなければならない。だがこのコンピュータ・ウィルスのように信号の中に織り込まれた、発信者自身が意図していない、隠されたメッセージを解読できるようにするためには、特殊な装置が必要になるだろう。イデオロギー、構造、パラダイム、ディスクール等々、テクストの中に隠されたメタ・メッセージを脱コード化するための信頼に足る解読装置を発明しようという試みは、二〇世紀前半期の知識社会学や後半期の構造主義などによって、さまざまな形で試みられてきた。しかし現在の状況では、合意が得られるような手続きは確立されてはいない。思想史の補助科学がこのような状況にある現在で、思想史家を一種のメタ読者とするような操作は、経験科学としての規準に従って判断する限り、十分な信頼性を持っていない。このような条件下でテクストの「隠された意味」を語るとすれば、それは断片的で、示唆的な記述にしかならないだろう。そうでないなら、解釈者の一人称が三人称の仮面を付けたままで舞台の前面に登場し、無遠慮に独白を行なっているに過ぎない。この危険を避け、慎重さを維持して仮言的な命題で語られる場合、著者の伝記や作品の比較解剖学などを語る場合の、中性的三人称は維持できない。それは歴史を物語るという、このジャンルに外側から与えられた、「語り」の統一性を保障しないだろう。語りは、常に定言命題で構成されなければならないからである。

この困難を避けて歴史的相対性を確保した上で、テクストに関わるより内的で詳細な叙述を行なうために、複数の言語的・文化的環境の中で生活する個人の体験を参照することができるかもしれない。このような環境での発話は、どちらかの環境に内在的であるような、複数の個人に対して行なわれる。話者はある相手の言語的・文化的環境に従って発話する。その会話の内容を別の言語的・文化的環境を持った相手に伝える場合には、話者はこの別の相手の言語に合わせて、以前の会話の翻訳を行なうだろう。複数の言語での発話は、相手に実際に対面している場合も、相手に向かって書いている場合も、相手の顔を思い浮かべて内話を行なっている場合も、同じ形で進むだろう。そこでは複数の言語に対して超越的な位置にあるメタ言語は存在しない。思考自身が、内話を伴う形で行なわれるからである。複数の言語間の切り替えは、相手に直面したとたん、相手の顔が思い浮かんだとたんに、瞬間的に行なわれる。この場合、複数の質的に異なる発話環境を上から統制する、超越的な架空の人称は存在しないように見える。

同様に、そのようなモデルに従う歴史家の言説は、読者とともに、語りの対象に対しても同様に対面的である。語り手は語りそのものの対象である個人と、叙述そのものを構成する言語とは非同質的な言語によって、架空の会話を行う。そうして身に着けた言葉を、次には読者に対して読者の言葉で語ることになる。二人称的な場に身を置く歴史家は、虚構の人称を使用し、それに憑り付かれているという、不快な気分に煩わされることはない。語り手は一面で語りの対象との対話者であり、他面で読者に対する話者であるという、双方とも現実的な人称を身にまといながら、語り手の中性的な性格を維持する心地よい立場に身を置くことになる。それは語りの統一性という、読者からの要求を満たすこともできる。

だが歴史家が過去と会話を行うのは、架空の世界でのことであるに過ぎない。そこには言語の習得にとって不可欠な、コミュニケーションの双方向性が欠落している。対面的な場で自己の理解を発話か行動によって示し、それを相手の反応によってテストすることなしに、辞書も文法書も存在しない新しい言語を、正確に習得することができるのだろうか。言語ゲームの参加者となれない歴史家が、語りの対象の言葉を身につけることができるだろうか。現実的な対話の場を持たない語りの対象との架空の会話は、決定的な部分で、語り手の言語使用の正否を確認することを許さない。そのため過去の言語の正統な伝え手であることを誇る歴史家は、この点でじっさいには、未知の言語の未熟な使い手であることを暴露してしまうかもしれない。アマチュアの読み手に対して歴史家が卓越するのは、自身の言語習得の不十分性のために、さまざまな部分で現代語への翻訳が不確定である、という明確な意識を保っているというだけに過ぎないのかもしれないのだ。そうであれば、想定される読者からの問いかけに対して、「そうではない」と言い続けることによってのみ、歴史家の語りは中性的な性格を保ち続けることができるだろう。そのためこのような歴史家の叙述は、口籠ることによって理解不能な何かを指し示そうとするという、特徴的な語り方を持っていることになる。

言うべきことがこのような形でしか表現できないところに問題があるばかりではない。相対主義的な立場を維持しようとする歴史家の語り方は、語りの対象の明確な像を与えないために、語り手に集合的記憶の保持者としての役割を期待する読者の苛立ちをつねにかき立てるだろう。それが多くの社会的支持を獲得するとは思えない。この叙述に対照的なのは、三人称によって、対象となった思想の「現代性」を説得的に説明するような、方法的に鈍感な著者たちによって多く採用されている叙述方法である。

歴史家の発話が二人称の現実性に拘泥するとすれば、思想の「現代的意義」を語る叙述は、一見伝記の三人称に回帰しているように見えるかもしれない。不注意な読者には、主人公の生年と同様な口調で、主人公の思想の意味が解明されていくように思われるかもしれない。決定的な場面で時折言葉を失い、沈黙に陥りがちな二人称的な語りに比べ、それは「たんなる事実」の配列と同様に、明快かつ円滑で、読む際には快適でさえあるだろう。だがそれは極めて表層的な類似性でしかなく、それに気づかない読者には、読み手としての注意深さが欠けている。またもしこの場合の人称が、単純な三人称の発話であると語り手自身が錯覚しているとすれば、あまりにも自らの発話行為の内実に対して無自覚だと言わざるをえない。

この一見単純なナレティヴが含んでいる問題性は、この場合に類似した語りの人称性の簡単な分析によって明らかにすることができる。断定的な口調で普遍的な「意義」を語りの対象に付与する言明は、価値的な判断を与える言説の一種だと言える。それは法の言語、とくに特定の事例に対する判断を下す判決文と類似しているので、これをモデルとして考察を進めることができる。判決文には語りの主語が登場しない。実際に判決文を作成しているのは裁判官という個人たちであり、とくに合議の結果でない場合には一人の人物なのだが、現在の司法制度の下で判決文主文を語る発話者は、明示的な集合体の意志表示／擬似的意志表示である陪審員制度の場合の表決以上に、個人性を喪失した主体だと見なされている。そのような意識が、三人称的な判決文の話法に反映している。もちろん主文以外の判決の理由を示す部分では、仮定的な推論や、被告に対する希望を表明した述語が登場することもある。だがこの部分は、判決文本来の機能を持っていない。判決の正当化を行なっているこの部分は、同僚の法曹たちに対する弁明と、公衆に対する何らかのアピールの両者を伝達する目的で、結果にいたる推論を明示しているに過ぎないからである。

意味的には被告が受動態で表現されている、判決文における三人称的な言説は、中性の目撃者、報告者によって語られた結果として生まれているのではない。それは被告に対して死を与えることすら可能な、個人に対する絶対的な権力を所有している、ある主体の言葉として発話されている。判決文の発話者である個人を、「裁判官」という、このような権力を持つ発話の主体にするのは、個人の個人としての資質ではなく、既存の法体系の全体と、この個人にとって正当性を持っている社会的価値体系という、個人を超えた二つの所与への参照能力である。理想的な場合この言説を構成する過程は、あたかも初期条件の下で与えられた方程式を解くような行為に似てくるだろう。もちろん実際には個々の事例を、方程式を解くように裁くことはできない。そこにはシステムにがんじがらめには縛られないという意味で、不可避的な不定性に決着を与える裁判官の恣意が働く余地がある。むしろこのことが、司法に柔軟性を与え、社会変化に対応しながら法体系の安定性を確保するために必要だと言える。そのためプログラムに「自由意志」の存在が認められるようにならない限り、コンピュータが判決を下すことはないだろう。しかしこのような場合でも、この「個人」の発言は、司法的言説の中にそのものとして現れるのではなく、所与の法体系への明示的な参照と、社会的価値体系への暗示的な参照によって、それらを公理として導かれた定理のように装われて登場しなければならない。

判決文の中では、被告たちの個々の行為は、ある「犯罪」という一般的なカテゴリーに包摂される。それは「この犬は動物である」というような判断の形式を取っているが、「良い、悪い」というこの判断の術語は、自然的属性ではない。この述語は、何かの主体に対する関係性の表現であり、そこには価値付けする主体が前提されている。この「主体」とは、個人ではありえない。もしそうであれば、言説は公的言説ではなく、モノローグでしかないだろう。したがってこの場合の語りの人称は一人称単数ではなく、一人称複数の形を取っている。たとえば司法的言説の場合、判決文の語りの主体は、個人としての裁判官ではなく、法共同体としての「われわれ」であるとみなされている。とりわけ近代の罪刑法定主義の下では、被告に死を与えるのは、王権の場合のような、個人の形を取って人格化された権力ではない。それぞれの訴訟事例に対して、この権力は一人称で語らないが、それは発話の主体が、規定された手続きに基づいて存在するシステムそれ自体であることを明示的に示している。同様に、テクストに含まれている思想のある面について何らかの判断を下す場合、そこには価値付けする主体の存在が想定されている。裁判官が個人としての資格において判決を下さないのと同様に、この主体は思想史家個人ではありえない。個人としての自分自身にとっての「価値」を、公にされることを前提とした言説の中で主張することはないはずだからである。「意義」や「価値」にかかわる判断が表明される場合、語りの主体は伝記的叙述の場合のような、三人称を可能にする中性的一人称ではない。それは対象に対して価値を付与することができる力能を持った、何らかの「われわれ」なのだ。

だが「私」が直接に「われわれ」であることが、実際に可能なのだろうか。個々人の脳を直接ネットワークで結ぶことができない以上、個人が一人称複数で発話する場合、それは確定的な判断ではなく、個人の推測の表明としての仮言的な言明という形でしかありえないだろう。あるいはそれは、複数の人称に包含される受け手に対する問いかけの形を取るだろう。それらの形態とは異なって、個人が一人称複数で定言的な言明を行なう場合には、定言的な発話に先行して問いかけの発話が行なわれ、それに基づいて、主語に包含される一人称の間での合意が達成されているはずである。「私」が語り、代理する「われわれ」とは、つねに仮定的な形で姿を表し、しばしば他の「私」によって存在を否定される、浮動的な存在でしかない。

しかし一人称が不定だという指摘に対して、価値付けを行なう思想史家は、論文の中で行なわれる科学的言明もまた、同様な人称性を持っていると反論するかもしれない。「客観的」な自然科学の論文での記述も、実際には個人としての一人称によって綴られている。それらの中で行なわれる一見中性的な理論的言明にも、じつは普遍的妥当性はなく、それ自体としては、個人としての科学者の経験の総括でしかない。その妥当性は、科学者の共同体の中での無限の経験の連鎖という形でしか保障されていない、等々。確かにかつて科学の法則が所持していると思われた普遍妥当性は、経験の無限累進という形式でしか存在し得ない。その点で、それは仮想的な性質だと言えるだろう。だが確立された経験的、理論的科学の命題の場合には、三人称的に行なわれる「実験」の報告や理論的言明を、実験室内の環境や数式などへと還元して適合性を問う手続きが確立している。それらはある程度の範囲で反論が可能で、そのようなものとして受け取られている。したがってその定言的な性格は、仮言性の省略形でしかない。

それらよりは仮想的な性質が強いとはいえ、裁判の場合には、少なくとも語られた言説が、仮想された人称性に適合的であるかどうかを問うという形で、発話を法共同体の集合意志に戻す手続きが存在している。もちろん裁判官が参照する社会的価値規範が、単一の整合的な規則体系である理由はない。ある社会の内部で諸個人や諸集団の利害が対立し、また社会自体も建築物のような安定的な実在ではなく、また不断に変動し続けているので、それはつねに相互に葛藤を生じる複数の規範体系の集合体でしかないと考える方が、実態に即している。またもう一つの参照対象である実定法も、法規集という形態では統一体の外観を呈してはいるが、個々の制定のプロセス自体が社会内の諸集団の抗争と妥協によって動かされているので、それらが相互に調和的である理由はまったくない。それは時には、互いに矛盾しあう規則の体系となっているだろう。法共同体自身が多くの利害対立を内に含んでいるため、その「集合意志」は半ば架空の存在に近い。「社会」とか「国家」は、自然生命体のような、諸部分が有機的に組織され、システム全体の明確な目的関数を持つ、単一の実体ではない。カニバリズムの存在が示すように、自然生命についてさえ、自己保存という意味での個体の利害と、集団や種の存続のために必要な戦略とが対立する場合がある。形式的には厳格に規則に従って行動しているはずの国家機関構成員による恣意的な判断がなければ、「社会」や「国家」が存続しているという外観を維持することさえできないだろう。またこの恣意性の余地が存在することに、社会の中の有力な個人、集団が、他の諸個人や諸集団に対して自らの利害を押し付けていくという、「支配」を実質的に実現するための条件の一つがある。

より抽象的な「価値」にかかわる言明の場合、「われわれ」の仮想性は、司法的言説の場合よりもはるかに高いだろう。いったいどこに「客観的」な記述の主体となることができる、中性の「われわれ」が存在するのだろうか。「人間性」の名の下に語っているのだと、話者は主張するかもしれない。少なくとも司法的言説の場合、個々の言説の主語をそこに手続き的に還元する可能性があるという意味で、その主語となる法共同体が存在していると、かろうじて言うことができるかも知れない。それと比較すれば、「人間性」や「理性」や「文明」等々の名を名乗る言説を、人類としての「われわれ」に還元して検証する手続きは存在しない。そのような言明の主体となる人類的共同社会は、いまだ形成されてはいない。したがってそのような言説は、種としての普遍的な主体を僭称し、架空の「人間性」の名において語っているに過ぎない。

あるいはこれらの普遍的な価値的言明が、価値付けを行なう特定の言語的共同体のメタ人称的発話によって可能になっていると考えることができるかもしれない。普遍主義的な言明を乱発するモダニストたちが無自覚に想定しているように単一の人類的共同体が存在するのではなく、ポスト・モダニストたちのように相互に翻訳不能な言語共同体があると考えるのは、より現実的だろう。それらをそのようなものとして存立させるためには、同一言語を使用する構成員の間で基本的な語彙、命題が共有されていることが条件となる。事実にかかわるものと同様、価値付けについても、共同体構成員の間での言語使用の前提として、メタ人称の形で発話される、基礎的な言明があると考えることができるだろう。言語共同体の構成員による個々の価値的な普遍的言明は、あらゆる特定言語の発話の前提にあるそれらを、話者が個々の事例に即して再発話しているだけなのかもしれない。だが本当に「言語共同体」は実在性を持っているのだろうか。むしろ「言語共同体」といった広大な延長を持つ共同体は、実際には内部に利害対立を孕んでいる、異質な集団や個人の緩やかな連合でしかありえないだろう。

そうであるなら、「人間性」など単一の一人称複数であれ、相互非通約的な言語共同体としての文化圏ごとに並存している複数の一人称複数であれ、これらの価値付けする「われわれ」には、明白な具体性がないと考えなければならない。それは手続き的に実在／半実在の人称に還元することができない点で、たとえ話者が自身の意識の上でそれらを僭称していたとしても、それは個人の集合でも、人類でも、民族でも、国家でもない、一種の実在を持たない人称である。だが思想史の記述で価値付け言明を行なっている書き手が、そのような仮想の存在に身を委ねているという危惧を感じているとは思えない。少なくとも熟練した読み手である、博識の解釈者たちが、うかつにも三人称的な客観的記述と容易に混同して使用してしまうこのような一人称とは、いったい何だろうか。

この実体を持たない人称は、空気のように透明でありながら、しばしば実証的根拠が十分でない大胆な断定や、激しい断罪や賞賛の言葉を発する、高い力動性を持っている。それは価値付けの言明を使用する際に付随する、ある種の表象に過ぎないのだが、発話者は個人の資格で発言するよりも、この人称の仮面を着けている際の方が、自身を力強く感じているようにさえ見える。冷静な報告者として語り始めながら、いつのまにかこの人称にすりかわると、話者は次第に自らの判断に対する自信に溢れ、雄弁に大声で語り始める。それは話者にとっては、強力な集団から全権を委ねられた人物が発言する時のような、権力の美酒に酔うことができる、心地よい体験であるように見える。こうしてこの人称を背後に背負った語り手は、読者に対して、時には支配下にある臣民の生殺与奪の権限を握った王のように、あるいは人類の命運を担って地上に光臨した救世主のように、一介の語り手には不似合いでグロテスクな正装を着け、万能感に溢れ、大仰な身振りで振舞う存在として立ち現れる。

語り手は書いている際に自らが高い矜持を持って「代表」しているものが、「人間性」とか「理性」とか「民族」等々だと思いこんでいるかもしれない。しかし実際にはこの人称は、具体的な集団の代理人称でもなければ、半ば幻想的な法共同体の代表の表現でさえない。この「われわれ」は、どのような確定した手続きによっても、実在する集団に還元することができない。それはまったく実体性を欠いている、一種のゴーストである。事実この人称による語り出しの様相は、「取り憑かれ」の原理に基づいている。それは正確な意味で、一種の宗教心理学的現象なのだ。ありふれた人物が、憑依体験の中では非日常的な、怪異な力を持ったものに成り変わるイタコのように、一介の学者に過ぎない話者は、「より大きな」「絶対的な」何ものかに乗り移られ、その何ものかの言葉を自己の言葉として語り出す。こうして学問的客観性の外観の下で、シャーマンへの退行が生じている。宗教的な比喩が妥当するからといって、そのメカニズムは決して神秘性に満ちたものではない。それは精神疾患の日常的な経験とさほど異なってはいない。人間の人格は、一八世紀の哲学者たちが考えたように、不壊で単一の固体のような実体ではない。統合失調症に伴う心理的な諸現象が示すように、それは容易に解体し、相互に矛盾し合い、移行し合う。冷静な傍観者だった個人の一人称的な語りが継ぎ目なく、仮想の人格の発話へと滑り込んでいったとしても、日常的な心理的経験から見て不思議はないだろう。

この「われわれ」は、いかなる集団にも還元できない無人称のゴーストであり、たんなる「それ」とか「もの」としか名づけることができない。だがこの一見無力で無内容なのっぺりした抽象物は、むしろそうであるために、大きな威力を発揮するように見える。「聞き」、「読み」、「理解する」という行為は、語り手への同化を必要とする。実在的な一人称からシームレスに移行していく仮想の人称の言葉を、疑いをはさむことなく受け止める過程で、その人称へと自らを結び付ける心理的メカニズムが働くだろう。憑依のプロセスは、語り手自身が意識していないからこそ、受信者の真理の中にも、無意識的に滑り込んでいくだろう。それは催眠術のように、無邪気な読者を、「われわれ」を自称する仮想の人格へと統合する。それが言説の中に、中性的で無色の透明さだけを伴って現前するため、このプロセスを意識することは困難になる。虚構の人称の語りは、現実には実在しない「われわれ」が存在するという、仮想の言語的現実を現前させる行為なのかもしれない。実在的な共同体が共通の言語を語りだすのではなく、むしろ実際には、このようなノイズを含んだメッセージの受容を通じて、半ば空想的な存在である共同体そのものがつくり出されているのかもしれない。

対象の「現代性」を論断していく方法的に無自覚な思想史家のナレティヴは、その外観上の単純さの反面で、思想史の語りが胎む問題性を端的に示している。彼らは主観を超えた観念的で歴史的な実在や意味について語っているつもりなのかもしれない。彼らは過ぎ去った時点に属する「それ」について、回顧する地点に立って、それらの外側から語っているはずなのだが、じつは自分自身が、自分の背後に存在している「それ」「もの」によって語らされていることに気づくことになる。実証的な学問の記述を特徴付けるはずの三人称的な語りは、いつのまにか思想史家の個人を超えた、抽象的な社会的構造体という、「もの」の一人称の語りへと横滑りしていく。自分自身を語り出しながら、叙述が中性的な三人称を維持できるのは、語りの客観性のためではなく、語りの主体が個人を超えた、中性的な存在である「もの」だからなのかもしれないのだ。そうであるなら、彼らの三人称的な言説を可能にしているのは、背後に特定の個人や集団の意志や利害が隠されている、仮想の共同体の形成原理という、無人称の「もの」であることになるだろう。

この問題に気づいたとき、思想史家の語りは、三人称から一人称への明示的な移行を強られることになる。自覚的な思想史家は三人称の中性的性格を保持しながら、一人称の語りを構成することを試みるだろう。それにあたって暗黙の一人称複数を拒絶する限り、思想史家は「価値付け」の言明を構成することができない。むしろ中性的な「われわれ」の仮想性を示して、その機能を解体することが、叙述の中で目指されるだろう。

以上の記述ですでに種明かしが終わっているように、ここまでのナレティヴは、トマス・リードについて語り始めると同時に、じつはその語りそのもののパロディを構成してきた。それはまた、思想についての語り一般のパロディとなることを意図して組み立てられてきたのだった。このような構成を行なってきたのは、読者に価値付けの語りにおける「無人称」の存在を意識してもらうためだった。

「それ」は、世界の中のどこに根拠を持っているのだろうか。実体を持たないこの一人称は、かつては「神」という名称を持っていた。その生成の領域は、個人が意味的世界の中で個体としての自身を超えようとする運動を起こす際に生じる、現在の自己との間の空隙に、見出すことができるかもしれない。個人の内部に存在しているこのような「無」の中に、「もの」が分泌される場所があるのかもしれない。そうであるなら、不在の人称を本来の場所である、個人の内奥へ還すことによって、挙証責任を個人に戻すことが、叙述の形式として目指されることになるだろう。

空虚な語りの主体を受け入れないこの歴史叙述は、集合的意識の虚構に加担しない。この叙述は、「それ」を語りの人称として、無造作に価値付けを行なうナレティヴとは違い、過去から現在に至る直線の上で、過去を整合的なプロットを持つ唯一の物語として構成することの不可能性を実演してみせる。その結果として、それは現在の個人が有する選択可能性に対して、過去と未来の両方向へ向かう時間のすべてが開かれていることを暗示する。なぜならわれわれが時間軸上の特定の現在に立っているのは、逃れがたい宿命であるとともに、いつでも書き換え、選択しなおすことができる、たんなる偶然の結果であるに過ぎないからだ。歴史叙述は過去の複数性と豊かさを示すことで、そのための技術的補助者となろうとする。そして容易には「現代に生きるX」と呼ぶことができない、失われた世界に属し、「現代性」を見出すことが明らかに不当であるような思想家についてこそ、このような操作をもっとも適合的に行なうことができるのだ。

第6章の末尾では、この問題に対する本書の対象のかかわりを示すことになる。主題とその提示形式の双方に対して再帰的な本書の叙述は、そこで虚構の人称の本来の場所自体を、本書の対象となる思想の解体作業を通じて示唆するだろう。だがそのためには、対象自体について、さらに詳しく語り続けなければならない。したがってこの叙述の語り手は、以後の章では、しばらく無邪気な伝記作家の人称に戻っていくことになる。

第II部　平行線が交わるところで

第４章　科学する哲学者

思想史学と哲学という、一八世紀哲学を研究している二つのディシプリンが提供する複数のトマス・リードの肖像は、たとえそれらが非和解的に対立してはいないとしても、互いに共鳴し、相補し合うような関係を保ってはいない。リードの公刊された作品の検討からは、ときにはデヴィッド・ヒューム以上に厳密でさえある認識論の建設者という、専門的哲学者としての著者の風貌が浮かび上がってくる。著作という作品群に体現されたリードの「哲学」は、心理学に基礎を置いた、近代の哲学的リアリズムの厳密な体系化だった。他方で、伝記的諸資料や自筆草稿や講義ノートなどの雑多なテクストの研究からは、数学や物理学を中心とした自然科学の素養と、それらの分野での専門的な研究の成果を自身の知的道具としながら、現存する大半の知識の分野に関心を持ち、それらすべてについて自説を展開した、一八世紀の総合的知識人のプロフィールが描き出されてくる。トマス・リードは、一七世紀と一八世紀のブリテンの「哲学者」たちの多くがそうであったようなアマチュア科学者でもアマチュア神学者でもなく、この二つの分野それぞれの専門的知識を持っていた。リードは同時代人の中でもただ広いだけでなく、例外的に深いとさえ言える関心と知識を有する総合的知識人だったが、カント以後的な意味での専門家的な哲学者でもあった。この二者は果たしてどのような関係にあったのだろうか。極めて分析的、論理的に思考したリードが、自身の知的営為の中に分裂を感じていたという証拠はない。したがって綜合的知識人と専門哲学者は、長期にわたるリードの知的活動の中で、論理的、体系的に、終始矛盾なく共存していたはずだったと考えられる。それはどのようにして可能だったのだろうか。

歴史と哲学という二つの領域での現代のリード研究に対して、傍観者的な意見陳述に響く以上の文で始まった、本書の第II部は、以下の二つの章で、リードにおける知識と科学と哲学のかかわりを、それぞれ自然研究、社会認識に即して検討する。本書の結論となる第6章では、リード哲学の「現代性」という第3章が提起した課題が再度取り上げられ、それに対する一つの回答の仕方が示される。思想史学と哲学という人文的学の二大分野の内部的対立ではなく、非現代の世界に属する思想家像の解明に向けた両者の協和的なアプローチの道筋が、これらの結果として見えてくるかもしれない。もっとも、それが反対に、両者のディシプリンとしての自己解体に帰結しないという保障もないのだが。

一 「真のニュートン主義」

「スコットランド常識哲学」の代表者トマス・リードの体系を解明する作業には、この学派の研究の現状から見て、いくつかの限定を付ける必要がある。哲学史の常識であるように、リードの「哲学」は、スコットランドで生まれた哲学の典型であるこの学派の理論的中核だった。その点でリード哲学を描写することは、この学派の典型的な特徴のいくつかを最も優れた実例に即して示し、その明確な輪郭を描き出すことになる。だがリードはこの学派の学問的に最も厳密で精緻な論客であっただけでなく、個性的な理論を形成した哲学者でもあった。懐疑論者として理解されたデヴィッド・ヒュームの学説に対する批判と、その反面でヒュームと共通する認識論と経験的方法の重視、さらに有神論の立場と「コモン・センス」という共通語彙などの点で、「スコットランド常識哲学」という名称の下に包括されている諸体系は、確かに一つの集団的なプロジェクトの産物だった。しかし例えば経験論に対するケイムズ卿とトマス・リードという二人の創設者の決定的な相違に見られるように[1]、この学派は決してモノリシックな統一体ではなかった。

リードの主著の解釈によって「常識学派」を理解するためには、リード自身の体系の解明と平行して、感覚論やコモン・センスという術語の用法、直覚的方法と経験的方法の関係、人間の道徳的行為能力などの重要論点について、常識学派とみなされてきたケイムズ、キャンベル、ビーティ、オズワルド、スチュアートなどの同時代人の著作とリードのテクストを比較し、それらの間の異同を明らかにする作業が不可欠となる。この学派の一九世紀の後継者たちの研究も欠くことができない。常識哲学者トマス・リードとは何者だったかという問いに答えるためには、少なくともこれだけの研究の蓄積が要請される。しかし現在の日本語文献では、リードも含めて一八世紀の常識哲学者たちについての研究がほとんどみられない。それればかりかそれは英語圏でも決して多くはなく、一九世紀のスコットランド哲学にいたっては英語文献でさえ、まるで絶滅危惧種のように稀にしか見られない。そのため本書が以下の諸章で試みるリード体系の素描には、常識哲学に共通する特徴とリードの体系に特有な側面とが、はっきり区別されることなく混在することを避けられないだろう。

とはいえ研究の現時点でも、スコットランド哲学に対するリード独自の貢献とその種差となる特徴を列挙することは、決して困難ではない。いくつかの回顧的なテクストで、リード自身が明確に自身の独創と述べているのは、「観念の理論」に対する徹底した批判だった。第Ⅰ部で見たように、好学の牧師リード師が「哲学者」となったのは、この理論の妥当性を自身で検証してその「誤り」を「発見」したからであり、その後に公表された彼の体系はこの「発見」を中心に築かれた。

また大半がアマチュア科学者の分類に属するスコットランド哲学者の中にあって、知識人トマス・リードは例外的にプロフェッショナルな自然科学者だった。「ニュートンの哲学」の信奉者が多かった一八世紀スコットランドの哲学者たちのニュートン力学についての知識は、実際には大学での入門的な講義や、通俗的な解説書に拠っている場合がほとんどだった。彼らは自分たちが語っているものが何であるのか、じつはよく知らなかった。その事情はケイムズ卿のような「ニュートン批判者」についても同様だった。これらの同時代人の中で、ニュートン力学の数理的、実験的な方法と、現代では解析学抜きには理解が困難なその理論的核を十分に身に付けていた稀な人物が、トマス・リードだった。「常識学派」だけでなく、フランシス・ハチスンやジョージ・ターンブルやデヴィッド・ヒュームから一九世紀スコットランドの道徳哲学教授群にいたる華やかな顔ぶれの中で、狭義の科学史で取り上げるべきなんらかの着想を書き残した人物は、トマス・リードだけだった。しかもこの「観念の理論」に対する批判と、プロフェッショナルな自然科学者という、哲学者、知識人リードの種差を構成する特性は、内面的に切り離しがたく結びついていた。バークリーは形而上学と科学を区別し、前者による後者の支配を主張したのだが[2]、その批判者でもあったリードにとって、哲学と科学とは、それぞれ別個の訓練と方法を有する異なるディシプリンではなかった。言い換えれば、「常識哲学」に特徴的な認識論を提供した専門哲学者トマス・リードは、じつは科学者/哲学者だった。後に見るように、観念に関するリードの哲学上の発見もまた、科学的方法の適用だと考えられていたのだった。

デュガルド・スチュアートによれば、最後の年となった一七九六年秋にグラスゴーで致命的発作に襲われる直前まで、終生の趣味だったガーデニングを除くと、リードは二つのことに没頭していた。一つは数学の問題を解くことであり、もう一つは自らの家系の記録を書き残すことだった。この両者は終生リードの頭から離れなかった知の領域と、家族の伝統の双方にかかわっていた。たしかに出版された著書の文体からもうかがえるように、リードの頭脳は緻密な推論を好んだ。彼の思考の働き方は、数学的だったとさえ言える。だが後年の哲学者リードの自然科学との関わりは、たんなる知的関心のあり方や思考の特性だけではなかった。そこには自然科学を意味的世界の中心に置こうとする、思想的な動機が存在していた。おそらくそれは、リードが知的成長の初期、一〇代の前半に出会った一人の思想家と関わっていた。

(1) 科学、道徳、信仰と改革

リードが入学した当時のマーシャル・カレッジは、「リージェント制度」を施行していた。第一学年の学生はギリシャ語、ラテン語、ヘブライ語を、それぞれの専門教授について学び、二年目以後は三年間にわたって、一人の教師の指導を受けた。それは同じ教師が卒業まで同じクラスを受け持って全科目を教えるという、すでにグラスゴー大学では廃止されていた教授方式だった。一二歳の時にグラマー・スクールを終えたリードはここで、一七一五年に起きた王党派の叛乱に教授たちが加担したため、学長以外はすべて新しく任命された教授団に出会った[3]。そしてこの未来のスコットランドを代表する哲学者は、卒業までリージェントである、まだ若く自由で、知的刺激に満ちた教師の指導を受けることになった。スコットランド啓蒙の第一世代であり、スコットランドの道徳哲学にニュートン主義を導入したと言われるジョージ・ターンブルは、アバディーンの知的世界で、低地地方でのフランシス・ハチスンに匹敵する役割を果たしていた。

終生スコットランド知識人としての平穏な生活を続けた教え子リードと比較すれば、スコットランド人ターンブルは不安定で変化の多い、流浪の人生を送った思想家だった。ターンブルは一六九八年七月一一日に、牧師の息子としてアロアに生まれた。彼は一七一一年にエディンバラ大学に入り、勉学を続けたが、卒業を引き延ばして一七二一年、アバディーンのマーシャル・カレッジのリージェントに任命されるまでそこにとどまった。ターンブルは一七一六年ごろに創設された伝説的なエディンバラ大学の学生クラブ、ランケニアン・クラブの会員だった[4]。ターンブルはこの時期に、有名な理神論者ジョン・トーランドに書簡を送っている。そこで彼は自ら無神論者と自称し、トーランドの主著『神秘的でないキリスト教[5]』の主張への共鳴を表明している[6]。トーランドに書簡を送ったとき、ターンブルは国家の宗教的役割を制限し、思想の普遍的な自由を保障することを訴える地下文書を準備していたと言われる。自由な議論が戦わされたと思われるランケニアン・クラブに参加し、この書簡を書いていた時、この青年知識人は当時のブリテンで、もっともラディカルな思想の所持者の一人だった。この後彼は、制度化された教会に戻っていくことになる。だがターンブルの人生の波乱は、これで終わったのではなかった。

アバディーンでのターンブルはリージェントとしてクラスを担当しながら、アイルランドのウィッグ指導者ロバート・モールズワースと書簡を交換している。ターンブルは自由主義的な教育改革論を展開したモールズワースの恩顧を得て、よりましな職に就こうとしたのだが、この試みは成功しなかった。そのため彼は大学を去ることができず、幸か不幸か、ちょうど入学してきたトマス・リードのクラスを教えることになった。一七二五年には教授陣とブラックウェル学長との対立が生じ、学長反対派の一人だったターンブルは、キングズ・カレッジの教授でランケニアン・

クラブの仲間コーリン・マクローリンとスコットランドを旅した後、大学の許可なしにオランダに向かった。当時リードは四年生だった。大学はターンブルを呼び戻し、一七二六年初頭に帰国した後、結局ターンブルはマーシャル・カレッジを去ることになった。

その後ターンブルは五年間にわたって、家庭教師としてエディンバラやオランダ各地を旅した。この時期彼は、友人のチャールズ・マッキーやマクローリンに頼んでスコットランドの大学での職を探したが、成功しなかった。そこで彼はイングランドに向かい、国教会に入る目的でオックスフォードのエクセター・カレッジに入ったり、ロンドンの広教会派トマス・ランドルのサークルに出入りするようになった。ターンブルが、理神論者マシュー・ティンダルのサミュエル・クラーク批判の書『創造と同じぐらい古いキリスト教』[7]に対する反批判『創造とともに古くはないが、有益で正しいキリスト教』[8]を一七三二年に出版したり、同年に『イエスの教えと奇跡の関係についての哲学的一考察』[9]を著したのには、このような意図が働いていたと考えられる。しかし自己にふさわしい社会的位置を獲得するという、彼の終生の希望がかなえられることはなかった。著書の出版や定職を得るための運動を繰り返しながら、ターンブルは『道徳哲学の原理』[10]を含む、いくつかの書物を出版した。道徳教育と古代絵画についての著書を企画するため、イタリアに一年間滞在もした。こうして自らの知的資源を濫用した果てに、一七四二年に彼は、ようやくランドルのおかげで国教会の教会主管者という第二の定職を得たが、その数年後にこの世を去った。

ターンブルは最高度のオリジナリティを持った思想家ではなかった。だが彼の著作には、科学主義とリベラリズムに結びついた真摯な信仰心という、後年のリードの思想に通じる諸要素を発見することができる。ターンブルの思想には、一見矛盾するいくつかの観念が混在していた。たとえば彼の教育論は、古代の公共精神とストア的な徳を称揚する。トーランド宛ての書簡からは、主知主義的な神への強い憧れとともに、強固な道徳主義が感じられる。この人間を倫理的存在としてとらえる見方は、自由主義的なラディカリズムと手を携えていた。後半生は国教会に近づいたとはいえ、ターンブルの思想は終生、初期の自由思想家的な香りを失ってはない。ターンブルの人間観では、キリスト教的なシヴィック・ヒューマニズムとプラトニズムが、強い自由主義的傾向と共存していた。その反面ターンブルの意識では、自然科学こそが教育の基礎となるべきだという非常に奇妙に思える認識論が、これらの諸観念と矛盾なく結びついていた。それは科学としては、経験主義的な「ニュートンの方法」を真理にいたる唯一の道と考える方法論に支えられていた。この立場からターンブルは、「ニュートンの方法」によって道徳哲学を書き換えようとする試みである、『道徳哲学の原理』を著したのだった。

この外見上の不可解な組み合わせは、以下のような推論によって正当化される。万有引力の法則の発見が自然界を支配する根本的な秩序の発見だったという時代の信仰に従うターンブルは、この世界はそのような一般法則によって支配されていると考えていた。

あらゆる結果は一般法則によって作り出されなければならない[11]。

だがこの法則は創造者である神が創造したものなので神の善性を分有している、とターンブルは主張する。それは自然法則についても当てはまるのだった。

物質世界を支配する一般法則は善と美と完成をもたらす良い法則である[12]。

人間界もまたこれと同様な法則によって支配されていると、ターンブルは考える。自然法則と道徳率や統治の原則などの間には本質的な相違はない。そのため同じ経験的研究の方法によって両者を発見することができるのだ[13]。

ターンブルは自然法則と規範を区別せず、この世の法則は神によってつくられたために「善」であり、それは「ニュートンの方法」によって発見されるのだと単純な推論を行なった。それによって彼の道徳主義と科学主義は、矛盾なく共存できることとなった。これらの科学主義、古代的共和主義、キリスト教的ストア主義、プラトニズム、自由思想という、相互に必ずしも調和するとは見えない諸要素は、ランケニアン・クラブに集った青年知識人たちが共通して影響を受けたシャフツベリ伯の思想の中に見出せる。これらの雑多な思想的伝統は、発展した近代科学の知識によって信憑性を著しく増した自然神学に基づく神観によって統一性を与えられている。『道徳哲学の原理』の第一部だけを手にしてターンブルの思想を論じるなら、このような摂理論的自然主義者という肖像が描かれるだろう。

だがさらにこれに加えて、『道徳哲学の原理』の第二部や、『創造とともに古くはないが、有益で正しいキリスト教』や『イエスの教えと奇跡の関係についての哲学的一考察』などでは、現代の通俗的なニュートン主義理解からは奇妙にしか思えない議論が展開される。それらを通じてターンブルは、初期ニュートン主義が一七世紀イングランドの広教会派や科学者たちから継承してきた信仰主義的懐疑論を自身の世界理解に導入し、それによって神の存在の弁証や既成教会の擁護を果たそうとする。この点からターンブルは奇跡の存在を確信し、理神論者に対して、正しい知識の源泉としての啓示と啓示宗教を擁護する。啓示によって得られる神の恩寵への確信がなければ、人間は倫理的な意味で能動的に行動する最終的な拠り所を失うと、ターンブルは言う。

福音書は道徳に服従しようという力強い動機を与える特定の心理をわれわれに提示するが、それは自然法や自然の光によっては発見されず、神的証しによってのみ知ることができるのだ。[14]

信仰主義的懐疑論の論法は、自然神学とニュートン的世界像を両立させるために広教会派の科学者たちが好んで援用した議論だった。それはしばしば研究者によって指摘されてきた、ハチスンとも共通する強い摂理論的自然主義と危うい均衡を保って、彼の国教会広教会派やニュートン主義者の自然神学との接続点を形成していた。[15] アバディーンを離れた後、イングランドの広教会派に接近したという個人的動機が、この議論の採用に結びついていたのかもしれない。これらの諸観念の集合が現代人の目から見ていかに不可解な結合体に映ろうとも、ニュートン主義、有神論、信仰主義的懐疑論のこのような形での綜合は、一八世紀前半期のブリテンにおける主要な思想的コンテクストの一つだった。またターンブルがトーランドの思想に共鳴を覚えた原因である自由主義的ラディカリズムと道徳主義は、彼が同世代のハチスンと共有していた要素だった。後には個人に対する利益のインセンティヴの強調と穏やかな改革主義に道を譲るとはいえ、それはスコットランド啓蒙の主調音の一つを構成していた。リードの思想の中には、これらの観念のすべてを見出すことができる。幼少の頃には周囲の関心を集めるような知的才能を示すことがなかったこの晩熟の少年の知的発展にとって、現行の日本の教育制度で言えば中学から高校の最初にあたる時期を、一人のこのような先進的な思想家の手によって教え導かれたことは、確かに大きな意味を持っていたに違いない。

(2) 経験主義と自然神学

だがおそらくリージェントとして自然哲学も教授したはずだとはいえ、ターンブルは自然科学の専門家ではなかった。リードの機械論的な自然観、厳密に経験主義的な方法論、そして寛容ではあったが異端的ではない信仰と科学の接合様式は、ターンブル以上に、イングランドのニュートン周辺の科学者たちと類似性が高い。仮にターンブルが少年トマスの知的成長に対して全体的なキャンバスを提供したとしても、その個々の部分は、より熟練した別人の手によって描き込まれなければならなかった。現在のところ実証する手段はないが、ニュートンの偉大な盟友や協力者たちを親族に持つ、「グレゴリー」としての知的、人脈的背景がここに関わっていたことは疑い得ない。しかしリードが学んだマーシャル・カレッジではなかったが、アバディーンでの啓蒙の初期の発展を担ったもう一人の大科学者が、同時期のキングズ・カレッジに在籍していた。

大数学者コーリン・マクローリンがキングズ・カレッジに在籍した期間も、ターンブルと同様に短い。彼がこの地に残した影響も、いまだ十分に研究されていない。リードはこのカレッジには在籍していなかったので、マクローリンとの直接の交流があったかどうかも知ることができない。だがマクローリンは恩師ターンブルの友人だったというだけでなく、自然科学者という点から見て、リードに最も近い知的プロフィールを持つスコットランドの教授だったと言える。

ランケニアンの友ターンブルとは極めて対照的に、早熟の天才マクローリンの人生は華々しい成功に満ちていた。早くして数学の才をうたわれてニュートンの知己を得たマクローリンは、キングズ・カレッジでの紛争の後、ニュートンの力添えを得てエディンバラ大学の自然哲学の教授となる。それ以後マクローリンは、スコットランドおよびブリテン科学の中心人物として数理科学の研究を続け、一八世紀ブリテン数学を代表する、解析学の最初の体系的著作である主著『流率論』や、代表的なニュートン体系の解説書『アイザック・ニュートン卿の自然哲学の概説』を出版し、現在では一八世紀ブリテン最大の数学者の一人と評価されている。『流率論』はジョージ・バークリーの数学批判に対抗する動機で書かれたが、おそらくその準備過程で書かれたと思われる未刊の書簡下書きには、一九世紀に確立される極限論法の、言葉による定式化を見ることさえできる。(16)

ターンブルが理神論批判で使用した信仰主義的懐疑論の論法を、マクローリンは直接にニュートンの体系を使った自然神学的議論の中で展開する。彼の議論では、経験主義的科学観と信仰主義的懐疑論との直接的な相補性が明らかに示されている。代表的なニュートン力学の解説書『アイザック・ニュートン卿の自然哲学の概説』の中で、マクローリンはニュートンの体系が説明したことばかりでなく、説明できなかったこともまた神の存在の論証となっていると主張する。厳密な経験的研究の上に組み立てられたニュートン体系の説明力の不足は、人間の理解を超えた、万能の知性の実在性を示唆している。

彼［ニュートン］は、自然の神秘の衣をついに剝ぎ取ったと豪語する諸体系を、それらに重要な証拠を突き付けることで葬り去ったというのが真実なのである。それらの諸体系の代わりに彼が導入した哲学は、われわれの存在が自然の完全な知識からは程遠いという事実の真摯な告白を伴っているのだ。(17)

このようにマクローリンは、神が行為する仕方は人間に完全には明らかにされないと言う。だが同時に自然科学者マクローリンは、自然の説明への「神の介入」の乱用が経験的研究の妨げになると批判し、あくまで「観察と実験の方法」に基づく自然の漸進的な解明を擁護する。

これらの力を、媒介的な手段を無視して、性急に至高の原因の決断に還元する者たちは、われわれの研究を一挙に終了させる。(18)

このように経験科学の研究と信仰主義的懐疑論は何の危険もなく両立し、共存する。だがそれはラプラスやカントなどに始まる、太陽系起源論以前の、機械論的な宇宙理解の限界に基づいていた。

事物の現在の状態が変化なしに永続することは、神の意図ではないようにみえる。それは道徳世界に生じたことばかりではなく、物質世界での出来事からもそういえるのである。天体を回転させている重力の力はその性質をまったく変化させることなく太陽や惑星の中心に到達し、規則的に減少しながら膨大な距離を超えて広がっている。その作用は、通常の機械的な原因のように物体の表面にではなく、その内部の固形部分の量に比例している。したがってこの力は、たんなる機械的な原因を超えているのである。しかしわれわれがそれについてどう考えようと、それは天球の現在の状態や事物の現在の性質を作りだしはしなかったのである。重力は惑星が天球を西から東へと、ほとんど同じ平面上を循環することを決定したり、彗星をさまざまな方向へ投射しはしなかった。このシステム内の物質が自身の重力によって中心に集中することを考えれば、どのような機械的な原因も、これらの膨大な量塊を太陽や惑星へと分割し、それらを異なった場所に置いた上で、作用と反作用の同一性や、システムの重力の中心を維持したまま、それらをそれぞれの方向へと投射することなどできはしなかった。このような精妙な事物の構造は、知的で、自由で、もっとも力ある最終原因の工夫と影響なしには生じ得ない。したがって現在の宇宙を統治し、そのさまざまな運動を行なわせている重力などの力は、宇宙を無から作り出したり、現在そのように動いている賞嘆すべき形態をつくりだした力とは異なっている。(19)

永遠の姿のままで回転を続ける恒星系というヴィジョンと、それを力学的に支える重力という道具のみでは、惑星や太陽系の構造に関わるこのような問題を解くことはできない。そのためそこには「説明要因」としての「神」が要請される。この転倒した論法をこの大科学者が信じているのは、外から力を受けなければ運動できないという、物質の受動的な性質の概念によって組み立てられた、一七世紀の機械論哲学の世界観に彼が確信を持っていたからだった。それはマクローリンが当時の自然科学のうちでも、最も専門的で高度な技量を必要とする、数理科学の大家だったことと関わっている。マクローリンのような専門的科学者の脳裏で信仰主義的懐疑論と科学研究が矛盾なく共栄していたのは、機械論のみが科学的な研究にふさわしい世界の比喩を提供すると彼らが信じていたからだった。

この立場は、トマス・リードが終生墨守したものと同一だった。リードはキングズ・カレッジで司書を務めていた時、ターンブルのクラスで席をともにした無二の親友ジョン・スチュアートと『プリンキピア』を読んでいた。後にスチュアートは、ニュートンの微分法に関する業績を校訂して出版した[20]。ニュートンの最も高度な数学的業績を編集したスチュアートは、自然神学と数学の関わりについても、マクローリンと同様な見解を持っていた。スチュアートはこの著書の序文で、自然科学の研究で果たす数学の重要性を強調している。数学なしでは、自然を貫く法則を発見することはできない。

幾何学と算術の助けなしには、自然哲学が成功裏に発展することはなかった。なぜならこの科学の手段によってわれわれは、この物質世界とそのなかのすべての事物があの美しい秩序と調和の中に形づくられ、支え維持される、賢明な仕組みと法則を発見するからである[21]。

数学はたんに自然科学の重要な補助者であるだけではなく、自然神学上の役割を持っていた。同じ序文でスチュアートは、数学の最終的な目的は「全能の創造主にしてこの宇宙の維持者であり、統治者の無限の知識と知恵、力と善」を知ることにあると[22]、数理科学が自然神学で果たす役割を強調する。この出版自体が、マクローリンと同様、バークリーの数学批判に反論するために行なわれたのだった。キングズ・カレッジのマクローリンの後継者であり、師にはおよばないにせよ微分法を駆使する能力を持った数学者との交流は、リードとマクローリンを繋ぐ一つの係留点となっている。

後年にリードは演繹的推論や「アナロジー」が誤りに導くと考え、警戒を促している。例えば第二の主著『人間の知的力能について』の一節「アナロジーについて[23]」では、安易な類比に頼る危険が強調されている。リードにとっての正しい科学の方法はニュートンが『光学』で示した「分析と綜合」だが、それは経験的・帰納的な研究方法を指していた。また『プリンキピア』の「哲学する規則」にも、リードは厳密な経験主義的解釈を与えていた[24]。マクローリンと同じくリードも、「ニュートン主義」のうち、厳密な実証研究を強調する経験主義的なニュートン主義に属していた。そして彼らの経験主義的科学観は、信仰主義的懐疑論と結びついた形で、自然神学と一体化した信念体系を形作っていた。この点から言えば、リードは頑ななまでに定型的な初期のニュートン主義者だった。

このような一七世紀末イングランドの科学主義の影響は、たんに彼の知的形成を方向付けただけに留まらなかったのかもしれない。リードを語る同時代人たちがしばしば口にする「謙譲さ candour」は、几帳面な筆跡にも現れている着実で生真面目な性格や、牧師を職業とする者として家庭や学校で受けてきた訓育から生まれただけではなかったと思える。例えばエディンバラで活動した「ニュートン協会」という小さなクラブで、一七六一年一月二四日に行なわれた報告では、「真の哲学者」が次のように描かれている。

1 不偏不党であること
2 謙譲であること
3 十分に証明された命題には同意すること
4 人間の能力に関する可能な限り十分な観念を持つこと
5 ニュートンの行いを模倣すること(25)

おそらくアイザック・ニュートンという複雑な人物の実像からおよそかけ離れた、この理想化された、「理性的」で「経験主義的」な科学者の肖像は、アバディーンでのリードの友人、アレグザンダー・ジェラードの講義でも描き出されている。モデルとされたニュートン本人のプロフィールには似ても似つかないとしても、真剣に彼を模倣し、彼に近づこうとした人々にとっては、このような哲学者像は真摯に追求すべき理想だった。リードは教壇で華やかで情熱的な弁舌を振ったり、華麗な修辞で自己の主張を飾り立てて読者を強引に説得することからは、はるかに遠かった。慎ましやかで、事実と論理に即して淡々と語るリードの語り方や態度は、おそらくこのような科学主義にも由来すると推測できる。

じじつ最初の著書『コモン・センスの原理に基づく人間精神の一研究』は、アバディーン大学での論理学講義で彼自身が経験科学の正当な方法と考えた「分析と総合の方法」にしたがって叙述が構成されている。アバディーン論理学での経験科学における「分析の方法」とは、個々の事実の検討から一般法則にいたる、帰納的な推論を意味している。これを学問的著作の叙述法に応用すれば、「分析」の方法が、科学的研究の筋道を隠すことなく明示するためにはもっとも優れている。

私は総合の方法ではなく、分析の方法によって書くことがもっとも適切で妥当だと考えている。総合の方法とは最初に結論を示し、それからそれを確証する事実を探すやり方である。分析の方法とは、感官が示す順序に従って事実を示し、それらから何が推論できるかを考察する仕方である。私は医者というより、研究者の役割を選び、結論を出す前に事実を予告しておく公正な研究者の一人でありたい[26]。

しかし結論となる原理を最初に示し、その後でその論理的展開と例証を重ねていく、アダム・スミスが著作で採用した「アリストテレスの方法」という叙述法に比べれば、このような記述は全体が見通し難く、自己の主張を明快に提示する点では欠陥がある。その上リードは、「哲学」の著作で修辞的技法を使用して叙述を飾ることを嫌い、全体の見通しを与える記述や要約や繰り返しを排除しようとした。

いくつかの節の題名で、私は自分の方法を示そうとは思わなかった。そのためこれらの題名は、たんにそれらの節の主な主題を指しているだけと受け取られるほうがいい場合もある。また冗長なつなぎの文章で、自分の方法を示すこともしなかった[27]。

これらの理由はこの哲学者が、真摯な学問的試みにとって、過剰な修辞は不必要で不適当だと考えたからだった[28]。

リードが著書を発表した時代には、学術論文という著作ジャンルは存在していなかった。学術論文の集大成としての著作という、人文、社会科学での「作品」の概念もなかった。「哲学」の書物の消費者も含めて読者の大半は、教養ある好学的なアマチュアたちだった。「学問的」書き方を実行しようとしたリードの意図はこの最初の主著を、彼らにとって読みにくいものにした。草稿の一部を閲覧したヒュームは、ブレア宛の書簡で、作家としての先輩らしいアドヴァイスを与え、この著作のスタイルのわかりにくさ、見通しの悪さなどを指摘している。最初の著作の商業的な失敗から学んだプロの作家であり、「正しい」英語の書き方を完全に習得しなければならないスコットランド人として、ヒュームはリードが不要な飾り物と考えた部分に敏感にならずにはいられなかった。それは言い換えれば、著作家という仕事を本職と考えたヒュームに比べて、この哲学者が人文的分野ではなく、自然研究を自らの本来の後背地としていたことを示している。しかもリードにとっての「自然科学」とは、当時最も正統的だと思われた初期のニュートン主義のことだった。

二 「ニュートンの方法」による哲学

(1) 科学者リード

リードの長い修行時代は、彼の生地に近い都市、アバディーンで過ごされた。現在のアバディーン市は、一九世紀末から衰退を続けてきたイギリス経済の防壁となっている、北海油田の基地である。ヨーロッパの大陸部と比較して低い生活水準にあるこの国の中では、この部分は地理的には極北に位置するにもかかわらず、例外的に高所得を誇る地域として知られている。

アバディーンは初期近代から、新市街と旧市街という二つの中心をめぐる、南北方向に歪んだ楕円的な構造を持っていた。現在のアバディーン市の中心は南に偏っていて、ブリティッシュ・レイルのアバディーン駅と、それに隣接したスカンディナビアとのフェリーが運航されている大きな港は、ともに新市街にある。新市街では海岸線に並行して、灰色の石造りのがっしりした建物が立ち並ぶ数本のショッピング街やビジネス街が走り、その東の端の広場に続く丘の斜面に、現在ではアバディーン大学のキャンパスの一つを構成している、灰色のマーシャル・カレッジの建物が位置している。ここから旧市街までは小さなバスが十分程度で結んでいるが、もう一つのキャンパスがあるキングズ・カレッジは、徒歩でも三〇分ほどの距離にある。

総合大学であるアバディーン大学のメイン・キャンパスがある旧市街は、北側にバイロンの伝記に登場する美しい石造りの橋で終わる大きな公園が続く、閑静な住宅地となっている。現在の旧市街は、ヨーロッパの諸都市に見られる典型的な大学街の一つだと言える。この二つの街の歴史は古い。アバディーンはバラとして一一世紀にマルコム三世の時に創設されたと言われている。一一七九年ウィリアム王の時に、アバディーンはロイヤル・バラとしての勅許を得た。キングズ・カレッジは大司教ウィリアム・エルフィンストーンによって、スコットランドにおける司祭と法曹家を育成する目的で、一五〇五年、スコットランド王だったジェイムズの支持と、教皇アレクサンドル六世の許可を得て創設された。一五九三年には、第四代マーシャル伯爵の尽力によって、マーシャル・カレッジがプロテスタント教育のために新市街に建設されることになった。

この新市街のマーシャル・カレッジでの神学教育を終えると、リードはキングズ・カレッジの司書となった。閑暇に恵まれたこの職に就いている二年間は、リードにとって一種の学問上の蓄積期だったと言える。外国旅行をめぐる大学との争いの後にこの街を去った自然哲学教授マクローリンの後任は、リードの親友のジョン・スチュアートだった。青年リードの関心の多くは、自然に向けられていた(29)。

ニューマハーでの牧師時代にも、リードは科学への関心を絶やさず、むしろそれに没頭していたように見える。この時期の現存するわずかな書簡はそれを示している。一七三九年の日付をもったジョン・スチュアート宛の書簡の下書きは、地球の大きさの計算に関する学問的な議論だった。これに関するノートが残されている(Extracts from the figure of the Earth, determined from the observation made by the order of the French King at the polar circle, MS.2131/3/I/2)。この話題は、ニューマハーのリード宛に一七五〇年に書かれたジョン・スチュアートの書簡でも継続され、また一七五一年の日付があるノートも残されている(MS.2131/3/I/7)。それらは天文学や幾何学に関する議論の交換が、リードとこのキングズ・カレッジの自然科学者との間で行なわれていたことを実証している。[30] 一七三七年から五七年にかけて、リードはマクローリンがつくった天体観測のネットワークに、スチュアートとともに参加していた。『プリンキピア』の研究に続いて、ニューマハー時代には数学の熱心で専門的な研究も続けられている。この時期にはニュートンの曲線の求積についてのノートが残されている。

初期のリードについてのもっとも貴重な資料は、リードの筆による一七三六年に開かれた哲学クラブの会合の短い議事録である(Minutes of a philosophical club, MS.2131/6/I/17)。この構成員などは知られていない。それによると一月一二日の会合では、神の介入と自然法則の関係や、道徳世界と神および来世との関係について議論された。一九日には、観念の永続性などが論じられた。二六日には人間本性とは何かが取り上げられ、ロックとハチスンが言及された。二月二日には自由が主題となり、九日には利己心と慈愛の関係が取り上げられた。このように当初からリードは自然科学の研究と結び付けて、自然と道徳世界のかかわりに思索をめぐらせていた。ロックやハチスンに比べ、この時期にはヒュームへの明確な言及は残されていない。現存するリードのノートに最初にヒュームが登場するのは、一七四八年一〇月二二日の日付を持ったノート「自己の概念について」(MS.2131/6/I/18) で、ヒュームの『人間本性論』に触れた時だった。哲学的問題についてはこれ以前から思索が記録されているので、リードが「ヒューム批判」によって初めて哲学に取り組むようになったと考えるのは正しくない。また一七三八年のバトラーについてのノートでは、ロックの抽象観念を擁護していて、初期はバークリー主義者だったという自らの主張とは異なる。リード自身の証言は、ヒューム批判が独自の哲学体系への決定的な出発点を与えたことを物語っていると考えるべきだろう。

リードが最初に論文を出版したのはロンドンの王立協会の機関誌『トランスアクションズ』上でだったが、「量について」と題されたこの論考も、自然科学の研究と密接な関係を持っている。この論文は二章に分かれ、その一章はフランシス・ハチスンの論考に刺激されて書かれた、心理学での数学利用を批判した小論となっている。リードはそこで、さまざまな研究に数学を適用する条件を厳格に定め、心理学での利用を否定しているが、それは彼が数学の有効性を認めていないからではなく、むしろ物理学での数学利用を念頭に置き、同様な仕方で数学が用いられるべきだと考えたからだった。残りの節はライプニッツとニュートン派との運動量をめぐる論争の整理で、リードのこの分野での知識を示している。天体観測と地球の形状の研究を除けば、ニューマハー時代最大の学問的業績となった『トランスアクションズ』に掲載された論文は、一七三〇年代に書かれたいくつかの草稿をまとめたものであり（MS.2131/5/I/20, MS.2131/7/V/6）、いかにもリードらしく、この処女作が単発的な論考ではなく、運動量と運動エネルギーのどちらが運動の量を表すかという国際的論争についての、長期にわたる思索に基づくことを示している。[31]

それはさまざまな分野に及んできたと考えられる。チューターとしてキングズ・カレッジに赴任して以後も、リードの自然科学への関心は途絶えることがなかった。例えばアバディーン哲学協会では二つのリードの自然科学論文が読まれたが、典型的なニュートン主義者らしく、一つは天文学でもう一つは数学だった。

(1)「金星の通過についての観測」（一七六一年七月一四日）
(2)「ユークリッドの定義と公理について」（一七六二年一月二六日）[32]

哲学協会でリードが提案した論題には植物学の問題があったが、これは地主と化学者を結び付ける当時の典型的なテーマだった。

大気に含まれている植物の栄養には、大地に吸収され、液体の形で導管によって運ばれないものがあるのか？また水に完全に溶けないままで植物の導管に入るものがあるのか？
（一七五八年一月一二日、三月八日に議論された）[33]

リードは物理学をはじめ自然科学のほぼ全般にわたる学識を持っていたが、そればかりでなく、生涯を通じていくつかの分野で特殊研究を継続していた。それには後述の幾何学以外に、天文学、生理学、光学などが挙げられる。その他微積分学、電磁気学、化学、発生学もリードの研究の対象となった。この時期のリードの関心を体系的に示すもっとも貴重な資料は、一七五九年の哲学講義案（“Scheme of a course of philosophy,” MS.2131/8/V/1）である。リードの自然科学の講義内容は地理学入門から始まる。自然誌がそれに続き、鉱物学、植物学、動物学が扱われた後で、植物と動物が比較される。さらに筋肉の運動などの生理学、発生学的主題に続いて、力学、流体力学、電磁気学、音響学、光学、色彩学が講義される。その後に数学の講義が始まる。それはユークリッドのはじめの三巻から開始され、代数学、ユークリッドの第六巻、三角法へと進んでいくように計画されている。このようにリードの講義内容は入門でありながら、体系的、網羅的であり、科学者としての関心の広さと深さを示している。大半を理学部的な講義に費やしたこの時代には、数学研究も継続されている。一七五〇年代にはマクローリンの『代数学研究』*Treatise on Algebra* についてのノートがあり、マクローリンに対する批判的見解も披露されている（MS.2131/5/I/20, MS.2131/6/II7, MS.2131/7/V/6）。

数学とともに天文学も引き続き研究された。一七六一年六月一四日の金星観測は、太陽系の形状を正確に決定するために国際的な関心を呼んだ問題だった。リードはアバディーンの大学内外の協力者たちと、精密な観測計画を立て、これにのぞんだ。残念ながらこの観測は天気が悪かったために成功しなかったが、このエピソードはキングズでのリードが、カレッジでの天文学についての研究をリードしていたことを示している。

グレゴリーの一員らしく、物理学はリードの得意分野だった。現存するキングズ・カレッジでの自然科学講義ノートでは、リードの自然哲学講義がニュートン力学の基礎にはじまり、力学、天文学、電磁気学、流体静学、流体力学、光学といった、物理学のほぼ全分野にわたる網羅的で、専門的かつニュートン主義的な性質を持っていたことがわかる。自然哲学の自筆講義プランの一つでは、経験科学の意義と方法についての序論に始まり、「自明で公理とみなせる物体の一般的性質」が提示された後に定義が与えられ、運動学から力の合成と分解、物体の衝突へと、力学の講義が進行する（"Order of my natural philosophy course," MS.2131/8/V/2）。もう一つのプランは、さらにニュートン的である。最初の「物体の定義」の項で「第一性質」が説明され、次に『プリンキピア』第三巻の「哲学する規則」が挙げられる。続いて『プリンキピア』第一巻の定義と自然法則の意味の説明があり、以後重力、引力、粒子間の牽引力、磁気、電気が解明される（"Of the order in which natural philosophy ought to be taught," MS.2131/6/V/10）。これらはリードのニュートン的な力学講義が、公理からの演繹的推論という、論証的な形で行なわれたことを示している。このようにリードの緻密な知性は、論証的な数理科学にふさわしく、またそれによって訓練されたものだった。

だがリードの関心と研究は数理科学ばかりではなかった。アバディーン時代の自然誌講義についての自筆ノート(MS.2131/6/IV/1, 6/V/10a)では、分類学、解剖学が論じられている。また当時からリードは筋肉の運動と発生学にも関心を寄せていた。とくに筋肉の運動については、初期の哲学クラブからはじまり、最晩年にいたる長期の関心事だった。それは精神と身体の関係にかかわる大きな哲学的問題だった。しかし生物学的トピックへの興味は、純理論的な点からだけではなかった。リードは一七五八年一二月一四日に創設されたアバディーンの農業クラブ Farming Club の会員となり、一七五九年三月一日には石灰についての論説をここで発表した。それはじゃがいもの栽培実験についての自宅庭園での観察に基づいていて、地域の篤農家たちの反響をよんだ。一七六四年にはリードは力学の知識を生かして、引き具の使用法についての提案を行ない、受け入れられた。このようにリードは「改良の時代」に社交クラブで科学と技術を結びつけるという、科学者としての役割を果たしていた。

リードが中心となったと言われているアバディーン大学のカリキュラム改革では、知性の訓練と正しい研究方法の習得のために早い段階からの自然科学の学習が重視され、論理的思考の手段として幾何学が論理学と交代するなど、自然科学に大きな役割が与えられた。友人アレグザンダー・ジェラードが書いた改革のためのパンフレットでは、自然科学の方法を中軸に、自然と精神の両部門を包括する総合科学の構想が描かれている。この計画にしたがった研究は、アバディーン哲学協会の趣旨でもあった。

またグラスゴー大学に移ってからも、リードは自然科学者であり続けた。後述する幾何学への取り組み以外に、この時代もグラスゴー大学数学教授のアレグザンダー・ウィルスンの望遠鏡を使い、彼の息子パトリックとの共同研究として、天体観測が続けられた。このような専門的な探究は、光学への関心に結びついた。リードはアバディーン時代の一七五七年三月に、エディンバラ哲学協会の会報に掲載された物理学者トマス・メルヴィルの光学理論と色彩論に着目し、ノートを書いた(MS.2131/3/I/10)。グラスゴー時代の一七八一年一二月一四日には、リードは光の収差についての論説を読んでいる。同僚の大化学者ジョージフ・ブラックの研究に感銘を受け、彼の講義を聴講する一方で、生物学へのリードの関心も継続していた。ケイムズとの往復書簡では、リードは前成説と後成説を扱い、独特の前成説の立場を主張している（MS.2131/3/III/3）。最晩年の一七九五年には、グラスゴー文芸協会で「筋肉の運動について」という論説を報告している（MS.3061/2）。そして自然科学者としての姿勢は、ニューマハー時代に始まったと考えられる、ヒューム批判においても貫かれていた。リードは自然科学から哲学へと転向したのではなく、むしろ科学者であることによって哲学者となったのだった。

（2）人間本性への「分析」の適用

ⓐヒューム批判の方法

自然主義者としてヒュームを理解したり、倫理学的な点からヒュームをとらえようとする文献も多く存在する現代的なヒューム研究から見て、リードによるヒューム解釈は、同時代の批判者たちの受け止め方とさほど違いはないと言える。リードはヒュームを、伝統的な懐疑論のコンテクストの中でとらえようとしていた。一六世紀のセクスト ス・エンペイリコスの復活以来「懐疑論批判」は、現在の哲学的リアリストたちに至るまで、近代ヨーロッパ思想の基本的な問題設定となってきた。老荘思想や仏教哲学のように懐疑主義が一つの思想的潮流を形成してきたアジアと比べ、この地域の思想史では懐疑主義はつねに傍流であり、異端であり続けた。形のあるもの、明瞭な輪郭を持った、摑むことのできる実在、自足した存在としての実体の観念などへの執着が、その理由だったのかもしれない。しかし批判されるべき敵役を引き受けることによって、懐疑主義は近代ヨーロッパ思想史上で重要な役割を保持していた。それはスコットランド哲学の形成においても同様だった。

著書のあちこちで表明されているリードの理解によれば、ヒュームは経験論の論法を徹底したがために、神や精神の存在ばかりでなく、外的実在の存在までも疑いの中に置き去りにしてしまった。もちろんリードとヒュームの往復書簡に見られるように、リードのヒューム批判に政治的、人格的攻撃の要素はなかった。それはあくまで学問的な論争だった。ヒューム批判を著書の最大の目的として読者に示している『コモン・センスの原理に基づく人間精神の一研究』の序文でも、リードはヒュームの「懐疑論」が宗教や道徳の基礎を揺るがす危険な学説だと非難しはしない。そこでリードは、このような学説は主張している本人も信じられないはずだと、その論理的なナンセンスさを指摘しただけだった。しかし「近代の懐疑論者」というリードによるヒュームの位置付け自体は、同時代のヒューム理解の基本線と異なってはいない。リード「哲学」形成のきっかけであるヒューム批判は、一六世紀の「懐疑論の復活」に始まる、古代懐疑論のパラフレーズとパロディ化と論駁という、ヨーロッパ近代思想史の一つの大きなコンテクストの内部に留まっていた。

「懐疑論批判」という意図に基づくリードの体系は、他のヒューム批判者と比べても、ブリテンの科学主義のより正統的なシナリオに基づいていた。デヴィッド・ヒュームの同族の先輩であるケイムズ卿は、バークリーとヒュームを批判する際に、感覚が外界を認識するために必要な情報のすべてを伝えるという、直接的リアリズムの立場を採用した。哲学的にはやや迂闊なところを持つこの才気煥発な思想家は、因果関係や世界を支配する自然法則も含めたすべてが、感覚によって獲得できると主張した。それは自然神学こそが、あらゆる人々に開かれている神の正しい知識を提供しているという、この時代の科学主義的な有神論に忠実な考えだった。しかし感覚によって、またそれによってのみ「確実」な知識が得られるという、ヒュームの考えを裏返したようなケイムズの感覚一元論は、ブリテンの科学主義的な自然神学の伝統から見て困った問題を引き起こした。もし感覚が神と神についてのすべてを人間に伝えるなら、人間は神の意図のすべてを知ることになるだろう。そしてそれが自然の観察によって獲得できるのなら、自然法則は神の意図を尽くしていることになる。

ブリテンの科学主義的な自然神学によれば、自然の研究は数学の定理のような確実な知識を与えない。自然は神の被造物であり、神の能力が人間をはるかに超えているために、自然の仕組みは最終的には、人間の知性が及ぶ範囲を超えている。そのため感覚を介して自然科学によって発見される自然法則は、あくまで蓋然的な真理でしかない。もしケイムズが言うように、自然法則によって神の意図が完全に示されているとすれば、神は自然法則のみにしたがって世界を動かしていることになる。そうであれば、当時は物理法則がそうであると理解されていたような、機械的な因果法則が世界を支配していることになるだろう。世界は神の設計に従う、巨大な機械となる。そこには人間の自由意志の存在は認められない。こうして一七世紀末から一八世紀初頭ブリテンの科学主義者たちの多くが想定していた、人間知性の限界論、主意主義的な神解釈、蓋然的な妥当性しか持たない自然法則という、イングランド経験主義の科学主義的有神論の基本的なマトリクスが、ケイムズの経験主義的リアリズムによって否定されることになる。学生時代にカルヴィニスト的な信仰を捨て、ニュートン主義者のサミュエル・クラーク批判から大陸合理主義の自然神学に接近したケイムズは、こうしてスコットランド教会に対してだけでなく、ニュートン主義者の科学主義に対しても異端的な見解に到達した。

ケイムズと比べ、リードはニュートン派の科学者としてははるかに正統的な議論の筋道をたどっていった。リードにとって懐疑論を批判する方法は、経験的認識の確実性を確立することではなかった。むしろ経験主義的なニュートン主義者らしく、自然科学の法則も含め、知覚に基づく知識が蓋然的な妥当性しか持たないと、リードは強調する。そうであるなら、懐疑主義に対する批判点は、経験的知識とは異なるところに求められなければならない。

リードは『コモン・センスの原理に基づく人間精神の一研究』の草稿に添えて友人やヒュームに回覧した「要約」の中で、彼の思考の筋道を回想している。そこではヒューム批判にあたってリードが取った戦略が、刊行された著書よりはるかに明確に示されている。バークリーの観念論とヒュームの懐疑論の批判にあたってリードが目指したのは、すべての概念が感覚印象の模造だというヒュームの主張を「観念の理論」の根本命題だとみなして、それを批判することだった。その際、リードはヒューム自身の方法を採用した。

ヒュームは最初の主著『人間本性論』の冒頭で、「実験哲学の方法」を道徳哲学へ導入するという、ターンブルと同じ意図を表明している。それは具体的には、二つのことを意味していたと思われる。第一に、ヒュームは当時の自然哲学が採用していた粒子哲学のメタファーを、人間心理の研究に全面的に適用しようとする。複雑な意識は心理現象のアトムともいえる最小の要素にまで分解され、そこから意識の全体があらためて組み立てなおされなければならない。それは方法論的に見れば、大陸哲学、例えばデカルト派によって理解された、「分析と綜合の方法」にしたがった手続きだと言える。一八世紀に科学的研究の正しい方法としてあれほど喧伝された「分析と綜合の方法」については、実際にはいくつかの意味があり、とくに大陸とブリテンでは、しばしば意味が異なっている。現在でもこの点については、研究者の間でさえしばしば混乱が見られる。この術語は物理学のような経験科学については、ドイツやフランスではそれぞれ全体の要素への分解と、要素からの全体の組み立ての意味で使用されていた。ところがブリテンの経験主義的な科学者たちはこの同じ術語を、ニュートンの『光学』の定義にしたがって、それぞれ帰納法的な、事実から一般法則を導くプロセスと、一般法則から個々の現象を説明することと理解していた。[34] 粒子哲学のメタファーを認める点で、ヒュームは大陸の科学者、哲学者にならったのだった。

ヒュームはさらに、ニュートン派の意味での「分析と綜合」を「実験哲学の方法」と呼んで、認識論の研究で採用しようとする。それは帰納法のみが経験科学の正しい研究方法であると考えた上での、意識現象への内観法の適用を意味していた。

われわれは実験を最大限行ない、あらゆる結果をもっとも単純でもっとも少数の原因から説明し、できる限りすべての原理を普遍的なものにしなければならないが、経験を超えてはならないのである。[35]

内観法というたんなる主観的な観察が物理学の実験的方法に等しいと考えられたのは、ヒュームがこの分野では「実験」が不可能だとしながら、「実験」は観察の一部だとみなしていたためだった可能性がある。[36] さらに「無意識の発見」以前のこの時代には、意識現象は隈なく明らかな形で、観察者の「内部の目」に映るという想定があったため、主観的な内観と天体観測を同一視することができた。「内観」を意識現象の研究上での、物理学における「観察と実験」だと見る点では、ヒュームもアバディーンの哲学者たちも同様だった。[37] 粒子哲学のメタファーと帰納法的方法論という二つの点で、ヒュームは時代の平均的な自然科学の手法を「人間本性」、すなわち意識に上る限りでの心理現象の研究に応用した。ヒュームが『人間本性論』でニュートン主義を批判する際に、彼らが科学の唯一の方法だと主張する経験論の論法を極限まで突き詰め、パラドックスにまで追い詰めてみせたように、リードはヒュームの方法を徹底することで、ヒュームを批判しようとしたのだった。

そのためにリードが取った道は、内観法によって「印象」を詳細に観察することだった。リードがバークリー、ヒューム批判にあたって採用した戦略は、ヒュームが宣言した「実験哲学の方法」を意識現象の研究に適用するという方法論を意識的に徹底して採用することで、感覚の対象と感覚内容の非類似性を見出し、それによって彼らの哲学的基礎を破壊することだった。それが彼自身の体系の出発点となったのだった。

感覚 sensation をそれに対応する可感的性質と比較する中で、私はこれらの間につねに全般的な非類似性を見出した。この感覚と、それを通じてわれわれに知られる可感的性質との間に見られる非類似性は、私の体系の礎石である[38]。

リードによれば、人間本性に関するすべての哲学の「誤謬」はこの点にあった。具体的な論点の差異はあったが、古代から近代にいたる哲学者たちはすべて、感覚対象と感覚内容との間に類似性があるという考えを基本的に共有していた。それはアリストテレスの知覚論であるファンタズムの理論に始まり、ロックの経験論、バークリーの観念論、ヒュームの懐疑論へと受け継がれたのだった[39]。

リードはヒュームが言う「実験哲学」の方法に忠実な形で、ヒューム自身の体系に対する反論を定式化する。それはフランシス・ベーコンが言った「判定実験」を、感覚対象と感覚内容の類似性の検証によって実行する、ということだった。

そこで私はこれが体系の存続を決定する判定実験とすることを提案する。拡がり、形、運動、硬さや柔らかさ、粗さや滑らかさがそれらに対応する感覚 sensation に少しでも類似しているなら、私はヒューム氏の信条に帰依しなければならないし、そうすることは避けられない。だがもし類似性がなければ、彼の体系は他の体系と同

様、粉々に砕け散り、われわれは別の体系を探さなければならなくなる。(40)

この「判定実験」は、当時の心理学的知見の限界内では当然だったが、内観法によって十分に行なうことができると考えられた。リードがこの「実験」によって得た結論は、一般的に感覚対象と感覚内容は似ていない、ということだった。もし読者がそれに確信を持てなければ、たんに同じような観察を自分自身の意識現象に対して行なうことで、それを「追試」することができるはずだった。(41)

このようにリードは「懐疑論者」ヒュームに対して、懐疑論者と同様な論法によって批判を行なおうとした。それは論敵が前提とする諸命題を受け入れ、それを極限まで追い詰めることで、相手の主張を破壊する方式だった。その実行はリードにとっては、内観法という形での意識現象に関する「観察と実験」を、ヒューム以上に忠実に行なうことだった。このような研究方法を採用することは、自然科学者だったリードにとって極めて当然のことだっただろう。もし観察の結果「印象」に起源を求められない概念が存在すれば、それはヒュームと経験論全体の基礎的命題に対する「反証」となる、とリードは考えた。(42)

この研究は、「喜びの感覚」と「苦痛の感覚」の検討から始まった。(43) これらの観察の結果として、リードはこれらの感覚については、対象と対象がもたらす印象が類似していないと結論した。それらの「観察」でリードが具体的に何を行なったのかは、この資料では報告されていない。現代の認知心理学の常識からすれば、ここでリードは具体的な観察条件を明記すべきだっただろう。「内観法」の学問的信憑性が疑われていない一八世紀人として、個人が自分の意識を対象として自由に「追試」を行なえば、学問としては十分だとリードは考えたのかもしれない。とはいえこの内観法は、実際には非常な困難を伴った。

しかしこの私の感覚を観察するということが理論的にいかに簡単に見えたとはいえ、それを実践することは極めて困難だった。

じっさい、大変苦しいか、大変喜ばしい感覚を観察することはやさしい。そしてそれらが、われわれが外的対象と呼ぶものと似ていないことは完全にわかる。しかしある物体が硬いとか、柔らかいとか、ざらざらしているとか、滑らかだとか、それがどんな形だとかを感じる時のように、喜ばしくも苦しくもない感覚を観察することは極めて困難なのである。[44]

「実験哲学の方法」によって意識現象を解明するというプロジェクトを誠実に行なおうとしたリードは、一見平明で誰にでもできると思われた内観法の実行が、実際には容易ではないことに気づいた。感覚の内容に注目することに伴うこの困難は、人間の知覚が純粋な「観察」の手段としてではなく、環境への適応に必要な外界の情報を得るためにつくられたから生じるとリードは考えた。適応のためには、感覚内容そのものは意識にとって重要ではなく、それが意味するものを知ることが認知活動の目的となる。そのため意識は感覚内容には、通常注意を向けない。従来の学説の誤りは、生存手段としての認知能力の性格から強いられるこのような困難に、研究者自身が惑わされたからだった。それは「実験哲学の方法」を研究する者がそれを徹底して遂行しなかったからだと、この科学者は考えたのだった。[45]

「実験哲学の方法」を「精神の科学」で遂行しようとしたリードの自意識に反して、この内観法の実態は現代の読者には、むしろ現象学的還元を思い起こさせる。リードは感覚に意識を集中しようとした。そのためにこの哲学者は、感覚内容とその感覚の「原因」と考えられる外的事物の存在とを切り離し、前者にのみ注意を集めようとした。この哲学的リアリストは、いわば「存在」をカッコに入れ、意識の領野に現前する「現象」のみを記述しようとしたのだった。それによって立ち現れてきたのは、すべての実在性が捨象された、現象的な「新しい世界」だった。

この困難を大変な労苦と実践によっていくばくか克服したと、私にはいささか誇るところがある。ある対象が精神の上に与えた印象を観察するために、一つの対象を私のそれぞれの感覚に示したとき、私は外的事物についてまったく考えないようにし、自分の内面にのみ集中し、私が感じるもののみを考察した。外的存在が消滅し、以前のすべての印象や思考が消え、この単純な印象のみがある新しい世界に入ったと私は仮定した。それはなんだろうか？　それはどのようなものだろうか？　私は対象のいろいろな面のみに視野を限定し、それに十分になれるまで注意を逸らされないようにし、それを思考の対象にできるようにした。(46)この「リード的現象学的還元」によって生まれた現象界は、通常そこに人間が生きていると思っていた日常世界とは似ても似つかない、見知らぬ世界だった。

このようにして感覚を観察する力を身につけた時、私は今まで一度もそれを思考の対象としたことがなく、私が毎日、あるいは人生のうち毎時間感じている感覚は、かつて注意を向けたことがなかったので、一度も感じたことがないほどなじみのないものであることを確信した。私はいわば、硬さ、柔らかさ、粗さ、滑らかさ、形、拡がり、運動は、それらに対応する感覚にまったく似ていないことを見出したのだった。これらの感覚によってわれわれはそれらを知るのだが。(47)

だがリードはこの「世界」を構成する、以前は感覚内容と見なされてきた諸要素を分析し、それを認知世界のアトムとして、認知の世界を再構成しようとは思わなかった。この世界は日常世界や科学的世界に先行する本源的な現象界ではなく、むしろそれこそが感覚によってつくりだされた、実在世界の影なのだった。プラトンの洞窟の比喩では、知覚される物は実在の影だが、イデアの投影であり、本体と類似性を持っていることになる。しかし現象界と実在界の事象の間に類似性が認められないとすれば、人間はどうやって前者から後者へ移行するのだろうかという、哲学的リアリズムにとって決定的な難問が生じる。リードはこの問題の存在を自覚していた。感覚内容と感覚対象との相違にかかわらず、感覚は感覚の対象の実在性についての信念を人間に与える。(48)その理由を明らかにしなければ、リードの体系は、人間の知覚が外的世界の情報を人間に与えるという命題を証明することができず、そのため「哲学」としては不完全に終わるに違いない。そしてリードは解答を準備することなしに、著書を公表しなかった。

しかし現代の哲学者なら、このアポリアに対してリードが与えた解決を「解」と呼ぶことをはばかるだろう。リードによれば、特定の感覚対象と特定の感覚内容の結びつきは、人間精神の「本来の仕組み」によって与えられている。それはちょうど、記号がそれ自体とは似ていない対象をつねに指示するようなものだとリードは考える。感覚対象と感覚内容の結合は、両者の類似性から言えば恣意的なのである。通常の記号は人間が作り出し、約束に基づいているが、実在の記号としての感覚内容は、「自然」があらかじめ人間精神をそのようにつくりだすことによって、対象を指し示している。人間は意識野に現象する感覚内容という記号によって、この現象界とは似ていない、外的実在の世界を知覚する。記号に慣れ親しむことによって、記号それ自体に注意を払わず、それが指示するものへと意識を移してしまうことがよくあるように、「哲学者たち」は現象界と実在世界の相違に無頓着だったのだ、とリードは説明する。

この自然による、われわれの感覚と、外的対象の概念と存在の信念の結合を、私は二つの仕方で説明する。すなわち、感覚は精神の本性の原理によって対象を示唆する。あるいは感覚は対象の本性的な記号であると。これらの表現は同じことを意味しており、私はそれによってこの結合を説明するふりをするつもりはなく、われわれの本性の仕組みによってこのような結合が存在することが事実であると主張するだけである。[49]

われわれの感覚はなんらかの外的事物の記号であり、それらの多くは、それ以外の目的を持っていない。またある外的事物は他の外的事物の本性的な記号であり、そうなることがそれらの目的である。もしそうであるなら、外的な本性的記号を観察することは、内的なそれと同様に、極めて難しいことはすぐにわかる。われわれはいつも意味されるものに注目し、その記号を見逃す。このことは、そのもっとも重要な例を提供する視覚を扱うことによって、完全に説明される。[50]

また記号としての感覚内容は、学習の機能によって、本来とは異なった対象と結び付けられるようになる。そのため感覚内容は、1　先天的にそれが記号として指示する対象と、2　人間が学習によって後天的に身に付けるようになる他の事物という二つの種類の、外的実在の記号として機能していることになる。

6　われわれの感覚とその様相の多くは、習慣と慣習によって、それらが本性的に示唆しないものを指示するようになる。視覚については、目がわれわれの体制にしたがってわれわれに示すものと、慣習と習慣に基づき、それらによってわれわれが識別するものとの境界を見出すことは非常に困難である。私はこれについて、できる限り明確に示そうと試みた。

7　この慣習と習慣に基づき、本性的にはそれらを意味しない記号によって、事物を示唆したり、指示したりする精神の力能は、分析されるに値する。それは多くの点で、われわれが言語を学ぶ能力に似ている。私はこの二つを説明し、視覚に関する章で原理に還元しようとした。(51)

人間の感覚すべてと実在との関係が恣意性を持った記号的関係だというリードの「記号論」は、それ自体としては興味深い議論でもあり、しばしば研究者が取り上げるが、懐疑論に対するリアリズムの哲学的論証として十分に成立しているとは言えない。それは外界の実在を人間が知覚によって認識できないという、批判の対象となった懐疑論の主張に対して、それが可能である理由を示さず、感覚対象と感覚内容の「結びつき」を存在するものとして前提してしまっている。この結合を論理的に正当化することなく前提することをリードが当然と考えた理由については、デヴィッド・フェイト・ノートンのようにリードの「摂理論的自然主義」が、神による自然のデザインを、論証する必要のない究極的事実の地位に置いたという見方もある。しかしマクローリンと同様、リードにおける「神」は、機械仕掛けの神として、体系の難点に対する万能の接着剤のように呼び出されてはいない。「神」とは、あくまでも信仰主義的懐疑論の論法にしたがって、学問的営みの果てに現れる、人間知識の限界の意識化によって、そしてそれを通してのみ、その存在と属性が現前する存在なのだった。感覚対象と感覚内容の結合が当然視されるのは、リードの場合、あくまで学問的推論の枠組みの内部だと考えられる。

だが懐疑論への反論になりえていないという問題以前に、印象と概念の関係を否定するリードの推論には、次のような論理的な欠陥がある。内観の結果、感覚内容と感覚対象が似ていないと結論するためには、それを行う人間があらかじめ感覚対象の性質を知っていて、しかもそれが真である、すなわち感覚対象である実在のあり方と一致していることが前提されなければならない。しかし感覚対象と感覚内容の観察についてリードが展開した議論の内部では、このような保障は論理的に与えられていない。したがってもしリードの議論が妥当性を要求できるとすれば、それは次のような場合だろう。もしリードの「実験」が、人間は外的実在を知覚によって知ることができるのかどうか、という知覚的認識の権利問題に対する解答だったとすれば、リードの解答の仕方は証明すべき当の命題を前提としていることになる。このような単純な論理的誤謬を、論理学教師でもあったリードが犯しているとは考えにくい。そうではなくリードが答えたのが、人間はいかにして知覚を通じて外的実在の知識を得ることができるのか、という認知のメカニズムに対する問いかけであったとすれば、それは正当な解答の一つと見なせるだろう。リードの議論の進行自体が、最初の知覚の権利問題は、なんらかの真である前提抜きには解けないことを示していると言える。

懐疑論批判というコンテクストに置いて読んだ場合、リードの「解答」は、「感覚によって外的実在の確実な認識を得ることができるかどうか」という問題に肯定的に答えることを意図しているとは見えない。個々のアトム的な感覚の合成によって外的実在を含むすべての対象の概念が生成されるという、ロックが示唆した経験的認識の原理を、バークリーやヒュームが唯一の原理とし、それを論理的に突き詰めることによって、この命題に対する否定的な結論が導かれた、とリードは考えた。それに対するリードの対応は、この原理を否定することに限定されていた。リードは「知覚によって外的実在の確実な知識を得ることができる」という命題を論証しようとはしなかった。この意味では、この命題が表現する哲学的リアリズムは、前提されたのであって証明されはしなかった。その代わりに、リードはロックにまで遡る、経験的認識の原理を否定した。外的実在についての概念は、知覚によって獲得された、個々のアトム的な感覚内容の合成から生じるのではない。外的対象の概念の形成は、知覚に先立つ、それとは何か別のメカニズムに基づく、外的実在と感覚内容の結合を前提とする。ヒュームに対してリードが主張したのはこれだけだった。

リードの解答は、じつは現代的な意味で「哲学」的な論証を意図して構成されたのではなかった。リードが感覚対象と感覚内容の結合を無造作に前提したのは、直接にはそれが「神」によって作られた人間にとって当然だからだという理由でもなかった。むしろそれは、経験科学の方法と彼が考える思考様式に忠実だったからだった。この著書の序論で宣言しているように、リードは「人間本性の研究」という知の分野は、実験哲学の方法に従うと考えていた。それは具体的には、ニュートンが『プリンキピア』と『光学』で示した方法論を採用するということを意味していた。

ニュートンは実験的に確立された命題は、それ自体が論理的に不明瞭であっても、法則として受け入れられるべきだと主張した。それはニュートンが、ライプニッツたちからの重力概念批判に対して自己の体系を防衛するためだった。この論法は、ニュートン主義者たちによって継承された。ヒューム自身も、同様な方法論を『人間本性論』の序論で提示している。リードもこれに従うと主張する。

私は以下のことを哲学の規則と考える。もし自然の行程の中で二つのものが恒常的に、変わることなく結び付けられていて、それまでに知られているどのような自然法則によってもこの結合が説明されない場合、それ自体が自然の第一法則なのか、今までに知られていない自然法則の帰結なのである。したがってある度合いの冷たさが水を凍らせるとき、もしこのことをどんな知られた自然法則によっても説明できないなら、それ自体が自然法則である。もしそれ自体が自然の第一法則でなければ、それはなにか他の自然の第一法則の結果のはずであり、したがって自然法則と同等の権威があり、それが自然法則である場合と同様に、他の現象をそれに分解して示すことができるはずである。[52]

リードはこの論法が、感覚対象と感覚内容の結合についても妥当すると言う。その条件は、この結合が論理的、整合的に証明されることではなく、あくまで経験的に実証されることにある。

同様にある感覚が、変わることなくある外的対象の概念と存在の信念を伴っているなら、そして同様な結合があらゆる時代のあらゆる人々の精神に見出され、この結合が習慣や教育の成果から生まれないことが示されることができ、またすでに知られ、承認された人間精神のどんな法則によっても説明できないのなら、それを結果としてもたらすなんらかの一般法則が発見されるまでは、この結合それ自体が人間精神の法則だと見なすべきなのである[53]。

自然は、身体の器官に押し付けられた物質的刻印を介することなしに、今われわれが持っているような精神の感覚をわれわれに与えたのかも知れない。同様に自然はわれわれに、ある感覚と恒久的に結び付けることなく、外的事物の概念と存在の信念をわれわれに与えたのかも知れない。なぜなら、なぜ前者がつねに後者に先行するのかを、誰も説明することができないのだから[54]。

リードの「懐疑論」に対する批判は、知覚が外的実在の認識を与える能力を持つと論証することではなかった。それは議論の最初から前提されていた。またそれは、感覚対象と感覚内容の関係を説明することでもなかった。それは「哲学の規則」に従って、経験による検証の範囲という限定を付けられた上で、何かより上位の概念から論理的に導出されることなく、たんに承認された。リードが行なったことは、印象と概念の関係を否定することにあった。この批判は経験論の方法を使ったバークリーとヒュームの論証の土台となる理論を破壊してその誤りを指摘し、それを解体することを目指したのであり、知覚の権利問題一般に解答を与えて、知覚に関する懐疑論を否定することではなかった。このような態度は哲学者としては、極めて不徹底だと言えるだろう。自明であれ、たんに前提されるものであれ、なんらかの最大限に抽象的な命題から論証的に体系を構成し、それによって認知や意志や倫理などの権利問題に根拠付けを与えることが哲学者の本務であるとすれば、たしかにリードは怠惰な哲学者だったと言える。しかし現代の認知科学は、外的世界の存在や知覚によるその認識を当然の事実とみなし、それが可能であることの論証ではなく、いかにしてそれが可能かを問題にし、しかも経験的研究の範囲で条件付けられた解答を与えることで満足している。懐疑論批判にあたって、リードは哲学者というより、認知科学者として振舞おうとしていると言えるだろう。

リードが辿ったヒューム批判の筋道は、こう言い換えることができるかもしれない。リードはヒュームが提起した問題を、人間は経験によって実在を知ることができるかという、経験知の権利問題としてではなく、人間はいかにして経験によって実在を知るのか、という事実問題への誤った解答から生まれたアポリアと考え、これを「実験哲学の方法」によって可能な限り解くことによって、懐疑論に答えようとした。この探求の端緒は懐疑論を論駁するという哲学的動機だったが、それを遂行するのは「哲学」ではなく、当時の理解では「精神の科学」での経験科学の方法だった内観法に基づく、一種の「科学」だった。その結果生まれたリードの「認識論」を、ディシプリンとしての「哲学」として解釈し、近代哲学のコンテクストにしたがって評価したり批判したりすること自体、対象に即した扱いではない。この姿勢は、晩年に出版された第二の主著『人間の知的力能について』でも保持されている。コモン・センスの重視と経験主義的な方法論を強調した「論説一」に続く「論説二」の第二章でリードは、当時の生理学的知見をまとめながら、神経の機能について現在のところ確定的なことは何一つ言えないと結論する。それに続く第三章では、神経を通じて伝達される「振動」に認識を解消しようとするデヴィッド・ハートレーの学説を取り上げ、それは現状では根拠のない仮説に過ぎないと批判する。生理学史的には、科学者リードの批評は妥当だったと言えよう。リードの「記号」論は哲学的リアリズムの難問の最終的な理論的解決ではなく、当時の水準の科学的知識とその限界に基づいた暫定的な議論だった。リードの「哲学」はあくまで与えられた経験を超えない範囲で構想され、その性格は絶対的真理ではなく、つねに暫定的な性質を逃れられないのだった。

しかしリードの推論の道筋ではなくリードが実際に行なったことを見ると、ヒュームによって触発された「経験的認識の根拠」をめぐる、リードとカントの思索の共通性が明白になる。リードが感覚対象と感覚内容を比較し、両者の非類似性を指摘した時に採用された方法は、基本的に内観法だったと見ることができる。自らの意識現象の自分自身による観察という方法では、直接に感覚対象を調べることはできない。一般的な「哲学」的問題としてとらえれば、感覚対象そのものを直接に「印象」と比較することができるかどうかということ自体が、学派によっては、一つの権利問題となるかもしれない。しかし哲学ではなく経験科学としての認知科学の課題として考えれば、それはたんに内観法に代わる、「より客観的な」研究方法の選択の問題であるに過ぎない。例えば内観法ではなく、被験者による意識現象の報告を、巧妙に組み立てられた心理学実験と組み合わせるような現代的な手法を採用すれば、感覚対象と感覚内容を比較することは可能だろう。

このような現代的な手法ではなく、リードの「実験」のような単純な内観法に従って研究する限り、感覚内容と比較されるのは感覚対象そのものではなく、観察者が持つ感覚対象の概念でしかない。そのためリードが実際に行なったことは、感覚対象に結びついている感覚内容と、同じ感覚対象の概念を比較したということになる。言い換えれば、リードが自覚しないで問題としたのは、人間が持っている外的実在の概念と、個々の外的実在に結びついていて、それを「志向」している感覚内容を比較し、両者が類似していないということだった。従ってリードが「自然記号」の問題と考えた、感覚内容から感覚対象を「知る」という問題は、感覚内容の個々の「原子」から、外的対象の概念がどのように構成されるのか、という問いに変わる。そう解釈すると、哲学的リアリズムに関わるリードの主張は、個々の知覚に対して、時間的にも論理的にも先行する認知の枠組みが存在することを主張していることになるだろう。この点で、リードはすでに「批判期」のカント的問題に足を踏み入れていた。だが科学の一つとして、科学の方法によって「認識論」を研究していたつもりのリードにとって、科学と区別されるメタ科学の地平は存在せず、カント的な課題設定はありえなかった。

しかし結果的に「実験哲学の方法」によるヒューム批判は、「実験哲学」の伝統からの離脱をもたらした。ニュートン派の科学者らしく、リードは自然観については、ロバート・ボイルたちの機械論哲学を全面的に受け入れていた。なぜリードは認知の世界については、同じ粒子哲学のメタファーを徹底して拒否したのだろうか。その理由の一つは、彼の非常に厳密な方法意識に求められる。だがもう一つの理由は、論敵ヒュームの整合的な戦略にあったと考えられる。ヒュームの『人間本性論』の一つの動機が、バークリーと同様に経験主義的なニュートン主義批判にあったとすれば、懐疑論者としての彼が採用した手法は見事なまでに一貫していた。それはニュートン主義者たちの二つの武器である、メタファーと方法の両者を受容した上で、それらの論理的な帰結を最後まで引き出し、パラドックスへと追い詰め、自己破産させるというものだった。批判者リードはそれに対して、方法かメタファーか、どちらかの放棄を迫られたのだった。リードの結論は、物体の世界と精神の世界は同一の方法によって研究できるが、精神は物体のような粒子哲学のメタファーによって描き出せないということだった。リードにとって精神は全体的であり、粒子のように外から動かされるのではない存在として表象された。その具体的な様相は「研究の現段階」では不明だが、それは「能動的力能」を持った実体なのだった。

ⓑ哲学的探求と科学

ヒュームに対するリードの批判は、カントが言ったように「自説を弁護する言句に窮した場合に、常識をあたかも神のお告げででもあるかのように持ち出す」ような非哲学的な性質のものではなかった。さらにそれはカントが言うような卑俗で粗野な論戦ではなく、いかにもスコットランド啓蒙を代表するような仕方で遂行された。この時代では、数学のような純粋科学と思われるような領域でも、解析学をめぐるバークリーとニュートン派の論争のように、人格への誹謗を含めた、罵声と怒号に満ちた戦いもありえた。この二人のブリテンの代表的な哲学者たちの稀有な決闘は、一切の学問的妥協なしに、しかも互いを認め合った礼節と平静さの中で行なわれたのだった。もしカントがこの直接対決の内容を誤解しないで丹念に研究したとすれば、認知の質料的な部分から分離された形相的な側面のみを扱う、経験科学から厳格に分離された、ディシプリンとしての近代哲学は誕生しなかったかもしれない。

おそらくニューマハーで行なわれた「実験哲学の方法」によるヒューム批判の結果は、後にリードの体系的著作として結実した。こうして三冊の主著で大成されたリードの認識論が「哲学」ではなく「科学」の一種であるとするなら、「リード哲学」の本体はどこに存在するのだろうか。哲学者としてのリードの基本的な考えは、最初の主著が発表される以前に明確になっていた。主著の出版に一〇年先立つ一七五〇年代にアバディーン大学で行なわれたラテン語の講義(55)で、哲学教授リードは「リード哲学」の基本的な方法と構想を明らかにしている。

一七五三年に行なわれた講義で、リードは哲学には定説が存在しないと言い、哲学では学問をどう進めるかについての共通の合意が成り立っていないと指摘する。これに対して着実な進歩が見られる他の技芸や学問ではそうではない。とくに確実な学問であることを一般的に認められている数学では、数学者たちは自分たちの学問の「法」について合意している。[56] リードはこの講義でも、経験科学者、ニュートン主義者としての姿勢を表明している。論理学講義と同様に、リードは学問の方法として、一般的な原理からの個別命題の演繹的な導出である総合の方法と、個別の事例から一般的な法則を引き出す帰納的な分析の方法を区別し、具体的なものから一般法則へいたる研究を重視する。学問を建設するためには、正当な方法が不可欠である。数学では確実な前提からの演繹による証明という、『原論』の方法が確立している。ニュートンも同様な方法を天文学に応用したのだった。同様に『プリンキピア』に記されたニュートンの哲学の規則は、物理学全体をその上に築くことができる正しい方法を提供している。

では哲学教授としてのリードは、どのように正しい哲学の方法を構想しているのか。リード自身の哲学構想は、一七五六年の講義で具体的に展開される。この講義でリードは、正しい哲学を決める法が存在すると主張し、それを四点にまとめている。だがここでリードが「哲学」という語彙を、ニュートン物理学が「ニュートンの自然哲学」と呼ばれた当時の用法と同様な意味で用いていることに注意しなければならない。この術語がリードの定義では理論的な研究のほとんどを包括していることは、「花や蝶やカタツムリの名前についての知識を収集する人」も、程度は低いが哲学の一種に従事していると明言されていることからも明らかになる。[57] またリードはこの講演で、意外なほどの実用主義的学問観を表明する。哲学には社会的効用がなければならない。リードが考える「哲学の第一の法」は、哲学は人間の役に立ち、精神の生まれ持った力を高め、事物と自分自身に対する支配を増大させる知識でなければならないということである。さらに第二の法では、リードはどのような知識、知恵、技術も人類に有用であれば、自分に関係がないとは見なさないと言う。「国家の運営、修辞、医学、戦争の技術、航海の技術、商業などの役に立たないような」類の哲学は、「修道士や怠け者に任せておけばいい」のだ。[58]

このベーコン主義的な実用主義的哲学観は、綜合学としての哲学の理念と結びついていた。当時の語彙の用法としての「哲学」の定義にしたがっていたばかりでなく、リードはより積極的に、哲学が綜合的な学を意味し、そうあるべきだと主張する。医学などのさまざまな科学や技術の部門が独立し、自分自身の原理を持ったことは、哲学にとって損失であると同時に、それら個別の学を弱くし、没落させたのだ。リードが考える哲学とは、実体としてはそれらの学の集合体であるように見える。だがそれはたんなる寄せ集めではない。哲学は諸学の有機的な結びつきの上に成り立っている。真の哲学はすべての科学と自由学芸に関係し、それらすべての要素を自らの内に持っている、とリードは言う。このような実用的で総合的な学の体系である「哲学」が唯一無縁なのは説得の技術である。リードは第三の法として、哲学者は詩人であってはいけないと主張する。

この総合科学としての「哲学」は、実用的である点だけでなく内容の面でも、社会と密接に結びつくことを要求される。後年の日常世界を超えない哲学という「常識哲学」の理念は、この講演でも明確に現れている。リードは哲学の第四の法として、哲学者は常識的な観念を覆すことに従事してはならないと言う。日常知と対立するのではなく、それを高め、体系化することが綜合学としての哲学の役割とされる。さらに「コモン・センス」は、哲学の範囲を決定するだけでなく、その方法ともなる。リードの第五の法によれば、哲学は常識的な観念に対立しないだけでなく、その上に建設されなければならないのだ。

実用主義と日常世界を超え出ないという二つの意味で、リードにおける哲学は社会の中に埋め込まれている。それは有用で有意義な知識を整理し、総体化する機能を担う。言い換えればリードが言う「哲学」とは、基礎付けを行なう一つのディシプリンではなく、構造化された知識の全体を指している。三冊の主著は「哲学」ではなく、「精神の学」という科学の理論部門であり、認識論という意味での固有の哲学ではなかった。リードに哲学があるとすれば、それは主著三冊の内容を一部とした、彼が大学で講義した諸分野の総体だということになる。

近代の個別科学は、法則という、一種の普遍的存在者を探求の対象としながら、経験的なアプローチを採用し、そのために部分的、局所的、蓋然的な妥当性しか持ち得ない命題群を構成していく。他方で近代哲学は、形式的、論理的、普遍主義的な体系を志向し、何らかの意味で、世界と人間について一般的に成立する言明を創造しようとする。主著の三冊によって表現された、「哲学」としてのリードの体系の曖昧さ、不十分さは、この二つを無自覚的に混同し、しばしば後者を前者に解消する傾向がリード自身にあったからだった。バークリーやヒュームのような、ブリテンの科学共同体の重要な周辺部分を形成していたアマチュア科学者ではなく、リードが家族的伝統、個人的な知的嗜好、および教育のために、自然科学の諸分野に専門的な知識を持っていた「プロ」であったことが、かえって彼の体系におけるこのような難点を強化したと言える。リードは人生最後の月に大数学者デヴィッド・グレゴリーの数学的論文の中に誤りを見つけることができたほどの、数学に対する練達の理解力を持っていた。エディンバラ哲学協会の年報に発表されたケイムズの物理学論文についてそうしたように、リードはヒュームの著作の中にも、スミスの「天文学史」の中にも、容易に科学的知識の欠陥を発見できただろう。このような能力は逆に、哲学的方法を数理的、経験的自然科学と厳密に分離しようとする意識の形成を阻害したと思われる。

しかしそれは哲学者リードの知的プロフィールに解消されることでもなかった。科学の制度化が十分に展開していない一八世紀の知識空間では、いまだ科学と哲学とは未分化なままだった。解析学を駆使する数学に熟達したプロフェッショナルであれ、博物学や天文観測や化学実験を好んだアマチュア科学者であれ、明確に個別科学と哲学とを分離してとらえる意識は、多くの知識人が所有してはなかった。それがあるとすれば、ニュートン的科学に敵意を持ったバークリーや、自然科学をも含めて、すべての知の領域を自身の哲学によって征服しようとしたヒュームのような、知的支配への強烈な意志を持ったアマチュア科学者たちの意識の中にのみ存在した。

しかし知の制度化が極限状態に達しつつある二一世紀の目から見て、部門的知識とそれを支える方法意識とが未分化、不明瞭だったため、現代では容易に構想できないような、一種の「哲学」のあり方が、この世紀では可能だった。「リード哲学」は固有の方法を持っていない。そこにはさまざまな科学の方法と、それらを通覧しながら全体を構造化していく哲学的主観が存在するだけだった。そのため「リード哲学」では、科学が提起した問題を哲学によって解くのではなく、まったく反対に、哲学的問題を解くために科学的探究を行なうという結びつきがあり得たのだった。ヒュームの批判を行なって「認識論」の体系を築くことは、おそらくリードにとって、彗星を観測したり、地球の大きさの計算法を考えたり、幾何学の問題を解くことと、質的に異なった学的営為ではなかっただろう。科学者/

哲学者トマス・リードはこの方法を、プロフェッショナリズムに満ちた態度で遂行していったのだった。

(3) 哲学の機関としての数学

カントによれば、ヒュームは認識に対する懐疑論を展開したのではなく、人間の知覚による世界の認識がいかにして可能なのか、という問題を提出したことになっている。リードは『コモン・センスの原理に基づく人間精神の一研究』で、ヒュームの「観念の理論」を「観察と実験」にもとづいて否定しながら、これに対する解答を与えようとした。その際にリードがカント的な哲学者であるより、認知科学者として振舞っていたのは確かだろう。リードと比較して、カントの体系は問題設定をはるかに鮮明にし、経験科学と哲学的探求を明瞭に分離することで、哲学の新しい時代を切り拓いた。しかしカントの重厚な著書は、リードの詳細な観察とその分析に比して、認知の具体的なメカニズムについての知見をいくらかでも増やしたわけではなかった。それどころか、カントはニュートン的な世界像を固定化し、それが普遍的に成り立つことを哲学的に「説明」してしまった。カントは「先験的感性論」で、ユークリッド幾何学の「哲学的基礎付け」を遂行していたのだった。ここには専門学としての哲学と個々の科学との、相互生産的とはいえない関係が露呈している。これに対してニュートン主義者のリードは、ニュートンの枠を超える理論を事実上提案していた。それは二〇世紀には反ニュートン的自然像に数学的基礎を提供することになる、非ユークリッド幾何学の時期早尚の発見だった。

リードの最初の主著『一研究』の中に非ユークリッド幾何学の叙述があることは、一九六〇年代の先駆的なダニエルズの研究[59]以来、研究者たちの注目を集めてきた。この著書の「第六章 視覚について IX 可視的形象の幾何学」では、リードは新しい幾何学を読者に紹介することを意識し、そのいくつかの特徴を示している。

この幾何学では、点、線(曲線と直線)、角(鋭角、直角、鈍角)、円の定義は、通常の幾何学と同一である。以下のいくつかの原理を見るだけで、数学の心得がある読者はすぐにこの幾何学の神秘を理解されることだろう。

1　目が球体の中心にあるとせよ。球体のすべての大円をなす円は、ちょうど直線のように目に映るだろう。なぜなら目に向かってくる円の曲率が知覚されないからである。そして同様の理由で、球体のそれぞれの大円を含む平面上に描かれたあらゆる線は、実際に直線であろうと、あるいは曲線であろうと、すべて直線に見える。

2　あらゆる可視的直線は球体のどれかの大円に対応する。そして、その大円の弧は、たとえ一回転してもとに戻るところまで引かれたとしても、同じ方向に進む同一の可視的直線の延長に見える。なぜなら目は自身との関係でのみ対象の位置を知覚し、その距離を知覚しないので、これらの点がどれほど離れていようとも、目にとって同じ視覚上の場所のように見るからである。ここで目と可視的直線を含む平面は、球面のある大円を載せた平面なので、可視的直線上のすべての点は大円上のある点に対応する。したがってそれらは目に対応した視空間の同じ場所を占める。そして大円のすべての弧は、たとえ一回転するところまで引かれたとしても、同じ可視的直線の延長に見えるのである。

このことから以下のことが帰結する。

3　あらゆる可視的直線は、同一方向へ向かう限り、目がその中心に位置している球体上の大円によって表現される。

このことから

4　二つの直線によってつくられる可視的角は、それらの直線を表現する二つの大円によってつくられる球面上の角に等しい。なぜなら可視的線は大円に対応するので、前者がつくる角は後者が作る角に等しくなければならないからである。しかし数学者たちが知っているように、中心から見られるときには二つの大円がつくる可視的角は、それらが実際に球面上につくる角と同じ大きさなので、どのような可視的な二本の線がつくる可視的角も、それらを表現する二つの大円がつくる球面上の角と同じなのである。

5　したがって以下のことは明白である。あらゆる可視的直角三角形のすべての部分は、ある球面上の三角形に対応する。一方の辺は他方の辺と同一に見え、一方の角は他方の角と同一に見える。したがって、一方の三角形の全体は他方の全体と同一であるように見える。言い換えると、目にとってはこの二つは一つであり、同一の数学的性質を持っているのである。したがって可視的直角三角形の性質は平面上の三角形と同じではなく、球面上の三角形と同じなのである。

6　あらゆる球面の小円は、その中心に置かれた目には円に見える。他方で、あらゆる可視的円は球面上のある小円に対応する。

7　さらに球面の全体は視空間の全体を表現する。なぜなら、あらゆる可視的点は球面上のある点に対応して、同一の視覚上の位置を持つので、球面上の部分の全体はあらゆる可能な視空間、すなわちすべての視空間を表現する。このことから最後に以下のことが導かれる。

8　あらゆる可視的形象は、目がその中心に位置していて、それが投影される球面上のある部分によって表現される。そしてこのような図形のすべては視空間の全体に対して、それが対応する球面上の部分が球面全体に対するのと同じ比例を持っている。

リードがここで扱っているのは、視覚によって把握される対象がどのような幾何学的性質を持っているかという問題だった。リードの時代の視覚論は幾何光学に基づいていた。そのため眼の機能はカメラ・オブスクラとの類比によって論じられていた。地図を作成するための測地法の研究は、この時代にはすでに多く行なわれてきた。そのため球面幾何学も知られていたので、ここではリードはたんに、球面に投影された図形の変則的な性質を論じているように見えるかもしれない。だがリードは自身が提案しているのが、実空間を規制する原理だと信じられていたユークリッド幾何学に相応し、それに匹敵する一つの完結した整合的幾何学であることを自覚している。それが実際に何であるかについては研究者の間で議論があるが、「可視的形象 visible figure」とは、視覚との関係で把握される対象のことを指している。視知覚の対象は力学によって把握される物体ではなく、この可視的形象だとリードは考えていた。球面幾何学をモデルとしたこの新しい幾何学は、ユークリッド幾何学に従うニュートン力学の対象ではなく、この視空間に現れる可視的形象の原理を記述するために構想されている。その叙述が当時の幾何学書のように体系的に書かれないで素描的であるのは、たんにこの著書の想定される読者が数学者ではないからなのだ。

私は数学に詳しい読者がこれらの原理を完全に理解されるとともに、同様に可視的形象と空間に関する以下の諸命題を容易に納得されることを期待している。ここでは実例をいくつか示すにとどめるが、それらはすでに述べた諸原理から数学的に証明でき、可触的形象についてのユークリッドの諸命題と同様に正しいものなのである。

命題1　すべての直線は最後には自分にもどってくる。

命題2　自分自身にもどってくる直線はもっとも長い直線である。そしてそれ以外のすべての直線は、この直線と有限の比を持っている。

命題3　自分自身にもどってくる直線はすべての視空間を、それぞれがこの直線によって限られる等しい二つの部分に分ける。

命題4　視空間の全体は、その部分に対して有限の比を持っている。

命題5　二つの直線は二点で接し、お互いに交わる。

命題6　二つの線が平行なら、すなわちあらゆる点で同じ距離を保つなら、それらは直線ではありえない。

命題7　あらゆる直線は、ある直線上のすべての点から等距離であるような一つの点を持つ。

命題8　円は直線と平行することができる。すなわちあらゆる点でそれから等距離を保つことができる。

命題9　相似する直角三角形は合同である。

命題10　あらゆる直角三角形について、三角の合計は二直角より大きい。

命題11　直角三角形のすべての角が直角であったり、鈍角であったりすることがある。

命題12　円の大きさはそれの直径の自乗に比例して異なるのではなく、またそれらの弧は直径に比例して異なる

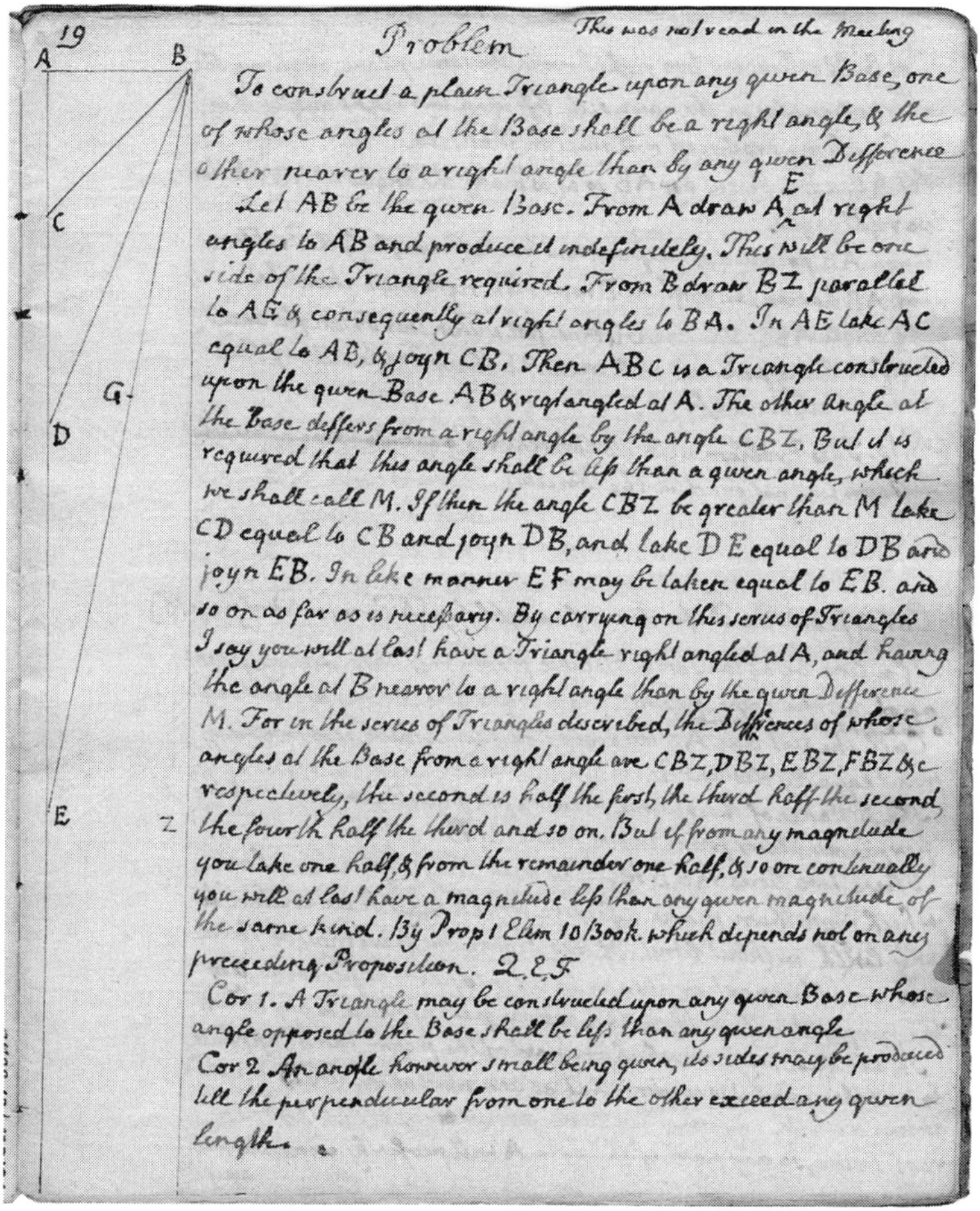

19

Problem

This was not read in the Meeting

To construct a plain Triangle upon any given Base, one of whose angles at the Base shall be a right angle, & the other nearer to a right angle than by any given Difference

Let AB be the given Base. From A draw AE at right angles to AB and produce it indefinitely. This will be one side of the Triangle required. From B draw BZ parallel to AE & consequently at right angles to BA. In AE take AC equal to AB, & joyn CB. Then ABC is a Triangle constructed upon the given Base AB & right angled at A. The other Angle at the Base differs from a right angle by the angle CBZ. But it is required that this angle shall be less than a given angle, which we shall call M. If then the angle CBZ be greater than M take CD equal to CB and joyn DB, and take DE equal to DB and joyn EB. In like manner EF may be taken equal to EB. and so on as far as is necessary. By carrying on this series of Triangles I say you will at last have a Triangle right angled at A, and having the angle at B nearer to a right angle than by the given Difference M. For in the series of Triangles described, the Differences of whose angles at the Base from a right angle are CBZ, DBZ, EBZ, FBZ &c respectively, the second is half the first, the third half the second, the fourth half the third and so on. But if from any magnitude you take one half, & from the remainder one half, & so on continually you will at last have a magnitude less than any given magnitude of the same kind. By Prop 1 Elem 10 Book. which depends not on any preceeding Proposition. Q.E.F.

Cor 1. A Triangle may be constructed upon any given Base whose angle opposed to the Base shall be less than any given angle

Cor 2 An angle however small being given, its sides may be produced till the perpendicular from one to the other exceed any given length.

写真 3　平行線公理に関する論考（アバディーン大学図書館，MS.3061/11　© University of Aberdeen）

のではない。

大陸の数学者たちが平行線公準の証明に取り組んでいる時に、数学史上では一九世紀に建設されたはずの新しい幾何学を、すでにこのスコットランドの哲学者が孤立して発見したということ、そしてそれがほとんど気づかれることなく著書の中に埋もれて忘れられてきたことは、研究者たちに一種の謎を提供してきた。ダニエルズはその理由を、リードの幾何学研究が数学史とは異なったコンテクストの中で行なわれたところに見出した。リードの非ユークリッド幾何学は、哲学者デカルトやマルブランシュや生理学者のポーターフィールドたちが進めてきた視覚論の研究史の中に位置付けることができる。とくにリードが意識していたのは、バークリーの『視覚新論』[60]だった。

この初期の著書でバークリーは、距離の認知など視覚論の重要問題を論じながら、触覚で認知される存在は客観的な実在だが、視覚の対象は実空間ではなく、精神の中にしか存在しないことを主張する。それは自らの観念論体系を受け入れさせるためにその緒戦として遂行された、偽装された「半観念論」の論証だった。たんなる光学的なカメラとして理解された視覚によっては、実空間の距離を知覚することができない。解剖学的所見を除き、眼の具体的な機能が研究されていなかったこの時代の視覚論は、注意の働きや「肌理の勾配」のような説明手段を欠いていたので、哲学者たちがそう考えたのも当然と言える。その他網膜上の倒立像が正立して知覚される理由、両眼視の機能など、現代認知心理学がまだ完全には解いていない視覚に関する基礎的諸問題は、デカルト以来、哲学者や光学者や生理学者たちを魅了してきた。バークリーは視覚による距離知覚の不能性や、色と形の認知の同時性などを理由に、ユークリッド幾何学が従う実空間内の対象を把握できるのは触覚であり、視覚は現実の対象を知覚できないとした。そうであるなら、視覚の対象は現実に存在するのではなく、精神の中のイメージだということになる。この著書で視覚に関する観念論を主張して橋頭堡を固めたバークリーは、次にあらゆる知覚についての観念論の建設へと向かうことになる。

哲学的リアリズムの弁証のためにリードは自らの視覚論で、バークリーの視覚に関する観念論の論拠を突き崩すことを試みた。そのための戦略の一つが、視覚は距離を認知できないという彼の主張を受け入れた上で、視覚による認知の対象である視空間が従う幾何学を建設し、触覚による認知の対象とバークリーが考えたユークリッド幾何学に従う実空間と、視空間がまったく同等の権利を持って実在することを論証することだった。この二つの幾何学は異なった原理に基づいてはいるが、相互に変換が可能である。視空間内にある個々の形象の幾何学的属性は、バークリーも『視覚新論』では実在性を容認していた、ユークリッド空間の規則に従う「可触的形象」の属性から計算によって導出することができる。視知覚の認知対象の特殊な性格は、実在する形象が眼との相対的な位置関係にある際に現れる「見え」の幾何学的性質に過ぎない。その点で、視知覚の対象がユークリッド的性質を持っていないので客観的に実在しないというバークリーの議論は当たらない。

以上のようなリードの視空間の実際の意味や、その論証のそれぞれの解釈等については、まだ議論が続けられている。だが少なくともリードによる非ユークリッド幾何学の発見は、視知覚についてのバークリーの「半観念論」に対して、厳密な数学的理論の建設によって答えようとした結果だととらえることができるだろう。現代認知心理学の手法の一つに、視知覚の認知にかかわる不良設定問題への計算論的アプローチがあるが、これと違ってリードは、非ユークリッド幾何学に従う視空間とユークリッド幾何学に従う触空間という、感覚モダリティ間の統一によって空間認知が可能になると考えているように見える。この点でリードの数学的視覚論は、触空間から視空間への写像の定式化という一方通行の形で展開された、一種の計算論的研究だと言えよう。リードの目的はあくまでバークリーの観念論批判にあったため、空間認知の問題が解けなくても、視空間が精神内部の虚像ではなく、現実世界の「見え」の一つであることが示されれば十分だったのだ。

さらにこの議論は、人間の物体の認知には特定の印象が必要ないことを示すために利用される。『視覚新論』のバークリーと同様、スミスやケイムズのようなスコットランドの哲学者たちにとっても、触覚は外的対象を把握し、その物理的性質を理解するための基礎的な感覚だった。彼らにとってロックが区別した第一次性質は、触覚によってもたらされるのだった。ところがリードは触覚印象の内観法による研究に基づいて、物体の第一次性質に類似した印象は存在しないと主張する。実空間内に存在する物体の基礎的な把握は、特定の触覚印象に結びついていない。触空間を認知するために特定の触覚印象が必要でないように、視空間を理解するためには視覚印象さえ必要ではない。感覚印象は実在の摸像ではなく、それによって実在の概念が呼び起こされる「自然記号」に過ぎない。リードは青年時代に実際に面会した盲目の数学者サンダースンを想起しながら、視覚を持たない幾何学者は視空間のリーマン幾何学に従って、健常者と同様に視空間を理解することができると議論する。人間の存在にとって基礎的な空間把握は、個々の印象という意識現象に基礎を持っているとは考えられない。それは人間の「自然の体制」によって与えられている、意識の背後で働いている何らかのメカニズムに基づいていると、リードは推理する。このように一八世紀の認知科学者リードの議論は、きわめて現代的な響きを伴っている。

しかしリードの試みが当時の幾何学史のコンテクストから遊離した、数学としては孤立した探究だったというダニエルズの理解は、リードの草稿研究者たちから反撃を受けることになった。アバディーン大学のコレクションには、リードが明らかに一八世紀の幾何学者たちの頭を悩ませていた、『原論』の第五公準問題に関心を持っていたことを示す資料が残っている。またウィリアム・オーグルヴィ宛の書簡でも、リードは平行線公準についてユークリッド幾何学の基礎が堅固でないと考え、何らかの解決法を模索していることを報告している。

お恥ずかしいことですが、私はかなり以前に、コモン・センスに従えばどのような人も疑うことができないようなこの公理の数学的証拠を発見しようと、ずいぶん長い時間を使ってしまいました。この無駄な努力をした後に、シムスン博士が厳密な意味ではそれが証明できないと考えていたことを知って、私は呆然としました。そしてそれ自体自明ではなく、厳密な証明もできない数学的真理の上に、数学のかなりの部分が依拠しているのはなぜかと、考え始めるようになりました。[61]

同時代の幾何学者たちと同様に第五公準の明証性の欠如は、このスコットランドの哲学者によっても、堅固と見えた知識の足場を揺るがす大問題だととらえられていた。平行線についての研究は、ユークリッドの原典の厳密な復元とともに、時には原典を超えてその論理的一貫性を完成させようとした、ロバート・シムスンの研究にも刺激されて、アバディーン時代から本格的に開始されている。一七五六年六月には、第五公準を扱ったノートが書かれている（"Observations on the Elements of Euclid," MS.2131/5/II/47）。また、一七六二年にはそれについての論文が哲学協会で読まれている。「可視的形象の幾何学」発表以後も、この研究は継続された。一七九〇年代にグラスゴー文芸協会で読まれた論説「原論について」で、リードはこの難問についての長期にわたる研究をしめくくっている（MS.3061/11）。そこではサッケーリの論証を取り上げながら、その不十分さを指摘して、平行線定理を別の公理系で置き換える方法を説明する。しかし最終的にリードは、それにも満足しなかった。この論考の公表を薦める友人の数学者に対して、リードはそれが数学的な意義を持たないと否定した。この半世紀にもおよぶ探究の果てに、リードはユークリッド幾何学体系の論理的難点を訂正することを断念したのだった。リードは哲学史上の問題の深い追究から、たまたま新しい幾何学の発想にたどり着いた、専門家たちから孤立したアマチュア科学者ではなかった。リードは明らかに、やがて一九世紀には新しい幾何学の発見に帰着する研究史の伝統の中にいたのだった。

科学史家ニッコロ・グッチャルディーニは一八世紀ブリテンの数学者たちの書簡を研究し、公刊された著書では幾何学的な方法で研究をしていたと思われていた彼らが、書簡では自由に代数を使って議論を進めていたことを見出した[62]。大陸部では代数方程式による研究が進んだのに対して、従来一八世紀ブリテンの数学は、厳密性への執着から幾何学的方法に固執したため、ニュートン以後衰退したと言われていた。しかしはなばなしくはないが秘教的な面では、この島の数学も大陸数学と同じ道を歩んでいたのだった。一八世紀ブリテンの数学者には、厳密な学問の方法としては最後まで幾何学的論証にこだわり続けたグラスゴー大学の数学者ロバート・シムスンのような人物と[63]、少なくとも書斎では自由に方程式を駆使した大陸数学と同等の技術を持った人々がいた。例えばそれはマクローリンであり、リードの親友ジョン・スチュアートだった。このアバディーン大学の数学者はニュートン的科学における数学の意義に触れて、ニュートンの物理学が「流率の原理」によって成立したと指摘していた[64]。リードはスチュアートと同じ傾向を持つ数学者に分類することができる。

この専門的数学者と言える哲学者リードが、実際にどの程度「新しい幾何学」の建設者だったのか、それが観念論と懐疑論に対する批判でどれほど効力があったのかなど、この哲学史上で極めてユニークな事象に関する研究は現在も続いている。だがそこには一つの謎がある。バークリー批判を数学／認知科学的方法によって遂行しようとした哲学者リードは、明らかに一九世紀に発見されることになるリーマン幾何学の存在を知っていた。本来認識論に関する主著に不完全な形でその一端を公表したのは、その発見者として自ら誇るところがあったからだと思われる。他方で幾何学者リードは、平行線公準の問題が直線の定義などの改善によって解けると考えていた。この点で数学者としてのリードは、ユークリッド幾何学が現実空間の唯一の原理だったと考えていたように見える。これに対して一九世紀の非ユークリッド空間の発見者であるガウスやロバチェフスキーは、ユークリッド幾何学の現実的妥当性に疑念を抱き、それを経験的に検証しようとさえしたのだった。なぜリードは新しい幾何学がユークリッド幾何学と同等の生存権を持つとしながら、それを視空間の原理とだけ考え、実空間の唯一の原理としてのユークリッド幾何学を救うことができると見なしていたのだろうか。ダニエルズはリードが幾何学的研究のコンテクストの中で思考していなかったため、自らの発見の数学上の意義に気づかなかったのだと考えたが、この解釈は専門数学者としてのリードの実像が明らかにされた以上、もはや支持できない。

この問題に最終的な解答を与えるためには、まだ研究が終わっていないリードの数学草稿の包括的な検討が必要になるだろう。だがここで一つの推測を行なうことはできる。リードの先輩であるマクローリンは、リードと同じくバークリーに反論するため、一八世紀ブリテン数学を代表する書物で、最初の体系的な解析学の著書『流率論』を著した。この重要な著作は、奇妙な形で書かれている。その前半部分は記号を用いない幾何学的論証である。後半部分は代数による解析学の記述だが、そこに書かれていることはあらかじめ前半部分で論証されているとマクローリンは断っている。このような書式が必要だったのは、バークリーからの批判に対して、あくまで「学問的に厳密」な解答をあたえる必要があったからだった。それは数学でさえ思想的、宗教的論争から無垢ではありえなかったという、一八世紀の知的な公共圏の構造に基づいていた。バークリーにとって数学が無神論者の煽動の武器だったとすれば、マクローリンにとっての数学は、最も重要な自然神学の手段だった。マクローリンもまた一九世紀数学を予見する極限論法の定式化を、この著作の準備にかかわる書簡の中で行なっていた。しかし彼は「幾何学と同等」の範囲でしか解析学の探究を行なうつもりがない、初期のニュートン主義の全体的枠組みの中で思考していたため、この新しい着想によって幾何学的論証にはかかわらない、「計算」のみを方法とした代数的解析学の建設を実行しようとはしなかったのだった。(65)

もしリードが自由に非ユークリッド幾何学の着想を展開したとすれば、それはマクローリンと同様に頑固なニュートン主義者だった自らの世界観と対立する自然像の建設に向かうこととなっただろう。現代の科学者にとって、学説を変えることは個人のキャリアにとって障害となるかもしれないが、多くの場合、人生にかかわる大問題とはならない。もしそれによって名誉と業績が得られるなら、彼らは喜んで瞬時に立場を変える。一八世紀の科学者／哲学者にとって、事情はまったく異なっていた。物体や運動とは完全に区別される絶対空間の存在とその原理としてのユークリッド幾何学の妥当性は、彼らのニュートン主義的自然観の構成要素であり、さらに重要なことには、ニュートン的な自然観と抱合した自然神学の基礎概念だった。ユークリッド幾何学の妥当性を疑うことがリードに可能だったとは思えない。リードたちが抱いていた幾何学や数学は、自然科学一般と同様、思想や宗教などの個人の意味的存在にかかわる信念体系に結びついていた。非ユークリッド幾何学の可能性というこのすばらしい視野は、最初から限定された問題設定のなかに置かれていた。というより、数学を哲学の手段としてリードにバークリー批判をさせ、新しい幾何学の発見に導いた科学的／哲学的枠組みこそが、数学史上での画期的な革新を妨げていた。こうしてマクローリンにおいて一九世紀的な解析学が流産したのと同様に、リードにおいて非ユークリッド幾何学は成長することなく、体系の片隅にひっそりと留まることになったのだった。

三　薔薇十字と平面人

だがリードの「非ユークリッド幾何学」が提起する謎は、じつはこれだけではなかった。この幾何学の素描には、研究者たちがほとんど触れようとしない不可思議な記述が付随する。この高等数学の議論の後半は、奇妙な喩え話に変わっている。そこでリードは「イドメネア人」という視空間のみを認知できる架空の知的生命を登場させて、新しい幾何学の含意を敷衍しようとする。

そこでそのような生物が存在するとしてみよう。そして視覚の対象について彼がどんな観念を持ち、彼がそれらからどのような結論を引き出すかをできるかぎり思い描いてみよう。彼は自分のそのような体の仕組みのために、われわれのように視覚的な外観が他の何かほかのものの記号だと考えると思ってはいけない。それによって意味されるものがないのだから、それは何かの記号ではない。したがってわれわれは、彼がわれわれが可触的形象や延長に対してそうしているような形で、可視的形象に対すると考えなければならないだろう。

さらにリードはこの不可思議な想定を現実的であるように見せようとする意図のためか、ある「月世界への旅行者」の手記を引用する。

可能なものごとの細部を考えることは、どんな薄弱な根拠を持つ事実についてそうするよりもはるかに困難なので、私はここでヨハンネス・ルドルフス・アネピグラフスの旅行記からの抜粋を示しておきたい。彼は薔薇十字団の哲学者であり、オカルト学の深い研究によって、自らを月世界のさまざまな地域へ移動させる術を身につけ、そこに生きるさまざまな生命との会話を行ない、その結果として、私が想定するのとまったく同一の秩序に親しむことになったのである。

視空間の実例となる平面人たちの世界を探検した後で、この一八世紀の科学者／哲学者はこう締めくくる。アネピグラフスの正体や、この物語が真正であるかどうかは重要でない。このような知的生命が理論的に存在可能であることこそが大切なのだ。

ヨハンネス・ルドルフス・アネピグラフスについてはここまでにしておこう。このアネピグラフスが、ボリキウスやファブリキウスのような、ギリシャの錬金術についての著作家たちが記録している、いまだ著書が出版されていないあの人物と同一であるかどうかについて、私は知ったかぶりをすることはできない。名前の同一性と研究内容の類似性があり、いくばくかの議論がされているとはいえ、いまだ決定的な結論は得られない。また私はこの教養ある旅人の叙述の特徴が、筆者がその人であるという外的なしるしになると判断する気もない。私はむしろ批評家たちが内的なしるしと呼ぶものに議論を限定しよう。またイドメネア人が実在するかどうかも、たいして重要なことではない。そのことは学者たちの間で、われわれにもっと関連した問題について論じられてきた。重要な問題は、以上の議論が彼らの幾何学と哲学の説明となるかどうかである。われわれ人間は彼らが持っているすべての能力を持っており、その上彼らに欠けている能力も有している。したがってわれわれは、視覚によって得られる知覚と、それについての推論を他のものから分離することで、彼らの哲学と幾何学についての評価を下すことができる。こうすることができる限り、彼らの幾何学はアネピグラフスが描いたものと同一であると私は判断するのである。もちろん疑いなしにここには、旅行者に許された記述の自由さや、彼らが陥りやすい、意図的ではない誤りがあることも確かなのだが。

一八世紀には忘却の中に沈んだと思われた薔薇十字団の団員が、この近代高等数学の世界でいったい何をしているのだろうか。しかもこの男は「オカルトの諸学」に精通しているばかりでなく、月世界の住民たちの哲学を報告している。非ユークリッド幾何学の紹介の後に現れた、この奇妙な「平面人」の世界は、総合的知識の体系としてのリードの「哲学」が持つ、ある特質を示唆している。

狭義の「哲学」である認識論を一つの中核として、その周囲に緩やかな諸学の集合体という形で構成されたリードの知的体系は、デカルトやカントやヘーゲルの体系と比べてそれがいかに不完全に見えたとしても、経験論的なリアリズムの知識の体系としては、高度の一貫性を持っていた。その中心的な認識のエンジンは科学の方法であり、自然科学の分野に限っても、そこでは数学と物理学との方法論上の根本的な相違があったが、それらは「コモン・センス」に基づく体系として、一つの一貫した外観を見せていた。しかしこの綜合科学という形を採った「哲学」の中には意識的に置かれた空隙があり、それは未来の研究の発展によっても埋められないだろうと想定されていた。一七世紀イングランドの科学者たちとトマス・リードにとって、科学的探究はその果てに自らの限界に突き当たる。それを通じて、科学は神の存在を示唆するとされた。したがって、個々の点では科学の営みによって構成されていくこの体系はその外部に、「神」の世界という表象の領域を残し、それによって支えられていた。その点でリードの知的体系は二重の体系だった。その一つは厳密な経験的、数理的研究によって形成される学的知という論理の世界であり、もう一つはキリスト教の神が中心に座る、神的なイメージの世界だった。

だがリードは後者を具体的に描き出すことには、決して賛成しなかった。信仰者としてリードがどのような体験を持ったのか、一度でも神の声を聞いたことがあったのかどうか、それを知る手がかりはない。神学博士であり、牧師という職業に就き、疑いなく信仰を持ってはいたが、彼の書き残したものにはそのような形跡はない。そればかりかリードはむしろ、神を描き出す手段は想像力ではなく、理性だとしていた。しかも人間が直接見ることができない神の属性は人間精神からの類推によってのみ記述されるのであり、人間精神の研究自体は、「実験哲学の方法」にしたがうのだった。したがって最初から限界を持った自然神学的記述の対象ではなく、能動的な存在者としての神が座る領域は、闇として、手が届かない深淵として、一つの「神秘」としてしか表象できないのだった。

リードはこのような「神秘」の実在性を終生信じていた。例えばリードは自筆ノートに、グラスゴー大学の同僚の化学者、ジョージフ・ブラックの研究業績を高く評価しながら、彼の研究には物質の内奥に「神秘」の働きがあることを示唆していると書き残している。また医学についても、リードは人体のメカニズムの決定的な部分、精神と身体の接合という点は、究極的に解明することができない「神秘」だという学説に賛同していた。[66] 経験的、数理的な研究によってこの世の大半の知識が獲得でき、それらには実在的な根拠があると考えながら、この一八世紀の科学者／哲学者は、つねにその外側に広がる漆黒の未知の領域を感じ、それがこの世を支えていると信じていた。

だがこの「神秘」は、リード自身の哲学の原点にも潜んでいた。ヒューム批判にあたってリードが行なった省察は、現象界と日常世界が似ていないということだった。リードの自然記号の考えは、この二者の結びつきが「類似性」の概念では解けないために生まれたのだった。デカルトの炉辺部屋での省察や、パスカルの霊的体験、ヒュームの霊感、ニーチェの「大いなる午後」、バタイユの「内的体験」、あるいは王陽明の格物致知の実践などのような劇的な形ではなく、おそらくある程度の期間を費やした、熱狂的な興奮を欠いた静かな経験であったにせよ、ともあれ一人の思想家として、リードは根源的な思想的体験を持っていた。謙虚な人柄だったリードがあれほど自信に満ちた哲学的論考を書いたのは、そのためだったのだろう。この体験が指し示したのは、もし感覚がつくりだした現象界の中に自己が生きているとすれば、世界は自己が属する世界とは似ていないということだった。われわれが安住し、当然視し、その中で生きている日常世界は、われわれにもっとも近い存在である、感覚の領域とは異質な存在の体系だった。日常世界は、自己にもっとも慣れ親しんだ世界であるように思えるにもかかわらず、自己に本来的に属する内的現象である感覚世界からかけ離れた場所に位置している。言い換えれば、自己は自然と世界の鏡ではなかったのだ。

仮に単純な科学者としての意識現象の観察にとどまることなく、デカルトの方法懐疑を含め、すべてを根底から問い直す近代哲学の議論を吸収した一人の哲学者として、この分裂した世界の独我論的な観察から体系化へとリードが進んだとすれば、それは次のような歩みだっただろう。内的に現象する感覚的経験に忠実であり、そこからしか実在についての知識が得られないとすれば、日常世界の実在性を否定することになる。リードはこの道を選択せず、日常世界の方が本体の世界だと考えた。この哲学者は思考のこの段階で、日常世界に対して根底的な存在判断を行なったことになる。実在界が日常世界のメタファーにしたがうという、世界についてのメタファーの選択は、それ自体は論証することができない、哲学以前の根源的な決定となる。リードの哲学的リアリズムは、それが現象学の独我論から脱出してくる哲学以前の段階で、メタレヴェルで、日常世界の実在性を選択していた。自己にとっての日常世界が実在すると言うことは、それが実在世界そのもの、あるいはその像であると言うことと同等である。人間が知覚を通じて外的世界を認識することができるかどうかという権利問題は、そこにはもはや存在しない。それが独我論的な現象学の世界から、メタ哲学的に、「事実」として定立されたからである。

根源的な事実の承認によってメタ哲学的に実在の世界が確立されれば、次はそれと現象界の関係が確定されなければならない。もしイギリス経験論の思考様式に忠実に、感覚的経験から世界についての知識が獲得されるとすれば、混沌とした現象世界は自己を惑わせるマーヤーのヴェールではなく、この二つの間に何らかの必然的な結びつきがなければならない。現象界と実在の世界は乖離しながら、ジュピターの透明な腕によって結びついている。しかもリードには、これを説明する手段がなかった。したがってわれわれに現前している世界は、われわれ自身には理解できない仕方で支えられていると語るしかないだろう。

経験科学の一種ではなく懐疑論批判を目的とした哲学として理解した場合、リードの哲学的リアリズムは、「リード的現象学的還元」の境位における日常世界の存在判断と、さらに現象界と日常世界の対応関係の設定という、二つのメタ哲学的な決定なしには、一貫した論理を構成できない。それらは哲学以前の態度決定であり、哲学体系の内部では論証することができない。リードがこの判断に対して自覚的だったことは、認知の基底的な原理自体は論証できず、そういう意味では確実でないことに関連する、以下の発言が示している。

> もしわれわれがその点で欺かれているなら、われわれを創造した神がそうしているのであり、それを救ういかなる術もない[67]。

むしろリードはこの認知の究極的根拠の論証不能性に思い当たり、自らの存在と日常世界を根底で形作る何ものかにはじめて触れたと、その時感じたのかもしれない。それが厳しい信仰の行いではなく、「実験哲学」の徹底した遂行によってリードが感じ取った、「神」の神秘の息吹きであったのかもしれない。証明し得ない原理を肯定するのは哲学的営為ではなく、メタ哲学的な一種の先行決断であり、それはリードにとっては賭けとしての「信仰」の行為だった。そうであるなら、月世界に旅行する術を心得た伝説の薔薇十字団員が存在することもできよう。宇宙のどこかに平面人が存在しても不思議はないだろう。むしろこのような論理と経験では覆い尽くせない空隙の存在は、現実的制約を離れて自由に思考実験を行なう余地を与えるだろう。こうして哲学は日常知の範囲の中にとどまるべきだと主張した常識哲学は、その当の日常知自体が、説明できない「神秘」を通して無の底から持ち上げられていることを想定して、はじめて成立した。この人知によっては到達できない能動的な力は、哲学の体系の手が届かない領域から、所与の世界を現前させていた。そしてあれほどリードが信奉していたニュートン的な科学の世界もまた、その例外ではないのだった。

第5章　道徳哲学と経験主義のユートピア
――「貧しき者は奴隷と化し、あたかも重荷を背負う獣のように」――

二〇世紀の新保守主義を代表するフリードリッヒ・ハイエクによれば、フランス革命や社会主義などの「ユートピア」的な政治哲学は、通常数学的思考によって裏付けられた演繹的な合理主義の産物だった。また科学哲学者カール・ポッパーは、自由主義的な改良主義を念頭に置きながら、「ユートピア」を求める志向はプラトンにまで遡ると指摘し、それが全体主義の災いをもたらしたのだと主張した。ハイエクのような保守主義者によれば、ブリテン土着の経験論は既成の政治制度が自生的に培ってきた一種の合理性を評価して、観念的な社会改革に反対するための認識論的基礎を与える。あるいはポッパーのような自由主義的社会改良主義によれば、大陸合理主義哲学によって再生することになったプラトン的なユートピア主義は、イギリス経験論が育んできた「反証原理」に基づく近代科学の認知の方法に対立する。近代科学の経験主義に適合するのは、経験の確かな規準に沿った社会工学なのである。この二人のオーストリア人が提供する近代ブリテン思想史のプロットに従えば、「大陸」とは異なった伝統を持つこの島の土着思想は「革命思想」とは結びつかない。実際には大陸部と同様ブリテンからも、ジェレミー・ベンサムやウィリアム・ゴドウィンなどの合理主義的改革思想家やラディカルな革命的思想家が生まれてきた。だがハイエク的な解釈では、彼らは啓蒙期に大陸合理主義の影響を受けた結果生まれた、思想史上の変異種であるに過ぎない。

しかしそう解釈しても、一八世紀末ブリテンからジョン・ロックの自然法思想を継承したラディカルな政治思想家たちが登場したことや、イギリス経験論の代表者のロック自身が、「剣を持って天に訴える」という、改良主義の基礎となるべき慎重な経験主義とは不整合な自然法論を展開していた事実を打ち消すことはできない。ロックはデカルト的な合理主義に対して経験主義的な科学方法論を対置した、王立協会の科学者たちの哲学的代弁者だったと言えるのだが。またイングランドは一七世紀中葉にピューリタンの中から急進的改革思想を生んだ点で、ヨーロッパ大陸部に先駆けていた。仮に「ピューリタン革命」は近代的な「革命」ではなく、狂信的なプロテスタント派によって鼓舞された「内乱」に過ぎなかったとしてみよう。そう考えても、『ユートピア』と題され、初期近代に形成されつつあった市場システムに警鐘を鳴らしたテクスト自体が、決して狂信的ではないカトリックのイングランド人の手になるものだったことは否定できない。確かにかつてマルクス主義的思想史学が図式化したような、フランス革命のジャコバン派を中心に置いたブリテン政治社会思想史の記述は、複雑なこの国の歴史的文脈性の鳥瞰図に多くの歪曲をもたらしただろう。しかしだからといって、それを単純に逆転するだけで、伝統と変革が複雑に交錯しながら展開してきたこの島の政治・社会思想の正しい描像が得られるのでもない。

自身が自由主義者だった二〇世紀のイングランド人J・M・ケインズは、一九二六年に発表された有名な論文「自由放任主義の終焉」で、経済的自由主義の根拠に対してさまざまな点から批判を加えた。この論考の前半部分では、ケインズは経済学と自由主義の結びつきに関する思想史的な誤解を解こうとする。通常スミスやリカードなどの古典的な経済学が、「見えざる手」に任せれば市場経済はもっとも効率的に機能することを示し、経済的自由主義に理論的根拠を与えたと言われている。しかしケインズによれば理論的に厳密な彼らの推論は、そのような形での要約を許すほど不正確ではなかった。一九世紀ブリテンの楽天的な自由放任主義は、神の設計によってすべてが調和するようにつくられているという自然神学と、これらの人々の学説とを結び付け、単純化、通俗化した人々の手によって形成されたのだった。

市場経済の通俗的な理解が批判されるこの論文の後半部分では、独占的、寡占的市場論、公企業体論、不確実性の問題、組織の問題など、その後の経済理論の展開を予想するような、優れた着想が披露されている。しかしその全体の論旨は自由主義的経済理論の批評ではなく、経済学者ケインズが市場システムに懐疑的である真の理由を示すことに向けられている。後に大恐慌の最中にこの現代経済学の始祖は大著を著し、市場システムが有効に機能しない理由を理論的に提示してみせる。だがそれはこの自由主義者が、市場経済が資源配分のシステムとして根本的に不適当だと考えていたからではなかった。基本的には効率的なこのメカニズムは、生体と同様に時々病気を患う。それは時には、死に至る病であることもある。そういう場合には、自然治癒力に任せて重病患者を放置するだけのやぶ医者に反対して、的確な処置を提案することが経済学者の責任となるのだ。

この論文は、自由党が凋落すると同時に、新しい政治勢力として登場してきた労働党が支持を広げつつある中で生じた、若い知識人たちの社会主義への熱狂を念頭に置いて書かれている。彼らは計画化によって、経済がより公正かつ効率的に運営できると考えている。しかし経済効率から見れば社会主義を支持する明確な理由はない、とケインズは論じる。そう言いながらケインズは、社会主義者たちの市場経済への批判には論拠があることを認めようとする。[1]まだ第一次大戦後の経済成長が続いていた時期に書かれたこの論文では、経済的効率性とは関わりなしに、この生粋の経済学者が市場システムに同意できないものを感じていたことが示されている。それは「貨幣愛」に対する嫌悪だった。ケインズは、ゲームに参加している個人の利己心を起動力とする市場システムは、経済効率を上げ成長を達成する上では有効に機能するので、当面それに代わるシステムを想像することはできないと言う。だが他方でこの自由主義者は、このシステムを動かしている利己的なモティヴェーションを倫理的には容認できないと考えていた。とくにそれ自体としての有用性を持たない「貨幣」を追い求めることは、ヨーロッパの社会的価値観と共存し難い。

貨幣的動機なしではうまくやっていくことができず、またいくつかの容認された濫用を除けば、それが「富を増大させるという」役割を果たしていることは自明である……にもかかわらず、少なくともヨーロッパには、個人の貨幣的動機にできるだけ訴えることなく社会的行為を遂行しようとする傾向が強く現れてきている。[2]

したがってケインズによれば、市場メカニズムが批判を浴びるのは経済システムとして十分に機能しないからではなく、それが機能するために必要とするインセンティヴが社会倫理と対立するからなのだった。市場メカニズムに置き換わる別種の資源配分の方法を探すことではなく、それが達成した経済効率から大きく後退しないままで、倫理的責任と社会的公正を求める意識を満足させるような政治体制を探求することが要求されている、とケインズは主張する。[3] それは社会的公正と経済効率を結び付けるような、新しい政治構想である。

次の一歩の前進は、政治的扇動や時期尚早な実験からではなく、思想から生まれなければならない……現在のところ世界には、正しい目的を正しい手段で追求している者はいないように私には思われる……物質的貧窮はまさしく実験の余地がほとんど残されていないような条件下で、変革への動機を与える。物質的繁栄はまさしく実験してみることが安全なような条件下で、この動機を取り去ってしまう。踏み出すためにはヨーロッパには手段がなく、アメリカには意志がない。今われわれは、われわれ自身の内面的な感情を外的な事実との関係で率直に分析することから自然に生じてくるような、新しい信念を必要としているのである。[4]

このようにケインズの市場経済に対する批判は、資源配分の機構としての欠陥の認識からというより、それが前提する私的所有と貨幣動機への倫理的な批判から生まれていた。この自称自由主義者の脳裏には、自然権的自由主義や功利主義とは違い、アリストテレス的に、国家を倫理的な共同体と考える国家観があった。この部分を読んだ経済学史家は、この二〇世紀の初頭では不思議に見える観念の起源に関心を持ち、それを突き止めようとした。

青年期のケインズがエドマンド・バークの政治論を検討した草稿が残されているが、そこではケインズは功利主義に反対し、バークにならって国家を倫理的な存在としてとらえようとしている。[5] 市場経済の「不道徳性」を指摘し、それを矯正できるような政治体制を構想しようとする、未来志向的なコンテクストの中で表明されたケインズの理想主義的な国家観と、『フランス革命の省察』で伝統的秩序の擁護を主張した、過去を向いた保守主義の始祖として知られているバークとの結びつきは、政治思想史の教科書的な理解からすれば意外に見えるかもしれない。だがこの一八世紀と二〇世紀ブリテン思想の外見上の不明瞭さは、対象ではなく、それをとらえる眼の方に問題があるのかもしれないのだ。

従来トマス・リードもまた、保守的な政治思想家として理解されてきた。リードの政治・社会思想に関する唯一のよく知られた資料である彼の小論「政治的革新の危険性についての省察」は、伝統的に形成されてきた秩序の合理性と、演繹的知性に基づく急激な変革の危険性を主張して、バークのフランス革命批判の論法を継承したかのような議論を展開する。じじつ美学については、リードはバークの熱心な読者だった[6]。しかし政治・社会思想史の大陸型モデルに映ったブリテン思想史の複雑さ、捉え難さは、この小論をめぐって顕著に現れる。ある意味では極めて独断的な体系を作り上げ、経験主義的ニュートン主義の方法に無関心であり、ハイエクが新保守主義のヒーローとしたアダム・スミスと比較して、はるかに忠実な経験主義的科学者であり、しかもブリテンの混合政体についてバークのように、既成制度の合理性を認めていた実験哲学者トマス・リードが、おそらく一八世紀末としてはもっとも過激な政治構想の一つを抱いていた。そして大陸型モデルにしたがえばリードの政治思想の評価を両極分解させるだろうこの二つの議論が、じつは同じ論文の序文と結論と本論なのだった。この「政治的革新の危険性についての省察」と「ユートピアの体系についての考察」が示す外見上のパラドックスのもつれを解くことは、リードの知的体系における自然と道徳世界の関係／非関係を解明する手がかりとなるだろう。

一　道徳世界の探究

(1) グラスゴー大学道徳哲学教授

一七六四年、リードは故郷であり、それまでの人生のほとんどをその周辺で過ごしたアバディーンを離れ、低地地方の都市グラスゴーに向かった。ストローンやアバディーンに比べれば、グラスゴーがどのような都市なのかについて、多くを説明する必要はない。独特の「グラスゴー訛り」で有名であるとともに、スコットランドだけでなくブリテン全体での産業革命の中心地の一つだったこの工業都市は、六〇年代からの衰退を経て、現在は地方経済の再建過程にある。スコットランド議会開設以後、政治都市としてもブリテンの中でいっそうのプレゼンスを見せつつあるエディンバラに対して、経済のサーヴィス化に伴い産業崩壊の只中で苦悩したグラスゴーは、文化、観光都市としての再興をかけて、地方自治体当局の手でさまざまな試みが行なわれている。その一つは、産業革命期の大気汚染で文字通り煤けた町並みを洗浄し、美しい街路を復元することだった。この作業がすすんだ現在では、かつての陰鬱な都市の相貌が一変した。リードが移住したグラスゴーも、産業革命以前の美しい港湾都市だった。

すでに五〇代の半ばに近づいていた彼を伝統あるグラスゴー大学で待っていたのは、必ずしも容易な責務ではなかった。リードが継承したのは、スコットランド啓蒙の清華とも言える、この大学の道徳哲学教授の地位だった。彼の直接の先任者は、やがて『諸国民の富』の著者となるアダム・スミスだった。スミスは低地地方のエディンバラ近郊の港町、カコーディの生まれであり、オックスフォードへの留学経験を有していた。早熟の才を持つスミスは、当時『道徳感情論』のフランス語訳によってすでに国際的な名声を得、社交はうまくなかったが、ともあれフランスの当代一流の知識人たちと面識を持っていた。スミスは『諸国民の富』で、大学の講義に対して聴講生が払う授業料にしたがって教師の給与を決めるべきだという、顧客サイドの市場論的な教育論を展開している。現実にもグラスゴー大学では、教授たちの収入の大部分が受講料からきていた。スミス自身の講義も人気があり、有名だった。スミスは倫理学の体系を完成させた後、関心を自然法学と経済学に移して、この二つの領域にかかわる知の独創的な体系化を、同大学の道徳哲学講義の中で進めつつあった。やがてそれらは教授退任後の閑暇を利用して、大著として完成されるはずだった。

スミスの先任者はさらに重要な、「スコットランド啓蒙の父」フランシス・ハチスンだった。グラスゴー大学で教育を受けたダブリンのアイルランド人ハチスンは、同時期にエディンバラ大学の学生だったリードの師ジョージ・ターンブルと似た思想傾向を持っていた。彼らは共に、学生時代に大学当局の規制に対して「意義申し立て」を行なった「叛乱」学生だった[7]。ターンブルに似たアメリカ英語の意味での「リベラル」な思想の息吹は、ハチスンの著書の至るところに溢れている。彼らは同じくシャフツベリ伯に影響を受け、自然神学を信奉し、人類の道徳的進歩を信じ、「ニュートンの体系」を崇拝して、それと同様な方法によって道徳哲学を改革しようとした。彼らは共にそれによる自然法学の完成に手を染め、『道徳哲学原理』の名称を持つ著書を出版していた。スコットランド啓蒙を開始した思想家だっただけでなく、またそれ以上に、両者は異なった形で、だがともに非常に優れた教師だった。ターンブルがマーシャル・カレッジでの短期間の在籍期間中にチューターとして、リードのような優れた学生を育て上げたとすれば、ハチスンは長期にわたるグラスゴー大学の道徳哲学教授としての講義によって、多くの学生を引き付け、名実共に「スコットランド啓蒙の父」としての役割を果たした。

ターンブルの学生であり、ニュートン主義の信奉者であり、ヒューム批判を通じて自らの認識論を展開して著書にまとめ、またアバディーン哲学協会の会員の中ではもっとも政治経済学に関心を持っていたトマス・リードは、デスクフォード卿が言ったように、確かにこの二人の職を継ぐのに「王国中で最もふさわしい人物」だったかもしれない。ケイムズ卿やデスクフォード卿が大学スタッフの意見に反して強行したこの人事は、かつては「進歩的」なハチスンとスミスの流れを「保守的」なリードの就任によって逆行させた行為だと解釈されたこともある。(8) だがリードの業績の正確な読みに基づいて判断されれば、このような理解が支持されることはもはやないだろう。

リードの後半生を決めたスミスの後任人事は、大学の自治に対する権力的で不当な、外部からの圧力としてのみ描き出すことはできない。一八世紀スコットランドの四大学での人事を検討したロジャー・エマースンのスコットランド大学史研究(9)によれば、当時の人事選考方式には、リードの場合のような外部の有力者の推薦、大学が設立されている市当局の推薦、および教授自身が後任を選ぶ、などのスタイルがあった。このうち教授による選考では、彼自身の無能な親族が選ばれることが多かったといわれる。エマースンによればこれらのうちでもっとも成功した人事が行なわれたのは、外部介入があった時だった。開明的な政治家が介在した際にこそ、スコットランドの大学はもっとも優れた人材を採用したのだった。リードの人事についても、グラスゴー大学はこれらの有力者たちの押し付けによって、ハチスンとスミスの後任にふさわしい人物を迎えたと言えるかもしれない。じじつ、「スコットランド哲学」は、この人事介入によって生み出された。

しかしグラスゴー大学に移籍することは、たしかにリードにとって、いくつかの挑戦を乗り越えることを意味していた。グラスゴー大学は早くから大学改革を行ない、「専門化」した教育システムを持っていた。それは現代から見ればとても「専門教育」とは見えないにせよ、例えば「道徳哲学」という分野のみを教えることに教授が専念するという意味でそうなのだった。前述のように、学生時代にリードが教育を受けた「リージェント制度」は、グラスゴー大学だけでなく、すでにエディンバラ大学、セント・アンドリューズ大学、アバディーンのマーシャル・カレッジでは廃止されていたが、リードが教授を務めたキングズ・カレッジではまだ施行されていた。それは少年たちの教育にとってふさわしいという理由で維持された。リードはこの伝統の中で育ち、したがってまるで現代の小学校の学級担任のように、あらゆる分野を教えることに慣れていた。

彼はそこで数学、自然科学、心理学、道徳哲学を教えなければならなかった。ほとんどの伝記作家が「哲学者」リードの本領と考えてきた「精神の哲学」については、わずかに三年に一度教えるだけだった。[10] 他の二年間は、一年目は自然史と物理学入門に、二年目は数学と自然科学の講義に費やされた。[11] 大学改革にあたってリージェント制度の擁護者だったので、リードはこれらの責務を喜んで引き受けたに違いない。講義回数だけから見れば、神学博士リードは理学部教授だった。これに対してグラスゴー大学で彼が要求されたのは、道徳哲学の専任教員となることだった。そして道徳哲学講義のメニューのうちには、自然法学や政治学が含まれていた。リードはこの新しい職場で毎週朝の七時半から八時半まで人文カリキュラムの一貫として必修科目を教え、一一時から一二時までは同じ講義についての補習授業を行なった。一一月から五月まで週三回、一二時から一時にかけて、リードは学位認定には含まれない選択科目の講義を行なった。この講義では、道徳哲学の原理に関するより専門的なトピックが教えられた。[12]

しかしこれらの困難は、リードにとってさほど重大とは思えなかったように見える。リードが悩まされたのは新しい講義の準備ではなく、「馬鹿なアイルランド野郎ども stupid Irish teagues の大群」だった。彼らは「教師となるために二年か三年続けて講義に出てくる」。リードはアバディーンの同僚スキーンに向かって、その煩わしさをこぼしている。

彼らに教えていると、まるで魚に説教した時の聖フランシスコにでもなったような気がします。[13]

グラスゴー大学の学生の半数はスコットランド西部中央出身で、五分の一以上がアイルランドから来た。一七六四年のリード自身の講義では、三分の一以上がアイルランド出身者だった。その他、イングランドからも学生が入学してきた[14]。道徳哲学講義の生徒たちの大部分はローティーンで、二年以上は連続して出席した。第一学年は必須科目の講義と補習に出席し、第二学年は正規の講義と選択科目を取った[15]。彼らの中には四、五年も連続して聴講する者もあり、そのためリードは、少年たちの中に説教師や、法学部や神学部の学生たちが混ざった聴衆の前で講義することになった[16]。

デュガルド・スチュアートによれば、リードの講義は決して魅力的ではなかった。だがそれは優れた教師だったスチュアートが、講義の達人である自身と比較したからだったのかもしれない。一七六五年一二月二〇日付の友人スキーン宛の書簡では、リードの苦労が語られている。

今学期の私のカレッジは、前の学期より人気があります。私のクラスについては、だいたい去年と同じですが、他のすべてのクラスは状況がよくなりました。われわれの学生数はおそらく、各種合わせて四〇〇から五〇〇の間でしょう。しかしエディンバラのカレッジの学生数は、われわれ以上に増大しています。あそこの道徳哲学のクラスは、こちらの二倍です。ファーガスン教授はじっさい、私の知る限り、高貴な精神の持ち主で、大変優雅な物腰であり、それに極めて稀な雄弁家です。私は彼が、題名はわかりませんが、人間の自然史についての書物を出版するところだと聞きました。その本では、野蛮状態からはじめて、遊牧、農業、商業という諸段階についての彼の見解を明らかにするようです[17]。

この書簡に現れる書物は、有名な『市民社会史論』のことだった。アダム・ファーガスンは一八世紀後半のスコットランドを代表する道徳哲学教師であり、生彩ある見事な講義は多くの学生を引き付けた。北部に孤立したアバディーンと違い、グラスゴーは首都エディンバラに近接していた[18]。鉄道で一時間以内の距離にあるエディンバラのこのライヴァルと対抗して聴講生を集めるのは、リードにとって容易なことではなかっただろう。

大学に就任する前には二人ともに牧師だったが、ファーガスンは従軍牧師としてヨーロッパ戦線を転戦し、前線で兵士たちを鼓舞して回った情熱的な人物だった。ゲール語を喋るハイランド出身者であるこの熱血漢は、エディンバラ大学の道徳哲学教授となると、講義ばかりでなく「選良協会」の運営をはじめとした、この国の知的社交界の中心的役割を果たした。彼はまたスコットランド教会の穏健派としても知られた。エディンバラとグラスゴーの道徳哲学教授という、重要な役割を担ったこの二人の性格の違いは、自筆草稿の筆跡にも現れている。ファーガスンはしばしば乱れることがあるが、通常判読しやすい、勢いのある大きな文字で講義ノートを書いた。それはときには武人の筆跡を連想させる。リードは緻密で均等で、決して乱れることはないが、非常に小さい文字で考えを書き留めたので、伝記作家も判読に苦しむ時がある。二人の講義の口調も、それらに対応していただろう。

ともあれリードは聴講生を集めるのに成功した。一七六六年一二月一七日のスキーン宛の書簡では、「スミス博士が一年でこんなに多くの聴講生を集めたことはなかったでしょう」と報告している[19]。リードの講義に出ていたジョージ・ジャーディンは、午前中の補習クラスのことを回想して、リードの講義の進め方を賞賛している。それは彼の性格をよく物語っている。

私は故リード博士がこの大学の道徳哲学教授だった時に、自らの大いなる率直さと謙虚さを示して、彼の学生たちの心に強い印象を与えたことを思い出す。……補習の時に、彼らはキケロの『フィニブス』を読んでいた。……ある学生が［難解な箇所を］読むことができなくなった。博士はそれを解説しようとしたが、文の意味がただちには判明しなかった。そこで多くの人がそうするように、そこを誤魔化して進むかわりに、彼はこう言った。「皆さん、私は前ここの意味がわかっていたのですが、今思い浮かびません。そこでどなたかに訳していただかなければなりませんが」。ある学生がただちに立ち上がり、訳して博士を満足させた。彼は丁寧に彼に礼を述べ、さらにこの学生の勇気ある行いを賞賛した。他の学生たちはこの出来事に大きな感銘を受けた。また学生たちはみな、この有名な教授の謙虚さを尊敬したのだった[20]。

こうして決して華々しい弁舌の才に恵まれてはいなかったが、リードは彼なりに、自己の流儀で学生の尊敬を得たのだった。

リードはまた、まるで現在の大学教師たちのように、大学行政の煩雑さにも悩まされた。アバディーン大学と比較してどうだったかは知ることができないが、リードがアバディーンの友人スキーンに書いた口調からすれば、おそらくグラスゴー大学の行政はより多忙だったように思われる。

私の生活の中で、カレッジの会議で浪費される時間ほど納得のいかないものはありません。(21)

彼の書簡によれば、会議は一週間に四、五回も開かれた。ニューマハーでの牧師時代に、研究に熱中しすぎて魂の牧者としての責務を怠け、厳しい「天罰」を受けたこの道徳哲学教授なら、研究と教育という大学教師の本分をないがしろにして、自分たち自身に関わることに忙殺される同僚たちは、いずれ地獄に落ちると思ったかもしれない。とはいえ大学統合とカリキュラム改革の中心人物として活躍し、大学財政の管理にも尽力したアバディーン大学の有能な教授リードは、内紛に明け暮れたグラスゴー大学でも、積極的に行政に携わったに違いない。リードのスキーン宛書簡には、毎学期ごとの聴講者の増減に一喜一憂する教授の姿が現れている。それは彼個人の収入ばかりでなく、大学財政上の問題としての関心からでもあった。晩年のリードは大作「グラスゴー大学の統計的説明」を残している(22)が、そこでリードは給与を聴講料から支払う制度を批判している。

(2) 自然法、政治学、政治経済学

確かにリードはグラスゴー大学の道徳哲学教授職を立派に務めた。だがそれは主著を書き終えた初老の自然科学者/哲学者が、教育者兼行政マンに変身したからではなかった。五〇代半ば以後のリードは、最初の著書の続編として、講義で人間の倫理的行為に関わる理論の体系化をはかるとともに、道徳哲学に包括されていた、倫理学、自然法学、政治学、政治経済学などの分野でも、積極的に思索を進めた。それはグラスゴーに移ったために着手した新分野

へのチャレンジなどではなく、アバディーン時代に始まっていた研究の継続としてだった。その範囲は、アマチュア科学者たちからは区別すべき専門的な科学的知識を持ち、『ストイケイア』や『プリンキピア』を大学で教えていた「理学部教授」としては、驚異的なほど広範囲に及んだ。アバディーンの自然科学者リードが、グラスゴーで道徳哲学者に変身したのではなかった。

道徳世界の探求はリードの学生時代に端緒がある。マーシャル・カレッジのクラスでリードが四学年の時、ターンブルは学生たちに以下のようなテーマの中から、口頭試問のテーマを選ばせた。

(1) 何事かをしたり、しないですますという権利は、何かをする義務やしない義務とともに、神から由来する。言い換えると、純粋に容認的な自然法が存在する。
(2) 物と人間に対するすべての権利は神に由来する。
(3) 人間は社会のために創造された。自然状態は無法状態ではない。
(4) どのような自然権も契約によって譲渡することはできない。また最も緊急の必要に迫られた場合は、個人は他人の所有物に対する権利を有する。
(5) 神の恩寵なしには善も、敬虔も、高潔さも存在し得ない[23]。

このようにリードはターンブルによって、すでにマーシャル・カレッジの時期に自然法学の議論を学んでいたと推測できる。リードが四学年にいた最初の数ヶ月、ターンブルはジャン・バルベイラックと自然法学を研究するためにグロニンヘンに滞在していた。その間リードたちは、バルベイラックの学生だったロバート・ダンカンによって教えられた可能性がある[24]。

ホーコンセンはリードの自筆草稿を検討して、倫理、道徳、自然法、政治にかかわるリードの知的発展の証拠を追跡した。第四章で挙げた哲学クラブでは、人間本性の理論、自由意志、利己心、道徳的存在の法を通じての神的統治が議論された[25]。同時期に、サミュエル・クラークの自由論からの八ページにわたる抜粋が作られた[26]（MS.2131/6/I/

17)。また三〇年代には、ライプニッツ＝クラーク論争についての七ページにわたるノートも残されている。さらに二〇ページにのぼる、ジョージフ・バトラーの『宗教の類比』の要約も残されている[27]（MS.3061/10）。一七五〇年にはエピクテトスの読書ノートがある[28]（MS.2131/3/II/8）。

キングズ・カレッジの教授となったリードについては、『コモン・センスの原理に基づく人間精神の一研究』にかかわる原稿類以外にも、いくつかの資料が残されている。哲学協会で彼が提案した論題には、倫理学や法学に関わるいくつかのテーマが上げられている。

人間の道徳性は一つで、つねに変わらないか？（一七五九年六月一二日）

何らかの原理原則を教え込むことなしに子供たちを教育することは正当か？（一七六〇年四月一日）

道徳的性格は意志ではなく愛情にあるのか、あるいは固定した習慣と恒常的な目的にあるのか？（一七六一年四月一五日）

あらゆる道徳的に賞賛されるべき行為は、説得から生まれなければならないのか、あるいはそれ自体の道徳的な価値からなのか？（一七六三年一一月二二日）

約束の本質は何か、義務は何から生じるのか？（一七六五年三月一二日）[29]

これらに加えて三年に一度のラテン語の哲学講義は、教育的配慮によって語られているとはいえ、彼の関心を示す上で貴重な証拠となっている。そこに登場する古典には、家政学についてのクセノフォンや、道徳哲学でのソクラテス、キケロの『義務論』などがある。政治学についてはクセノフォン、プラトン、アリストテレスに並んで、マキアヴェッリ、ハリントン、モンテスキュー、ヒュームが言及された。とくにモンテスキューはブリテンの混合政体の原理を解明したとして、高く評価されている[30]。また一七五二年に書かれた「哲学コースの概要」には、キリスト教的ストア主義、個人の勤労と向上心の評価、道徳的行為能力の強調など、同時代に共通し、また自身の後年の体系につながるいくつかの特徴が示されている[31]。

この段階のリードの講義には、政治学の中に独立した「治政論」の章はなかった。経済活動は「エコノミクス」という家政論の中に包括されていた。しかしすでにアバディーン時代に、政治経済学に対するリードの関心は高かった。例えば彼が哲学協会で提案した論題の一つに人口論がある。

妥当な法律で促進することによって、大ブリテンの出生数を倍近く、あるいは少なくとも大幅に増大させることはできるか?　（一七六二年六月八日）[32]

またこの時期のノートには国債論に関する論考も残されている[33]（MS.2131/2/II/17）。これらの関心は、自然科学者／哲学者としての仕事への付加物ではなかった。リードの知的体系の内部では、自然と道徳という二つの領域が一貫した形で統合されていた[34]。アバディーン時代に遂行されたそれらの研究は、教育上の義務とか政策的な関心からばかりでなく、学的関心の産物でもあり、広大なリードの知的体系の不可欠な構成部分なのだった。この関心はグラスゴー時代にも引き継がれた。一七七八年一月三〇日のグラスゴー文芸協会で、リードは穀物輸出問題を論じ、グラスゴー商人の自由主義的政策を擁護した（MS.3061/3）。七八年三月二〇日には、後述する「利子論」についての論説を読んだ（MS.3061/5）。七九年九月五日には、貨幣の改鋳問題を論じている（MS.3061/4）。

二　哲学的リアリズムと道徳哲学

(1) 道徳的リアリズムの体系

ⓐ反原子論

リードはグラスゴー大学の講義で、ホッブズやヒュームやスミスの倫理学説を「利己心の体系」と呼んで批判していた。認知のプロセスで対象の属性ばかりでなく、その実在性をも把握することができるという「心理主義」的な哲学的リアリズムは、認知一般ばかりでなく道徳的行為能力についても、リードと「スコットランド哲学」の基本的な立場となった。それはシャフツベリの「道徳感覚」論に始まり、それに対するバーナード・マンデヴィルの攻撃に対抗してハチスンやターンブルが主張した「道徳的リアリズム」を、精緻に完成させた。ハチスンやターンブルは、人間が本性的に道徳的判断をなし得るという主張を、心理主義と不分明な形の議論で擁護した。しかも彼らの著書には、シャフツベリの「宇宙の調和」という美的感覚の議論が大きな影を落としていた。美的感覚の考えは後に、カント以降のドイツ観念論の発展に大きな役割を果たすことになるが、さしあたって人間の「道徳的行為能力の弁証」という点では、それは一見して明らかな、説得力の弱さを持っていた。

リードはハチスンのような「感覚」ではなく、「判断」の理論にこの論拠を求める。従来の研究史は伝統的にこの点について、バトラーの影響を指摘してきた。リードはバトラーを注意深く読んでいたので、彼の道徳的能力論にその影を指摘することには根拠がある。しかしリードの「判断論」一般が「ニュートン主義」によるヒュームへの反批判から生まれてきたことを考えると、道徳的行為能力についての議論が、その応用として形成された側面を持つことも否定できない。

アバディーン大学での一七五九年と一七六二年のラテン語講義で、リードは「観念の理論」批判を展開し、リアリズム的な認識論の素描を試みている。(35) リードは物体の世界からの類比が、この誤った観念を生み出したのだと言う。

例えば視覚のような、個人の精神から離れたところに位置する対象を認知するプロセスの存在は、知性と対象との間に何らかの物が介在していると考えるように誘う。「重力」に対する反論の激しさからもわかるように、日常知にとっては「遠隔作用」が想像しにくいからである。また外的対象が存在しなくなっても精神の中にそれが記憶されるという事実は、外的対象とは異なった事物が精神の中にあり、それが心の中で保存されていると考えさせる。こうしてリードによれば、精神の中に存在する、粒子のような「物」としての「観念」という観念は、記憶や知覚を説明するために生まれた。だがこの理論の支持者たちのように、人間知性によっては把握できないことを、空想的な実在を発明して無理に説明する必要はない。それは研究の現状では可能でない、そう言って、リードは知覚や記憶のメカニズムの完全な説明を与えようとしない。しかし少なくとも知覚や記憶は、知性の対象としての観念の働きではなく、単一の精神の機能として理解されるべきなのだ。

こうして認知プロセスの説明について粒子哲学のメタファーを拒絶したリードは、完全な解明ではないという条件を付して、それに代替する認知の全体主義的な理論を提起する。リードは「たんなる理解」と「判断」を区別することを強調する。前者は命題などの意味を取ることであり、後者はこれに信念や肯定、否定の意志が含まれている点で、根本的に異なっている。ロックやヒュームの観念連合説に基づく判断論は両者を混同している。知覚や記憶は単純な理解ではなく、信念と同意、すなわち判断を含んでいる。個々の外的刺激に厳密に対応する原子知覚のようなものは存在しないのだ。眼前の机の上にある本を見ることは、その形状の知覚とともに、それが目の前の机上に存在している、という信念を伴っている。このような実際の認知行為と、それを脳裏で想像し、再現する行為とは、前者には自己の判断が加わっている点で根本的に異なっている。外的刺激によってまず個々の観念が形成され、次にそれが知性によって比較され、類似性に基づいて結合されて判断となるのではない。リードによればこのような説明は、精神の働きに物体の運動のアナロジーを無理に適用しようとしたから生まれた。そうではなく、ある対象を認知したとたんに、それについての判断が行なわれるのだ。あらゆる認知は、たんなる受動的な刺激の受容ではなく、認知の対象が「存在するか、しないか」という、能動的な態度決定を含んでいる。したがって認知は最初から、その最も単純な形態において、精神の全体的な参与によって成立する。認知プロセスを、粒子の運動からの全体の合成のような形で思い描くことはできない。

以上の一般的な認識論上の論点は、道徳的行為能力の理論に応用される。「知性の能動的力能」に関するリードの体系は、アバディーン時代とグラスゴー時代の道徳哲学講義を通じて彫琢されただろうが、それは体系的な形では、引退後に出版された最後の主著『人間の能動的力能について』で、完成した形での表現を与えられることとなった。

ⓑ人間の能動的力

リードは「精神の科学」の領域では、徹底的な粒子哲学のメタファーの拒否を遂行していった。ニュートン主義者リードは、物体については機械論的・受動的な物質観を持ち、終生それから離れることはなかった。ところが道徳哲学者リードは、精神には物体とは根本的に異なる、能動的性質があると主張する。円熟期の著作として発表された『人間の能動的力能について』では、リードは非原子論的な認知の理論によって、倫理学に理論的基礎を提供しようとする。この倫理学の原論にあたる著作でリードは、日々の自らの行動を観察すれば、「意志」が原因となって外的行動が生じており、このような「力能」の存在は経験的に自明だと言う。よく知られているように、リードの倫理学は人間の能動的力能の概念に基づく意志の自由の上に立脚している。リードの定義では自由とは、自己の意志を決定する自由のことを意味している。ライプニッツ＝クラーク論争にも言及しながら、リードはこのような意味での自由意志が存在しなければ、道徳性もありえないと主張する。そのため自然界には自由が存在しない。自然界と道徳世界とは、この点で決定的に異なっている。

自然法則は主体 agent ではない。それらは能動的な力能を備えていないので、通常の言葉の意味では、原因と呼ぶことはできない。それらは知られていない原因がそれにしたがって働く規則であるに過ぎない。(36)

一七九二年にグラスゴー文芸協会で読まれた論説「力について」では、物理学は「原因」ではなく法則を探究するとリードは結論する（MS.2131/2/II/2）。法則は結果を創造しない。人間は早い時期から能動的な力の行使によって、能動的力能と、それによって結果をつくりだす「原因」の概念を獲得する。[37]

この基本的な想定に立ってリードは、人間行動の原因についての観察に基づく懐疑論的な論法を批判し、人間の行動原理を階層的に整理して示す。その際に生理学、博物学の広い知見を持つ科学者リードは、人間が身を守るために神から与えられた理性以外の行動原理の存在を強調する。そのもっとも低次なレヴェルでは、生理学的な、神経―筋肉による反射的な行動が挙げられる。このような行動は適応にとって重要だが、そこには理性がまったく介在しない。この種の低次の行動には、先天的な「本能」と、後天的な「習慣」に基づくものとがある。それらは動物行動と幼児の行動で観察され、この著書では行動の「機械的原理」と呼ばれる。経験科学者リードは、それらの行動の具体的な原理はいまだに不明だと言う。

「機械的原理」より高次の行動には「動物的原理」に拠る行動がある。リードはこの項目の下に、通常人間に分類されるものを含めて、非常に多くの行動を集めている。それらには、まず欲求 appetite、食欲 hunger、渇き thurst、性欲 lust のような、動物の生存にとってもっとも基礎的な衝動がある。さらにリードは同じ分類の下に、文化的欲望を含める。それは欲望 desire と呼ばれるが、この概念は権力欲、知識欲、他人に評価されることを求める欲望、同胞愛などをも包括している。デュガルド・スチュアートや注釈者ハミルトンはこれを批判したのだが、それは動物に対する機械論的な見方に基づいていた。リードによれば、スミスの同感理論もまた、このうちで評価 reputation を求める欲望という、「動物的原理」に関わっている。[38] スミスは『諸国民の富』で、動物はコミュニケーションを行わないと考えた。それと比較してリードの動物論は、人間と動物の差異を最低限に縮小させつつある、現代の動物行動学による社会的動物の研究に一致するといえよう。

ストア派は自然の衝動に道徳的意味はないと考えたが、リードは同様に、行動の本能的、動物的原理は利己心 self love とみなされるべきではなく、道徳的に中立だと言う。これらの機械的、動物的原理に基づく行動は、自己保存を目指すという、生命としては当然の衝動であり、それら自体には価値的な意味はない。自由意志による判断が可能な場合にのみ、行動は道徳的評価を受けることになる。また動物的な感情には、競争心や妬みのような不快で、人間を強く動かす情念passionも数えられるが、それらもそれ自体としては道徳的な意味を持たず、良い方向にも悪い方向にも働く。

これらの原理の上位に、人間本来の合理的原理rational principleが存在する。この分類の中でもっとも低次の原理は、「全体としてわれわれによいことour good on the whole」と呼ばれ、因果関係の全体をとらえ、何が最終的に自分にとってよいことかを判断することを指している。だがそれは倫理的行動の原理としては不十分だとされる。冷静でなければこの考え方に基づいて行動することは困難である。またこの原理では最終的に自分にとってよいこと、という観点から行動を決定するため、その行いは義務そのものに基づく行為より、倫理的な価値の点で劣っている。リードは、倫理的行動の純粋類型は、義務を義務として遂行するような行動だと考える。そのような行動原理こそが、純粋の倫理的な行動を引き起こす。

道徳の第一原理は、道徳能力に直接支配されている。それらは人間が何であるかではなく、何であるべきかをわれわれに告げる。正しく、誠実で、名誉あるものとただちに知られる人間の行動は何でも、道徳的義務を伴っていて、その反対のものは欠陥と批判を伴う。そしてこれらの直接知られる道徳的義務から、他の道徳的義務が理性によって演繹される。[39]

倫理学に原理を提供する「義務の感覚」は、それ自体説明することができない自明の原理であり、外的事物の実在性と同じように、意識に対して直観的に知られる。そのような意味で道徳感覚という概念は誤っていない。注釈者ハミルトンはこれに対して、このような説明は、カントの実践理性批判と実質的に同じだと評している。[40]

だがカントと違い、リードは「道徳律」の存在を経験主義的方法によって正当化しようとする。通常の日常生活で「義務の意識」が確認できるのは、それが純粋な形で現れるような、平静な心的状態においてである。それが利己心などの別の原理と混合している時には、明確な形で観察されることはない。リードは「義務の感覚」が、撹乱条件を排除した、真空状態での落体運動の計測のような、意識現象の選択的な観察によって発見されるとしたのだった。それは注意深くさえあれば、日常生活でも容易に確認可能である。対象の色を判断する者は目に頼る。しかもそれは対象が光に照らされ、対象との間に誤った外観を生じるような媒体とか、よけいな物がないという条件の下でなければならない。もし彼が同様な仕方で他の能力に頼るなら、それは無駄である。

同様に、道徳の第一原理が何かを判断しようとするなら、平静で、感情に動かされず、自身の利害や欲望や流行に動かされない時に、自身の良心、あるいは道徳的能力に頼らなければならない。(41)

道徳原理のこれ以上の原理的説明は、観察に基づく「所与の事実」を超えるとして拒否される。認識論と同様倫理学の原理についても、「哲学者」による「事実」の仮説的な第一原理への還元は、方法論的に不当だと考えられている。

前述したように哲学的リアリストのリードにとって、判断は心理の内部で完結するのではなく、つねに実在との関係を含んでいる。判断は純粋な理解ではなく、実在に対する肯定と否定の態度決定を内包している。したがって行為に関わる道徳的判断とは、行為についての心理的態度決定を含んだ判断である。道徳的行為はまず理性によって考え、それを何らかの衝動に基づいて実行に移すという二段階のプロセスではない。それが現実には「機械的原理」によって妨げられたり、「動物的原理」によって抑えられたりしたとしても、道徳的判断はつねに行動への衝動を伴っている。

われわれの道徳的判断は、思索している際の無感動で中立的な判断と違って、その本質に基づいて、情緒や感情を必然的に伴っている。(42)

「平静で、感情に動かされず、自身の利害や欲望や流行に動かされない時」に行なわれる内観によって観察される道徳的判断の本質は、客観的認知のみにかかわるのではなく、同時に行動に直結する態度、構えの決定であり、したがって判断がなぜ行動に移されるのかという問題はそこには存在しない。言い換えれば、純粋な認知的判断に内包される肯定、否定の意志は、道徳的判断では行為する意志に変わる。倫理的な行為の原動力を、何らかの粒子論的な個体の衝動に還元する必要はないのだ。

リードはヒュームやスミスが論じた、利己心や功利の原理や共感の理論を否定しているのではない。たんにそれらが「動物的原理」という、低次の欲求の産物であると言っているに過ぎない。リードが彼らに同意しないのは、彼らの道徳理論が、認識論における観念連合の理論と同様、粒子哲学のメタファーにしたがって、人間を社会の構成要素としての原子としてとらえようとしていたからだった。もし他者から切り離された原子としての「個人」を想定すれば、その行動原理は自己保存の衝動しかないだろう。このような個人を前提として倫理的行動の原理を導こうとすれば、利己心や功利の原理や、その変種である同感原理しかありえないだろう。だがこのような推論は、動物や人間の経験的観察に基づいて提唱されたのではない。それは粒子哲学のメタファーによって人間の社会的行動を説明することこそが科学的だという理論的な先入観に基づき、「重力の法則」のような単一の仮説的行動原理を想定し、そこから演繹的に社会的行動の説明体系をつくりあげようとしたために生まれたのだ。これらはすべて「観察と実験」の結果確立された事実ではなく、自然と道徳世界との誤ったアナロジーに基づいているに過ぎない。

リードは本来の人間が利己心を持たない存在だとか、私欲に反して普遍的仁愛の原理にもとづいて行動するのだと主張したのでもない。この道徳的リアリストは、人間行動の「機械的原理」や「動物的原理」の存在を承認し、その力を認めていた。だがそれらは価値判断を経過しない行動である点で、「良くも悪くもない」、適応のために不可欠な、動物としてのメカニズムに過ぎない。またそれらが人間の行動のすべてを尽くしているのでもない。人間は、外から動力を供給されなければ自発的に動くことができない機械ではない。たとえそれが現実にはいかに微弱にしか働かないにしても、人間には「機械的原理」や「動物的原理」に還元できず、それが良いという理由だけで道徳的善を欲する能動的な存在である、とリードは主張する。言い換えれば、経験科学の方法に忠実なニュートン主義者リードは、「方法論的個人主義」の原初的形態に賛成しなかったのだ。

（2）道徳的知識の体系化と分化

道徳的行為能力の理論はリードの倫理学の基礎となった。認知のリアリズム的理論とそれを倫理的行為に応用した理論にしたがって、リードは道徳哲学体系を構想し、グラスゴー大学の講義でそれを教授した。グラスゴー大学の「道徳哲学講義」についてはノートが完全に残されていないが、その序論部分の自筆草稿が刊行されている。以下それにしたがって、リードの道徳哲学体系を概観してみよう。

リードの自筆講義ノートの中に残されているグラスゴー時代の道徳哲学講義への序論によれば、リードの道徳哲学講義は三つの部門からなっていた。それは現代的に言い換えれば、心理学と呼ばれる部門と自然神学、および倫理学、自然法学と政治学だった。リードは同時代の教授たちと同様に、最初の二つを「精神学《ニューマトロジー》」と呼んでいる。道徳哲学の原理的部分である精神学《ニューマトロジー》は、いわば応用部門である倫理学、自然法学と政治学の理論的前提を構成すると考えられていた。(43) アバディーン時代と同様にリードは学問的知識を、物体と精神の二つの対象にしたがって、物体についての科学である自然哲学、あるいは物理学《フィジックス》と、精神についての科学である精神学《ニューマトロジー》の二つに分類する。

この講義を精神学《ニューマトロジー》からはじめるにあたっては、すべての人間の知識が物体か精神か、物質的事物か知的事物にかんするものだということをまず確認しておこう……したがってわれわれが所有するあらゆる知識は、この物体と精神という二つか、それらのうちのどちらかに属する対象についての知識に限定されるので、哲学には二つの大きな部門があることになる。一つは物体に関する哲学で、もう一つは精神に関する哲学である。物体の一般的な性質と物質世界の法則は、自然哲学、あるいは現代的な意味での物理学《フィジックス》の対象である。精神の本性と働きは精神学《ニューマトロジー》の対象である。(44)

自然科学の物理学に対応する道徳哲学の原理的部門である精神学《ニューマトロジー》の一般的な目的は、「人間精神の能力と働きをできるかぎり判明に述べ、それが物質的なものか不滅のものか、それが体とともに滅びるのか、来世にまで存続すると考える理由があるのかどうかを考察する」ことにある。人間の身体についての生理学があるように、精神学《ニューマトロジー》は精神の生理学のような分野である。この学問の現状では学者の間で合意可能な体系が成立していないが、正しい方法によって自然科学が累積的に発展してきたように、いつか精神学《ニューマトロジー》もそれらに匹敵する学問となると考えられる。

じっさいその知識を得ることには大変な困難が伴う。そして思索する人がこれほど多くの、しかも大きな誤りと、ときには不条理にさえ陥った哲学の部門は他にないのである。そのため無知な人や考えが足らない人々は、この知識の部門に対する偏見を持つようになった。異なった時代の人々は人間精神の能力について、それぞれ異なった、互いに矛盾する説明をしてきたので、人々はそれについて語ることができるのは、ただ荒唐無稽で空想的なことばかりだと考えるようになったのである。しかしそれが軽はずみな人々にどんな影響を与えるにせよ、このような偏見が、この知識の基礎が薄弱なために生じていることは、慎重で洞察力のある人には容易に見て取れる。一五〇年前、いやもっと最近に至るまで、自然哲学についての人々の意見は、現在の精神学《ニューマトロジー》がそうであるように、多様で混乱していた。ガリレオ、トッリチェッリ、ケプラー、ベーコン、そしてニュートンは、彼らが発見した真理を見出すにあたって、われわれが精神の哲学に取り組むときと同様、意気喪失させるような状況に置かれていた。もし当時彼らが、今われわれが直面するのと同様な偏見に囚われて、研究を思いとどまっていたとしたら、人間本性の名誉であり、彼らの名前を不滅のものとしたあのような偉大な諸発見を、現在のわれわれが享受することはできなかっただろう。科学の真の喜びを知る彼らのような高尚な魂は、むしろ困難によって鼓舞されるのである……

いつの日か、光学や幾何学に匹敵するような確実な原理の上に、人間精神の能力と働きに関する体系が築かれることを期待すべきなのである。[45]

リードはアバディーンの同僚たちと同様に、対象の複雑性のために、自然科学の方が精神科学に先行して発展すると考えている。とはいえ、精神科学もまた累積的に進歩している。この点では、自然科学と精神科学の間に差異はない。

道徳哲学の原理論である精神学《ニューマトロジー》は、いくつかの下位部門に分かれる。その一つが人間精神を扱う心理学である。リードは動物についてアリストテレス的な、あるいはむしろ同時代の博物学者たちのような観察を行ない、動物機械論を採らない。動物は低次ではあっても、一種の精神的な原理を保有している。それは人間自身の中にも存在している。動物とは区別される人間心理の固有の働きは、「知的」なものと「能動的」なものとに分類される。「知的」な能力は純粋に認知的な機能を指し、「能動的」な部分は意志に関わっている。この区別は従来注釈者たちが指摘してきたように、カントの「純粋理性」と「実践理性」に対応する。この二者のうちで、前者は後者を導く「手段」だと言われる。

人間精神には二つの主要な能力、働きがあり、他のすべてはそれらに帰すことができる。それは思索的なものと、能動的なものである。最初のものは、真理の発見に用いられる。第二のものは、われわれの人生における行動を指示する。思索的な能力の主な目的は、能動的な能力を補助することである。目的は常に手段より高貴であるから、われわれの能動的な能力の適用は、思索的な能力の適用より、はるかに重要である。[46]

これらの分野で使用される方法は『一研究』の序論でも宣言されていたように、「実験哲学」の方法、すなわち「観察と実験」や「分析と綜合」の方法である。そういう意味で、道徳哲学の原理的な部門は、自然哲学の原理的部門である物理学と同様、ニュートン的な経験科学の方法によって研究される。自然と道徳世界の両者が同じ方法によって研究される双対的な学問の対象だとするリードの知的体系は、アバディーン時代から変化を見せていない。ただしこの道徳哲学の原理的部門には、動物や人間ばかりでなく、「神」を対象とする学問も包括されている。それは哲学的手段による神の属性の研究である、自然神学のことを指している。自然神学については、リードは「神の似姿」としての「人間精神」からの類推によって神の属性を導くことができると考えている。この方法によって獲得できるのは、神についての「不完全な知識」であるにとどまるが、それだけが神を知る唯一の方法だと言われる。[47]

精神についての原理的な学が建設されると、道徳哲学の残りの部分がその応用理論として構築される。リードはキケロを引用し、ソクラテスを例に挙げながら、倫理学の実践的な重要性を講義する。倫理学は理論的・原理的な部門と、実践倫理学に分割できる。これはリードがアバディーン時代から講義で使っていた、キケロの『最高善と最大悪について』と『義務について』に対応している。リードは倫理学の実践的な部分の内容については、議論の余地なく合意が可能だと考えていた。それは「すべての正直でまっすぐな人」は、人間の基本的な義務と責任に関して意見が一致するからだった。

これに対して倫理学の理論的な部分は、義務や責任について議論する際の原理的基礎を実践的な部門に提供する目的を持っている。それは平明で自明ではなく、むしろ難解な体系になる。倫理学の原理は人間の倫理的行為能力を解明することで確立される。それは人間精神の理論的な科学である精神学《ニューマトロジー》に基づくとリードは言う。「どのような行為が正しく、どのような行為が誤っているか」とか、「どのような行為が賞賛に値するか」といった、具体的な倫理的判断は、哲学者の間での同意が成り立っている。問題はそれをどのような原理にしたがって根拠付けるかにある。それらの原理には、私益、公益、道徳感覚、事物の関係などがあるが、現在のところ合意は得られていない。もし正しい方法の適用によって、そしてそれはリードの場合前節で見たように「実験哲学」の方法なのだが、精神学《ニューマトロジー》が科学として論争の余地のない基礎を獲得すれば、道徳問題についての論争も終焉することになる。

このようにリードの倫理学の基礎的部分は、実験哲学の方法の適用という、ターンブルの基本線を踏襲している。自明な諸義務を扱う倫理学の応用的な部分については、議論はこれほど専門的ではない。リードによる「義務論」の具体的な分類は、当時の道徳哲学講義と大差はない。それは義務を神に対する義務、自分自身に対する義務、社会に対する義務の三つに分割する。神に対する義務としては敬虔などが、自分自身に対する義務としては慎慮、節度、堅忍が挙げられる。

以上の狭義の実践倫理学と並んで、実践倫理学には自然法学が含まれる。それは「正義と人間愛」という、社会に対する義務を扱う下位部門である。正義に基づく他者に対する権利は「完全権」であり、人間愛に基づく権利は「不完全権」と呼ばれる。ヒュームとスミスは前者のみが法的に強制されるべきだと考え、後者は必要だが、政策的に促進されるべきだとしたが、リードではこの区別は厳密でなく、両方とも法的な手段に依ってもよいと考えた、とホーコンセンは解釈している。また人間が社会的存在一般として持っている権利は自然権であり、家族の一員として持っている権利は「エコノミックな権利」と呼ばれる。国家の一員としての権利は「政治的権利」と呼ばれる。これらの三者は、「実定的な制度や契約ではなく、自然的理性と衡平の上に築かれている」ので、自然法に属している。このように自然法を定義した後、リードは法と統治の目的が人間の権利の保障にあるとする。国家の目的は、富者を貧者から守ることだと言った先任者のスミスと異なり、たんなる所有権の安堵としては定義されていない。

あらゆる統治の体制や、市民法と司法の目的は、人間の権利を保障し、支えることにある。そしてそれがあらゆる統治形態や、司法や市民法のシステムが試され、判断される試金石なのである。それは主に、あれこれの形態やシステムが、人間の権利に適っていてそれを保障することに貢献するかどうか、それらは自然法の上に建設されているかどうかということであり、そうでなければそれらは悪いもので、正されるべきなのである。[48]

個人が「正義と人間愛」に基づいて行動すべきであるだけでなく、立法や統治もこの原則に従わなければならない。それは統治者の責任である。

さらにあらゆる市民法は個々の事例に即して適用され、解釈される必要があり、解釈と適用の原理は、可能な限り自然法に適っているべきである。

人間の権利と自然法によく親しむことがどれほど重要であるのかは、これらの一般的なことを考えるだけで、すでに十分に明らかであると思う。それは人々が個人的に行動する際、正義と人間愛の規則に基づいて、他のすべての人々に関わるべきだということだけでなく、彼らが立法者、判事、議員となって公的に行動する場合、そして一般的には市民法の形成と修正、解釈と適用に関わるすべての場合に、大変重要なことなのである。[49]

すべての政治的統治の目的は、統治される者の権利の擁護と幸福の増進である。[50]

最後にリードは、国際法を実践倫理学の最終部門とする。これについても、戦争の人間化と平和の実現という、グロティウス以来の人道主義的、平和主義的意図が継承されている。こうして実践倫理学は、神に対する義務、自分に対する義務、自然法、国際法の四部門からなることになる。これらはそれ以上遡ることができない「意識上の事実」に基づく、演繹的な学問領域と考えられている。リードの倫理学や自然法学は、経験主義的なヒュームやスミスの倫理学や自然法学と異なり、知識は自然の領域では蓋然的になるが、自然神学や道徳の原理については確実性に基づく知識が得られると考えたロックを継承している。前任者のスミスは自然法学を歴史化し、一種の法社会学とした。とはいえ「人間本性」の研究という一般理論に基づいていた点では、スミスの自然法学は普遍主義的な性格をとどめていた。これに対してヒュームの倫理学や自然法学には規約主義的な側面があり、現在の倫理学ではその点が評価されている。彼らと比較した時、演繹的な倫理学や自然法学を構想したリードは、この分野の伝統に忠実だった。それはリードが歴史研究を残さなかったこととも関係しているだろう。

しかしこの自然法学における伝統性は、政治的な改革主義と無縁ではなかった。一八世紀後半から末期にかけて、ロックの自然権論を利用して、政治改革や土地改革を提唱するトマス・ペインやトマス・スペンスなどのラディカルたちが登場した。リードの周辺からもウィリアム・オーグルヴィのような、急進的な社会改革のプログラムを提案する者が現れた。私的所有の擁護と犯罪の防止ではなく、「人間の権利」の擁護、「正義と人間愛」の実現が統治と立法の目的であるとするリードの自然法学は、自然法学の規範的性質を温存している点で、彼らと親近性を持っている。それはヒュームやスミスが否定した自然法の非経験性に基づいて、抵抗権を擁護する。

国民を専制から救うために抵抗が必要な場合、それは合法的であるばかりでなく、賞賛と栄光に値する。[51]

ホーコンセンがリードの『実践倫理学』に収録した草稿「契約の意味での社会契約について」では、リードは自らの言語論に基づいた「暗黙の契約 tacit contract」や、ハチスンやカーマイケルの「擬似契約」の概念を使って、ウィッグ的な君主と臣民の原初契約の概念を肯定する。リードによれば、ヒュームはトーリーへの共感から、有名な論稿「原初契約について」で、これに反対したのだった。

だが道徳哲学には、その原理的部門と同様に、「実験哲学」の経験的研究の方法が適用される別の部門が存在する。政治学はリードの体系の中では倫理学の一部分だが、演繹的な実践倫理学一般とはまったく異なった方法に基づいている。リードが考える「政治学」とは、集合的行為の科学である。

私の講義の最後となる部門は、政治学である。政治学は人間の政治的権利や行政法の知識を意味することがある。その意味では、これはすでに述べられた倫理学の一部分である。しかし私は政治学を、倫理学のあらゆる部分からまったく区別されるべき科学と考える。

それは政治的な出来事の、原因、関係、結果についての知識と定義することができるだろう。私は政治的出来事が、社会における結合した力や、人々の集団によってつくられるものと理解している。すべての個人はある範囲の力を持っていて、無視できないような結果を作り出すこともある。しかし人間の最も巨大な力は、社会における多数の人々が連合して行動することによって作り出される。私はこれを政治的出来事と呼ぶのである。政治的出来事とは、帝国や国家の創設であり、それらの成長、発展と衰退、それらのさまざまな革命や変化、戦争と征服、殖民であり、それらの法律と、宗教、美徳、技芸と学問、農工商業を促進するための治政《ポリス》の確立などである。これらは人間の力の重大な結果であり、人間の幸福と向上、人間の悲惨と堕落がそれにかかっているのだから、この世の出来事の中で最も重要な出来事なのである。これらの重大な政治的出来事は、地球のさまざまな場所で、さまざまな形で、作り出され、改善され、損なわれ、破壊され、そして再建されている。ある国民は野蛮で、ある国民は文明化されている。異なった統治の形態があり、異なった習慣と慣習がある。ある国民は何年も、いや何千年もの間同じ状態にあり、長い年月の間にも、向上したとか、衰退したとか、変わったとかと言うことができない。彼らの統治と法と慣習と国民的性質とは、つねに同じである。他の国民はこれらすべてについて常に移り変わっており、良くなったり悪くなったり、貧困から繁栄へ、怠惰から勤勉へ、無知と野蛮さから知識と礼節へ、単純さから奢侈へ、高い公共精神、富と享楽の軽蔑から、拝金主義、貪欲、放蕩へと変化し続ける。それが善であれ悪であれ、このような大きな出来事の原因を、それが生じた社会の性質と諸条件の中に発見し、善に向かうような政治的な出来事をもたらし、悪であるようなものを予防する方法を見出すことが、政治的知識の目的である。(52)

リードの政治学の中には、狭義の政治学に続いて、リードが治政論《ポリス》と呼ぶ、政治経済学が含まれる。アバディーン時代からリードはこの学問に関心を持ち、研究を続けていた。グラスゴー大学では政治経済学講義を行ない、その自筆ノートが残されている。この政治学の両部門はともに集合的行為を扱うために、倫理学や自然法学と異なって、「実験科学」の方法が適用される。

私は政治学を二つの部門に分ける。最初の部分では統治の諸形態とその要因を扱い、第二の部門では治政論《ポリス》を扱う。統治形態は主に、主権が国家のどこにあるかによって決まる。主権が一人の人の手か、少数者か、多数者の手にある場合には、単純な統治形態となり、それが別々にそれぞれの人々の手にある場合には、混合政体となる。

私は治政論《ポリス》を、宗教、美徳、教育、学問と技芸、農商工業の振興や、軍事と国家財政の運営、その他国家や統治が存在するためにはかならずしも不可欠ではないが、その繁栄と安全に貢献することを指すと理解している。(53)

リードの道徳哲学体系は、「実験哲学」の方法に基づく心理学、および広義の政治学と、内観によって確認できる義務の感覚という「意識上の事実」、カント的に言えばア・プリオリに前提される「定言命法」からの演繹体系として建設される実践倫理学という、根本的に性質を異にする諸分野から構成されていた。それは方法論的には、リードが認知の原理は単一ではないと考えていたからだった。リードの道徳哲学体系は中心的な部分で「実験哲学の方法」を導入するという、ターンブルのプロジェクトに忠実に建設されていた。だがそれはその内に、不整合ではないが、原理的な分裂を内包していた。ブリテンの混合政体を臣民の権利の擁護という点から支持していた政治哲学者リードにとって、ヒュームやスミスのように自然法を心理学や社会学、歴史学に解消することは正当ではなかった。それはむしろグロティウスやプーフェンドルフやロックの思考にしたがって、疑い得ない定言命法からの演繹によって構成されるべきだった。他方でモンテスキューの浩瀚な実証的研究は、経験科学者リードにとって、極めて適切な方法に基づいていると思えた。その結果、リードは自然法学そのものを経験化するのではなく、経験化された政治学をそこから切り離したのだった。

リードの道徳哲学は、この分野での粒子哲学のメタファーを拒否し、全体的、能動的な存在として精神をとらえることを目指していた。この分野で著作を行なった一八世紀ヨーロッパの多くの知識人をとらえた、「実験哲学」の経験主義的方法と粒子哲学のメタファーのうち、リードは前者をさらに厳密に適用することで、後者をこの知の領域から追放したのだった。リードの眼から見れば、観念連合や原子としての個人の見方を採用した同時代人たちは、メタファーに安易に依存し、経験的な確証が得られない単一の原理から演繹的な体系構成を拙速に行なった。彼らの大半は、自然科学についてはアマチュア科学者に分類できる。これに対して科学者／哲学者リードは、経験的に説明できる範囲を定めてそれを超えないように学問の原理を定式化することと、性急な単一原理からの演繹を避けるという点で、より忠実な経験主義的科学者だったと言える。

リードが排撃しようとしたのは、マクローリンが物理学で批判したような、十分な実証に基づかずに、多様な経験世界を架空の単一原理に還元することだった。だがこの強い方法意識は、知識の諸分野の方法論的分裂を生み出した。メタファーと原理の一貫性という点では、リードは不徹底で、一見混乱しているかにも見え、また「スコットランド歴史学派」の達成を考慮すれば、より伝統主義的でもあった。しかしこの自然法学の演繹主義と政治学の経験主義への道徳哲学後半部の方法上の分断は、晩年のリードに特異なユートピア文書を書くことを可能にしたのだった。

それは従来社会思想史的な研究では、モンテスキューとスコットランド歴史学派によって「乗り越えられた」と理解されてきた自然法学的伝統の、思いがけない生命力と構想力を実証してもいる。

三　政治的想像力と実験

自己を保存し、他者と競争し、自らの利益を図りたいという人間の衝動は、スコットランド啓蒙の市場をめぐる思索の中心的なテーマだった。それはリードの道徳哲学では、「欲望」という「動物的原理」に分類されている。粒子哲学のメタファーにならった、人間行動の還元主義的な説明を拒否したリードにとって、より高次な原理に属する「義務の感覚」に基づく「道徳的是認」の判断に関わらない限り、この「欲望」はそれ自体としては、善でも悪でもない。それを否定したり、抑圧するのでなく、より良く導くことが必要になる。この点でリードは、シャフツベリの強い影響を受けた師ターンブルの主知主義的・美的なプラトン主義から離れ、倫理学におけるアリストテレス的な立場を採っていた。人間が理性的、倫理的に行動できるためには、「動物的原理」のバランスのあり方である、性格disposition が正しく形成されていなければならないとリードは考える。したがって社会の秩序と安定の確保は、巧妙な規則の制定や知識の流布だけでなく、市民の道徳的訓練にも依存することになる。政治学講義では、世論 opinion が政治社会で「動物的原理」を抑制する力だと主張されている。政府が市民を動かす方法としても、世論はもっとも適当だとリードは考えていた。そのためには市民の政治教育が本質的に重要になる。リードはそれが統治の目的だと考えていた。「統治の技術は、精神の医学」なのである。

したがって私は、どのような市民政府も、完全なものとなるためには、妥当な教育と規律によって、よい市民を育成することが国家の最大の関心とならなければならないと考える。(54)

このような理想的な国家に比べて、リードは現代国家の政治では倫理的、政治的教育が十分に行なわれず、国民の軍事教練だけが優れていると言う[55]。道徳哲学者リードは次の一文で、刊行された著書にはほとんど見られない、同時代の政治、社会のあり方に対する見解を披露している。

戦争のために正規の訓練を受けた軍隊と、群集の中からあわてて集められた民兵との間には、なんと大きな差があることだろうか。市民政府のあらゆる目的のために、徳と、よい習慣と、正しい情操を持つべく訓練された市民社会と、われわれが知っているような市民社会の間にも、同様な違いがあると考えることに、なんの妨げがあるだろうか[56]。

常備軍と民兵の問題という、スコットランド啓蒙の思想家たちが熱心に議論した問題に触れながら、現代の国家は市民に対して良い市民として生きる術を教えず、人殺しの技術だけを訓練していると、リードは当時の政治を批判する。戦争の遂行のために払われている努力が政治教育のために向けられるなら、国家ははるかに良いものになるだろう。「正義と人間愛」が立法と統治の目的だと言った理想主義的哲学者らしく、そしてまた「反動の哲学」の提唱者とは思えないこの厳しい同時代批判に続けて、リードは次のように付け加えることを忘れない。

しかし私はこのように考えることが、ユートピア的な思索に陥ることを怖れる[57]。

なぜなら政治学は経験科学であり、それ自体としては抽象的な思索に基づく理想論を説くべき知の領域ではないからである。それればかりでなく、この一文の背後には時代のコンテクストがあった。この最後の著書が出版されるまでに、世紀末ラディカルたちの著書が発表されていた。その中には、リードの周辺に属する若い知識人たちも含まれていた。この言葉は彼らを念頭に置いて書かれたのかもしれない。だがやがて歴史の大きな進展は、彼らに対置する形で自らの政治的・社会的構想を発表することを控えたリードに、それを公表する機会を与えることになった。

(1)「フランス革命の友」

七〇年代末にポール・ウッドの伝記的研究が行なわれるまで、政治的、社会的問題へのリードの関与はほとんど知られていなかった。同時代人のヒュームやスミスやファーガスンが有力政治家のアドヴァイザーとなったり、みずから外交官の役割を果たしたこと、友人のケイムズ卿がスコットランドの有力者であったこと、あるいは晩年に彼の周辺からラディカルな思想家たちが登場し、リードの学生で、リードの学説を受け継いだエディンバラ大学道徳哲学教授デュガルド・スチュアートのクラスからは、フランシス・ジェフリーをはじめとした一九世紀初頭の改革派ウィッグが輩出し、ジェイムズ・ミルもその一人だったことなど、崩壊するアンシャン・レジーム期の政治的・社会的現実と、少なくとも思想的には、リードが積極的に関わった可能性があった。だが最晩年の「政治的革新の危険性についての省察」と題された小論の存在が、それ以上の探求の妨げとなってきた。

この文章の内容の不可解さだけでなく、それが公表された経緯もまた異例で、非常に奇妙に見える。それが最初に発表されたのは、一七七四年一二月一八日に『グラスゴー・キュリエ』という保守派の雑誌に、同じ題名を付して だった。この小論は、リードの死後の七六年には、ロバート・クレッグホーン(1755-1821)の追悼文を付し、「一七九四年一一月二八日の論説の一部」という説明付きのパンフレットとして出版された(Sketch of the Character of the late Thomas Reid, D. D., Professor of Moral Philosophy in the University of Glasgow, with observations on the Danger of Political Innovation, From a Discourse delivered on 28th. Nov. 1794. by Dr. Reid, before the Literary Society in Glasgow College, Glasgow, Reprinted in the Courrier Office, from the Glasgow Courrier, For J. M. Nayer & Co. 1796)。それは一八〇三年には、リードのグラスゴー大学道徳哲学教授職の後継者だったアーチボルド・アーサーの著書に、同じ題名を付けて掲載された。しかもこれにも「一七九四年一一月二八日にグラスゴー文芸協会で読まれ、著者の同意を得て出版される」という注釈が付加されていた(Archibald Arthur, *Discourse on Theological & Literary Subjects*, Glasgow, 1803)。現在ではホーコンセンの復刻によって活字で読むことができるようになったこの小文の原典は、アバディーン大学が所蔵するリードの手稿「ユートピアの体系についての考察(58)」である。この文書はほとんど訂正のない、丁寧な筆跡で書かれ、

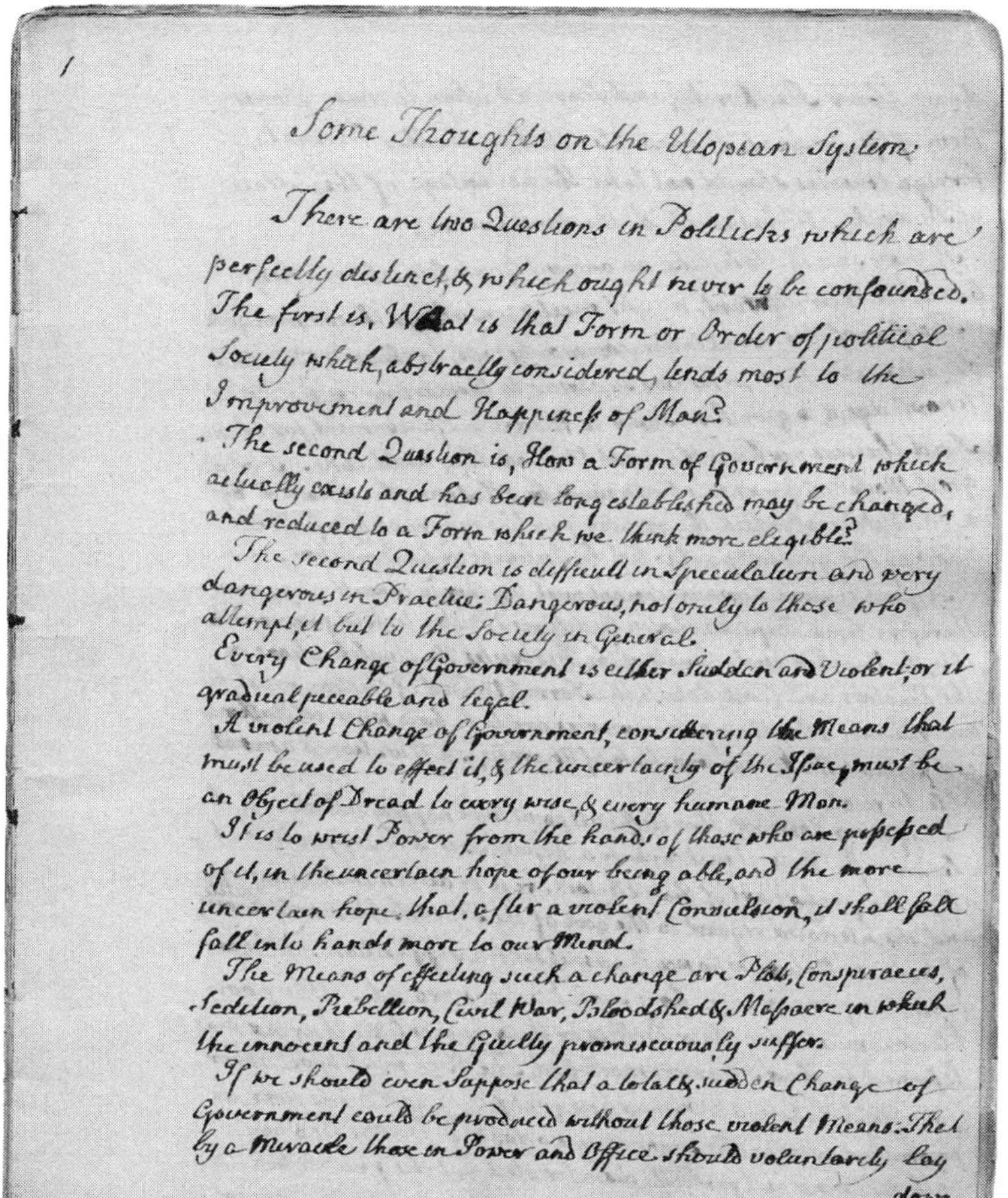
1

Some Thoughts on the Utopean System.

There are two Questions in Politicks which are perfectly distinct, & which ought never to be confounded. The first is, What is that Form or Order of political Society which, abstractly considered, tends most to the Improvement and Happiness of Man.

The second Question is, How a Form of Government which actually exists and has been long established may be changed, and reduced to a Form which we think more eligible.

The second Question is difficult in Speculation and very dangerous in Practice: Dangerous, not only to those who attempt it but to the Society in General.

Every Change of Government is either Sudden and Violent; or it gradual peaceable and legal.

A violent Change of Government, considering the Means that must be used to effect it, & the uncertainty of the Issue, must be an Object of Dread to every wise, & every humane Man.

It is to wrest Power from the hands of those who are possessed of it, in the uncertain hope of our being able, and the more uncertain hope that, after a violent Convulsion, it shall fall fall into hands more to our Mind.

The Means of effecting such a change are Plots, Conspiracies, Sedition, Rebellion, Civil War, Bloodshed & Massacre in which the innocent and the Guilty promiscuously suffer.

If we should even Suppose that a totally sudden Change of Government could be produced without those violent Means: That by a Miracle those in Power and Office should voluntarily lay down

写真4　「ユートピアの体系についての考察」（アバディーン大学図書館，MS.3061/6 © University of Aberdeen）

活字で発表されたパンフレットと同様に題名を持ち、形態としてもばらばらのノートの集合ではなく、ひとまとまりの文書として整形され、保存されている。つまり「ユートピア論文」は、たんなる講義ノートや覚書の類ではなく、それ自体が物理的に流通することを意図して作成された、一種の「刊行物」なのだった。それは限定された読者の間での公表という、この時代の「マニュスクリプト出版」に分類できる作品だった。「ユートピア論文」は、おそらくグラスゴー文芸協会で読まれただけでなく、閲覧されることを目的として書かれ、そしてある程度の範囲で、実際に手渡しで流通したのだろう。

一七九四年一一月二八日の会合で読まれたのは「政治的革新の危険性についての省察」ではなく、それを序論と結論として含んだ論説「ユートピアの体系についての考察」だった。そしてその内容は改革の危険性の主張ではなく、むしろそれとはまったく反対に、理想的な政治体制の探究だった。この論説の中から、バークのフランス革命批判の反復とも読める部分が取り出されて保守派の雑誌に発表されたこと、パンフレットやアーチボルド・アーサーの著書では、この部分こそがこの会合で読まれたものだと注釈されたことから、まだ確定的な結論が得られてはいないとはいえ、次のような推測が成立する。ジャコバン独裁の進展と、それに対するブリテンでの政府側の抑圧の進行という、当時の緊迫した政治状況の中で行なわれたグラスゴー文芸協会での「ユートピア論文」の公表は、何らかの危惧をリード周辺の人々に感じさせた。そのためリードがラディカルたちとは対立する意見を持っていることを示す必要があった。それが「政治的革新の危険性についての省察」の出版経緯となった。この工作を行なったのは、彼らが「保守派」だったからではない。その中である役割を果たしたと思われるデュガルド・スチュアートは、急進ウィッグと大差ない政治的見解を持っていた。ウッドの推測では、彼らは「スコットランド哲学」を護るためにこの隠蔽工作を行なった。それは見事に成功し、リード哲学は反動の時代を生き残り、一九世紀にリードの名声は国境を越えて拡がった。リード哲学を「反動の哲学」と見た現代の研究者たちは、彼らの仕掛けに陥ってしまったのだった。

フランス革命時のリードは「フランス革命友の会」の会員で、一七九二年には国民議会への献金に参加した。専制に対する抵抗権の支持者だったリードにとって革命は、人間は自由に生まれ、政治の目的は人間の権利の保障と発展であり、立法と統治は「正義と人間愛」を実現するために行なわれなければならないという、長年にわたる彼の信念の実現だと思われた。しかし革命自体の進展はブリテンでの政治反動を生み出した。その中でリード自身にも脅迫が行なわれていた。一七九一年に書かれた以下の書簡は、カトリックの司祭に宛てて書かれたとウッドは推測しているが[59]、この哲学者のフランス革命の大義への支持表明とともに、すでに彼の周辺に暗雲が立ち始めた当時の事情をうかがい知ることができる。

宛先不明
グラスゴー、一七九一年七―八月

拝啓

クリスマスの後からお手紙を差し上げなくてすみません。あなたは隣国で起きた聖俗両面での偉大な出来事の記念日をお祝いになりました。これらすべてについて、あなたはよき司祭としておふるまいになったと思いますし、私はあなたに友情の印を示したいと思います。

私は長い間、すべての国民は人間の権利だけを知ることを義務付けられた自由な存在だと信じてきました。私はこの考え方が自分の一番楽観的な見方をはるかに超えて拡がり、偉大な結果を生みだしていくのを見てきました。神はこの思想がますます拡がることをお許しになっており、ひとたび自由の甘味を味わった人々は、浮かれて衝動的になるのではなく、それを賢く、冷静に使用することでしょう。

こちらの何人かの人々は、フランス革命の友はブリテンの体制や、少なくとも現政権の敵であると考えたり、そう考えたく思っています。私自身はその反対ですし、少なくとも革命を祝った私の友人たちのほとんどがそうであると思っています。

そう考えて、私はカレッジの幾人かの友人の求めに応じて、七月一四日のフランス革命友の会に私の名を連ねることにしました。それはブリテンの体制や、現政権に対する反対を直接にも婉曲にも行なわないという、スチュアートの説明にしたがってそうしました。私はフランス革命の友となったことを後悔はしませんし、それを攻撃しなければならないと考えるどんな人間もいないとも思います。ところがこの一日の間に、私は友情を表明しつつ、筆跡をごまかした匿名の手紙を受け取って大変驚きました。その手紙は、私の名前が政治的狂人や悪漢の結集を求める名簿の最後に挙げられるべきだと言い、私や同志たちが取った行動を後悔する日は近いぞ、と告げているのです。

（傍点はリード自身）[60]

道徳哲学教授リードは社会問題に強い関心を持ち、積極的に関与していた。アバディーン時代には、リードは貧者のために王立病院の設立計画を支持し、グラスゴーの王立病院設立でも中心的な役割を果たし、理事として運営に携った。一七八六年には監獄改革者ジョン・ハワードの像をロンドンに建てる計画に参加した。リードはウィリアム・ウィルバーフォースの奴隷廃止運動の支持者でもあり、一七八八年春のグラスゴー大学からの請願で役割を果したと見られる。この請願への参加を求めたジェイムズ・グレゴリー宛の書簡では、「私は世界が良くなっていくという考えを、白髪が増えることに対するなぐさめと思っています。年をとるにつれて、すべてが悪くなるという気分に襲われるのが普通ですが、私はそれに抵抗していこうと決めていますので」と述懐している。[61] 一七九〇年の春には、牧師の息子のための奨学金団体をグラスゴーに設立して、会長を務めた。同年、困窮者を救うための「人道協会」の理事にも就任した。彼の「フランス革命友の会」へのかかわりも、この勤勉で穏やかな道徳哲学教授の「正義と人類愛」を求める、人道主義的情熱の延長線上にあると言えるだろう。

（2） 改革の哲学

リードの社会的、経済的問題への関心は、初期にまで遡ることができる。ニューマハーの牧師時代には、救貧法の改革に関する提案を議論する書簡が残されている。ブリテンの初期近代国家におけるほぼ唯一の重要な社会政策だったこの制度の運営では、スコットランドでは牧師が大きな役割を果たしていた。[62]「貧者」の扶助に尽力することは、スコットランド教会の牧師が果たす大きな役割の一つだった。そのためリードの社会、政治問題への注目は、ポール・ウッドが示唆するように、理論的というより実践的な観点から促された可能性がある。

それらの思索は、グラスゴー大学での政治経済学講義となって大成された。それはアダム・スミス以外では、この時代のスコットランドの大学における、最も体系的な政治経済学の講義だった。晩年になっても、リードの政治経済学への関心が衰えることはなかった。一七七八年三月二〇日には、リードはグラスゴー文芸協会で「契約がなりたったときにも貨幣の利子を法的に規制することは妥当か否か」という論説を読んだ。彼の利子論は友人の手によってジェレミー・ベンサムに送られることになった[63]。以下はジョージ・ウィルソンからベンサムへの書簡に引用された、この意見交換についての一七八八年の書簡である。

（前略）以下は一七八八年九月五日付の、リード博士からエディンバラ大学医学教授ジェイムズ・グレゴリー博士への手紙からの抜粋です。

利子について送っていただいたお手紙に大変喜んでいます。この議論は回答できるものではなく、長らく著者の考えだったものです。一般原理としては、売買交渉は売り手と買い手の判断に委ねられるべきですが、例外もあると私は考えています。それは買い手が多く、貧しく教育がなく、売り手が富んでいて知恵を持っている場合です。この場合前者が後者によって抑圧されることのないよう、当局の手助けが必要になります。このような原理にしたがって、主要な大都市では陸運、水運、貸し馬車、パンなどの価格が規制されています。しかし商業国家における貨幣の貸付については、この例外はありえません。この場合借り手と貸し手は同等ですし、それぞれが自分の利益を考慮するに任せられるべきです。また貨幣の貸し借りの交渉に法的介入を行なう正当な理由もあるようには思えません。利子の起源についての第一〇書簡が一番満足できないものでした。あなたが触れておられる私の論文の一つでは（必要ならお使いください）、私はこの著者の議論よりも私には妥当だと思える議論を展開しています。

あなたの最も親愛なるトマス・リード

グラスゴー大学の道徳哲学講義の最終章である治政論講義で、リードは市場経済の働きを「自然価格」の概念を使って論じていた。リードは市場システムの機能を理解していた。この書簡でリードは、利子の存在の正当性と、法定利子率の不必要性を主張している。しかし同時に、そこでは交渉当事者に力の非対称性がある場合には行政が介入すべきだという、ベンサムとは異なる議論が行なわれている。リードは市場による資源配分の有効性を認めながら、無条件にそうしたのではなかった。市場の運動は、「正義と人間愛」の観点から規制されることがあることを、この道徳哲学者は認めていた。

リード自身の表現にしたがえば「ユートピアの体系についての考察」の射程は、経験科学である政治学とは異なった「思弁的政治学」という領域に属するとされている。もちろんそれは「道徳哲学講義序論」で述べられたように、政治学が「あるべき人間」ではなく、「現実に存在する人間」を扱うという点では、政治学の一部だと考えられる(64)。だがこの論説では、「思弁的政治学」は実際の政策的提案を行なう「実践的政治学」と区別して、いわば真空の中での落体運動の観察のような、理想状態での議論を行なう政治学の部門だとされている。それはプラトンの『国家』に該当し、『法律』にあたる経験的政治学とは異なっている。そのため「思弁的政治学」の結論は、そのまま現実に実施されるべきではない。その点でこの論文は、「本歌」であるモアの『ユートピア』と似た問題設定を持っている。それは現実をよりよく照らし出すための一つの極限状態の描写であり、実際に実行されるべき政策は、この範型的描写と現実との中間のどこかに位置するべきなのだ。

「思弁的政治学」の課題は、アリストテレス的なリードの国家論にしたがって、人間を倫理的に行為させるためのシステムとしてどのような体制が最も適当かという観点から、理想社会を描き出すことにある。人間行動を導く最も高度な原理は「徳と宗教」だが、政治学は現実の人間を扱うので、より低次な行動原理を重視するべきだ、とリードは言う。この原理とは、他人に評価されたいという社会的な衝動、リードの道徳哲学での「欲望 desire」の一つである。それはスミス倫理学の基礎である他者の評価を求める社会的欲望や、ファーガスンの名誉を求める「向上心」と同一の衝動を指している。精神学で論じたように、リードは「私益と公益」が一般的に対立すると考えてはいない。リードの認識論は、人間の心の能力が環境への適応のために存在していると考えている。知的能力と同様、「能動的能力」についてもそれは同じである。自己を保存しようとするのは生命として当然の働きであり、評価を求め、競争しようとする社会的衝動も、人間を向上させる重要で不可欠のエンジンだとリードは考えている。それが正しくない社会体制によって歪められることこそが問題なのだ。この歪曲をもっとも少なくする体制が、思弁的政治学が目指す理想的な国家となる。

「思弁的政治学」は、「貨幣愛」こそがほとんどの犯罪と悪徳の源泉だと考える。だがそれは、「名誉と卓越への衝動」が、誤った社会体制によって堕落させられた結果の産物だった。市場社会の原理的な理解を探求したスコットランド啓蒙の思想家の一人として、この道徳哲学者は「貨幣愛」を、人間行動の基本的な原動力である「動物的原理」に還元してみせる。貨幣による「富」はもっとも目立ち、ほとんどの欲望を満たすので、自尊心を満足させるのに適している。またそれは財産の相続によって、他者からの「卓越性」の世襲を可能にする。その上貨幣の獲得には、一人の人間として尊敬を勝ち取るために必要な、社会的に有用な才能を必要としないのだ。それは神から与えられた、人間の倫理的向上を可能にするエンジンの誤用なのである。

リードにとって、この歪みが生じるのは、私的所有に基づく社会体制という、制度的枠組みが存在するからだった。こうして心理学は社会体制論へと転回する。ユートピアは私的所有を廃止するため、悪徳への誘惑を最低限に抑えることができるので、もっとも理想的な社会体制となる。これに加えてリードはユートピア国家を機能させるための政策をいくつか挙げるが、それらも彼の心理学に基づいている。まず市民を有徳で有用な人間へと育てるための公教育制度が導入される。リードの記述はターンブルの教育論を思い起こさせる。リードの理想国家の教育では、すべての市民に対する読み書き・算術からラテン語、ギリシャ語、数学、諸科学にいたる知識の教授を、総合的に道徳教育へと結び付ける。そのために教育者が注意深く選抜され、高い社会的評価を受けるとされる。また各人の才能を探し、それを伸ばすことも教育者の責任だと考えられる。万人に対する知育と道徳教育の上に、それぞれの適性に応じた職業訓練が、国家の責任で実行される。

一人前の市民となった人間に対して貨幣に代わる労働のインセンティヴを与えるためには、それぞれの職業にその社会的有用性にふさわしい評価を与えなければならない。そのためリードは、それぞれの職種での熟練に対して授与する学位のような資格制度の制定と、顕示的消費に用いる所得格差の導入を考える。社会的に極めて有用な職業に就いている個人は、馬車や立派な住居や、実際には公務員である「召使」を持つことさえ許される。リードのユートピアは「悪平等」を排除した、インセンティヴのヒエラルキーを持った社会だとされている。ただしそれは奢侈的消費に関する限りであり、生活必需品は労働の強度に応じた分配が行なわれる。そのため激しい肉体労働に従事する者こそが、最も多く高品位の食料を得ることになるだろう。

また「安全」も、労働の促進と社会秩序の安定にとって重要な要因となる。国家的所有に基づくユートピアでは、消費と投資以外に国家の手に留保される公的ファンドが、天災や世界市場環境の変動や事故に対処するための保険の代わりとなる。モアの原型と同じくリードのユートピアもまた、「安心できる社会」なのだ。この国家的所有に基づくユートピアでは、市場が完全に排除されているのではない。モアに従い、リードのユートピア国家の内部では商業は存在しないが、外国との交易は存在し、奨励されさえする。外国との国際貿易は国家が行なう。

労働の管理や公教育の実施、個人の達成の公正な評価とインセンティヴの付与、貿易の管理などの多様な業務を国家によって営むことは、福祉国家政策が行き詰まりを見せていた一九八〇年代に議論されたような、「国家の過重負担」を生じさせるかもしれない。それはユートピアの損益計算表の負の部分だが、この損失は私的所有の廃止がもたらす正の部分によってカヴァーされるとリードは言う。富の源泉は労働であるとするリードにとって、それは徴税に必要な労力と、民事訴訟で浪費される人員の節約のことを意味している。徴税の害悪の強調は、アメリカ独立についての考察の反映でもあるだろう。

最後にリードは、「ユートピア」に伴う欠陥を列挙する。ユートピアでは、誘惑や貧困に耐えて有徳な人間となるという、ストア的な徳が存在しないかもしれない。だがさらに重要な問題は、ユートピアが一度も「実験」されたことがないことである。この点で、リードは思弁的政治学があくまで理想状態の描写に過ぎないことを強調する。「政治的革新の危険性についての省察」という題名を付して活字となった序文の部分は、この「題名」というメタ・テクストの誘導にしたがって読まれれば、確かにバークのような革命批判の態度表明であり、世紀末でのイギリス政治の保守化への屈服であるかに読める。だが同じ部分が、一種の公表形態を取ったが活字とはならなかった本文の、以上のような内容を念頭に置いて読まれる時、その印象は大きく変化するだろう。序文は革命的な変革に危険性があるとは言っているが、同時に慎重で漸進的な改革を求めている。名誉革命が評価されたのも、このような最低限の犠牲を払った、重要な改革だからだった。この論文の全体は、ブリテンの現体制に対して根本的に立ち向かうのではなく、それを改良していく、緩やかで平和的な改革路線を提唱していたのだった。しかも序文を注意深く読めば、本論での私的所有についての社会批判だけでなく、主に選挙制度について工夫を凝らしたヒュームの理想的共和国への皮肉を込めながら、ブリテンの選挙制度の機能/反機能と、それに基づく政治的リーダーシップについての政治批判が述べられていることがわかる。リードは革命後の政治体制を決定する集会や議会を開催する困難性に述べる際に、イギリスの経験に即して、選挙民の政治的判断能力の無さ、立候補者による買収、利益誘導や、彼らの政治家としての資質の問題に対する厳しい評言を書いているのである。

同様に結論での抵抗権への言及は、自然法学講義の立場が維持されていることを示している。それは「専制への反抗」だったフランス革命の正しさを確認しているとも読める。これに先立つ本論のまとめ部分では、為政者は一般市民以上に「誘惑」にさらされた人間であると、「現存する国家」の政治腐敗を暗示している。

リードはブリテンの政治・社会体制を批判した世紀末のラディカルたちと、個人的な接触を持っていた。大土地所有の廃止を提案したウィリアム・オーグルヴィはアバディーン大学での彼の学生であり、同大学での彼の後継者だった。リードは一七六五年一二月二〇日のスキーン宛書簡で、グラスゴー大学にいる彼に触れている。それはリードとオーグルヴィとの間に親交があったことを示している。

オーグルヴィ氏が彼［ブラック］の講義に出席してノートを取っています……もしウィリアム・オーグルヴィ氏にお会いになったら、よろしくお伝えください。(65)

またオーグルヴィは、ラディカルの一人でフランス革命を擁護したジェイムズ・マッキントッシュ宛の書簡で、リードがマッキントッシュのラディカリズムを高く評価していたことを伝えている。(66)

これら私的所有権に近代の社会的問題の根源を見た世紀末のラディカルな思想家たちとリードの「ユートピア」論文の間には、いくつかの共通した特徴がある。現在自由主義のスコットランド啓蒙における先駆的な思想家たちと考えられているデヴィッド・ヒュームやアダム・スミスたちは、排他的な私的所有権が近代社会の礎石であると考えていた。それは「富裕と改善」を生み出すことによって、文明と学問と高度な文化の基礎を提供する。また政治思想的に彼らとは対極的な立場にあるとみなされている、一七世紀イングランドの政治思想家ジェイムズ・ハリントンの衣鉢を継いだ、アンドリュー・フレッチャーやアダム・ファーガスンの共和主義もまた、私的所有権の維持が必須と考える点では同一だった。ヒュームやスミスとは違い、彼らは高度な社交性ではなく、専制的な王権を規制するための公共的な徳を持つためにこそ、私的所有が個人の存在にとって欠かせないと考えたのだった。スミスにとって、私的所有は近代社会の法を特徴付ける、「正義」の概念の中核だった。共和主義者たちにとって、私的所有は政治的主体としての市民に、経済的な独立と、それを通じて己の存在を保証する共同社会への忠誠心を生み出す源泉だった。ところがスペンスやオーグルヴィやペインとともにリードは、この排他的な私的所有自体に、文明社会の存続を脅かす危険性を見ようとする。そのため彼らは、近代的な市場システムの基本的なゲームのルールである排他的な私的所有権を制限したり、これに対抗する公的所有を導入したり、あるいはリードの場合、これを完全に廃止することをさえ構想したのだった。

彼らがそう考えたのは、スコットランド啓蒙が扱った政治的・社会的テーマの中で、大衆的貧困こそが最大の問題だと考えたからだった。自由主義と共和主義の両者にとっては、経済の成長と富の蓄積がもたらす所得格差は、それ自体としては対策を講じるべき問題ではなかった。スミスは『諸国民の富』で労働者の生活条件に目を向けたが、それは貧困そのものが問題であると考えたからではなかった。スミスがそうしたのは、貧しさと一面的な分業への従事が、彼らの市民としての関心と能力の成長を阻害し、それが社会の安定性の障害となるという理由からだった。そのため解決策は所得格差の是正ではなく、初等的教育を労働者に施すことだった。共和主義者ファーガスンもまた、貧困自体には問題を感じなかった。むしろそれは社会進歩による豊かさの増大に伴う、不可避の結果だった。ファーガスンのような共和主義者が関心を寄せたのは、公共精神の母体である地主たちの土地所有が市場経済の進展にともない動産化されて不安定になることや、商人や職人階層が生活時間のほとんどを営利追求に費やすことによって、政治社会への関心を失った、政治的に受動的な市民が多数生まれる危険性だった。彼らとは反対に、世紀後半のラディカルな思想家たちにとっては、近代社会に見出される大きな所得格差こそが、緊急に解決を要する社会的な問題なのだった。

「富と徳」のような典型的なスコットランド啓蒙の政治的・社会的問題設定は、見るべき産業もない後発の小国スコットランドが、政治的独立の放棄の代償として、繁栄する商業国家イングランドの後を追って経済成長を果たそうとしたという、一八世紀前半のこの国の支配層の課題意識に一つの源泉を持っている。それは市場社会の成長を不可避と考えながら、それが旧来の社会的規範システムと政治秩序にとっての脅威となるのではないか、という危惧に根ざしていたと言えるだろう。それに対して大衆的貧困は、中世以来の教会の重大な関心事だったとともに、一八世紀後半以後の産業化のプロセスから生まれてきた新しい問題でもあった。たとえば産業革命による大衆的貧困は、救貧法をめぐる議論を除いて、世紀の中葉におけるスコットランド知識人の典型的な政治的、社会的関心を示していると思われる、エディンバラ選良協会の議事録には現れない。[67]『諸国民の富』の中にも、後年デヴィッド・リカードが考察した、産業革命に伴う社会変化に対する明確な意識は見られない。リードたちは救貧法の主体だった教会の関心を受け継ぎながらこの新しい現象を重視し、そこからスコットランド啓蒙の枠組みを逸脱した問題提起を行なったのだった。それはスコットランド啓蒙の談話空間の中にはいまだ明確な形で姿を現していなかった、現代的な意味での

「社会問題」を、初めて壇上に上らせた。彼らの思索は、同時期のイングランドに見られる、世紀末ラディカリズムと同時代の関心に基づいていたと言えるだろう。

だがスペンスやオーグルヴィやペインたちの土地改革論(68)とリードの「ユートピア」論文の間には、いくつかの大きな違いがある。世紀末の土地改革論はその原理的な根拠を、ロックの自然法論に置いていた。それは個人の所有の前提が社会による自然の占有であるという理由に基づき、公共の利益のために社会が個人の所有の一部を収取することができるとした。またロック的な土地に対する個人の権利の正当化は、投下された労働に基づいていた。このロジックはそれ自体としては、自らの耕作可能な範囲を超えた広大な土地を個人が所有することを正当化しない。ロック自身は貨幣の導入によってこの困難を乗り越えてしまったのだが、スペンスやオーグルヴィやペインたちはこの議論に厳密に従い、大土地所有の正当性を否定した。この二点について彼らが主張した私的所有の制限論は、ロックの自然権論に基づき、そのラディカルな含意を明るみに出したものだと言えるだろう。

だがユートピアについてのリードの議論の内容には、自然法論的な色彩が見られない。また「労働に基づく所有」という理由付けは、リードにとってはまったくなんの役割も持っていない。リードは個人が権利を持っているはずの自分で耕作した土地も含めて、すべての所有を公的所有に転化し、私的所有を根絶する議論を展開する。もちろんリードはグラスゴー大学の道徳哲学講義で、抵抗権を含んだ自然法論を議論していた。また「治政論講義」では、投下労働に基づく価値の規定という、単純な労働価値説を提出していた。著書のあちこちに示される、認識論の先駆者としてのロックという位置付けに加えて、これらの証拠は、リードが政治哲学者ロックの注意深い読者だったことを示している。

「ユートピア論文」は、現存する政治体と、その内部で教育された人間の経験的研究に基づく通常の政治学と異なり、自然状態の人間を素材とする政治学だとされる。リードの自然法学講義は、私的所有の制限を強調していた。リードは限嗣相続を否定し、人間社会に害をなすあらゆる所有権は自然法に反すると主張していた。資源の所有とは、創造主によって万人が招かれているパーティであり、所有者は資源を社会のために有効利用することが求められる。公共の福祉のためには所有権は制限されるのだ。スミスの自然法論と比較して、リードの自然法論は私的所有を尊重しつつ、それに絶対的な保護を与えない。個人の「消極的自由」は万人の幸福の促進という点から擁護されるのであり、それに反する場合は容認されない。そのためリードの国家は介入主義的で、福祉国家的でさえある。政治的にはリベラルなウィッグとも呼ばれるリードの自然法学講義は、一八世紀後半の急進的なロック主義の社会構想を示している。従来オーグルヴィの土地改革論はグラスゴー大学の教師スミスとの関係で考えられてきたが、公共の福祉を所有権の上位に置く点ではそれはスミスではなく、アバディーンの教師リードと結び付けられるべきだろう。経験的な政治学は現存の政治体制の内部で育った人間を前提とするので、所有欲や貨幣愛を無視して政策論を展開することは妥当でない。だが私的所有以前の「自然状態」の人間性を想定すれば、私的所有を制度の要とする社会状態での制度を離れて国家論を論じることができる。リードの政治思想の研究者たちが指摘するように、この点で「ユートピア論文」の構想は彼の自然法学に淵源を持っていると言える。

しかしこの論文でのリードの所有論は、ロックの自然権とは直接にはなんの関係も持ってはいない。リードが論拠としたのは自然法論ではなく、倫理学だった。「ユートピア論文」は、アリストテレス的な「最高善」として国家をとらえるという見方に基づいて構成されている。この論説では、物質的生存を超えたより高い倫理的存在へと人間を向上させることが、国家建設の目的だとされる。オーグルヴィやペインのテクストには、貧富の格差が市民としての政治参加を妨げるという考えも見られる。このような共和主義的言説も、リードの論述の中には姿を現さない。自然法論と共和主義という、私的所有を議論の根底に置いている伝統と断絶していることが、リードの「ユートピア論文」を、私的所有の妥当な大きさへの制限ではなく、その根絶へと向けている。十分急進的な響きを伴っていた自身の自然法学講義さえも踏み越えて、リードは理想社会の究極的な姿を描こうとする。

スペンスやオーグルヴィやペインたちが私的所有の制限を主張したのは、それがいかに空想的に見えたとしても、貧困問題に対する現実的な処方箋を書こうとしたからだった。とくにスペンスやペインにとっては、フランス革命の激動がそれを実現する機会を与えたと見えたのかもしれない。これに対してリードの「ユートピア論文」は、明らかに革命から刺激を受けて書かれたにもかかわらず、最初から現実的政策提言であることを目指してはいない。それはあくまで統治の道徳的原理に基づき、政治社会の理想状態を描き出そうとする、「思弁的政治学」の産物なのだった。それどころか、従来革命に反対し「保守的」な主張を行なっていると理解されてきた序論部分は、理想主義的な構想に基づく、性急な改革の試みを否定する。

おそらくフランス革命という激動期にリードが最も意識していたのは、同じスコットランド教会の聖職者で、彼に先立って『ユートピア』についての論文を書いたロバート・ウォレスだった。青年期にはターンブルとともにランケニアン・クラブの会員であり、ラディカルな理神論の着想を書き残しているウォレスは、一七五八年に発表した論文集の中でモアのユートピアを取り上げ、その合理性を説いている[69]。ウォレスの「完全な統治 perfect government」とは、神の神慮によって地球上に配置された資源を有効に利用し、人類が最大限に栄えるような体制だが、それはモアのユートピアだと彼は言う。ウォレスはユートピア構想の内容ではまったくモアを踏襲している。だが彼は、それをある特殊な地域、あるいは「存在しない場所」にしか存在しないと考えるのではなく、人類にとって普遍的に採用できる完全な統治の仕組みだと考える点で、モアの議論を進めたと自認する[70]。ユートピアの体系は最も人口増加にふさわしい体制であり、増加した国民は植民地をつくり、やがて地球全体が「ユートピア」によって覆い尽くされる。こうして人文学者の白昼夢は、あくまで実行すべき政策論ではなく、純理論的考察という枠内で行なわれるにせよ、比喩から実在へと現実性を高めた社会体制論に性格を変える。

ウォレスはユートピアの現実性について非常に楽観的だった。ユートピアはかつて存在したかもしれないが、将来建設される可能性の方がより大きい。それは大きな革命によって一挙に実現されたり、富裕な篤志家による植民地建設の実験によって広がったり、あるいは意識されないまま、歴史の動向によって徐々に作り上げられることもある[71]。他方でウォレスはユートピアが理想的な国家体制であり、人口増加を最も急速に促進するので、最後には地球環境の制約に突き当たって崩壊すると結論する。この二一世紀初頭には非常に予言者的に響く議論を進めながら、このようにユートピアの実現は困難なので現代の政治家は安心すべきだと語るウォレスの真意は、必ずしも定かでない[72]。

一八世紀の半ばにユートピア再論を行ったウォレスの問題意識は、ユートピアの存続可能性を論じた箇所に現れている。人間には利己心や競争心などがあるため、ユートピアのような平等社会が永続しないのではないかという反論に対してウォレスは、卓越性への欲望のような情念が機能する制度的背景がないため、ユートピアでは個人が不満を抱くことはないと答える。さらにどのような政治体制でも腐敗から逃れられないという議論については、ウォレスはユートピアがそれに対して完全な免疫を持っていると言う。なぜなら政治体の腐敗の原因とは、大きな所得格差と、若者に対する妥当な教育欠如だからである。

ウォレスが意識しているのは、ヒュームの理想の共和国論とともに、ルソーの『人間不平等起源論』だった。スコットランド啓蒙の思想家たちに大きな影響を与えたこの著書は、平等な未開社会と、私的所有に基づく不平等な文明社会に人類史を分ける。これに対してウォレスは、社会は完全な平等主義を保ちながら文明的であり得ることができると主張する。[73] ウォレスの平等社会では、文化的に高度な消費が肯定されている。ユートピア人はルソーの「野蛮な」未開人ではなく、洗練された文明人なのだ。「平等で貧しい、野蛮な社会」と、「もっとも貧しい文明国の職人でも、何千人の奴隷の命を握っているアフリカの王よりも豊かである」とスミスが言った、「不平等だが豊かな社会」との二者選択に対してウォレスは、少なくとも理論的には第三の道があることを示そうとしている。

第2章で引用した、リードの「ユートピア論文」の中でもっとも印象深い、不平等な文明社会に対する激しい批判を表明したパラグラフは、じつは本歌である『ユートピア』末尾の以下の一節のパラフレーズである。そこでモアは、有用な労働に従事して社会を支えている人々の貧困に対する強い義憤を表している。

私は断言して憚らないのだ、ほかの国民の間には公正と正義のそれらしい気配がみじんもないということを。金持ちの金属商や高利貸、或いは、自分では何もやっていない連中が、かりにやっているとしても大して国家に必要でないことをやっている連中がただ怠惰な生活を送っているが故に、ただ無用な商売をやっているが故に、楽しい幸福な生活を送っている、――それでいて一方では、貧しい労働者や馬車引きや鉄工や大工や百姓が、挽馬や挽き牛でさえも耐えられないような、困難な仕事を（しかもこれなくしてはどんな国家でも一年として維持できないくらい必要なのだ）年中無休で働いていながら、ほんのわずかな稼ぎしかえられず惨憺として眼をおおわしめるような生活を、しかり、牛馬の生活の方がはるかにましだ、幸福だと思わせるような生活を送らなければならない、――一体どんな正義がここにあるというのであるか。(74)

『ユートピア』の原著者とともにウォレスもまた、貧困に対する憤りを隠さない。「重荷を背負った獣 beasts of burthen」という、モアと同一の表現を使用して、このスコットランド教会の牧師は文明社会を非難する。(75)

かつて実際に実施された統治のすべてが、いかに欠陥を持っていたことだろう！　統治の良き目的が、いかに惨めな形で敗北したことだろう！　いかにわずかな配慮が、人間の魂と身体に払われてきたことだろう！　いかに多くの貧者が、富者の荷を担ぐ奴隷や獣となっていることだろう！　大衆がどれほど無知のままに生きていることだろう！　彼らがどれほどつらい労働をさせられていることだろう！　どれほどその労苦が厳しく、そして彼らの食事がいかに少なく、健康に悪いことだろう！　彼らの住まいがどれほどみすぼらしいことだろう！　彼らの人生にどれほどの慰めがあることだろう！　同胞に見捨てられ、どれほど多くの者が飢餓と苦しい病で死ぬことだろう！　しかしこれらの不幸な人間たちは、最も幸福な人々とまったく同様に、はるかに快い生活と、高貴な喜びを得るに値する存在なのだ。人間の全体を平等に幸福にし、向上させるような統治こそが、人類にふさわしいのではないか？(76)

この二人のスコットランドの思想家たちがモアと同じ言葉を選んだのは、原著者の富者への怒りが書き込まれた『ユートピア』の中の、あの忘れがたい箇所に彼らが共感したからだと推測できる。ウォレスとともに、雄弁ではなく慎重さと謙譲さで学生の尊敬を集めたこの道徳哲学教授は、モアの鋭い警世的告発の情熱に響き合うものを持っていた。とくにウォレスとリードの場合、この比喩にこめられているのはたんなる貧困の実情ではない。それは富者による貧者の支配という、富による支配関係の成立を含意している。実直に働き、社会の担い手である人々が、貨幣の力によって富者に支配されていることこそが、彼らの文明批判を誘発したのだ。

リードはアバディーン時代の講義案草稿の中で、人間の階層を三つにわける。それは勤労者と、「宗教や技芸の教師、医師、弁護士、判事」および政治家、軍人である。このうち「最も低い」勤労者も、立派な市民としての資格を持っている。

有徳で、神と人間に対して良心を守り、家族のためになにか実直な職業に就く者、例えば農民や職人や商人のように、これらの職業を正直に勤め、それによって利益を得る人々は、社会の有用な構成員である。さらに新しい発明によってそれらを改善する人々は、尊敬と社会的評価に値する。(77)

他方でリードは、人間を向上させるのは他人より抜きん出たいという気持ちであり、その中には目的である「徳」と手段である「力」があると指摘しつつ、富を得る衝動は最低の原動力だと言う。

富というものはそれ自体において、最も程度が低く、最もいやしむべき力である。(78)

この三人がともに社会政策の担い手が教会だった初期近代社会での聖職者だった事実も、市場経済の発展とともに所得格差が増大していく社会を彼らが批判したことに、なんらかのかかわりを持っていただろう。ウォレスはモアの文学的表現を社会体制論へと移し、ユートピアの実現可能性を議論した。リードはユートピアのシステムに変更を加え、心理学的研究をもとに市場社会のインセンティヴ・システムをそこに組み込んで、さらに現実性を高めた。これらはすべて純理論的な思索に過ぎず、この三人の誰もが、現実にユートピアを建設しようとは思ってはいなかっただろう。だが人道主義的な義憤と社会批判から発した思索の歩みは、こうして現実社会へと徐々に接近していったのだった。

（3）パロディとしてのユートピア

現代の研究におけるリード像の分裂の理由は、画家のスタイルだけにあるのではなく、モデル自身の形姿にもあったと言える。それは哲学と思想史学というディシプリンの違いだけでなく、知識の体系化をはかる際のリードの方法論にも根拠があった。「道徳哲学」という、実践的な意味ではもっとも重要であるにせよ、自然から道徳世界を経て神の領域にまでいたる、彼の知的体系の一部を構成するに過ぎない知識の一分野の内部にも、「道徳の原理」という、人間にとってア・プリオリに知られる部門と、政治学と政治経済学という、慎重な経験的研究を必要とする分野が存在した。この二種類の相違は対象の違いではなく、方法の違いという、より本質的な区別に基づいていた。

フランス革命時に書かれたリードの「ユートピア論文」が提示する極端な二面性も、このようなリードの知的体系の二面性から解釈されるべきだろう。人格的に極めて統合性の高いこの人物の場合、とくにそう解釈すべき理由がある。伝記的資料からうかがわれる限り、リードは決して「多重人格」的なパーソナリティの持ち主ではなかった。爛熟した文化が栄える首都パリで活躍した、複雑で、しばしば矛盾する人格を持っていたフランス啓蒙の「フィロゾフ」たちとは異なり、このハイランド出身のスコットランド人は、同時代の同国人と比較しても、一枚岩のように単純で穿ち難い人格の統合性を持っていた。その哲学的言説が多義性を持つとすれば、それは個人の人格の分裂以外にその原因があると考えるべきだろう。

「ユートピア論文」が私的所有の根絶という、書かれた時点では最高度にラディカルな理想社会論と、バークの世紀末のラディカル批判にも通じる、理想主義的な改革の危険性への警告という、両極端に分裂した内容を持っていた理由は、すべてをリードの時論的な判断に還元することはできない。むしろそれは道徳哲学に関する、リードの方法の分裂に起因していた。リードは一方で、道徳的判断の絶対性、確実性を確保するために、道徳の基本的な法則に関する「ア・プリオリ」な原理を承認していた。それは「人間本性のしくみ」に遡及することができる「意識の事実」という、「コモン・センス」の原理に基づいていた。他方で現存する政治体制を扱う学の分野は、「ニュートン主義」的な知識の原理が妥当する、「集合的行為」に関わる経験知の世界だと考えられていた。「思弁的政治学」が国家の最

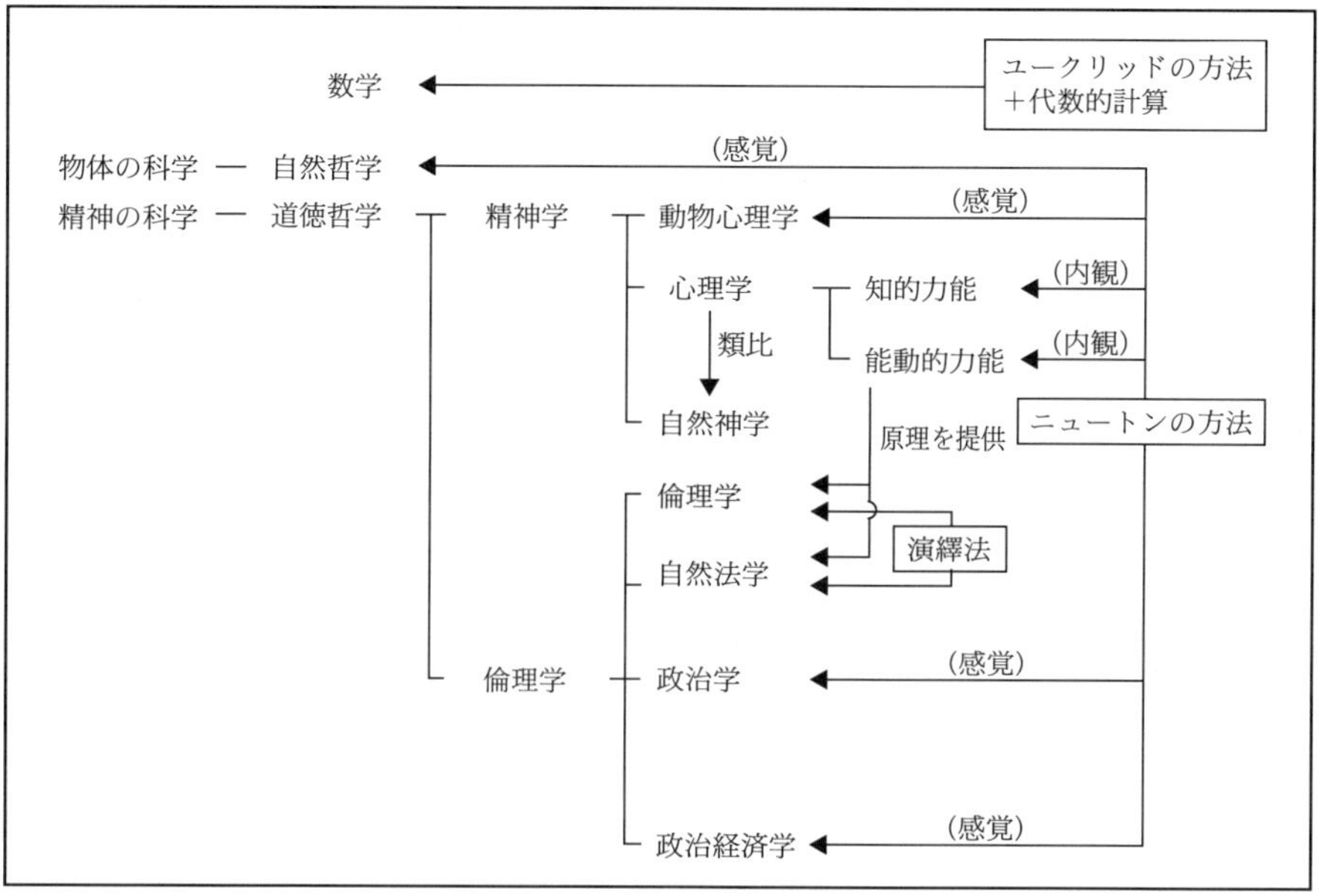

図1　リードの知の体系

終的な目的という点で前者の原理に従うのなら、それのみに基づく『国家』のプラトンを思わせる理想社会論と、経験主義的な政治科学に立脚するその政策論的具体化とが、正反対の結論を導き出しても不思議はない。「ニュートン主義」に基づいて書かれた主著からはうかがい知ることができない、知的体系全般に関するリードの方法の複数性が、このような言説の二面性を生み出したのだった。

体系的思想家としてのリードは、方法論的には多元主義者だったと見るべきだろう（図1参照）。そこに、現代的な意味でも「哲学者」と呼ぶことができるだろうデヴィッド・ヒュームとトマス・リードとの、決定的な違いの一つがある。だが「ユートピア論文」におけるリードの議論は、もし丁寧に読まれるならば、「急激な変革の危険性」という題名で公表された部分についても、決して漸進的な「改革」を否定してはいない。この論文全体について リードが警告しているのは、「実験」の裏付けがない、上からの、一挙の革命なのだった。リードにとって、確実性を持った倫理的価値の世界と、個々の慎重な「実験」に基づく経験主義的政治学の改良主義とは、大きな矛盾なしに結びついていたと言えるだろう。それは一九世紀以後のブリテンの社会改良主義に、なんらかのつながりを持っていただろう。この共存が可能だったのは、リードが整合的、一意的な方法に従う専門的哲学者ではなく、複線的な思考を行なう、総合的知識人としての科学者／哲学者だからなのだった。

リードのユートピアは、二重の意味で先行する文献のパロディだったと考えられる。文章の類似性から見て、それはオリジナルのテクストを読みながら、意図的にそれを要約し、自らの見解を付け加える形で書かれたと推測できる。リードは貧困への同情とモラルの衰退への危惧から、私的所有と貨幣への激しい批判を行なった点で、モアとつながっている。またリードの「ユートピア」論は、スコットランド啓蒙におけるラディカルな想像力のコンテクストを意識して、その中に意図的に定位して書かれたと思われる。それらの意味でこの論考は、意図されたパロディとしての創造物だった。

一部でモアの文章をパラフレーズしながら、リードは二つの点でモアのユートピアを拡大している。第一に、リードのユートピアは「所得格差」を伴っている。スコットランド啓蒙の思想家として、リードは市場経済のメリットをよく認識していた。経済成長にとって効率的なこのシステムを、単純に廃止することはできない。その利点は、強い衝動を引き出す人間の「動物的原理」に訴える、機能的なインセンティヴ・システムであるところにあった。リードはそれを別のシステムで置き換える必要を感じたのだった。またリードはユートピアを「労働」という、富の唯一の源泉である資源を最も効率的に配分するシステムとして描いている。労働という資源の配分という点での「市場システム」の非効率性は、それが社会にとっての有益性にしたがって労働の適切な配置を行なうことができない点にある。そこにはグラスゴー大学での治政論講義に大成された政治経済学の研究が生かされている。これらの点で「ユートピア論文」は、スコットランド啓蒙の成果に基づいた、志を同じくするキリスト教知識人の大先輩モアへの、共感を伴った注釈だと言えるだろう。モアは対話編の形で『ユートピア』を書いた。それは「モア」自身とユートピアの擁護者という、二重の語りによって成り立っている。主要な語り手が熱烈にユートピアを擁護し、ヨーロッパ社会と支配層を批判する一方で、登場人物であるモアは冷静にユートピアの実現可能性について懐疑的な意見を述べる。この語りの二重性は、リードの論説に受け継がれている。論文形式で書かれたリードのユートピアでは、モアの語りの二重性に、政治学の方法論的多元主義が対応しているのだ。こうして論説の中核に位置する理想社会は、モアと同様に、現実を照らす鏡としての役割を果たす。

白紙の上に自己の原理に基づいて新しい原稿を書き上げるのではなく、先行するテクストのパロディの形態を採って書く意義は、意図的に言明の文脈性を示唆することだと考えられる。字義通りの意味ではなく、言語行為の水準でこの論説の「真意」を捉えるためには、その点を考慮しなければならない。スコットランド哲学の老大家がユートピア論をこの一見分裂した言説として組み上げた理由は、この系譜を汲むラディカルな政治論に対して、自らがその中に意識的に立つことを示しながら、人間本性の原理から直接に演繹された、理想状態としての社会改革の像と、「実験哲学」としての政治学の立場からみた、それを達成することとの相違を明らかにし、暴力的な政治権力との対峙ではなく、漸進的な社会改革の方向を示そうとしたことにあるだろう。ジャコバン派の原理主義的な熱狂より、現代西欧の社会民主主義の特徴である「熱い心」と「醒めた［経験的］理性」の結合という定式が、リードの道徳哲学体系の結論にふさわしい。これらの同時代のコンテクストを熟知している周辺の青年知識人たちは、この「草稿」が公表された時、つまり研究会で読まれ、閲覧された時点で、リードの「真意」をおそらく即座に、明確に理解できただろう。こうしてリード以降のスコットランドの道徳哲学講義からは、一九世紀の自由主義的・人道主義的改革者たちが生まれ育ったのだった。

だが直ちに実行に移すべき改革論として提出されなかったリードのユートピア論は、それだけに世紀末の他のどのような改革論と比較しても、最もラディカルで、商業社会の根本的な批判を志向していた。それはスペンスやオーグルヴィやペインの土地公有化論をはるかに凌駕し、市場経済のシステムそのものを廃止することを構想する点で、徹底的な体制転覆のイメージを描き出していた。聖職者は反動的だと考えていた半世紀後のカール・マルクスがこの草稿を読んだとしたら、そこに自らの記述に類似した、労働価値説的な経済論の枠組みに基づく計画経済論を読み取って、驚き呆れたかもしれない。厳格な経験主義者リードがこのような構想を抱いた理由は、冷静な自然科学者であった半面、「熱い心」の持ち主であったという個人的な背景のほかに、徹底してアナロジーや空想を排除した彼の知的体系に意図的に空けられている論理的な空隙が、ユートピア的想像力を容れる余地を持っていたことにある。ユートピアは地上には決して現れないかもしれない。しかしどこかの世界の平面人か四次元人の国で、それはすでに存在しているのかもしれないのだ。[79] 道徳哲学講義の序論で、リードは天文学的な可能性の世界を示唆する。

この宇宙全体に存在するかもしれない精神、あるいは思考する存在のさまざまな種類がどのようなものかについて、知っているふりをすることなどできない。われわれは神の領地のうちで、他から切り離された小さな片隅に住んでいるのである。われわれが住んでいる天体は、太陽を巡る六つの惑星の一つに過ぎない。他の五個の惑星や、それに従属する天体、また太陽系に属する彗星などの上に、どのような種類で、どんな力を授かった存在が住んでいるのか、そして他の惑星系を持っているかもしれない他の恒星たちについてはどうなのか、これらすべては、われわれの目からは隠された知識である。人間の才能と努力は、惑星の種類と相互の距離、およびそれらが従う運動法則を非常に正確な形で見出してはいるが、われわれはそれらと通信する手段を持たない。おそらくそこには生命を持った存在が住んでいるだろうと、われわれは推測する。しかし彼らの本性と能力については、推測することさえ可能ではない。

リードは『人間の知的力能について』で、蓋然性が高いアナロジーによる推理の例として、同様な議論を展開する。

われわれが住むこの地球と他の惑星との間に、われわれは多大の類似性を見出す……この類似性のすべてから言って、われわれの地球と同様これらの惑星にも、さまざまな段階の生命体が棲息していると考えることは、理屈に合わないことではない。[80]

「神秘」を攻撃したジョン・トーランド[81]と違い究極的な「神秘」を是認したリードにとって、「知ることができない」と「存在しない」とは、同義ではない。このような空隙を備えた体系全体の中では、二〇世紀初頭にケインズが語る倫理的な国家という理想と漸進的な改革が漸近線を描いて共存する。大陸的に解釈された単純な自由主義や合理主義的なラディカリズムや保守主義ばかりでなく、相反する理念のこのような共存のあり方も、国王の大法官が社会の根本的な転覆の夢を描いて見せたこの島では、一つの重要な知的伝統なのだった。

第6章　未完成な機械の中のゴースト
――「コモン・センス」と「神」という名辞をめぐって――

リードの科学／哲学は、少なくともいくつかの成果を伴っていた。漠然とした表現だったとはいえ、粒子哲学のメタファーに支配されたロックやヒュームのボトム・アップ型の認知プロセス理解に対して、トップ・ダウン型のプロセスの重要性を指摘し、「認知図式」の役割の理解や、意識現象の背後で進行している前意識的な情報処理プロセスへの予感を示していた点で、それは認知科学での先駆的発想を含んでいた。リードの認識論は経験科学の地平を離れようとしないが、むしろそのために現在では、哲学的にはより「純粋」な議論を行なったカントより現代的だったと評価できるかもしれない。また幾何光学のみを方法としたという限界があるとはいえ、ニュートン的世界の幾何学法則から逸脱した視空間の独自性を認識したことも、認知科学の歴史でリードに一言触れる理由となる。加えて、その数学史、物理学史上の含意には無自覚だったとはいえ、極限論法の早すぎる発見者だったマクローリンとともに、リードは確かに、ユークリッド幾何学とは異なる幾何学をあまりにも早く発見していた。政治・社会思想についてはリードの「ユートピア論文」が、モアの修辞的な人文主義的ユートピア論から一九世紀の現実的な社会主義論へと連続していく系譜上の、一つの重要な屈曲点を形成している。この点で科学者／哲学者リードは自身の批判の対象だった、解析幾何学の創設者でもあった科学者／哲学者デカルトに類似していると言えるだろう。しかしこれらの着想はあまりに先駆的であり、公表の仕方が限定されており、そして何よりもリード本人が後世にそれらが大きな役割を果たすコンテクストに無自覚だったため、ほとんど影響を与えることはなかった。そのため現実の歴史的機能という点から見た時には、リードの科学／哲学の意義は、「スコットランド哲学」の最も重要な代表者だったことに限られることになる。

哲学史上に位置付けられた際、リードの「哲学」体系は、哲学的リアリズムの近代における最初の明確な定式化だったと言える。ターンブルやケイムズたちの先行する体系や、彼の主著の出版に後続して登場したジェイムズ・ビーティやジョージ・キャンベルやデュガルド・スチュアートのようなスコットランド啓蒙の後輩たちの著書と比べて、リード哲学は観念の理論批判という独創性と、論述の精緻さの両面で、はるかに優れていた。だがリード体系の哲学的完成度を考慮した時、現代哲学の大きな対抗軸である哲学的リアリズムとポスト・モダニズムのそれぞれを代表するパトナムとローティが、同時にリードの再評価を行なったのはなぜだろうか、という疑問が生じる。すでに明らかにしてきたように、三冊の主著によって表現されたリードの「リアリズム哲学」は、彼が一生を費やして探求した知的体系の全体を覆い尽くしてはいない。それは知識の体系の内部編成の一部を構成しているに過ぎなかった。正確に表現するなら、従来リードの「哲学」と呼ばれてきた体系は、事実上物理学を中心とした自然科学を指す「物体の科学」と並ぶ、知の二大部門の一つである「精神の科学」の下位部門である精神学《ニューマトロジー》のうちの、人間の精神を扱う部門のことに過ぎなかった。もちろんこの部分は当時の用法では、自然神学と合わせて「形而上学」と呼ばれることもあった。だがこの術語のこの用法は、その現代的な語感が示唆する、「ディシプリンとしての哲学」と同じ内包に適合するのではなかった。要するに、この哲学者の記述に忠実にその体系を解釈するなら、一八世紀の思想家トマス・リードは、「哲学」という術語の近代的用法に正確に対応するような知の体系を持たなかったのだ。

原テクストをそれが属した世界の中で再発話させるという歴史家の手法によって復元されたリードの知的体系には、存在論であれ認識論であれ、現代的な意味での専門領域としての哲学理論が欠如しているだけではない。もちろんリードの知的体系は、その細部については、厳密な推論と分析的な論述という点で、同国人ではヒュームにのみ匹敵する、他のスコットランド哲学の作品からはるかに抜きん出た哲学性を備えている。にもかかわらず多様で、さまざまな認知的起源に由来し、複数の方法によって整序されることになっているこの知の体系全体は、論理的な構造物としては、極めて曖昧な性格を持っている。

読み手にとってこの「曖昧さ」とは、読みにあたっての困惑を助長する、多義性の別称でしかない。あるいはリード哲学は、いわば論理的整合性を持った哲学として見られた時に露呈する弱点があるからこそ、現代哲学の対立する陣営の双方から支持されるのかもしれない。リードの知の体系が近代的知の体系としては、その根本的な立脚点に不徹底さを隠し持っているからこそ、現代の哲学的リアリズムとポスト・モダニズムの双方が「リード哲学」を自らの武器として利用することができる、という具合に。だがこの事態は、自らに自己言及的であるような、自己を根拠付ける衝動を持った認知システムという意味での近代的知としてとらえられた「リードの体系」、あるいは広義の「リード哲学」、その他何らかの適当な指示語で呼ばれるべき「それ」が、じつは体系的知の現代的な分類法にふさわしくない存在であることを示しているとも表現できるのだ。リードの「それ」は、哲学的リアリズムでもポスト・モダニズムでもないと同時に、それらの両者でもあるという、学的言説の一意性に敏感な現代の哲学者たちにとっては許容しがたいキメラ的性質を帯びている。

方法的に高い自覚を持った思想史家たちのリード研究は、黄ばんだ紙面をスキャンすることによって誘われた自らの思念を、それらの紙たちが属していた歴史的境域の中に封じ込め、そこから一歩も出ようとしない。彼らはそうすることによってこそ、現在では絶版となっている古書の内部に閉じ込められた、一見埃にまみれた過去の観念的構築物を忘却から救い出し、虫干しをした上で、現代の鑑賞者の目にふさわしく、思想史の殿堂のガラスケースの内部に、荘厳な姿で陳列することができると考えている。この展示ケースには最低限の解説文が付けられているだけであり、そのような展示の仕方こそが、近代の学問的理念にふさわしい、荘重な「蘇り」の儀式だと、彼らは信じている。しかし視点を変えれば、洗練された歴史家たちの繊細で微妙な解釈よりも、むしろ哲学者たちのぶしつけで率直で、時代錯誤的な読みの行為の方が、「リードの知の体系」、広義の「リード哲学」、その他何らかの適当な指示語で呼ばれるべきリードの「それ」の本性を、対立する軸の両極に位置する体系という、パラドクシカルな形で明るみに出してしまっているとも言える。

この広義の「リード体系」に存在する「隙間」に手を入れ、それを拡大し、そこから全体を裏返してしまうことによって、この体系の脱―解釈が可能になる。じつはリードが愛用した基本的語彙がこの空隙の存在を指示している。

それはリードの著作に頻繁に登場しながら、哲学の術語としてはきわめて不適切な響きを持つ「コモン・センス」と「神」という、二つの非常に語義が曖昧な単語である。リードはこの二つの言葉を論証の決定的な場面で多用するにもかかわらず、それらはそれ自体としては、厳密な学問的術語としての資格を欠いている。そしてこの二つの不正確な用語こそが、リードの後継者たちの不用意な断定的論述を誘い、一九世紀後半には「リード哲学」とスコットランド哲学の急速な影響力の衰退をもたらしたのだった。

これらの語彙は、いわばリードの体系という概念の機械の中に頻繁に出没する、一種のゴーストのような存在である。本章を構成する以下の二つの節では、この二つを梃子の支点として、広義の「リード哲学」を現在の読者の関心に沿った形で再描画することを試みる。この試みは、哲学や思想の「普遍性」を、歴史的限定性を失うことなくいかにとらえるかという問いに答えることを意図している。その点でそれは一面コンテクスト主義的でありながら、解釈されたテクストと読者との同時代性を強調する点では非思想史的な再構成であり、その意味で、以下の叙述は歴史家によるテクストの相対化とは異なる。また同時に、以下の叙述はオリジナルの歴史的現実性から離れていることを自覚している点で、哲学的な読み込みによる過去の思想の「現代化」でもない。本書のこの部分にいたるまで、本書の語り手が哲学と思想史という、従来のリード研究を推進してきた二つのディシプリンに対して、ある意味では傍観者的に響く口調を維持してきたのは、じつは本書のここまでの部分が、本章への導入となることを意図してきたからだった。

この試みは次のような点で、トマス・リードに対する最も効果的な「裏切り」となるだろう。本書の著者はリードの哲学的言説に対して、どのような「現代性」を与えることをも容認しない。歴史家の眼に現れる限り、それは初期近代ヨーロッパというキリスト教的文化圏の近代的一形態に属していて、しかもそこから意識的に離れようとしないのだ。その点が「啓蒙思想」のメジャー・プレイヤーたちと、リードのような人々の相違点だったとも言える。自らの心血を注いだ作品が、仏教やイスラームや無神論など、非キリスト教的文化圏の読者に口当たりのいいように読まれることほど、リード師にとって不本意なことはなかっただろう。もちろん啓蒙の時代に活動した思想家として、カトリックや非国教徒や懐疑論者ヒュームと親しく交際することができ、またそうすることを躊躇しなかったスコットランド教会の牧師トマス・リードが、「異教徒」や「無神論者」と議論を戦わせ、その結果として彼らにも適合するような形で、自己の哲学体系をより普遍化する準備がなかったとは思えない。むしろ喜んでそうしただろうと考える方が、謙譲で誠実かつ実直でありながら「熱い心」の持ち主であり、個人的生活から哲学的言説にいたるまで、一点の瑕疵もない一貫性を保ったこの人物のパーソナリティにはふさわしいかもしれない。

だがこのようなほとんど事実的に無意味な推測はともかく、リードの名前を付けて現在まで伝承されてきたテクストは、明らかに特定の時点・特定の文化圏の中で読まれることによってしか、普遍性を持ち得ない。それは啓蒙されたキリスト教的文化の外では説得力を持たない。もちろんリアリズム哲学や認知科学の個別論点、あるいは非ユークリッド幾何学のような部分的論点をリードの言説から拾いあげることは可能であり、正当ですらある。しかし思想史の立場から言えば、与えられたテクストの総体は特定の時空的限界の中に属する存在として読まれるべきであり、そうされることこそテクストの自己主張を実現することだと考えられるべきだろう。

むしろ歴史家的視点からテクストを再現するロジックを徹底することを通じて、古びたテクストの現代語への翻訳が可能になる。本書の主題について言えば、「リード哲学の現代性」を示す方法は、彼自身の意図に反し、それと意識的に背反するような形で、彼が作り上げた論理的構造物を現代的コンテクストの内部に再現することである。この歴史的テクストに対する歴史的かつ非歴史的な操作を、本章では二つの視点から試みる。第一に、「リード哲学」あるいは広義の「リードの知識の体系」は「哲学的言説」であり、言語の集合体である。それは一部ラテン語で表現された英語の言語体であるという意味だけでそうなのではない。外国語で書かれた「哲学」についての記述である本書が、異なる言語間の「翻訳不可能性」を前提するとすれば、それは自己の存在を否定することになるだろう。言語として哲学をとらえるということは、「受信者」を想定し、また特定の「受信者」に向けて発話されたという意味で、読み手の集合を限定し、その中でのみ流通すべき性質を持っている言語体として個々の哲学を解釈するということを意味する。そのようにとらえられた時「常識哲学」の言説は、話者たちが意識していなかった含意を持っている。

第二に、リードの体系は個人の脳裏で組み立てられた観念の複合物という点で、特定の言説から離れ、解釈され、適用されることのできる一つの論理的構造物としてもとらえられる。この抽象的な構造体は、それが構想され表現されたコンテクストから分離することができる。アインシュタインがアリストテレス的な宇宙像を再生したと言うことができるのは、本来特定の時代の特定の文化圏の価値的付加物と不可分な存在だった「アリストテレス自然学」から、時空的境域を超えて利用することができる論理的構造物を分離し、それをまったく異なったコンテクストの内部から生成した近代宇宙論と比較できるからだった。同様な操作はリードの体系についても可能だろう。だがそのような操作を施したとき、それは作者の意図に反し、かつて作者にとってそうであったものとはまったく対極的な意味を持つようになる。そのためこれらの作業は事実上、リード自身の言葉による「リード批判」になるだろう。

一　「常識哲学」という言説

(1)　懐疑論批判のコンテクスト

二〇世紀末におけるリードの「発見」は、現代の分析哲学の展開を大きな背景としている。パトナムによれば、戦後の英米哲学の主潮流となった日常言語への注目とその分析への従事が、専門哲学者が再度リードを読むようになった理由だった。[1] こうして分析哲学者の間で、リードは『日常言語の哲学』の先駆者[2]と考えられるようになった。

じじつ「リード哲学」と「常識哲学」は、以下の二つの点で現代の分析哲学と共通する企図を中心に形を整えたと言えるだろう。リードたち一八世紀スコットランドの哲学者たちは、日常世界とそれを支える観念や言語に注意を喚起した。彼らの常套句は、「哲学者たち」の現実から遊離した議論に反対して、健全な日常意識に訴えることだった。そのために彼らは、たとえ現代の知識から見て不徹底で不十分だったとは言え、日常世界を構成する基本的な命題を拾い出し、それらを分析していった。フッサールの「生活世界」や、分析哲学の日常言語分析への転換など、二〇世紀の哲学は「常識哲学」の没落を経過した後に、より精密な手法を開発することによって、この道を再度歩み出したのだった。

またリードと「常識哲学」が論敵たちに対して擁護した、あるいはそうしたと彼らが信じていたのは、知覚される世界の実在性や、自我と他我の意識的、身体的実在性など、日常人や経験科学者たちが認知や行動にあたって当然のこととしている、「この世界」の存在だった。一八世紀スコットランド哲学は、当時も残存していた宗教的熱狂派たちに対してとともに、バークリーやヒュームに向かって、あたかもスコラ哲学が神の存在を神の概念の必然的な属性として論証しようとしたように、「この世界」の哲学的存在権を、それに内属する本来的権利として防衛しようとした。議論の仕方の違いはともかく多くの分析哲学者たちは、「常識哲学」の防衛拠点の内で、とくに経験科学の「素朴実在論」を事実上当然視していると言われる。二〇世紀の後半以後に科学哲学の新展開に刺激されて明確な形をとってきたとはいえ、スコットランド哲学がその最初の意識的な表現だった哲学的リアリズムは、その意味で二〇世紀後半における英米圏哲学の一つの底流となってきた。

「リード哲学」と「常識哲学」の体系がこの二つの論点をめぐって構成されることになったのは、それらが近代哲学の伝統的コンテクストの重要な一つである「懐疑論批判」の上で発生し、その線上で展開したためだった。リード自身が確言していたように、この問題設定の内部でとらえられたバークリーとヒュームの哲学は、誰よりも「常識哲学」自体の発展に寄与したのだった。現代の英米圏の哲学が、日常世界への眼差しと哲学的リアリズムをリードたちと共有しているという事実は、前者の発展さえもが、近代ヨーロッパ哲学の伝統的な議論の枠組みをさほど大きく逸脱してはいないことを示唆しているのかもしれない。現代の英米の大学での哲学講義で、ヒュームの学説をまるで同時代人のものであるかのように批判して議論を進めるという、歴史家にとっては奇矯に見える行為が行なわれることがあるのは、一見近代化を果したかに見えるこのディシプリンの内部で、このような文脈性がまた生き続けているからなのかもしれない。

(2)「コモン・センスの擁護」

この「スコットランド哲学」を継承する現代哲学のコンテクストは、歴史上どこに起点を持っているのだろうか。ドイツ近代哲学の衝撃の中で忘れ去られたかに見えたリードや常識哲学の議論を新しい形で再現しようとしたのは、二〇世紀末の分析哲学者たちが最初ではなかった。二〇世紀の英語圏の哲学に大きな影響を残したケンブリッジの哲学者G・E・ムーアは、エディンバラに滞在中、一八世紀スコットランドの哲学者たちの著作に親しんだといわれている。[3] ムーアはイングランドに帰り、一九一〇年から一九一一年にかけて連続講演を行なった。この一連の講演は後に発表されたいくつかの重要な論文の初稿であり、講演原稿は半世紀近く後になって出版された。その冒頭に置かれた「哲学とは何か」と題された論説で、ムーアは「コモン・センス」について語り、この概念を積極的に弁証しようとしている。[4] それはムーアが学生時代を送った一九世紀末から二〇世紀初頭にはブリテンですでに権威を失っていた「常識哲学」の基本的な発想を、再度観念論に対して擁護することを明確に意図していた。

リードは一七世紀イングランドの科学者たちの議論を継承して大陸の哲学者たちを批判し、人間知性の限界を超えて、世界と自己と神についての完全な知識を獲得しようとする企てを批判していた。ムーアはこの論説のはじめで、「哲学の最初で、もっとも重要な問題は『宇宙全体を一般的に記述すること』である」[5] と定義する。ムーアが「全体」という名詞を強調するのは、彼が想定する哲学的な関心が経験的、部分的知識ではなく、世界についての確実で確定的な何事かを、普遍的かつ網羅的に主張することにあると考えているからだった。そのような意図を持っている哲学者たちは、世界の総体を対象とした理論をつくりあげようとするが、それらは「コモン・センス」に反したり、それを踏み超えたりする、とムーアは言う。こうして観念論批判というコンテクストで、ムーアの哲学的言説はリードたちの主張に復帰しようとしているように見える。

しかしムーアが挙げるコモン・センスの内容は、リードとはかなり異なっている。ムーアが「コモン・センス」と呼ぶ基礎的な知識群は、以下の四点にまとめることができる。

(1) 過去、現在、未来における物質的対象と意識の行為の存在
(2) 意識の行為は身体に結びついている
(3) 地球上に人間が存在しなかったことがある
(4) われわれはこれらを知っている

アバディーン大学の論理学講義から見れば、リードのコモン・センス目録は次のように要約できるだろう。

(1) 人間の意識の存在
(2) 外的世界の存在
(3) 自我の存在
(4) 原因の存在
(5) 道徳、倫理に関わる基本的判断

リードによれば、これらは意識に現前する事実として直接的に知られる。これに加えて、演繹的論証や帰納法、さらには記憶や信頼に値する他者の証言など、間接的に知識を得る手段の正しさも前提されるべきものとされている。またここには挙げられていないが、神の実在も当然視されている。

ムーアの目録では、リードが当然視した宗教的観念が「コモン・センス」には数えられない。ムーアは、コモン・センスに矛盾しないがそれを超えている主張として、宇宙には物質的対象と意識の行為以外の何かが確実に存在するという命題と並んで、神と来世の存在を挙げる。無神論的なムーアは、リードのキリスト教徒としての共通前提を容認しない。ムーアは宇宙人の存在可能性を否定しないが、彼らは存在するとしても、おそらく人間に類似した、少なくとも身体と一体となった意識の保持者であるはずだった。現在の一部の科学者が想像してみせるような、明確な輪郭を持った身体など持たない情報システムとしての知的生命も、ここからは排除される。

善は黄色と同様、それ自体から知られるのであり、それ以上の分析を許さないと考えたムーアは、事物の色を別の術語で言い換えることはできず、道徳的、倫理的価値の存在は平静な意識には自明であると言ったリードと、確かに共通するものを持っている。その一方で、ムーアはリードの有神論をはっきりと否定する。ムーアは神、物質、意識、時間と空間について、論証的で確実な知識を建設しようとする学問を「形而上学と呼ばれる哲学の部門」[6]と呼んでいる。それらのかなりの部分が、「コモン・センス」を超えていたり、それと矛盾する主張を含んでいるとムーアは考えていたが、この項目の中には、リードが常識哲学の内容と考えていた神の実在性や、実体としての精神などが編入されていた。

リードの言説と対比されたムーアの論述には、コモン・センスの外延的縮小が見られるだけではない。それはリードより雑多で、範囲が曖昧な知識の集合でもあった。たとえばムーアは、物質的対象と意識の行為に空間と時間のような非実体的対象を付け加えれば、「コモン・センス」と見なされる知識から宇宙全体の記述を構成できるかもしれないとも考える。ムーアの目録は、たんに二〇世紀初頭の無神論的な知識人の常識を数え挙げているだけのように見える。そのうえ彼の「コモン・センス」には、知識の累積的進歩によって書き換えられ得る部分が含まれている。ムーアは地球の構造とか、月や惑星が何であり、それら相互の空間的関係がどうであるかなども「コモン・センス」に加え、知識の進歩によって「コモン・センス」の内容は変化すると言う。有神論以外の部分では、基礎的知識に「コモン・センス」の地位を与える点で、ムーアはリードよりはるかに無造作であるようにも見える。リードの場合、認知や行為に不可欠で、それ以上遡ることができない明証性を持った直接的な知覚や直覚的な意識現象だけが、証拠の理論に基づき「コモン・センス」に類別される命題として抽出される。これに対してムーアの場合、物質的対象の存在、身体という物質的対象の一部と結びついた意識の行為の存在、および非実体的な空間と時間の存在という基礎的知識は、とりあえずそれらがどのような認知プロセスを経て知られるかを問われることなく、通常の人間が共有している真理の目録に編入されている。

だがムーアにとって、「コモン・センス」は宇宙全体の完全な記述ではない。[7]そこにはつねに未知の知識の可能性が開かれていると考えられている。したがってムーアの「コモン・センス」は、たんに日常経験と科学的探究の結果として普遍的に妥当すると考えられ、この時代の知識人たちに共有された基礎命題の数々だと見ることもできよう。リードは三冊の主著で、自身の認識論の体系化を果たした。ところがムーアは「コモン・センス」に属する基礎的知識の目録を、「真理とは何か」、「それはどのように得られるのか」という問いに答える哲学の部門であるとされた「論理学」[8]の命題分析によって、おそらく確実とされた基礎的命題群から体系的に導き出す作業を完成させはしなかった。

しかし懐疑論と観念論に対峙する点では、ムーアはリードと同様の、伝統的な懐疑論批判のコンテクストの内部で発話していた。ムーアは「コモン・センス」の内容に矛盾する考えとして、懐疑論の議論を二つ挙げる。それらは「宇宙には物質的対象が存在するかどうかわからない」[9]という命題と、「宇宙には自己の意識以外のものが存在するかどうかわからない」[10]という命題だった。またバークリーのような物質的対象の客観的実在性を否定する考えや、ブラッドレーのような物質的対象、意識の行為、時間と空間の存在を否定し、それらが物質的でない何ものかの現れであると考える観念論の命題も、彼の「コモン・センス」と矛盾する。このようにヨーロッパ近代哲学のリアリズム的なコンテクストは、知識人たちの談話空間内でのキリスト教文化の衰退という大きな変化を挟んで、二〇世紀の初頭でもまだ現実性を持っていた。そしてこの時代の哲学的リアリズムは、「宇宙全体」の完全な説明をつくりあげようとする「哲学者」の非常識と、日々有為な活動に従事している一般人の常識を対比し、後者の内部に前者を留めておこうとする志向性を保有している点でも、百五十年前の「スコットランド哲学」と同様な志向性を持っていた。

歴史的経緯から見れば、リードの「哲学」と「常識哲学」は、ドイツ観念論が力を得ることによって失権したと言えるだろう。二〇世紀初頭にムーアが行なった「コモン・センスの擁護」を、三百年にわたる懐疑論、観念論批判と哲学的リアリズムのコンテクストの中に置いてみた時、それはこの結末を逆転しようとした試みととらえられるかもしれない。この失墜の原因は、リードの「哲学」が心理学と混合した曖昧な哲学であり、それが哲学的思考固有の地平と、経験学から区別される、哲学の厳密な学的方法を欠いていたからだった。そのためムーアの常識哲学擁護は、

「厳密な学」としての哲学に対する批判の形をとった。一九二五年に発表された論文「常識の擁護」[11]で、ムーアは一九世紀末に全盛を誇ったブラッドレーたちの観念論哲学を批判するが、その論鋒が指し示すのは、リードたちと同じ「常識」の世界である。ムーアは基本的な点で、リードを継承してもいる。彼は哲学的言明の分析を手がかりにすることで、哲学を日常的地平に還元する意図を宣言する。この有名な論文でのムーアの議論は多義的だが、それには以下の特徴がある。

一八世紀のリードは懐疑論、観念論を批判する際に、「コモン・センス」の実在性と非可謬性を主張したが、その理論的根拠となったのはこの時代の水準の心理学だった。リードが論拠としたのは、自らの手で注意深く行なった「内観法」の結果だった。その方法はヒュームやリードの科学観では、天体観測に匹敵する科学性を持ち得た。しかし一九世紀の実験室的心理学の展開によって、ヒュームやリードのような一八世紀の哲学者たちが行なったような素朴な内面記述は、もはや心理学の科学的な研究方法とは見なされなくなっていた。ムーアの講演の二年後の一九一三年には、ジョン・B・ワトスンが行動主義の宣言となる論文を公表し、以後心理学は半世紀にわたって、主観という夕闇が支配する、輪郭の定かでない認知の世界から、白日の下の領域と思われた、「S」と「R」だけで記述できる行動の領域に逃避することになる。

二〇世紀の初頭に「常識の擁護」を書いているムーアは、すでに哲学者の手を離れつつある心理学的手法ではなく、哲学的命題を理解可能な、より単純な要素命題へと還元する形で書き換えるという、論理学的な命題分析の方法を取る。またムーアの議論は、哲学者の主張に多くの不合理を見て、それを理解可能な、平明な言明群によって置き換えようとしていた点で、「日常言語」への参照を求めたとも言える。例えばこの論文でムーアは、自己や物質の実在性などのような懐疑論的な議論に反論する場合に、言説として見た場合、それが有意味な主張としては成立しないことを指摘している。心理学と命題分析というリードとムーアの違いは、一八世紀と二〇世紀の哲学的アプローチの相違を示している。ムーアはリードのような、経験科学者としての細心、慎重な観察力ではなく、数学者のような言明に対する犀利な分析力に頼っていた。二〇世紀初頭にムーアが試みた哲学的「リアリズム」の再構築は、「コモン・センス」論の言説分析的な展開であり、またより長期的には、哲学の言語論的転換の序曲とも言えるだろう。それは一八世紀の「常識哲学」とブリテン哲学の長大な歴史的コンテクストの内部で同一地点に立ち、基本的な意図を共有するとはいえ、心理学的な方法と言説分析の対比という点で、大きく異なっていた。

啓蒙が創設した「知識人」という社会的役割が、つねに前進的な価値の擁護と、政治、社会の改革あるいは革命を志向するとすれば、神を信じず、アヴァンギャルド芸術と社会改良を擁護していたムーアやケインズは、二〇世紀初頭西欧の代表的な「進歩的知識人」に属していたと言えるだろう。しかし二〇世紀初頭のヨーロッパでのイデオロギー的布置の内部で、彼らが一七世紀末西欧のジョン・トーランドや、一八世紀初頭のランケニアン・クラブにおける青年期のジョージ・ターンブルやロバート・ウォレスのような、思想的ラディカルだったとは言えない。価値や理念の内容を無視して、それぞれの時代のイデオロギー的スペクトル内での量的分布で測った場合、ウィッグ左派であり、自身がスコットランド教会の牧師であることに不満はなかったが、宗教的に極めて寛容だったと言われ、また「ユートピア論文」の著者だったリードは、彼らが活動したそれぞれのブリテン知識社会内で、ムーアやケインズと似通った場所に位置していたといえるだろう。理想主義への好意と軽率な行動への戒めという点で、革命に向おうとする青年知識人たちを念頭に置いて、一九三〇年代の激動期に書かれたケインズの「若き日の信条」と、フランス革命のさなかに公表された「ユートピア論文」のどちらがより「保守的」と言えるだろうか。この点でこの二つの「常識」は、それぞれの時代の社会的観念の分布上で類似した部分を占めていたと考えられる。

だがその相違点も大きい。この百五十年を隔てた「常識の擁護」の哲学間に見られる相違を観察するだけでも、「常識の擁護」という思想自体に随伴する、哲学としての不明瞭さが理解できる。この二つの「常識」の内容の相違は、主にキリスト教に対する態度にあると思われるかもしれない。そうであれば宗教という、信念のうちで明白に普遍性を持たない部分を除けば、二つの「常識」の間に「時代を超えた」要素を数えることができるかもしれない。だがムーアの場合、彼が「常識」の中に、時代にしたがって変化する知識の部分が存在することを容認してしまったために、彼の「コモン・センス」はリードや常識哲学の中ではそうであったような、時間軸に依存しない、確定的な意味合いを喪失した。

さらには現代の観念のスペクトルでこれらと同様な布置の内部に位置する「常識」には、ムーアが当然とした「善」の観念も含まれない。二一世紀初頭の文化相対主義的なリベラリズムは、特定の時代、特定の社会やエスニシティに由来する、ある固有の価値観に普遍性を与えることには同意しないだろう。それどころか、ムーアが前提とした、世界と人間の在り方に関わるいくつかの当然と思える信念が、イスラーム世界やヒンドゥー文化圏などでどこまで普遍性を持つかは疑わしい。「常識」の語義を現代民主主義の多数決原理にしたがって文字通りに受け取るなら、現代ではそれらさえ、「コモン・センス」の目録に編入することはできないかもしれない。少なくともリチャード・ローティのようなリベラルな文化相対主義者たちなら、ムーアに対してそう言い返すだろう。こうして一八世紀と二〇世紀の擁護者たちの定義を比較するだけで、「コモン・センス」という言葉と、それを使用した懐疑論や観念論に対する批判の不定性は明らかだと言える。この語彙を哲学上の肯定的主張の集合名称として使用しようとする限りでは、リードもムーアも同様に誤っていたことは、この単純な語義の歴史的回顧によって明らかだろう。

にもかかわらず、例えばポスト構造主義の言説に接した際に通常の読者が抱く訝しさに対して、リードやムーアの「常識に照らせば」という反論形態が、それを満足させるなんらかの強い説得性を持つことは否定できない。ここに感じられるある種の力は、言説の意味内容ではなく、「コモン・センス」という表現を伴った言説そのものの強制だと考えられる。リードたちが使用していた「コモン・センス」という語彙は、現代的な哲学的術語に訳すとさまざまな意味を持ち得るため、現代のリード研究者を困惑させている。それはア・プリオリ、共通感覚、生活世界、日常言語など、相互に共存不能でしばしば対立し合う哲学的術語によって、同時に分析的に定義できる。結局「コモン・センス」は、学問的に定義すれば多義的で曖昧であり、厳密な使用に耐えない術語でしかない。そのため現在の哲学の読者は、これを濫用した一八世紀の「常識哲学」が重大な「ルール違反」を犯しているという憤懣を感じるだろう。「常識哲学」はこの、あたかも語義が自明であるように思えるにもかかわらず、実際には不定で、変化可能で、発話者の好みの先入見を組み入れることができる語彙を、本来可能な限り厳密に進められなければならない哲学的議論の中に引き入れたのだった。丹念な読書の結果ではなかったとはいえ、その点でカントの「常識哲学」批判は当たっていたとも言える。

しかし「時間」がじつは存在しないとか、真の存在するものは複数ではなく全体のみであるといった命題群から成り立っている哲学に学生時代に触れた時、ムーアが感じた一種の疎隔と異和の感覚は、この語彙を使うことによって、曇りを拭った窓から見た白日の風景のように、一望可能な範囲の中に明確に輪郭付けられたように思われただろう。そのため軽快で鋭敏だが、しばしば迂闊な論理の滑りに身を任せるケイムズ卿や、修辞に強く、明快で断定的な表現を好み、哲学的には浅薄でありえたビーティばかりでなく、数学的に厳密な推論家ムーアは、緻密な数理科学者リードとともに、この言葉を利用する誘惑に抗することができなかったのだ。哲学的言説の中で用いられたこの言葉の威力こそが、「常識哲学」を成立させたと言えるだろう。

(3) 言説としての哲学

「コモン・センス」という語彙を分析的に解明することができないとしても、それに随伴する曖昧さは、使用者たちの哲学者らしからぬ意識の混濁によってもたらされたのではないかもしれない。彼らは発話にあたって、それが一意的な含意を有していると感じていたはずだった。あるいはむしろ、次のように言い換えた方が正確だと言えるだろうか。この単語の定義の不定性は、それが発話された時代と場所に属していた発信者と受信者の意識にはのぼらなかった。それはこの時代を経たテクストの現代の解釈者にとって、はじめて問題として意識されるのだ。

理論的な杜撰さにもかかわらずこの用語を躊躇なく使った著者たちは、なぜそれが特定の、確定した意味を持ち得ると考えたのだろうか。少なくともそれは現代語を使用した語義分析による、この用語の内包的定義からは明らかにならない、と考えてみよう。代表者リード自身の精密な分析と論述の迫力を度外視すれば、「常識哲学」という明らかに杜撰な観念の体系が、たとえ一時期にせよあれほど大きな支配力を保ったのは、「コモン・センス」という言葉の特異な威力によっていると考えられる。そうであるとすれば、二〇〇年間のディシプリンとしての哲学の歴史を知っている読者が「常識哲学」になんらかの「現代的意味」を見出そうとするなら、弁解の余地がないほど陳腐に響くその言説内容の中にその手がかりを求めても無駄だろう。むしろ「コモン・センス」という語彙によって、「常識哲学」が実際に指示していた何ものかに、その基準点を見出すことができるだろう。

哲学の言語を一意的な命題の集合ととらえるのか、言説としてとらえるのかによって、思想史的なテクストの扱い方が変わる。哲学的テクストも「言説」であり、「字義通りの意味」以外に、発話に伴うさまざまな機能を含んでいる。その理解の仕方には、テクストの多義性や相互性という構造主義的、ポスト構造主義的次元と、言語行為としての言説というコンテクスト主義的次元がある。文学研究ではそれらを論拠として、直接的な意味内容を超えた思想の解読が行なわれるが、同様な扱い方を狭義の理論的な哲学的言説に応用することも可能だろう。

言説をめぐる多様な問題領域のうち、ここで問題にしている語彙の一意性と不定性という、発話した当事者たちと、彼らから時を隔てた読み手の意識上の食い違いは、歴史的存在としての言説の扱いにかかわってくる。特定の時空間の内部で発話された言説の集合として理解された時、哲学的言説はさまざまなコンテクストの中に織り込まれた存在として読まれる必要がある。このコンテクストの指示詞となるのは、著者である個人の明示的な署名ばかりではない。発話がある言語共同体の内部でのコミュニケーションである以上、発話がその中で行なわれ、その内部で流通する言語共同体そのものも、非明示的な署名をテクストの上に書き付けている。その意味で、歴史的存在として見られた場合、あるテクストはある言語共同体に属している。抽象性が高い哲学的言説も、発話共同体の内部で発せられた言葉と理解されることができる。そのため言説の意味内容だけでなく、発話が行なわれる構造の全体を再構成することで、言説の「真の意味」を把握するような作業が可能となるのだ。

少なくとも「常識哲学」の著作が書かれた時代については、このような哲学的言説の扱い方は正当化され得る。すでに述べたように一八世紀は、学術的公共圏が成立し拡大していく時代だったと同時に、テクストの「公開」の仕方の多様性からも明らかなように、この「公共圏」自体が複数性を持ち、いまだ統合されてはいなかった。[12] 第4章で触れた、「著書」という公開方法でのブリテン数学の幾何学的な書式と、書簡という公開方法での代数的な書式の違い、

第5章で扱った、新聞や「著書」が流通する圏域内でのリードの「保守的」な言説と、グラスゴー文芸協会を中心とした、グラスゴーの知識人社会でのユートピア論との相違などがそれを例示している。活字とマニュスクリプトの形態をとった同一の署名を持った言説はともに「公開」された公的な言説だったが、第4章の例の場合には書式が大きく異なり、第5章の例の場合には、内容自体が外見的に対立していた。それはそれぞれの形式を取った言説が、それぞれ別の発話共同体に属し、その内部で流通することを意図して発話されたからだと解釈できる。しかもこのような分裂は「ユートピア論文」の場合のように、政治という危険な言説領域についてだけではなく、現代人の目からは一見安全とも思える数学のような純粋科学についても存在していた。これらの「発話共同体」はその中で考察されるべき問題の集合を持っていて、その点から内部で活動している知識人の思考を規定していた。そのためこの世紀の哲学的言説を扱う際には、複数の公共圏とそれらに属する言説の多種性を理解しなければならない。

現代の書かれた「言語」の多くは、それに何らかの一般性を与えるような制度の下で機能している。科学者の共同体の内部で流通する学術論文は、解釈の多義性を排除する厳しい規制を受けている。教科書やハンドブックの類いは、対象とされた読み手にとって多義性を生じないように工夫されている。そのために著書自体が「対象となる読者」を特定するメタ・メッセージを持っている。一義性を確保する努力が払われているのは、これらの抽象度の高い、学問的言語についてだけではない。実用性の高い行政的、法的、経済的言語も、書式や流通範囲の明確な制約の下で生産されている。これら膨大な「テクニカル」な言語の外側に、旧来の不定の言説領域が拡がっているが、それらの中にも児童文学の場合のように、消費の仕方を明確に規定された種類がある。これらの技術的な工夫は、異なる能力や関心を持つ受け手を統合的な公共圏へと包括しようとする、現代の言語の傾向から生じている。現代政治で視覚的メディアの発達に伴い、イメージの力が強大化、あるいはある面では支配的になりつつあるのは、一七世紀の宗教動乱の反省から言語の比喩的、表象的威力を抑圧することが目指され、また啓蒙時代には公共性の理念の浸透によって、言語の表現と機能の一意性、流通範囲の明確化、普遍化が図られ、一九世紀以後は知的分業の高度化によって、発話の制度化が進展してきたことなどへの反動であるのかもしれない。しかしこのような運動が開始された当初の一八世紀では、いまだ言説は、不定の「一般的読者」に向けて発話されてはいない。そのためあらゆる発話には、つねに特定の集団に属した受け手が想定されている。そして哲学的言説の背景には、際立った特性を持った受け手の集合からなる、複数の「発話共同体」が存在していたのだった。

そうであるならそれらの発話は、それらが本来所属していた発話共同体へと戻すことによって解釈を受ける必要があるだろう。その場合、読み手はすでに存続していない過去の発話共同体に仮想的に所属しながら、共同体の成員としての自己の「読み」のプロセスそのものを観察し、テクストが想定する本来の読み手が意識しなかった意味の流れを表現する、一種のメタ読者の機能を果たすことになる。この操作によって命題の集合としてではなく、一つのくっきりとした輪郭を持ち、時空的に限定された風景の中に存在している言説体として、哲学的言説を扱うことができよう。

ⓐ発話共同体と「コモン・センス」

「コモン・センス」という言葉は、発話共同体に属する「われわれ」にとって、共通して自明である何ものかを示唆する。だがこの指示性がなんらかの「意味」を持ち得るとすれば、この語彙を含む言明が受け手によって受信された瞬間に、ただちに自明性を持ってその「意味」が受け手に現前しなければならない。なぜなら、「X（という命題）はコモン・センスである（したがって真である）」という発話は、瞬時的な同意を前提として行なわれているからである。もし「私はXがコモン・センスだとは考えない（したがって真とは言えない）」と言い返されたとすれば、話者はどのように反論すればいいのだろうか。反論する受け手に対して、Xがコモン・センスであることを証明するために、「Zに従えばそうなるはずである」といった、話者と受け手の間で共通して参照できる何ものかを見出すことができるのだろうか。

例えば「コモン・センスにしたがえば、私が口の中にパンがあるという印象を持つ時、通常私は実際にパンを食べている」という言明は、「私が口の中にパンがあるという印象を持ったからといって、実際にパンを食べているかどうか、私にはわからない。ここでそれを証明してくれ」と言い返された場合に、どのような言語内的な証明手段があるだろうか。リードなら、自分がパンを食べている時に、実際に自分がパンを食べているかどうか私にはわからないと言い張る人物に、そうでないことを証明する方法はないと言うだろう。[13]「コモン・センス」という単語は、話者が言うその「コモン・センス」とは何かという受け手からの聞き返しを拒絶し、受け手が単語そのものを自明だとして直ちに受容することを強要する。言い換えれば、この種のコモン・センスを使った言明からは、「Xはコモン・センスなのか」という反応を示す受け手の存在が最初から排除されている。

「コモン・センス」という単語は、自分自身以外への参照を許さず、パラフレーズを拒絶するので、分析的、内包的に、それが意味するものを明らかにすることはできない。そのため「Xはコモン・センスである」という言明は、「Xは自明である」という言明に一部置き換えることができる。「自明性」という述語は、「赤い」とか「犬だ」などと同様な形で、Xについてなんらかの属性を示唆する機能を持ってはいない。第一にこの述語は、主語となった命題が真であることを確言している。その意味で「Xは真である」という主張を含む。それに加えて、この述語は主語が真である条件そのものをも示唆している。「Xが自明」とは、Xがそれ以上分析できず、それに対するいかなる検証の必要もなしに無条件で真である、ということを意味している。したがって「コモン・センス」を述語として含む文は、主語となった言明そのものについて、それが所属する「反論の余地なく真である言明」という集合を指示する、一種のメタ言明だということになるだろう。

だが「コモン・センス」と「自明性」は同義ではない。そうでなければ「自明」という論理学の古い術語に代えて、「常識哲学」がわざわざこの言葉を用いる必要はなかっただろう。この言葉はそれ自身において絶対的に妥当するというより、ある集合に「共有されている」意味で真であるという含意を持っている。この「集合」とは、人間の集団のことを意味するだろう。したがって「Xはコモン・センスである」という言明は、Xが無条件で真であり、しかもそれはある集団の中でそうである、と言い換えることができるだろう。「コモン・センス」という語彙が指示する「ある集団の中で無条件に真である」ような命題群とは、言説自体を成立させ、それを発話共同体の内部で有意味とする、共有的了解事項の集合だと考えられる。哲学的言説の中に現れる「コモン・センス」という言葉は、言説の本来的なクラスに属していない、メタ哲学的な命辞である。それは哲学的言説内容を構成するのではなく、当の哲学的言説そのものがコミュニケーションとして成立する条件を明示的に指示している。分析的な定義が可能でない「コモン・センス」という非学問的な言葉の機能をこう解釈することによって、「コモン・センス」という述語によって構成されるメタ言明を多用した「コモン・センス学派」に対して非常に好意的な形で、彼らの「哲学」を「現代的」に解説できるかもしれない。例えば以下のように。

ヨーロッパ近代哲学の主調音の一つである懐疑論批判というコンテクストの中で、彼らは議論の仕方そのものの転換を要請した。懐疑論に対する対抗策は、ユークリッド幾何学の権威によって保障された演繹的推論の一般的な正当性を前提とすれば、世界に関するすべてを演繹的な体系として論証することと考えられた。だがすべての確実な知識が演繹的にもたらされるとすれば、「アリストテレスの方法」にしたがって、その最初には論証の必要がない、自明な観念や命題が存在していなければならない。この「自明性」がどのように保障されるかを説明することが、哲学の次の課題となる。もしロックに従って、デカルトやマルブランシュのような生得観念として、それが人間の「精神」内にビルトインされ、意識野に現前するのだとは考えられないなら、それは知覚によって、外からもたらされなければならない。この点がヒュームの批判の対象となった。感覚は対象の印象を生産するが、対象そのものや対象の属性が意識野に流入するのではない。一八世紀初頭イングランドの知識人たちにしたがって、デカルトやマルブランシュからロックへという転換が正統な筋道だと考えるなら、懐疑主義からの攻撃から守られた哲学の建設を、疑い得ない自明な前提からの演繹という幾何学の方法の模倣によって行なう試みは、こうして大きな困難に突き当たったことになる。デカルトが主張した、知識の根底からの組み直しに同意しつつ、ロックの経験主義的認識論の立場からの生得観念批判を受け入れるとすると、ヒュームが展開してみせたように、認識が確実性に到達することは不可能になるだろう。ここから帰結するのは、論証的体系として知識を全体的、根底的に組み直すことはできないという、フッサールが言うような「近代哲学」のプロジェクトに対する否定的な結論である。

現在という時点に属するメタ読者の眼から見て、一八世紀の「常識哲学」が実際に主張していたことは、哲学的言説が有意味な言説として成立するためには、それが発話される環境の中に、自身の懐疑の対象としてはならない共通の了解事項がある、ということだった。根底的な基礎付けという近代哲学のプロジェクトは、知識の領域には「免責事項」が存在しないと考える点で誤っていた。「根拠付け」は無意味ではなく重要な行為なのだが、それは発話共同体の共通了解事項に触れてはならない。「哲学」はむしろ発話共同体の内部で完結する、非超越的な言説であることに満足しなければならない。そうでなければ、「哲学」はたんなるナンセンスな言説になってしまう。言い換えれば、発話共同体に対する超越的なメタ言明としての「哲学」は存在し得ない。デカルトが試みたようにそうであろうとすれば、それは言語である資格を失い、理解不能な文字の集合に退化する。メタ言明としての「哲学」の役割は、共通了解事項を前提としつつ、発話共同体の中で発話される言明を整序し、体系化し、それらをそれ以上遡ることができない共通了解事項と明示的に関係付けることなのだ。言い換えれば、それは日常知と学問的知の一覧を作成し、それらを限界付ける責任を持っているが、それらを論証的に、自らの責任において根拠付ける権利を有していないのである。

ⓑ哲学的リアリズムの言説

もちろん「コモン・センス」という語彙によって事実上言明された内容をこのように理解することが、「常識哲学」派の哲学者たちの自己了解に即しているとは言えない。自意識の点では、彼らはなにかしら絶対的に確実な言明に到達できたと思い込み、勝ち誇っていたのだから。彼らは自分たちの学説が、近代ヨーロッパ哲学の伝統的コンテクストである懐疑主義批判に決定的な武器を提供したと信じていた。現在の読者から見て了解しがたいこの錯覚は、どこから生じたのだろうか。確かに「常識哲学」は懐疑論批判のコンテクストでの知識の再建の試みを否定し、哲学的言説の限界点を指摘していた。この学派はその意味で、発話共同体を超えたメタ言明を否定した。「コモン・センス」という言葉で指示される対象が当該発話共同体のルールであると陰伏的に定義することで、それは知識の究極的な根拠付けを拒否し、知識の根底に知のシステムの外部への参照が不可欠であることを主張した。

このような「哲学」が普遍的言明として成立する条件は、可能的受け手のすべてを含む普遍的な発話共同体が実在することである。だが宇宙のどこかに存在するかもしれない平面人や四次元人などの知的生命を包括するかはともかく、少なくとも人類全体を覆い尽くすような発話共同体が存在し得るのだろうか。ハーバーマスの「理想的なコミュニケーション共同体」という概念は、言語が実際には複数であるという点で、現実性が希薄だと言わざるを得ない。分析哲学が論証したように、異なった言語の間には翻訳不可能性の障壁がある。もちろん実際には翻訳は日々行なわれており、「異文化理解」が存在する。それればかりか日常的に異なった文化間で経済活動が行なわれているという事実は、翻訳不可能性が現実の問題ではなく、たんに言語に考察を限定し、認知の具体的なプロセスの検討には立ち入らない、分析哲学の方法上の錯誤が生み出した擬似問題なのではないか、という疑念を抱かせる。

とはいえ少なくとも、リードや常識哲学の言説がその内部で発話されることを意図されていた共同体は、「人類的な」ものではなかっただろう。リードが発話した際に想定されていたと考えられる受け手の集団が何であるかを推測すれば、彼らの言う「コモン・センス」によって成立している発話共同体を限定することができるかもしれない。そこからは当然、彼の世界認識の射程には入っていなかった、同時代のイスラーム圏やインドや東アジアなどは排除されている。またすべての啓蒙思想家たちと同様に、リードたちが哲学的言説の流通範囲からは除外していた、宗教的に狂信的な一八世紀の「庶民」の世界も、この共同体には含まれない。もちろん「常識哲学」者たちがエリート主義者であったのではない。リードの言説からも明らかなように、彼らは生業を持ち、自らの労働に誇りを持つ労働者層までを、「常識」の保持者の範囲に含めていた。とはいえ「常識哲学」の言説が包括しうるのは、世俗化が進む社会の中で平静に思考する能力を身に付けた「庶民」にまで延長された、一八世紀西欧知識人の世界であったに過ぎない。世界史の現時点では、それが「世界全体」を覆い尽くせないことは明らかになっている。

発話共同体の発話条件を意識化するメタ読者によってパラフレーズされた「常識哲学」は、自らの本来の意図とはまったく反して、哲学は普遍主義的に、無前提には成り立たず、あくまで同一のルールを共有するメンバーが形作る発話共同体の内部でのみ可能だという結論を導く。こうして史上初の意識的な哲学的リアリズムであることを目指した一八世紀の「常識哲学」の推論は、パラドクシカルにも、現代の相対主義者リチャード・ローティによる、哲学的言説の相互翻訳不能な発話共同体への還元と、論理的に同様な結論に至るのだ。「常識哲学」者たちによって彼らの学説が普遍性を持ち得るとみなされたのは、彼らが属していた発話共同体がやがて人類全体を覆いつくすだろうという、現在の時点では単なる幻想に過ぎなかった想定による。哲学的言説自身の非整合性ではなく、言説が暗黙に前提している現実的想定のために、この哲学は自らを破壊する。だが「コモン・センス」という語彙を採用することによって、哲学的言説の「暗黙の現実的想定」を哲学的言説それ自体の中に呼び込んだのは、当の「常識哲学」者たち自身だった。

以上のような「常識哲学」に固有な論法の破綻は、現代における哲学的リアリズムの弁証の困難さを示唆している。「常識哲学」の場合と同様に、哲学的言説としての哲学的リアリズムは、発話共同体の共通規範のような、なんらかの哲学的言説を超えた外部への参照を必要とする。そのためそれは近代のディシプリンとしての哲学が要請する、論理的、方法的に自己完結した体系とはなり得ない。いわば哲学的リアリズムは、近代哲学としての「ルール違反」を犯している。それが自らの意図に忠実であろうとすれば、哲学的リアリズムは「哲学」であることを放棄しなければならないのだ。こうして「コモン・センス」という語彙の正当性を探して「常識哲学」を言説として扱うことは、「常識哲学」の、それ自体の発話者に反する含意を明るみに出すことになる。その意味で、この好意的な解釈の試みは、それ自体が「常識哲学」自体の批判に変貌するのである。

二　哲学という、不完全なシステム

(1)「リード哲学」の陥穽

観念の体系に対するリードの批判の鋭さ、彼の分析の例外的なまでの深さと力、彼自身の積極的な理論の内容の興味深さを考えると、なぜリードがかくも完全に忘れられたのか、不思議に思えてくる。……リードの哲学上の後継者はハミルトンという男だった――同じ名前の数学者とは違う人物である。ハミルトンは尊大で、空虚で、めったにいないほど鈍感な人物だった。リードを読んでいると、ハミルトンによって挿入された脚注にさんざん苦しめられる――彼はリード全集の編者だった。[14]

現代の哲学者パトナムの理解では、一九世紀後半におけるリードとスコットランド哲学の「没落」には、リードの後継者と自他共に認めていたこの「尊大で、空虚で、めったにいないほど鈍感」な、エディンバラ大学道徳哲学教授ウィリアム・ハミルトンが大きく「貢献」していた。パトナムの文言からうかがえるように、リードに対する関心の高まりにもかかわらず、ハミルトンは研究に値しない、というのが現在のところ常識となっている。

ハミルトンの「尊大さ」は、旧『リード全集』第二巻の付録として、自身の膨大な論考をいくつも収録したことだけに現れているのではない。小さく読みにくい活字で組まれた『リード全集』のテクストのいたるところに出現する小うるさいハミルトンの脚注は、たんにテクストの由来や、明示されていない参照文献を明らかにするような種類のものではなかった。それは例えば、リードとカントを比較して両者の優劣を論じたりする。形式的には本文中の脚注であるにもかかわらず、それらは編集者による原テクストへの資料的補足である文献的な注というより、通常その後の部分に付け加えられる「補注」という性格を持っていた。さらには多くの場合それらの脚注群は、リードの「誤り」を指摘し、テクストが扱っている問題についての「正しい」哲学的見解を読者に教授しようとする。それは古代から中国の哲学者が行なってきたような、古典のテクストに対する解釈を与え、それを意味的に拡張する、テクストの注釈的拡大という性質を持っていた。このような仕方で構成された旧『リード全集』は、文献学的な意味だけでなく内容上でも、「ハミルトン版リード全集」だったと言えよう。このスコットランド人は、中国の哲学者のように、原テクストに注釈者の解釈を押し付け、それを自己の主張の表現としたのだった。

旧『リード全集』は「リード」哲学の、ハミルトンによるパロディだったとも言える。中国の哲学者たちは伝統を重んじるあまり、自己の思想に自らの名を冠した著書という独立した表現を与えることに謙虚だったからこそ、注釈者として自らを韜晦した。反対に、他にも自己の名前を付した多くの著書を刊行しているこの一九世紀スコットランドの有名な哲学教授は、できる限り執筆時点での著者の意図のままに原テクストを提供しようとする近代的な編集者であるには、あまりにも「尊大」過ぎたためにそうしたのだった。そしてこの解釈権の独占は、学派全体の没落を招いた。

ハミルトンはリードの学派、スコットランド「常識」哲学派を代表する人物として知られるようになった。そのためジョン・スチュアート・ミルが有名な哲学上の論争で、ハミルトンを粉砕したとき、学派の全体が好まれなくなり、ついには消え去ったのである(15)。

このパトナムのユーモラスな文章をそのまま受け取ることはできないが、確かに自他共に許すリードの後継者ハミルトンが学派の命運に果たした「役割」は大きかった。ハミルトンは現在では研究者がほとんど存在しない、まさに名前のみ知られた、完全に忘れられた哲学者となっている。だがこの「後継者」は、一九世紀のスコットランド哲学界では中心的な人物だった。そのため、スコットランド哲学は彼の解釈に従って理解されることになった。すでに一九世紀の前半には、「スコットランド哲学」の内部でも、エディンバラ大学の道徳哲学教授を勤めたトマス・ブラウンのように、ヒュームの軍門に下った者もいた。だがスコットランド哲学は全体としては続いて生命を保ち、国際的にも影響圏を拡大していた。ところがハミルトンが一九世紀中葉に学派を代表する立場に立ち、イングランドの経験論の優れた代表者からの攻撃を受けた際、弟子の一人と共に一門全体が滅び去ってしまう結果を生み出した。またハミルトンがカントとリードを折衷しようとしたことは、結果的にスコットランドや、スコットランド哲学の影響を強く受けた知的圏域へのカント哲学の導入を促進する効果を生み出した。そしてカントは、おそらく本国での論争上の戦略という「哲学の政治学」のために、リードに対して極めて不当な扱いを行なっていたのだった。それはちょうどアダム・スミスが『諸国民の富』で、ジェイムズ・スチュアートなど、自己の先行者でありライヴァルである人々に対して行なった、全面的に正当とは言えないレッテル貼りと同等な効果をもたらした。

リードの知的体系は、一七世紀末から一八世紀はじめにかけて形成された、イングランドの科学者たちの世界理解を受け継ぎ、精緻な総合へと組み上げたという性質を持っている。その点で「リード哲学」は、バークリーやヒュームたちよりもはるかにロックの思想を継承し、それを一八世紀的世界の内部で再度言い表した哲学だったと見ることができる。経験主義的方法論から、認識論の重要性と人間知性の不完全性、自然観における粒子哲学、それと対照的な演繹的自然法学から抵抗権論にいたるまで、この二人の思想の類似性は大きい。しかもリードは道徳世界については、方法論的にはあくまで実験哲学の方法を重視しながら、徹底的に粒子のメタファーを拒否し、原子論的社会像を否定しようとした。そこにはイギリス経験論の、現在では見失われた一つの性格が現れていると同時に、粒子哲学のメタファーで人間や社会を考察していた啓蒙時代以後の「ニュートン主義」「自然科学主義」の錯誤が示唆されている。この点で一八世紀末のカントの曲解がそのまま流布し、あるいは一九世紀のイギリス経験論者J・S・ミルのハミルトン批判が受容されることで、トマス・リードの哲学がほとんど忘却されたことは、後世のイギリス経験論理解に大きな歪みをもたらしただろう。

とはいえ、カントやハミルトンばかりがリードとスコットランド哲学の没落に寄与したのではなかった。それはリードの学説自身にも、本質的な欠陥があったからだった。このような見解も、現在の標準的な理解となっている。[16]リードが認知プロセスの根本的な部分を、いまだ具体的に解明されていない「人間本性の仕組み」に帰着させたのは、経験的に確認されている事物の相互関係は、それらが因果的に説明できなくても客観的に実在するものとみなすという「実験哲学の方法」にしたがったからだった。しかしそれは一面では結果的に、経験的な認知プロセスに先行するなんらかの認知枠組みを前提としなければ、具体的な知識の成立を考えることはできないと主張することになった。それらの枠組みは、演繹的な、あるいは経験的な「証明」なしに、ア・プリオリに正しいとされなければならない。そう言うことは、哲学史を回顧するなら、カントの先験哲学的な論法に先駆けることだったと見ることもできる。[17]パトナムが言うように、「リードはカント哲学の中心的な問題を予見している[18]」と評価することもできるだろう。

しかしこのような論法には、「通俗化」に伴う大きな危険が伏在している。科学との抱合関係の上に成り立つ「人間本性の研究」に過ぎなかったリードの認識論あるいは「哲学」が、例えばドイツ観念論の諸体系に匹敵する、独立した哲学体系と同等の構造物とみなされ、それらに対峙させられるなら、そのシステムとしての不完全性は明らかな欠陥と映るだろう。

だがそれ以上に、この科学／哲学がそれ自体の権利において成立する「常識哲学」となったことが、リードの体系の権威喪失につながったと考えることもできる。「実験哲学の方法」に基づいていることが自覚されている限り、リードがたびたび使用した、先験的な「人間の概念的構造に内的であるもの」を承認するための議論の方式は、それとともに経験的研究の総括と将来の研究への必然的な参照という、経験科学的な方法論上の志向性を必然的に伴っていなければならない。だが「私益」にしたがって行動する企業者たちに信頼を置かず、為政者による賢明な政策的枠組みの内でそれを巧みに活用することを薦めたアダム・スミスの自由主義的な言説が、私益と公益は前者に基づく個人の行動を放置するだけで本性的に調和するのだという、一九世紀の「自由放任主義」に変質したように、リードの「実験哲学」的な論法は、科学方法論的な含意を欠落させ、たんなる哲学的主張の弁明の道具となった時には、哲学史の標準的記述が繰り返してきたように、極めて通俗的でお手軽な「常識」の弁証論になってしまう。リードのような科学者／哲学者でなく、講壇哲学者に過ぎなかった彼の後継者たちは、実際にはさまざまな場面でこの論法を濫用した。そうすることで、本来のリードの主張が持っていた科学の現場への豊かな参照性は失われ、ドグマティックで定型的な決まり文句に堕していった[19]。

微温的講壇哲学の理論的凡庸さとも哲学的鈍感さの表出とも取れる、このような「常識哲学」の退屈さは、それが凋落を開始していらい、見逃されることなく攻撃と侮蔑の対象となってきた。それに対して、リードのイギリス経験論に対する批判がヒュームの懐疑論的論法に劣らないほどの破壊力を持っていることは、歴史的にはほとんど顧みられることがなかった。リードの批判力がそれ自体のコンテクストに即して初めて大きく取り上げられたのは、おそらく知識の根本的な根拠付けとしての「哲学」の否定を宣言する書物が、英語圏の分析哲学の中から登場した時だった。

（2）鏡を割る

リチャード・ローティは主著『哲学と自然の鏡』で、リードがイギリス経験論に対する批判の中心にすえた「観念の理論」の論駁を取り上げて、この点からリード再評価を行ったが、それは自説を哲学史的に丹念な議論によって表現する著者らしく、リード自身の声に忠実な仕方によってだった。ローティによれば、リードは「一八世紀における『〈観念〉という観念』の偉大な批判者[20]」だった。こうしてこの敬神的な哲学的リアリストは、ローティのはるかな先駆者という名誉を与えられたのだった。

イギリス経験論における「観念」の起源に関して、ローティはリードの主著の一つ、『人間の知的力能について』を参照している。ローティはロックやヒュームの時代に『観念』という観念」が信じられた理由を、一七世紀の力学的な世界観の表象に求めているが、それはすでに第1章で見たように、リードが最初の著書を執筆した際に作成した「要約」の中で指摘されていた。後年の『人間の知的力能について』でも、リードは同様な見解を表明している。この著書からローティが引用した以下の箇所で、リードは接触した物体間で働く「近接力」の観念が、人間精神に内在する印象などによって思考が動かされるというアナロジーに導いたことを指摘して、この比喩法に対する先駆的な批判を行なったのだった。またローティは「観念の理論」に対するリードの批判が、その創始者たち自身の言説への詳細な目配せを伴っていることを強調する。ローティはリードが、観念が生理学的な意味で存在するのか、あるいは精神内的に存在しているのかという問題について、デカルトやロックが動揺していることに注目している。

彼［デカルト］はしばしば物質的対象の観念が脳の中に存在するとしている……しかし彼はしばしばこうも言っている、われわれは、あたかも脳の中に目があるごとくに、脳の中のイメージや痕跡が知覚されると考えるべきではない。そうした痕跡は、心身の結合の法則によって心の中に観念が生じる機会にすぎないのである、と。

……デカルトは二つの見方の間でためらっていたか、あるいは一方から他方へと移行していったように見える。同様にロックも二つの見方の間を揺れ動いていたように思われる。彼は物質的事物の観念が脳の中にあるとしているこどもあるが、もっと多くの場合、心そのものの中にあると説明しているのである。(21)

さらにローティは、リードが「『観念』という観念」の起源を哲学史的に遡って、アリストテレスの「表象」の理論にまで至っていることを紹介する。「『観念』という観念」は、ヨーロッパ哲学の大きな伝統の一つを形成していた。「『観念』という観念」へのリードの批判は性急なヒューム批判の産物などではなく、このような大きな哲学史的パースペクティヴに基づいて行なわれたのだった。

リードは、アリストテレスがすでにそのファンタズムの理論において、ヒュームへと至る滑りやすい下り坂をおり始めていたと考えていた。(22)

このローティの問題提起的な著作の中で、リードの「『観念』という観念」の論駁は、近代ヨーロッパの哲学的思考の底に伏在する「鏡としての心」のメタファーに対する、最初の批判としての重要な位置を与えられている。その行論の中でローティは、粒子哲学のメタファーから哲学史的なその先駆者探しに至るまでの、リードの議論の包括的な像を提供している。もちろん以上のようなリードの批判的議論に対する好意的で丁寧な解説の反面で、ローティはリード哲学の肯定的、積極的な面である哲学的リアリズムについては何も語らない。それは彼が「リード復活」の一つの哲学的背景である哲学的リアリズムの再興に対して、まったく否定的な立場を取っているからである。(23)自身の立場としてポスト・モダン的なプラグマティズムを主張するローティは、それの対極にあるリアリズム的なリード哲学自体ではなく、「観念の体系」に向き合った際のその破壊力にのみ関心があるように見える。ローティ自身が行った破壊的な議論は、根底的な知識の根拠付けと組み直しを志向するカント以後の近代哲学からその存在理由を剝奪しようとする。ローティによれば、哲学という一つの学問領域の中で人間が所有する全知識の「根拠付け」が可能であると考えられてきたのは、人間の意識現象が世界を曇りなく写し取る「鏡」であるという、ヨーロッパ文化固有の先入観に惑わされたためだった。このかならずしも根拠のない思い込みを認識論的に理論化することによって、認識対象、対象の観念、観念を志向する意識という、広松渉の言葉によれば、ヨーロッパ近代哲学の基礎を形成している「三項図式」が成立する。ローティの議論を敷衍してもし論述の破壊的な部分のみを取り上げれば、リードは、アリストテレスの「ファンタズム」理論の血筋を引き、この先入観を正当化するために使われてきたあらゆる経験論の基本的な概念を、「内観法」という経験主義自身の方法を厳密に実行することによって破壊したことになる。そう解釈すれば、この一八世紀の哲学的リアリストは、現代の「ポスト哲学」の先駆者だということになるだろう。もちろんもしこのような意味で「貴方はローティの先駆者だ」と言われれば、リード自身が驚愕しただろう。二人の哲学的立場はあまりにも対極的なので、リードとローティを並べて議論すること自体、たんなる悪い冗談にしか聞こえないかもしれない。

だが一見無関係に見えるリードとローティの思想の間には、意外な共通性を示す部分をいくつか数え挙げることができる。ローティは知識の根本的な根拠付けを論証的な学問体系によって行なおうとする、「近代哲学」の根本的な衝動の合法性を否定する。リードはこの二百年後の哲学者と同様に、すべての知識に論証的な根拠を与えようとする「哲学者」の不遜を非難する。リードによれば、人間の知識の世界には哲学的論証を必要とせず、またそれを許さない根源的な領域が存在するのだった。そのような部分もあえて「方法的懐疑」の対象とする哲学者たちの、自らの理性的能力に対する思い上がりが、「非常識」な哲学的言説を作り出してしまう。ローティと同様リードにとっても、このような行為は専門哲学者たちがそう思っているほど重要な意味を持たない。人間たちは「知識の根拠付け」なしで、十分理性的かつ幸福に生きていくことができるのだ。

ローティの議論の前衛部隊を構成しているのは、「鏡」のメタファーに対する彼独特の鋭利な批判である。それはかつて唯物論的な立場にしたがって彼が行なった「心」の観念への批判から、その威力の多くを引き出している。同様にリードは、意識の対象としての自立した「観念」の存在を論駁することによって、外的世界から切り離され、それ自体が完結した存在である「精神」の実在性を否定する。「復活」の教義を信じているキリスト教徒であるリードにとって、物質から切り離された精神の実在性自体は疑い得なかった。リード師にとっては、外側から力を受けなければ運動を始めることができない受動的な物質と異なり、精神は自身が運動の原因となることができる、自律した実体だった。だからこそ、その存在は「来世」にまで継続することができる。彼が攻撃したのは、精神の内容が精神自らの「志向性」の対象である外的事物との関係なしで存在し得るという学説だった。その意味では、精神はその「観察」を生業とするディシプリンとしての哲学を許容しない。ムーアが定義したように、「宇宙全体についての完全な知識」という意味でのディシプリンとしての「哲学」は、唯物論的なローティと同じく、精神の実体性を信じるリードにとっても存在することはできないのだった。

だが言説の文字通りの意味では、リードとローティの類比はここで終焉する。リードの学説の破壊的機能を高く買いながら、ローティはリードとはまったく反対の立場を取る。ローティは近代哲学が目指してきた知識の「根拠付け」そのものが無用だと考える。人間が生きていくためには、地上の事物に価値を与える超越的な何ものかは、じつは必要でない。哲学はそう考えることが価値の崩壊と方向喪失を引き起こすと想像して、なにか「神」に代わるものを考案しようとしてきた。だがそれはたんに、そのような事態に慣れることがやさしくないというだけの問題なのだ。

ポスト〈哲学〉的文化とは、したがって、人々がみずからをひとりの、限りある存在にすぎず、〈それを超える〉何ものかと結びついてなどいないものとして感じるような文化となるであろう。プラグマティストにとって、実証主義とはそうした発展――サルトルの言い方では、神なしでやっていくことへの前進――の途上にあるものにすぎない。というのも実証主義は、〈科学〉という観念（および「科学哲学」という観念）、すなわち文化のある部分においてわれわれはわれわれでない何ものかに触れ、いかなる記述からも独立した裸の真理を見出すという観念によって、ひとつの神を温存したからである。(24)

人間精神の実在性という自然の「鏡」を割ることで、ローティにとってはすべてが終わる。だがリードにとっては決してそうではない。もしヒュームとリードが信じていたように、生得観念に対するロックの批判が正しいなら、そしてヒュームが否定しリードが自信を持って主張したように、経験的に生成する観念の存在に対するリードの批判も同様に正しいなら、世界の根底からの組み直しのために必要な原理が消滅することになる。もしこのような原理の必要性自体を否定し得ないのなら、そしてリードはそう考えていたのだが、何か別のものが体系の中に持ち込まれなければならなかった。カントなら、それは「先験的原理」だと言っただろう。しかしリードは原理としては、カント的な「ア・プリオリ」を提出しなかった。世界の根底からの支えを可能にする原理、それはリードにとって、哲学的、論証的な「ア・プリオリ」ではなく、表象的な「神」だった。以下の本書の最終部分では、「コモン・センス」に並ぶ、リードの非哲学的な語法である「神」が、現代の知的境域で意味し得ることの再現を、歴史的／再構成的操作によって試みてみよう。

(3) 未完の機械としてのリアリズム哲学

ⓐ「再構成」と「移築」

哲学や思想は発話共同体の内部で発話された言語であるだけではない。もしそうなら、それらは「時代を超えた」適用性を持たないだろう。言説としての哲学を理解するためには、読者はそれが属している発話共同体の文法と語彙を習得し、その実際の、あるいは仮想的な構成員とならなければならない。外国語の理解力にはさまざまな水準があり、それにしたがって同じ発話をデコードする際にも、誤解から大意の把握、メッセージの基本的な理解から、修辞とジョークと言葉遊びの鑑賞にいたるまで、多様な深度を持った受信様式があるように、哲学的言説の読みにも、素人の読み手から専門的研究者までの、粗大から精緻にかけての広範な分布があり得る。それが母国語で書かれたのなら、ほとんど訓練を受けなかった現代の読み手も、何らかのメッセージを獲得するだろう。しかし仮にそういうものが存在するという理論的立場を採るとしても、著者の「真意」を読み取ることは、複数の熟練した読み手たちの解釈の突合せを行なったところで、完全に成功することは難しい。

だが哲学や思想を、それが表現された言説に還元してしまうことはできない。さまざまな解読／誤読、言語行為の存在と可能性にもかかわらず、それが発明されて以来、言語はとりあえず最良の「コミュニケーション」の手段として機能してきた。とくに専門的知にかかわる言語的コミュニケーションは、古代から伝達の一意性を確保するために多大の努力が払われ、工夫が積み重ねられてきた。哲学的言説のような高度な伝達性を有している媒体が対象とされた受け手の脳裏に、発信者の意図にまったく従わない複製物を生産してしまうとは考えにくい。たとえ現代の読者による一八世紀に書かれたテクストの読みであっても、そこには何らかの伝達が行なわれるだろう。

読まれた言説は、読まれたとたんにもはや言語であることを止め、読み手の脳の内部で機能し始める。ここで送信と受信のプロセスが「正常」に進行したと想定すれば、言語を超え、哲学的言説にとどまらない、送信された当のものとして哲学をとらえることができる。言語そのものではなく、それを媒体として個人間で伝達される「哲学」、思想とは、認知にあたって脳内で機能する、情報処理の枠組みの一つと考えられる。人間の対自然、対社会的行為が発展するとともに、複雑化・高度化する抽象度の高い知識を処理し、鳥瞰図を与え、構造化する、後天的で、長期の学習によってのみ取得され得る認知枠組みが形成される。地中海的・ヨーロッパ的限定を外した普通名詞としての「哲学」とは、その中でもっとも抽象性の高い部分を指す。

それは認知の仕組みによってつくられた、人間知性による発明品としての思考機械である。この意味での哲学は、理想状態ではヴィトゲンシュタインが言うように、世界の写像である論理的構造物としてのシステムであるはずなのだ。だがこれらの構造物は、決して身体を持たない幽霊のように、どこにでも住み着くことができる流体ではない。それらはその発生において、特定の時空間に属する具体的な知識と結びついて形成される、歴史内存在でもある。それらはそれがその内部で創造され、継承されていく知的コンテクストと結びつき、その上に組み上げられている。いわばそれらは、ある地域のある土壌の上で成長した、高木のような存在である。そのため「機械」としての哲学は、特殊な操作を加えることなしには、それが育った土壌から切り離すことはできない。ここにも歴史家の技術が要請されることになる。

思考機械としての思想や哲学に「現代性」を付与し、化粧直しを行なって再生させようとする方法の一つに「再構成」の手法がある。それは現代的問題設定に基づき、観念の歴史的構造物を現代的風景の中で再生させようとする。思想史家の中の再構成派は、中古機械専門の修理屋に喩えられるだろう。彼らは歴史的風景の中に据え付けられたまま錆び付いていった年代物の機械の主な部品を点検し、エンジンやプロセッサーや伝導機などの中で、現在でも使用に耐える部分を見出し、取り外してチューニングを施し、足らない部分を新品で補って、新しい機械を組み立てる。そして最後にこの再生品に、オリジナルと同じ外装を施すのだ。

再構成派の仕事はクラシックカーの整備屋よりも、中古の初代マッキントッシュを再生するパソコンショップのそれに似ている。自動車やバイクはどれほど古くとも、整備されればとにかく道路を走ることができ、人間を乗せることができる。しかし古いコンピュータでは、現在のユーザーが必要とするタスクのほとんどをこなすことができない。そのため再生した中古コンピュータの外装部だけはＭＯＭＡに陳列されているままでも、蓋を開けると内部はロジック・ボードごと換装されていて、中心にパワーＰＣが実装されている、ということになるだろう。たしかにそのような再生品は、多少の不便を除いて、なんとか実用に供することができるだろう。同様に再構成の作業は、歴史に興味を持たない人々にとっても、ある程度機能性の点で納得がいく商品を提供できるだろう。しかし蓋を開ければオリジナルと同じなのは、キーボードとエンブレムだけということにもなりかねない。

これに対してオリジナルの内部構造を最大限ほぼそのままに保つような方法もありうる。それは古建築を専門にしている大工の仕事に喩えることができる。このテクスト解釈の手法は、「移築」の操作とでも呼ぶことができる。「移築」は、建築物の外装ばかりでなく、多少の補強や朽ちた素材の置き換えを除いて、基本的な骨組みに手を加えない。熟練した大工の主な仕事は、いったんそれを分解し、新しい建築場所に運搬し、居住に耐えるとともに、新しい目的にとって機能的なように、古建築を組み立て直すことにある。建築物の減価償却期間がコンピュータよりはるかに長いとはいえ、あらゆる建築物が移築に耐えるわけではない。よい素材を使い、入念に設計され、しっかりと組み立てられたものだけが新しく再生するのに値する。それを見分けることも、目利きの大工が誇る技の一つとなる。

この作業は二つの段階に分けられる。「移築」の操作を行なおうとする者は、はじめに構造物がその上に立てられている土台と、構造物がそれに適合的に機能するように設計されている環境を調査する。この操作を行なう条件として、当該の構造物が本来属していた、時空的に限定された歴史的境域についての知識が不可欠となる。実在する建築物を調査するためには現場に赴けばいい。だが観念的な構築物については、組み立てられた時代と地域と異なった条件の下にある「移築」者の頭脳の中で、それをいったん仮想的に再現しなければならない。この作業自体、歴史家としてのある程度の熟練を必要とする。この準備段階が終了した後、「移築」の本来的な操作が行なわれる。

論理的構築物に関する「移築」の技について本質的なものは、歴史的コンテクストと思考機械との接合部分の扱い方である。構造物を時代的、地理的条件の異なる場所へ移動させれば、土台と機能の両面が変化する。大工はそれによって必要になる構造物への修正を行ない、新しい機能にふさわしいように、かなりの部分を作り変える。その結果基本的な構造は保存されるが、作業の対象は事実上別の建築物へと変化する。例えば北国の山間部に建っていた民家が、温暖な首都の中で博物館として使われる、といったような。

この操作の結果として、それに含まれるコンテクスト依存性の高い要素が体系から消去されることになる。それに伴って、体系の個々の部分が修正を受ける。この操作の対象となる所与の知の体系は、その基本的な論理的構造を保存しながら現代へと移動され、現代という時点で普遍性を持つようにされる。その体系はそれのさまざまな前提条件の変化によって、別の意味を持った体系へと変貌するだろう。それは時には、本章がトマス・リードについて観察するように、本来の創造者の意図とは反対の形で機能するシステムに変容するのである。

ⓑ不完全な哲学

認識論にかかわる科学者／哲学者リードの結論は、経験的な認知プロセスに先行するなんらかの認知枠組みを示唆し、カント哲学の課題を先取りしていた。もしそれ以上に議論を進めたとすれば、リードはカント哲学を不要にしたかもしれない。しかしリードの哲学的リアリズムは心理学的性格を残存させている点で、ロン・ハレのような現代の哲学的リアリストから批判されている。リードはあるノートで「自然の仕組み」を、現象の原因を追跡していく果てに突き当たる、「それ以上他の現象に分解できず、説明もできない究極的な現象」と定義している（"Of Constitution," MS.3061/8）。なぜリードは哲学的リアリズムの論拠を、人間の認知メカニズムの「自然の仕組み」に還元することにとどめ、それ以上の理論化をはからないままで満足したのだろうか。

これについては、二つの解釈が可能になる。第一に認知科学の立場から見れば、環境への適応を迫られる生物としての人間にとって、外界の認知的に正確な把握は生存の不可欠の条件を構成する。疾駆しているライオンは、追いかけているガゼルの速度や周囲の地形を把握するだけでなく、次の瞬間獲物がどちらに身をかわそうとするかを予知する能力を身に付けている。漆黒の闇を飛ぶこうもりは、昆虫の種類と位置と速度を正確に捉え、攻撃パターンをそれに合わせて設定するばかりでなく、超音波をより積極的に使って遠隔攻撃を仕掛けさえする。これらの認知の仕組みは、ヒュームが考えたような、経験的刺激による観念連合の形成といった単純なメカニズムでは説明できない。また彼らは彼らの獲物が「視覚像」だとか、耳に刻印された音波の特定の形態だとはみなしていない。それは食欲という、動物にとって本質的な駆動力を発動させる、現実世界の生きた対象なのだ。

地球上での進化の頂点に位置する人間の知覚能力が、客観的対象を把握する能力で彼らに劣るとは言えない。認知の「リアリズム」的な解釈は、認知が生物の適応メカニズムの最も重要な部分を形成しているという考えからすれば、むしろ当然だと言えよう。そのような意味で現代認知心理学は、明言することなく「リアリズム」の立場に立っている。それは「心」がどのように現実や世界を構成するかではなく、人間心理とは独立に存在する実在が脳内でどのように把握されるかを研究している。経験科学である認知心理学にとって、リードのニュートン主義の「哲学する規則」と同様に、ある程度の蓋然性を持って確認できる関係は、その「説明」が完全でなくても、「事実」として承認される。遠近法によって人間が平面から三次元の空間の情報を受け取ることができるのは、そのメカニズムの探求が終結してはいないにせよ、一つの「事実」である。認知科学の立場から言えば、リードの議論が「人間の自然の仕組み」を指示した地点で探求を止めていることには、何ら問題はない。科学がそこから先に進む仕方は、リードが考えていた意味ではないにせよ、何らかの「観察と実験」しかない。

三冊の「哲学的主著」で披露されている解剖学、生理学、医学、動物学、博物学の妥当な理解は、哲学に対するたんなる付属物や装飾品ではない。リードは当時の生理学の現状について極めて正確な評価を下していた。例えばグラスゴー大学の同僚であるウィリアム・カレンのような専門家が、神経の機能を力学的な「緊張と弛緩」や、眼に見えない微小な「流体」の働きに求めていたのに対してリードは、神経の機能はいまだ明らかでなく、提出されている説明はどれも神経の解剖学的形状から見て納得し難いと判断していた[25]。神経の伝達メカニズムさえ解明されていない時代に、外界が感覚器官によってどのように知覚されるかを知ることはできないと言明したリードの評価は、非常に正確だった[26]。現代の認知心理学でさえ、いまだ知覚のような基礎的な機能にさえ決定的な説明を与えられない。そのためには、神経と脳のメカニズムに関する、より詳細な生理学的解明が必要なのである。認識論の基礎的原理を「人間の自然の仕組み」に帰着させ、さらにそれを「神」の意志に還元していくリードの論法は、一八世紀医学、解剖学、生理学の、このような限界の認識に基づいていた。そのような意味でリードの「哲学」は、経験科学と同様の、あくまで暫定的な性格を持っていたのだった。哲学者リードはこれに確定的な説明を与えるつもりはなかった。それは当時の解剖学、生理学の状況ではそれが可能でないことを、経験科学者リードがよく理解していたからだった。その意味でリードは、「人間の自然の仕組み」という言葉の説明力に満足していたわけではない。この術語はたんに、科学的探究の現状では、それ以上説明を遡及することができない地点を指示しているに過ぎない。そのため知覚論においてリードが採った立場が直接的リアリズムなのか、記号論なのか、あるいはそれ以外の何かなのかといった解釈者たちの論争には、じつはほとんど意味がない[27]。それは科学者リードにとって、未来の経験科学の予想される前進への参照を要請する言葉だった。その意味では、リードの「哲学」はあくまで暫定的な哲学であり、科学／哲学なのだった。それは知覚による実在の認知と人間の道徳的行為能力という、哲学的リアリズムの二本の主柱というべき基底的な命題を、リードが「説明」しないでたんに前提し、それらのメカニズムの解明を将来の研究に委ねたところに、端的に示されている。

だが一八世紀的なコンテクストの中で読まれる時、原因についてのリードの「判断停止」は、しばしば「摂理論的自然主義」と呼ばれる、現代の認知科学とはまったく別のコンテクストで受け取ることができる。リードは、「究極的な現象」は、「自然の仕組みの一部か、自然法則であり、それはこのシステムを創った神の直接か、まだ発見されていない二次的な原因の働きである」と言う（MS.3061/8)。「自然の仕組み」という表現が主張するのは、ただそのメカニズムがそれ以上に解明を許さない、一つの超世界的な力、「神秘」によって支えられているということでもあった。この表現は否定神学的な論法によって、「神」の存在証明を与えるようにたくらまれていた。しかし論理的に犀利なリードの場合、この語彙を必要以上に、例えば大味なターンブルの思索においてしばしばそうであったように、体系内的な存在として理解してはならない。

テクストの読みに忠実なリード解釈者たちによって、しばしばリードの体系における「神」の位置は過大評価されてきた。だがスコットランド教会の牧師リード師の個人的な信条はともかく、哲学者リードの哲学的論述の内部では、頻繁に顔を覗かせるとはいえ、「神」は決して積極的な役割を果たしてはいない。敬神的な経験科学者コーリン・マクローリンにとってそうであったように、「神」という存在は、白日の下での積極的な働きによってではなく、あくまで「人間知性」の限界を通じて、そしてそれによってのみ、自らの万能性を人間の目に顕現する存在なのだった。マクローリンにとってと同様リードに対しても、確かに「神」、そしてキリスト教の固有神「ヤーヴェ」は、世界の支え手だった。「ヤーヴェ」なしでは世界は誕生せず、現在のように存在することもなく、また被造物である人間が道徳的に行為することも可能ではなかった。しかしこの大文字の「彼」は、あくまで世界と人間の究極的な支え手であり、小うるさく日常に介入し、生活の細部にわたってあれこれと不条理な指示を出し、しかも罰則によってそれを強制する、教養のない田舎の小学校の校長に似た愚かな存在ではなかった。

マクローリンやリードにとっての「主」とは、むしろ理性に基づいて考案された法にしたがって統治する、「啓蒙専制君主」のような存在だったと言える。あくまでも最終的な権限を自らの手に留保しつつ、王は臣民の理性を信頼し、政治社会の日々の営みをできるだけ彼らの自律的な判断に任せようとする。そのために条文法を制定し、臣民た

証拠		関連分野
1	意識の存在	日常知および学問的知の基礎
2	外的世界の実在	
3	自我の存在	
4	記憶	
5	原因の存在	
6	他者の証言	
7	観念の比較	数学
8	帰納と経験	自然哲学，精神学，政治学
9	道徳的論証	倫理学，自然法学

図 2-a　知的体系の基礎

ちが自らの行動の指針を知ることができるようにする。そうするのは、王が個々の決定に不可欠な「現場の知識」を知らない、無力な統治者だからではない。万能の王は決断に必要なあらゆる知識を持っているのだが、臣民を道徳的存在として成長させようとする遠大な教育的配慮から、彼らの自主的な決定を喜ぶ。王が臣民の頭を飛び越えて強力に介入するのは、彼らの未熟な知力が及ばない、重要な事態が生じた時だけである。その際には、臣民は彼らの理性を越えて思考する君主の意図を測ることができないだろうが、その超越的な行為は臣民の福祉のために遂行されるのだ。

　マクローリンやリードにとっての「創造主」とは、あくまで世界の「最後の砦」であり、例外的に「超法規的」に行動する、理性的な存在だった。もちろん彼らの「主」は、市中銀行の「最後の貸し手」としての日本銀行が戦後日本の経済運営に大きな意味を持ったように、その存在自体が無意味なのではない。だが日本銀行が日本経済の具体的な発展に対してそうであったのと同様、「この世」の運行を説明する際には、それは法則ほどの重要性を持ち得ないのだった。またそれは、現代オーストラリアの君主主義者たちが夢想するような、人間世界では論争に決着がつけられない非常の場合に、なぜかは知らないが彼らを超えた叡智によって正しい決定を行なう、コモン・ウェルスの主人としての女王のような存在だった。あるいは彼らの神はエウリピデスの劇に登場する、人間が困り果てた際に雲台に載せて呼び出される、「機械仕掛けの神」だとも言える。最後の場合、混乱して辻褄が合わなくなったプロットに実際に困惑しているのは、それに沿って行為している登場人物たちではなく、劇作家自身なのだが。

　マクローリンたちが重力の説明不可能性から神の万能性の証明を引き出したように、認知科学における「科学の限界」は、初期のニュートン主義が一七世紀思想から継承していた信仰主義的懐疑論の方式にしたがって、神の存在証

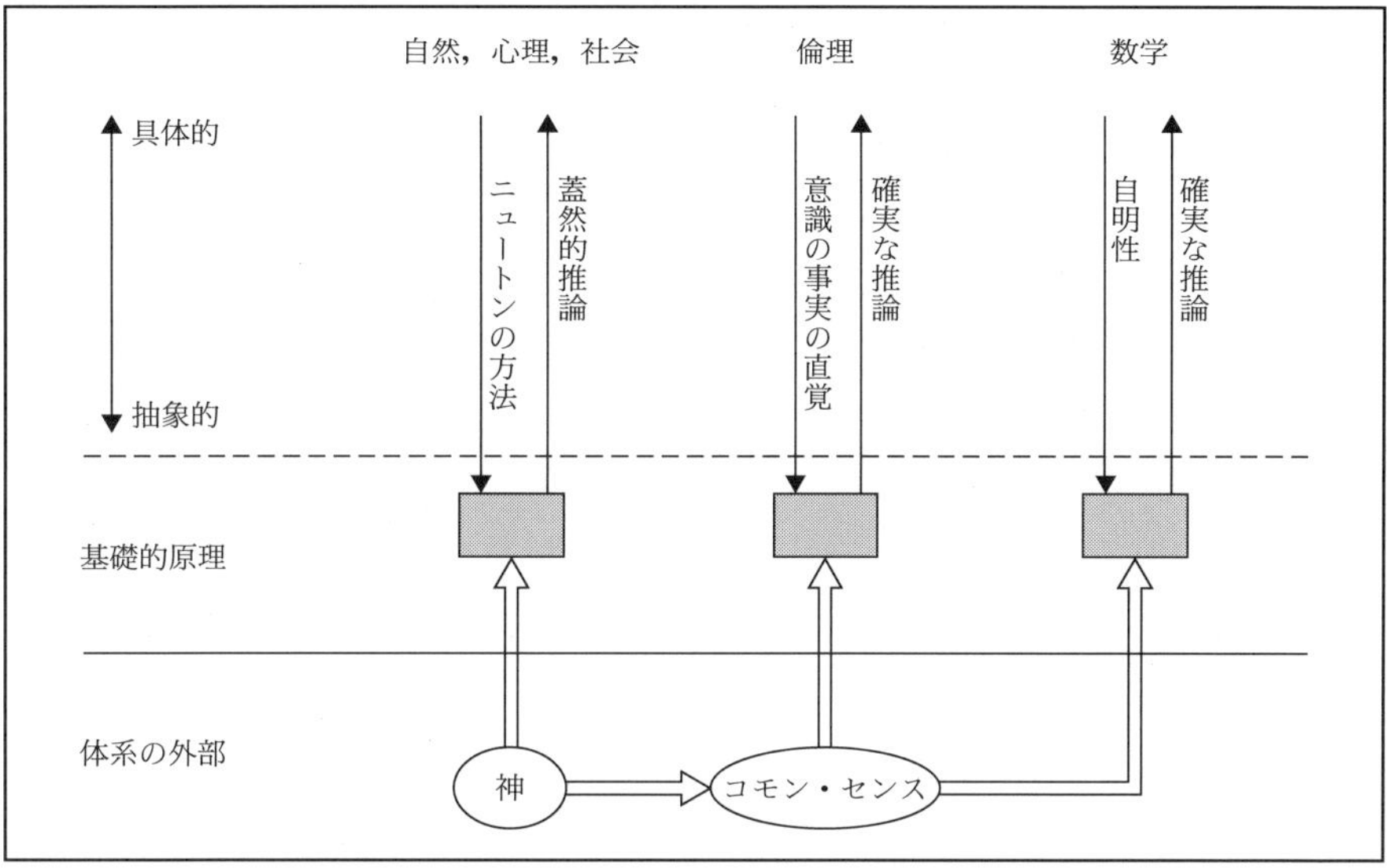

図 2-b　探究のプロセスと方法

明を与える。彼らにとって「神の顔」は、あくまでも科学的知識の限界の彼方に仄見えるだけだった。こうして体系の最初の原理の証明不可能性を合理化するのは、ニュートン主義の「哲学することの規則」だった。そしてこの経験主義的、信仰主義的で、将来の経験と未知の原因の二者への参照という意味で未完である体系を「宇宙全体」の説明としての「哲学」にしているのは、「コモン・センス」と「神」という、論理的体系の不完全性を補完する、内容的には無限定の基礎付けの命辞であり、これらを介して論理体系とその不定の外部を結びつけているのは、「コモン・センス」と信仰主義的懐疑論だった。「コモン・センス」は「リード的還元」にあたって日常世界を選び取ったという前提に立って、哲学的言説が成立するための共通了解事項を定めるだろう。「神」は将来の経験と、それによっても乗り越え不可能な人間の認知能力の限界への参照性を表象するだろう（図2-a、2-b参照）。現代の解釈者たちの多くのリード理解の錯誤は、コモン・センスと信仰主義的懐疑論という、経験科学＝哲学であるリードの体系の基本的な原理を見過ごすことから生じているのだ。そしてこの経験科学と表象の世界が結び付き、理論にとっては限りない将来の経験への外部参照を求めるという体系の特徴的な性質が、大陸哲学のような、自己完結的で確立された学説と見なされて看過される時には、リードの体系は極めて悪質なドグマに転落する。

現代の哲学的リアリズムと異なり、一八世紀の「哲学者」リードのリアリズムでは、システムは完全な世界の論理的な写像を与えない。彼の体系では、外部への参照性がシステム存立の前提となっている。それは二つの意味でそう見ることができる。第一にリードの知識の原理では、知識を根拠付ける基準が複数存在しており、しかもそれらは相互に論理的な上下関係を持たず、単に並立している。その点でリードの体系の組み立て方は、知識を唯一の原理によって「根拠付け」られないことを含意している。このディシプリンとしての「哲学」ととらえられた場合、極めて杜撰なシステムが、論理的に「哲学的リアリズム」の最初の学問的に厳密な表現となりえたのは、それが全構造の「究極的な支え手」を持っていたからだった。しかし実際の統治権を保持した「君主」が近代国家にとって不要なように、どのような形であれ「神」が体系のどこかに姿を現すことは、世界に生起する諸現象が合法則的に説明可能だと確信されている現代の学問的な談話空間では、体系そのものの論理的な弱点でしかない。リードの体系が「神」を必要としている事実は、哲学としてのその欠陥の所在を露呈している。

リードの「神」は、デカルトの哲学体系でそうであったように、論理的に存在が証明される「哲学者の神」ではなかった。むしろそれは「コモン・センス」というメタ哲学的言語によって指示されている、発話共同体が共有する基礎的語彙の一つであるに過ぎなかった。それはじっさいには、人類史上で無数に発案されてきた、それぞれにさまざまな肖像を付加されてきた「神」たちの中のただ一つに過ぎない、「ヤーヴェ」神なのだった。リードにおける「神」とは、ヘーゲルの言葉に換言すれば「概念」ではなく、たんなる「表象」に過ぎなかったのだ。一八世紀西欧知識人の発話共同体から、二一世紀の思想的、哲学的談話空間を覆い尽くす、一種の普遍主義的発話共同体への移動という、「移築」の操作をこの知的体系に対して行なえば、例えば現在の、そしておそらく将来の大多数のアジア人にとってはなんら意味をなさない地方神「ヤーヴェ」は、時空的に限定された条件の一つとして、リードの体系から自動的に削除されることになる。そうなった時、この論理的に精緻な思考機械が究極的に必要とする、表象としての

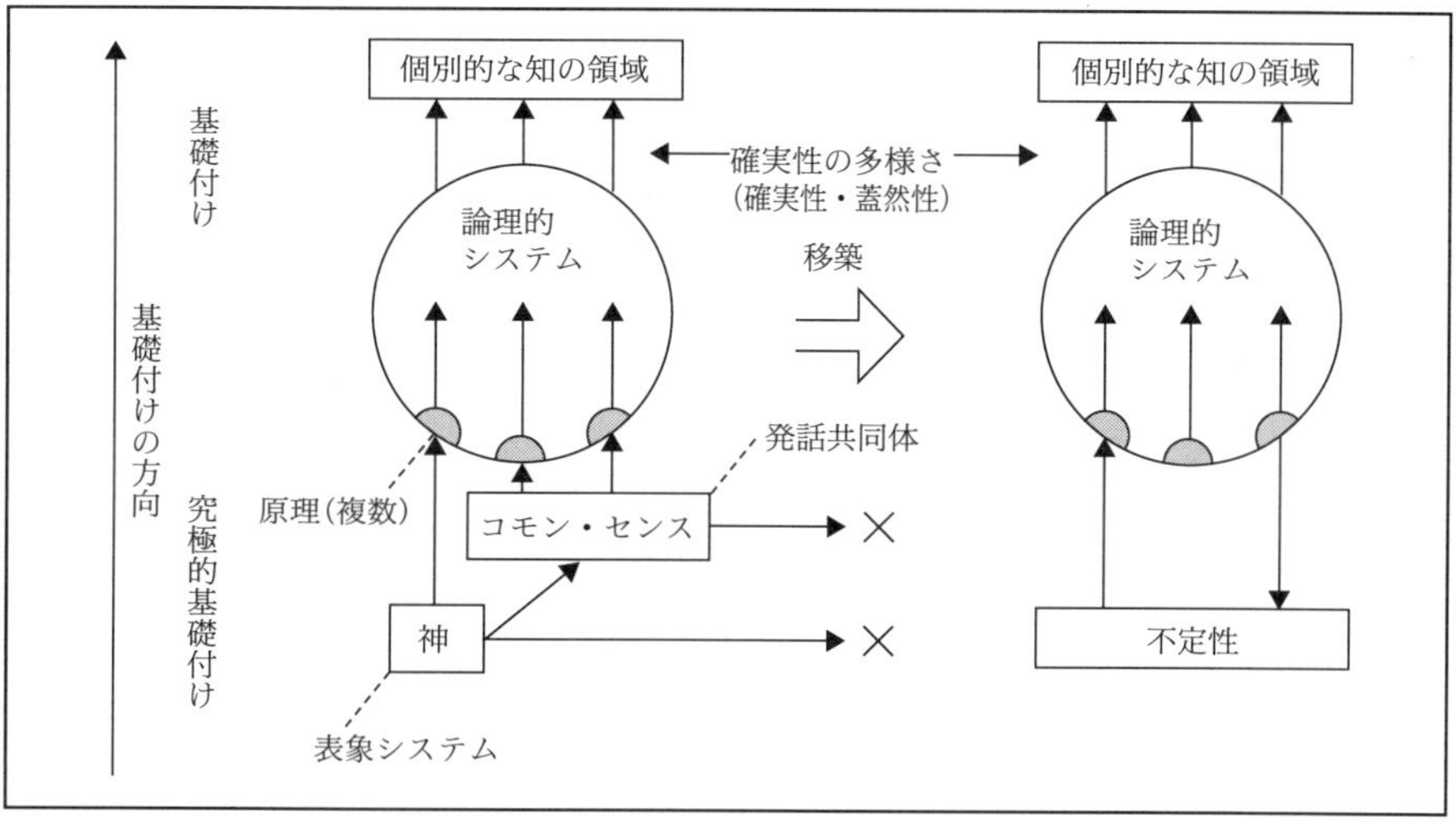

図 3 体系の変容

「ヤーヴェ」神への参照は、たんにリアリズムの知的体系が、究極的には外部参照性を不可欠としていることを意味するだろう。

デカルト的、あるいはフッサール的な意味で、宇宙全体の描写を与える完全な知識の体系は、漆黒の闇の中に浮かぶ輝く球体として表象できる。この球体の内部空間の北極には一つの原点があり、そこからすべての意味付けの対流運動が始まる。この流れはその内部で完結し、いつまでも内部空間を循環する。その意味で、外側を限定された無限の世界がそこには包摂されている。これに対してリードの体系の像は、表面に小さな破れが生じた球体になるだろう。この穴から常に未知の吐息が内部に吹き込まれ、それによってのみ、内部の対流が生じている。しかし球体内の流れは、決して外側に溢れ出ることはない。この穴はじつは一方通行のみを許容する、選択的透過性を持っている。したがって内部の空間から見る限り、第一と第二の球体の相違はわからない。だが運動の原因という点から見れば、この二者はまったく異なっているのだ。

論理的構造物と表象という二つの異質な構造によって組み立てられているリードの二重の体系から「信」が消えたとすれば、体系の全体が流動化することになる。本来の姿ではそうでなかったが、「移築」の操作の結果、リードの論理的体系がその外部に要請する「神」は、論理的な体系の「外」を指す指示詞に変容する。その結果、個々の強固なリアリズム的な含意を持つ諸部分とは反対に、全体としての懐疑の体系が生まれることになるだろう。こうして総体としての懐疑論の論法と、個々の経験的、論理的知識についての哲学的リアリズムが共存する特異な体系として、リードの知の体系が再建されることになる（図3参照）。しかしそれは完全にリードの意に反するのではない。イドメネアの自然哲学界にも「ニュートン」が登場した。平面人のニュートンが運動法則に到達することは、彼の「自然の仕組み」によって不可能になっている。「究極原因」への限りない前進としてのみ、平面人の運動学は存在できる。同様に、四次元人のニュートンなら、三次元人の哲学はそのようでしかあり得ないのだと言うことだろう。

©「自己」と、鏡としての世界

経験的知の局所性と、演繹的な哲学知の不可能性を知っていたリードは、なぜ概念ではなく表象に過ぎない「神」を、明示的に体系の中に残したのだろうか。開始されたとはいえ、いまだ「世俗化」が完了していない一八世紀という時代には、「ポスト哲学」的な文化など想像することさえ困難だったから、と解答するのが妥当な答えの一つであり、またそれは間違ってはいない。だがそこに時代の境域を超える何かがある、と考えることもできる。もし知を支え、価値付けを行う欲望が「人間本性」に根ざしているとすれば、諸学の女王が退位しても、空位の玉座をなにものかによって埋める必要が生じるだろう。例えば知の明示的な体系化を企てたヘーゲルは、そのようなものを「絶対精神」の項目の下に集めている。そこには論理的、概念的な「哲学」の他に、表象的な「神」や、感性的な「芸術」が数えられている。もちろん時代を隔てたこの二人は、ニュートン主義に対する点ばかりでなく、宗教に対する態度でも意見を異にしていた。このドイツ観念論を代表する哲学者は、青年期から老年に至る過程で思想的変化を見せたが、その変転の中でも、リードのように「表象」がこの項目の最上位を占めたことはなかった。ヘーゲルの場合「感性」あるいは「哲学」が、人間の絶対的な自由をとらえる器官として、最高の座についていた。大陸合理論を徹底し、その結果としてそれを破壊したヘーゲル哲学が、自己の体系自体の弁証を行なう「弁証法」という固有の方法を持ち、隅々まで作りこまれて論理的に完結し、既存の経験知から自立して存在し得る「完成した哲学」の代表であるとすれば、「移築」の方法によって再現されたリードの体系は、経験的知識との不可分の関係を保ちつつ、そして哲学的リアリズムという点でその正当性を担保しつつ、全体としては完結していない、不完全な知的体系の典型例を提供する。

それは一見、近代哲学の企ての、早期の破産宣告であるようにも見えるだろう。だがローティが言うように「ポスト哲学」の時代には、学としての哲学は現存するさまざまな知の中に消滅していくべきなのだろうか。確かに近代西洋的な哲学知の構想、フッサールが言うような、それ自体の内部で完結した論証的体系であり、世界と人間についての絶対的な知識を与える「厳密な学」を建設するという理念が、二〇世紀のある時点から時代錯誤的になっていたことは間違いない。また現代哲学のある部分が、表面上異なった装いの元に、同様な野心を隠し持っていることも否定できないかもしれない。しかしそう主張したからと言って、「哲学的」と呼ばれる、ある特殊な知的営みそのものを根絶することができるわけではない。なぜなら西洋的なものであろうと、他のどの文化圏に属するものであろうと、自己と世界を定位するための想像上の「目」を手に入れようとするのは、少なくとも現在までの経験に即して考えれば、人間の文化の根源にある欲望だからである。最後に不定の「神」を呼び出してしまう、科学者／哲学者リードの、究極的な意味で不完全な知の体系は、それが形成された一八世紀西欧のキリスト教的文化から切り離されて理解されれば、この「欲望」の所在と、その機能について、何かを語っていると言える。

リードの知的体系が示唆するのは、経験科学と数学の妥当性を担保しながら、未完であり、決して完成することのない哲学の表象だとも言える。そしてその永遠に未完の姿が暗示するのは、確実な、あるいは蓋然的な知識としては不可能でありながら、人類にとって、自らの生の根拠付けへの欲求が止むことがないという事実である。例えば愛する人の突然の死に直面した時、そこに何かの「意味」を読み取ろうとする衝動を抑えることは難しい。その「読み方」によっては、リードのような懺悔をする者もいるだろう。そのような行いに対して、それは超越的な架空の価値を限界ある存在に与えようとする自己欺瞞に過ぎないのだと、一方的に非難することができるだろうか。有限の存在である人間の死は、水の中の泡がはじけるのと大差はない。だが事前の服喪の期間を持つことなく、親しい人の突然の死に直面した者が、ただ「また一つ泡がはじけた」と言うだけでは足らず、それ以上の何ものかを求めるのはなぜだろうか。

あるいはなぜ人は灼熱の日に、爆弾を抱いて込み合うバスに乗り込み、自分自身とともに見知らぬ人々を殺そうとするのだろうか。ヴァーチャル・リアリティの白昼夢に耽溺するアメリカ合衆国のオタク少年よりも、明日の生活の糧が死活問題であるようなパレスチナの少年の方が、目の前の荒廃した現実を捨てて、正義と幸福が実現されたオアシスの夢に生きようとするのはなぜなのだろうか。そして現代世界の多数派を構成しているそのような人々の数は、「文明化」につれて減少するどころか、この世紀の進行につれて増大していくだろう。此岸に「悲惨」が存在する限り、あるいはこの宇宙に「欠乏」が存在する限り、「宗教」であれ「哲学」であれ、その他どのような名称で呼ばれるにしても、世界の表象体系としての哲学が不要になることはない。より正確に言い換えれば、個体にとって不可解であり、理不尽であるような事象を合理的に包括する、宇宙の完全体としての表象化への欲望が途絶えることはないだろう。専門学である分析哲学の中から現れた、大陸的な意味でもっとも「哲学者」らしい現代英語圏の哲学者であるリチャード・ローティの議論が妥当しないのは、それ自体の非整合性からではない。それは単純に、彼の教説が二一世紀の人類社会の多数派を占める人々の生に当てはまらないからである。天国も地獄もなく、人々がありのままの姿で愛し合うという、ジョン・レノンの歌のような境地を求めるローティの「ポスト哲学」主義は、それ自体として問題を持つのではなく、その普遍的な受容可能性が疑わしいのだ。

「総体」という、本来的に確立されたアルゴリズムに基づく認知が可能でない対象を扱う、いわば半仮想的な知識である限り、「正しい」哲学は存在し得ない。「正しい」法律がなく、「より良い」法律だけがあるように、「より良い」哲学が存在するだけなのだ。「より良い」法律とは、他の法律との整合性を保ちながら、それが適用される社会における正義や公正さの観念に対して、できる限り適合的であり、かつ変化した社会の中で生起する出来事を、できる限り包括的に扱えるような法律だろう。同様に「より良い」哲学とは、個別科学や技術などの、確立された手続き的知識によって得られる知識の諸分野の現状と整合的である反面、現在の人類のさまざまな諸文化の構成員にとって高い受容可能性を持ち、同時に知識と自然支配力の増大と内部抗争の削減の促進に寄与するという意味で、人類にとって前進的であるような効果をもたらす認知の全体的な枠組みだと定義できよう。そのようなシステムを創出する仕事が、特定の学問的ディシプリンの内部や、特定の文化集団、特定の発話共同体の内部で完結するとは思えない。むしろその作業が完結するとすれば、多様な発話共同体からの、それぞれの語彙による提案と棄却の連続の果てに、それぞれが収斂する形で得られるのだろう。そして無数の「体系」を不適合なものとしてきた、現在までの経験的知識と多文化的世界での経験に即して、それはつねに自己を相対化する運動を含みつつ、いまだ知られていない未知の知的領野の可能性に対して開かれていなければならない。

だが「根拠付け」を行なう「超越的な何ものか」が、ローティが否定しようとしたような、形ある存在となる必然性はない。「それ」が何であるかは、以下のように考えることができる。リードの神が表象する超越性とは、じつは人間の自分自身の似姿だったのかもしれない。そして「自己」とは、リードが想定していたような確固とした実在ではなく、脳神経システムという機械の中の「ゴースト」に過ぎない。人間について究極的に個体性を保障するのは、「選択することができる」という、偶然性の積極的なあり方、言い換えれば、不定性の恒常的な存在だからである。おそらく歴史に記録された人類の進化は、種の適応の必要性から、社会システムとパーソナリティ・システムの二つのレヴェルで、このような「不確定性」を増大させるように進んできた。その結果として、ローティの好きなサルトルの言葉を借りれば、自己の内に「無を分泌する」人間は、自己の内部の「無」を、世界という「鏡」に写している。人間が自然の鏡であるのではなく、世界に人間の内奥が映っている。その根拠は、現在の宇宙が偶然性の産物であり、そうならなければならなかったから存在するのではないということである。世界が非決定的であり、常に自らの外部を所有しているために、それは「人間の鏡」となる。

この「偶然性」、「この世界の外部」は、自らの意図を明らかにしないで、ただ「欲する」だけの、イングランドの科学者たちとともにリードが信奉した「主意主義的な神」に類似する、能動的な「無」として表象できる。ローティはヨーロッパ的文化圏の内部にとどまっているために、積極的な「無」の概念を認めることに困難を覚えるのだと思われる。強い日差しに輝く静かな海と山に囲まれた、小規模の共同社会で育まれた古代地中海文明を淵源とするヨーロッパ的な文化は、それが視覚のメタファーを好むという評言が正しいとすれば、くっきりとした輪郭のある存在の比喩に縛られて、漆黒の闇の中に蹲る、無限定のブラックホール的な存在物を表象することには向いていない。この喩は、完結した論理体である、狭義の「哲学」を否定し、完結を拒否する「体系」を志向するだろう。

個別的対象の存在性の認識可能性を肯定するという意味での近代的な哲学的リアリズム、自由意志論、神観念における主意主義と究極的な意味での「神秘」の容認、さらに論理の徹底性、体系性、またその極めて破壊的な批判力と対照的な体系自身の肯定的な性格という点で、おそらくドゥンス・スコトゥス以来、この国の近代最高の哲学者だったトマス・リードの思索が、結果的に証明してくれているのは、パラドクシカルながら、哲学者の「晦冥さ」、「愚かさ」なのだった。個人の存在の中核となるものは、リードが考えたように、確固として硬い巌のように存在するのではない。リードたちの「神」のように、それは絶え間ない否定の運動を通じてのみ存続する。あるいは、こう言い換えてもいいかもしれない。リードたちが「神」と思ったのは、「自然という鏡」に映った自分自身の存在の、規定できない流動性としての中核である、「ゴースト」に過ぎなかったのだ。そして世界の中に無秩序に溢れ出ていくゴーストを、その本来の棲み処である個人の内面の中に引き戻し、個人に責任を取らせる除霊の営み、根拠付けではなく、脱―根拠付けする作業の必要性を垣間見せることが、もしそれを語ることができるとすれば、このあまりにも一八世紀的な「哲学」の、この文の一人称の声が考える現代性なのである。

＊

本書の語り手は冒頭から、歴史家としての口調を保持しながら語り進んできた。過去の思想について、特にその内奥に関して、中性の非干渉者の資格で解き明かすことができると著者が考えているからそうしてきたのではない。しかしまた、語り手自身の願望を記述の対象の中に投げ入れるような「物語り」として歴史を叙述することが避けられず、またそうすることが歴史記述と呼ばれる行為の正常なあり方だと見ているからでもない。それぞれの部と章の結尾部に向かって、相対主義的な思想史の三人称的叙述が、連続的に一人称的発話にすり替わるプロセスの形で、本書の著者がこの語りを構成したのは、現在この部分を読みつつある読者に対して、以下のようなメタ・メッセージを伝達するためだった。

歴史が物語りであるとすれば、そして本書のこの部分まで本書の語り手を演じてきた著者は、現在までの知識の社会的分業の結果そうならざるを得ないと考えているのだが、語り手が自己の責任において発言する瞬間は、ナレティヴのどこかで不可避的に訪れる。もしそうであるなら、その際には、「人類」とか「民族」とか「文明」などの、禍々しい機能はあるが実体のない架空の命辞でしかない「もの」に憑依されたシャーマンのようにではなく、一人称の様式で、一個人の資格で発話することが、人口のうち大半の人々が排除された現代の知的分業の内部に組み込まれ、その中で生業としての「知識」を営んでいる「専門家」の責任なのだ。ローティが攻撃するような「ひとつの神」は、哲学ばかりでなく、歴史叙述の中にも潜んでいる。歴史家がそれに内包される危険性を自覚し、個人としての権利と責任においてその伝声管となることを引き受けようとしないのなら、記述自身が、「ひとつの神」が歴史叙述に強要する語りの様式を否定するような形で構成されるべきなのだ。そのような意味で、歴史叙述は価値的に「中性」的な言明であることはできない。

また本書のナレティヴは、「歴史」についてだけではなく、著者が「哲学」について抱いている観念を反映している。それがこのように構成されたのは、一見確固として硬質の「主体」が、流動的で、キメラ的で、絶え間なく変容することを明らかにすることが、ディシプリンの外に溶融した「哲学」の機能だと、本書の著者が考えるからである。ローティが言うように、現代の知識のあり方から見て、哲学は完結した体系ではありえない。しかし知識自体に言及し、それを相対化し、何らかの意味で秩序付けるメタ知識の必要性が消失したわけではない。あるいはローティが考えるように、それが役割を終える時代がいつか来るのかもしれない。だがそれは少なくとも、人類史の現段階においてではない。当面メタ知識が存在し、しかもそれが完結したディシプリンとしては存在できないとすれば、それは一種の絶え間ない運動として、具体的な諸知識の総体の中を自己言及的に横断し、それらに反射を返しつつ、それらを否定することによって、それらの外部領域を示唆していく、流動的で半透明な、「哲学的主体」の、終わりなき放浪として存在することだろう。この「主体」の軌跡が描き出す「哲学」とは、「体系」ではなく「運動」そのものであり、「ゴースト」を内部に抱え込み、外部のゴーストを参照する「未完の機械」であり、それが表現してみせるのは、永遠に最終目的に到達することのない、知のネットワークを彷徨する「ゴースト」の旅なのである。

付録　リードのテクストから

A　可視的形象の幾何学

この幾何学では、点、線（曲線と直線）、角（鋭角、直角、鈍角）、円の定義は、通常の幾何学と同一である。以下のいくつかの原理を見るだけで、数学の心得がある読者はすぐにこの幾何学の神秘を理解されることだろう。

1　目が球体の中心にあるとせよ。球体のすべての大円をなす円は、ちょうど直線のように目に映るだろう。なぜなら目に向かってくる円の曲率が知覚されないからである。そして同様の理由で、球体のそれぞれの大円を含む平面上に描かれたあらゆる線は、実際に直線であろうと、あるいは曲線であろうと、すべて直線に見える。

2　あらゆる可視的直線は球体のどれかの大円に対応する。そして、その大円上の弧は、たとえ一回転してもとに戻るところまで引かれたとしても、同じ方向に進む同一の可視的直線の延長に見える。なぜなら目は自身との関係でのみ対象の位置を知覚し、その距離を知覚しないので、これらの点がどれほど離れていようとも、目にとっては、同じ視覚上の場所のように見えるからである。ここで目と可視的直線を含む平面は、球面のある大円を載せた平面なので、可視的直線上のすべての点は大円上のある点に対応する。したがってそれらは目に対応した視空間の同じ場所を占める。そして大円上のすべての弧は、たとえ一回転するところまで引かれたとしても、同じ可視的直線の延長に見えるのである。

3　あらゆる可視的直線は、同一方向へ向かう限り、目がその中心に位置している球体上の大円によって表現される。このことから以下のことが帰結する。

4　二つの直線によってつくられる可視的角は、それらの直線を表現する二つの大円によってつくられる球面上の角に等しい。なぜなら可視的線は大円に対応するので、前者がつくる角は後者が作る角に等しくなければならないからである。しかし数学者たちが知っているように、このことから中心から見られるときには、二つの大円がつくる可視的角は、それらが実際に球面上につくる角と同じ大きさなので、どのような可視的な二本の線がつくる視覚上の角も、それらを表現する二つの大円がつくる球面上の角と同じなのである。

5　したがって以下のことは明白である。あらゆる可視的直角三角形のすべての部分は、ある球面上の三角形に対応する。一方の辺は他方の辺と同一に見え、一方の角は他方の角と同一に見える。したがって、一方の三角形の全体は他方の全体と同一であるように見える。言い換えると、目にとってはこの二つは一つであり、同一の数学的性質を持っているのである。したがって可視的直角三角形の性質は平面状の三角形と同じではなく、球面上の三角形と同じなのである。

6　あらゆる球面上の小円は、その中心に置かれた目には円に見える。他方で、あらゆる可視的円は球面上のある小円に対応する。

7　さらに球面の全体は視空間の全体を表現する。なぜなら、あらゆる可視的点は球面上のある点に対応して、同一の視覚上の位置を持つので、球面上の部分の全体はあらゆる可能な視空間、すなわちすべての視空間を表現する。このことから、最後に以下のことが導かれる。

8　あらゆる可視的形象は、目がその中心に位置していて、それがその上に投影される球面上のある部分によって表現される。そしてこのような図形のすべては視空間の全体に対して、それが対応する球面上の部分が球面全体に対するのと同じ比例を持っている。

私は数学に詳しい読者がこれらの原理を完全に理解されるとともに、同様に可視的形象と空間に関する以下の諸命題を容易に納得されることを期待している。ここでは実例をいくつか示すにとどめるが、それらはすでに述べた諸原理から数学的に証明でき、可触的な図形についてのユークリッドの諸命題と同様に正しいものなのである。

命題1　すべての直線は最後には自分にもどってくる。

命題2　自分自身にもどってくる直線はもっとも長い直線である。そしてそれ以外のすべての直線は、この直線と有限の比を持っている。

命題3　自分自身にもどってくる直線はすべての視空間を、それぞれがこの直線によって限られる等しい二つの部分に分ける。

命題4　視空間の全体は、その部分に対して有限の比を持っている。

命題5　二つの直線は二点で接し、お互いに交わる。

命題6　二つの線が平行なら、すなわちあらゆる点で同じ距離を保つなら、それらは直線ではありえない。

命題7　あらゆる直線は、ある直線上のすべての点から等距離であるような一つの点を持つ。

命題8　円は直線と平行することができる。すなわちあらゆる点でそれから等距離を保つことができる。

命題9　相似する直角三角形は合同である。

命題10　あらゆる直角三角形について、三角の合計は二直角より大きい。

命題11　直角三角形のすべての角が直角であったり、鈍角であったりすることがある。

命題12　円の大きさはそれの直径の自乗に比例して異なるのではなく、またそれらの弧は直径に比例して異なるのではない。

ここで可視的形象の幾何学の見本をいくつか提示したのは、視覚によって精神に示される形象の、明晰で判明な概念を読者に与えるためである。さらにこれらの例は、私が以上で想定したことが正しいことを教える。とくに次のようなことなどがそうである。われわれが視覚の直接の対象としているものは、通常の幾何学が扱っている形象や延長とは違うということ、幾何学者が図形を見て命題を証明しているとき、彼は可触的な形象の記号であり表現であるに過ぎない図形を見ているということ、彼は後者には一切注意を払うことなく、前者だけに集中していること、そしてこの二者が異なった性質を持っているため、彼が一方について証明したことは他方には当てはまらないこと。

しかしまた球面上の極小部分が平面上の極小部分と感知できるほど異なっていないのと同様、可視的な延長の極小部分は、長さや幅の点で、触覚の対象とほんのわずかしか異ならないことに注意しておくことも必要である。同様に次のことも知られる。人間の目は、一目ではっきりと見分けられる対象が視空間の小部分しか占めないようにできている。なぜなら目の軸から［横方向に］かなり離れたものは、はっきりと見えないからである。そしてそのため、大きな対象を一目で見るとき、目はそれから非常に離れていなければならないので、その対象は視空間の小部分を占めるに過ぎない。これらの観察から、一目で見られる平面上の形象は、それが目に対して斜めではなく正面の位置にあるなら、その形象を目に表現する可視的形象から少ししか異ならないことがわかる。可触的な形象のいくつかの線の間の比は、可視的形象の線の間の比と非常に近い。そして一方の角は、厳密に数学的に言えば同一ではないとはいえ、他方の角にほぼ等しい。したがって、多くの自然の記号が、それが意味する事物になんら類似していないにもかかわらず、可視的形象はそうではないのである。これらのすべての場合、図面や輪郭図とそれらが表すものとの間の関係と同様の関係が、意味するものと意味されるものとの間にある。そしてある場合には、記号と記号が意味するものは、どのような意味でもまったく同一の形と比率を持っているのである。もし視覚以外にどのような感覚も持たず、彼が見ているものについて思いをめぐらし、推論することができる存在を考えることができるなら、このような存在が持っている観念や哲学的な考えは、われわれが視覚だけから得る知覚を、他の感覚によって生じる知覚から見分けるという困難な課題の役に立つかもしれない。そこでそのような生物が存在するとしてみよう。そして視覚の対象について彼がどんな観念を持ち、彼がそれらからどのような結論を引き出すかをできるかぎり思い描いてみよう。自分のそのような体の仕組みのために、彼もわれわれのように、視覚的な外観が何か他のものの記号だと考えると思ってはいけない。それによって意味されるものがないのだから、それは何かの記号ではない。したがってわれわれは、彼がわれわれが可触的形象や延長に対してそうしているような形で、可視的形象に対すると考えなければならないだろう。

さまざまな形象が彼の感覚に示されると、疑いなく彼はそれらに親しみ、それらを相互に比較し、それらの異同を知覚する。彼は視覚の対象が長さや幅を持っていることを知覚するかもしれない。しかし彼は三次元の観念を持つことができない。それはわれわれが四次元についてそうできないのと同じである。あらゆる視覚の対象は直線か曲線で区切られている。そして同じ可視的線で限られた対象は、同じ場所を占め、視空間の同じ部分を満たす。ある対象が他の対象の後ろにあるとか、近くにあるとか、遠くにあるとか考えることは、彼にはできない。

三次元を考えるわれわれにとって、ある線は直線としてとらえられる。あるいは線は一つの次元ではまっすぐで、他の次元では曲がっていると考えることができる、あるいは最後に、二つの次元で曲がっていると考えることもできる。線を上下に引いてみるとしよう。その長さは上下と呼ぶ次元を形作る。そしてまっすぐか、曲がっているかであろう二つの次元がまだ残っている。そして右にも左にも曲がっていないなら、それはその次元でまっすぐである。一つの次元で右か左の方向にまっすぐであっても、線は残る一つの次元で曲がっていることができる。というのは、線は前か後ろに向かって曲がることができるからである。可触的な直線を考える場合には、われわれはそれがどちらの次元についても曲率を持っていないとしている。そして考える場合にそのものの概念から除外されているものは、それを含んでいると考えられるものと同様に、考えることができるものである。したがって直線を考える場合、この三次元のすべての直線性が考慮に入っているか、二つの次元での曲率が除外されているのである。

われわれが想定している存在は、二次元以上の次元概念を持っていない。この二つのうち長さが一つの次元であるから、残り一つの次元以外では、まっすぐか曲がっているかを考えることは不可能である。したがって彼の直線の概念では、左右への曲がり具合が除外されているのである。しかし前後の曲率は除外されない。彼はそもそもそういう曲がり方の概念を持つことができないからである。こうして、われわれの目にとってまっすぐであるような線が、それ自体にもどってくるという理由がある。なぜなら目にとってまっすぐであるということは、たんに一つの次元でまっすぐであるということしか意味しないからである。そして一つの次元でまっすぐである線は、他の次元では曲がっているということがありうるのであって、自分自身にもどってくることもありうるのである。

三次元を考えるわれわれにとって、表面は長さと幅があり、厚みのないものである。そして表面はこの三つ目の次元について平坦であったり、曲がっていることができる。こうして三次元の観念がわれわれの表面の概念に繰り入れられる。なぜならこの三次元についてのみ、われわれは表面が平坦か曲がっているかを見分けることができるからである。そして他の二次元のどちらもが、三つ目の次元なしには考えることができない。

われわれが想定する存在は三つ目の次元の概念を持たないので、彼の視覚的形象には長さや幅があるが、それに厚みが加えられることはなく、またそれから排除されてもいない。なぜならこれについては、彼はどのような概念も持たないからである。したがって、視覚的形象が長さや幅を持ってはいても、その面は平坦でも曲がってもいない。というのは、曲がった表面は第三番目の次元での曲率を意味しており、平坦な平面は第三の次元に曲率があることを意味しているからである。そしてこのような存在はこのいずれをも考えることができないので、彼は第三番目の次元の概念を持っていないのである。さらに彼は角をなす二つの線の傾きの判明な概念を持っているが、平面上の角や球面上の角の概念を持つことができない。点の観念でさえ、われわれのそれより明確ではない。われわれは点の観念から長さ、幅、厚みを除外するが、彼は長さと幅を除外するだけで、厚みについてはそうすることができない。彼は厚みの概念を知らないのである。

以上のように、このような存在が数学的点、線、角、図形について形作るだろう観念をはっきりさせると、これらを比較し、それらについて考察することで、彼はそれらの間の関係を発見し、自明の真理の上に幾何学的結論を建設することができるだろう。疑いもなく彼はわれわれと同様な数の観念を持ち、算術の体系を作り上げるだろう。どのような順番で彼がそうしていくか、それにどれほどの時間と労苦が必要かなどについて語る材料はない。しかしこのような存在が理性と才能によって、視覚以外からどのような素材を得ることもなしに何を発見するかについて、われわれは語ることができる。

可能なものごとの細部を考えることは、どんな薄弱な根拠を持つ事実についてそうするよりもはるかに困難なので、私はここでヨハンネス・ルドルフス・アネピグラフスの旅行記からの抜粋を示しておきたい。彼は薔薇十字団の哲学者であり、オカルト学の深い研究によって、自らを月世界のさまざまな地域へ移動させる術を身につけ、そこに生きるさまざまな生命との会話を行ない、その結果として、私が想定するのとまったく同一の秩序に親しむことになったのである。

どのようにして彼らがお互いの感情を伝え合うか、またどのような方法で彼が彼らの言語を習得するにいたり、彼らの哲学に踏み入ることができるようになったのかなど、さまざまな風変わりな事柄は、読者の好奇心を喜ばせるかもしれない。そしてあるいはそれによって、彼が自分がその報告者であるにふさわしいと思わなかった事柄の信憑性を高めることができるかもしれない。

彼によれば、彼らの哲学は次のようなものだった。

「イドメネア人たちは」と彼は言う。「多くが才能に長けていて、瞑想に耽っている。彼らは算術、幾何学、形而上学、自然学の発達した理論を持っている。とくに形而上学と自然学については、彼らは非常に多くの精密な議論を展開して、さまざまな学派に分かれている。しかし算術と幾何学については、人間と同様に一致した見解を持っている。彼らの数と算術の原理は、われわれとはまったく異なっていない。だが幾何学はかなり異なっている。」

この著者のイドメネア幾何学の説明は、すべてがすでにその一端を示した可視的形象の幾何学と一致するので、これについては省いておこう。彼は続ける。

「色と延長と形は物体の本質的な属性と考えられている。重要なある学派は、色が物体の本質だと見なしている。もし色がなければいかなる知覚も感覚もないだろう、と彼らは言う。色だけが、われわれが知覚しており、またそうすることができる唯一の、物体に固有のものである。延長と形は物体と真空に共通する様相である。もし物体を消し去るとすると、色のみについてそうすることができる。というのは、物体がある場所と、その場所の形象と延長とは存在し続けなければならず、それが消滅することは想像できないからである。これらの哲学者たちは、空間があらゆる物体の場所であり、不動で不滅であり、形を持たず、あらゆる部分が同質であり、増減しないが、計ることはできるとしている。というのは、あらゆる空間の部分は、その全体に対して有限の比を持っているからである。したがって空間の全体は長さと幅を持つあらゆるものの自然の尺度であり、あらゆる物体と形象の大きさは、この宇宙の一部であることによって表現される。同様に、長さの共通で自然の尺度は無限の直線であり、それは前に書いたように、自分自身にもどってきて、端を持たないが、他のあらゆる線に対して有限の比を持っている。

彼らの自然哲学については、多くの人々がいまだ未発達な状態にあることを認めている。哲学者たちは、物体が互いに区別されるのは色と形と大きさについてだけであり、それらの特徴的な性質は、これら三つの本質的属性の組み合わせ方から生じるとしている。そしてそのため、自然哲学の目的は、どのように自然のすべての現象が、これら三つの属性の異なった物体の中でのさまざまな組み合わせから生み出されるかを示すことにある、とされているのである。この考え方からは数限りない哲学体系が生み出され、際限のない論争が長い間戦わされた。それぞれの体系の信奉者たちは批判する相手の弱点を暴きだし、自分たちの体系の弱点を大変巧みに取り繕っているのである。

最後には、果てしなく続く論争と、体系の弱点を取り繕う労苦がいやになった何人かの自由で軽妙な精神が、自然の造形の微妙さを嘆くようになった。彼らによれば、物体の形や色や大きさはいつまでも変化し続け、これらの外見を説明することは困難を極めるので、事物の原因を探究することは無駄で徒労に終わるという、あらゆる研究を放棄する口実を与えるのである。

他方自然哲学は、通常のイドメネア人にはない何ものかを備えた偉大な天才と見なされているある人物によって、灰からの復活を遂げた。彼はイドメネア人の能力は思索に適しているのだから、誤った体系や、学者の誤謬などに費やすよりも、自然の造作の解明に向けられるべきだと主張した。そして自然の事物の原因を明らかにすることの困難さをよく理解して、自然現象の精確な観察によってそれらが生じる法則を見出し、その法則の原因そのものは問うべきではないとした。この点で彼は自身でもかなりの業績を達成するとともに、帰納主義的哲学者と自称することになった彼の後継者たちに、多くの研究計画を残したのである。懐疑論者たちはこの勃興する学派が自分たちの名声を傷つけるとしてねたみの目で見て、彼らの帝国の前進を阻もうとしたが、どうやって攻撃したらいいのか、途方にくれた。民衆は彼らが有益な発見を行なっていると評価するようになった。

あらゆるイドメネア人たちは、複数の物体が同じ場所を占めることが可能だと固く信じている。このことは彼らの感覚が実証するため、そもそも彼らが知覚を持っているかどうかということと同等に、疑う余地のないことなのである。彼らはしばしば二つの物体がぶつかって、可感的な性質のどのような変化もなしに浸透し合い、一つの場所に共存するのを目撃する。二つの物体がぶつかり、同じ場所を占める際には、通常一つだけがその場所に見え、他の一つは消滅する。見え続けている物体は『征服物』と呼ばれ、消える物体は『被征服物』と呼ばれる。」

このような物体の性質に彼らは名前を与えるのだが、著者はそれがどのような人間の言語にもない言葉だと言う。そしてしたがって、ここでは省略する長い弁明を行なった後で、彼はそれを物体の可征服的性質と呼ぶにいたる。彼は次のように主張する。「この特定の性質について行なわれた思索と、それを説明するために考案された仮説の全体は、何巻もの大きな書物に値するほどである。また大きさや形の変化を説明するために考案された仮説の数も、それに劣るものではない。彼らは動いている大半の物体が絶えず変化するのを知覚する。イドメネア人の経験主義の創設者は、以下のようなことがイドメネア人の能力を超えていると信じている。それは、これらの現象の真の原因を見つけ、それらがどのような法則にしたがって連関しているかを、観察から発見したことのみによって理解して、つねに経験によって確証される、運動と大きさと形態と物体の可征服的性質との間に数学的比例関係を確立することなどである。しかしこの学派に対する反対者たちは、それらが支配されている真の法則は説明不能であると謙虚に告白するより、これらの現象を曖昧な原因に帰することで満足しているのである。」

ヨハンネス・ルドルフス・アネピグラフスについてはここまでにしておこう。このアネピグラフスが、ボリキウスやファブリキウスのような、ギリシャの錬金術についての著作家たちが記録している、いまだ著書が出版されていないあの人物と同一であるかどうかについて、私は知ったかぶりをすることはできない。名前の同一性と研究内容の類似性があり、いくばくかの議論がされているとはいえ、いまだ決定的な結論は得られない。また私はこの教養ある旅人の叙述の特徴が、筆者がその人であるという外的なしるしになると判断する気もない。私はむしろ批評家たちが内的なしるしと呼ぶものに議論を限定しよう。またイドメネア人が実在するかどうかも、たいして重要なことではない。そのことは学者たちの間で、われわれにもっと関連した問題について論じられてきた。重要な問題は、以上の議論が彼らの幾何学と哲学の説明となるかどうかである。われわれ人間は彼らが持っているすべての能力を持っており、その上彼らに欠けている能力も有している。したがってわれわれは、視覚によって得られる知覚と、それについての推論を他のものから分離することで、彼らの哲学と幾何学についての評価を下すことができる。こうすることができる限り、彼らの幾何学はアネピグラフスが描いたものと同一であると私は判断するのである。もちろん疑いなしにここには、旅行者に許された記述の自由さや、彼らが陥りやすい、意図的ではない誤りがあることも確かなのだが。

（訳：長尾伸一）

＊バークリーと違い visible figure はリードにとって、ユークリッド空間内に存在する形象が、眼球との幾何学的関係によって視覚的に現象する仕方であり、客観的実在であって精神の中の存在ではないと訳者は解釈している。この点については現在も論争が続いている。だが一八世紀にはガリレイの相対論はよく知られていて、動いている観察者の眼に映る見かけ上の運動の理論は、ジェイムズ・グレゴリーやジョン・キールの天文学の教科書で解説されている。リードはこれを熟知していたはずだった。列車の乗客の目に車が現実以上に速く走り去るように見えるからといって、物理学者は車の運動が乗客の心理の内で生じているのだとは考えないだろう。バークリーとは対照的に、リードは哲学者である前に科学者だった。visible にはそのため可視的形象等という、こなれない訳語をあてた。

B　ユートピアの体系についての考察

＊[――]で区切られた部分（本論）の前と後をつないだものが「政治的革新の危険性に関する省察」である。

政治学には極めて明確に区別され、決して混同されてはならない二つの問いがある。第一は、抽象的に考えた場合、人間性の向上と幸福の増進にもっともかなった政治社会の形態、制度とは何かという問いである。

第二は、現実に存在し、存続している統治形態が、どのようにしてより適切と思われる形態へと変革できるかという問いである。

この第二の問いに理論的に答えるのは難しく、実践上では極めて危険である。そうしようと試みる者にとってだけでなく、社会一般にとってもそうなのだ。

あらゆる統治の変化は、突然で暴力的であるか、漸進的、平和的で合法的であるかのどちらかである。

統治の暴力的な変革は、それを達成するために用いなければならない手段とその不確実さを考慮した場合、賢明で人間的なすべての人に不安を抱かせるに違いない。

そのような変革とは、成功すると信じて、権力を持っている者の手からそれを奪おうとすることだが、そうできるかどうかは確かなことではない。暴力的な動乱の後で、権力がよりわれわれの心にかなう者の手に入るかどうかは、さらに不確かである。

こうした変化を引き起こす手段は、策略、陰謀、扇動、反乱、内戦、殺戮、虐殺などで、その際には責任のあるなしにかかわらず、人々は被害をこうむる。

仮に徹底的で突然な統治の変化が、以上の暴力的手段抜きで引き起こされるとしてみよう。それは権力者が自ら権力と責任を放棄し、国民に新しい統治形態を選ばせるという、奇跡的なことが起きた場合である。また国外の敵がこの無政府状態を利用することができないという奇跡も、同時に起きたと仮定してみよう。

古代ギリシャのように非常に小さな都市国家が専制君主を追放したとき、人民は公共の利害のために協議しただろう。一般的にこの協議の議題は、政治的知識の点で人民より優れ、賢明で公平無私な人物を選出すること、そしてその人物に、人民のための統治の仕組みを形作る権限を与えることである。これは人民が選択できる最も賢明な方法だろう。なぜならその大部分が無知である民衆と、その大部分が私欲や野望につき動かされている教養ある人々では、よい統治のモデルを一挙に創設することはできないからである。

しかし巨大な国家の国民が協議のために一堂に会することはできない。したがって彼らは、別々の地域から代表者を選出しなければならない。だがこれより先に、地域の数と境界、有権者と候補者の資格、選挙の形態と方法が確定されなければならない。すべての権威から解放され国民が無政府状態であるとき、こうした準備がどのようにして決定されるのか、という問いに答えることは難しい。

この難点が幸運にも解決されるとすれば、地域の有権者は代表者を選出するために集まるだろう。有権者のすべて、あるいは大部分が、国家の利益に対する純粋かつ公平無私な関心のみにしたがって投票すると、われわれは考えるべきだろうか。このような仮定を容認する者は、人間本性をよく知らないだろう。私たちは長い経験から、このような選挙がどうやって行なわれるかを知っている。貧しい有権者は空腹や財布を満たされ、負担が軽くされなければならず、彼らの主人は慰撫されなければならない。富裕な者については、個人的な愛着や交友関係が十分に利用され、あるいは彼らに都合のよいことが行なわれたり、そうすると約束されたり、そうなるという期待を彼らが持たなければならない。おそらく聡明かつ完全に公平無私な有権者は存在するが、彼らが全体に対する割合は小さすぎて、考慮に値しないと思われる。

こうした人々が有権者であるなら、候補者とはどういった人々だろうか。彼らは地域で最も賢明で、最も善良な人物であることが望ましい。しかしそうなると期待できるというより、むしろそうなることが望ましいだけなのである。彼らは自身に過半数の票を投じた選挙民への報償を与える力を持ち、これを実行する人間でなければならないことは明白である。そうでなければ、彼らの権威は笑いものになるだけだろう。

こうした事柄を回避するために代表者の集会が行なわれ、全員一致あるいは多数決によって政治体制が決定されたと考えよう。こうした制度がこの議会の専制的権威によって国民に強制されるべきなのか、あるいは再び人民の選択に委ねられるべきなのか、私は判断することができない。そのいずれからも生じうる、さまざまな危険を列挙することも控えよう。先に示したようなあらゆる好都合な仮定をしたとしても、このような政治を確固として安定した状態に導くことは、長い年月を要する大仕事であるに違いないと思われる。

というのは、統治がいくらかでも容認できるようなものであれば、その安定性は、主にそれが継続した年月の長さに依存するだろうからである。私たちの祖先が幾世代にもわたって縛られてきた慣習や習俗は、合理性や効用とは無関係に権威や尊厳を獲得する。気候や人民の独特の性質というより、こうした人間の性向のため、非常に不完全な統治形態であっても穏やかな統治によって幾世代も続き、年月という権威を獲得すれば、それが極めて専制的になった後でも存続し続けるのである。政情不安を生み出すような耐えがたい不満が感じられるとき、その原因は統治形態でなくそれを管理する人々の過失に帰せされる。したがってトルコでは大臣や宗教権威者、時にはスルタンの犠牲によって、統治形態を変える試みなしに騒動が鎮められる。同様に、すべての古代の政治的著作家が認める以下の原理は、古代人の統治形態の古さに対する敬意に帰せられるべきだろう。それは、征服か反乱によって政府が転覆された際、新しい政府を打ち立てる最も安全な方法は、事を運ぶ際の古来の手順と、古い役職の名を可能な限り残すことだというものである。

これまで述べてきたのは、暴力的で突然起きる統治形態の変化についてである。これらの議論全体の結論は、以下のようになる。こうした変革を試みるのは危険であり、その必要性も不確かで、変革を起こすための手段は恐ろしく破壊的である。したがって変革にとって極めて好都合な環境のもとであっても、賢明で善良な人々がそれに加担するのは、それが非常に悪い統治形態であるからに違いない。新しい家を望む住人たちは、古い家が解体され再建されるまで家族と財産を外に持ち出すのだが、この場合と古い統治は同じではない。古い統治が解体される場合、それはわれわれの耳元でそうされるのだ。再建が頭上で行なわれるという危険も、われわれは受け入れなければならない。

しかし突然でも暴力的でもなく、漸進的で平和的かつ合法的な変化もあるだろう。賢明に考案された新たな法と法令は、制度の欠点を修正して不満を取り除き、人々の幸福を促進するかもしれない。

だが以下のことも当然考慮されなければならない。人間の英知は限られており、予測できる範囲も限られているので、最善の意図によって制定されたときでさえ、新しい法が意図され期待された効果を常に生み出すとは限らない。それはよい効果を打ち消すどころか、かえって害悪とさえなるような、予測できない不都合をもたらすかもしれない。こうした理由から、このような変革は性急に行なわれるべきでないばかりか、良い助言を得、十分な理由があるときにのみ行なわれるべきである。

こうした平和的手段によって制度を修正する技術と能力を持った人間は、確かにすべて国民の賞賛に値する。出版と請願の自由と、人民の立法への参加を認め、このような修正を受け入れる能力に比例して、すべての制度は欠点が補われ、誤りが正されていくのである。

こうした点で、イギリスの制度が知られる限りあらゆる制度に優っていると考え、われわれは自らを慰めることができる。

一六八八年の革命時に起きた変化はまさに暴力的だったが、必要でもあった。それは立法府のたった一部門だけに影響を与えたのであり、神の善なる摂理によってあの革命は、一般的に伴うと予想されるよりも少ない害悪だけで成し遂げられた。それ以来、私たちは革命を経験していないが、新しい法が制度を改善し、国民の繁栄を大いに促したので、漸進的で平和的な変化を経験してきたのである。

［――――――――――――］

実際に存在する統治の暴力的あるいは平和的な変化について、ここまで多くを論じたので、次に私が主にこの論説で意図していた、人間性の向上と幸福に最も適した政治社会の形態は何かという問題を、理論的に検討することとしよう。

これは純粋に理論的な問題である。この目的に最も合うと理論的に考えられた統治が、特定の国民には実行できなかったり、あるいは実在するどの国民にとってさえ、実現不可能かもしれないからである。

政治学の純理論上または実践上の主題である人間は、それぞれ二つの観点から考察されるだろう。人間は第一に理論的な政治学の対象であり、第二に実践的な政治学の対象である。まず人間はスコラ哲学が言う法の本性上で、自然によってつくられた存在として考察されるだろう。それはさまざまな欲求と情熱とともに、理性と良心の種を持ってこの世に生まれた人間である。欲求や情熱は、心の内外からの誘惑によって、たびたび人間を誤りに陥らせたり、間違った行為に引き込んだりする。人間は正しい教育とよい統治によって、知識と美徳を著しく向上させることができる存在である。他方では欲求やこれらの手段の欠落によって、野蛮化したり、非人間的な残忍さへと転落することもできる。これが自然人であり、純理論的な政治学の対象であり、この論説の中で議論されるべき主題である。実在する国民の統治を打ち立て、方向付ける実際的な政治家は、自然状態の人間ではなく、教育とその中で彼らが生きている社会のあり方によって、習慣や気質を身につけた人々を対象としなければならない。彼は彼らの習慣や気質を根底から変えてしまうことはできない。習慣や気質は、第二の人間本性と呼ばれるべきものなのだ。統治の原理は人間の第一の本性と同様、この第二の本性にも対応しなければならない。

このたんなる思索的で空想的な議論にわれわれが注意を向ける目的は何か、と問われたとしよう。純理論的な議論を人間の知識から排除すべきではないからである、と私は答える。それらは概念を発達させ、知的能力を強化する。思索は知的能力に対して、ちょうど身体の運動が身体の健康と強さと機敏さを増進するのと同じような効果を与える。加えて、政治的議論が全階級の間で大流行している現在、純理論的な問題に頭を使うことは、彼らの実践に影響を与えるようなことを考えるのと同様、おそらく多くの人々のためになるだろう。

社会での人間の行為は、宗教と徳の原理のみによって一律に導かれることが望ましいと思われるかもしれない。だがそう期待することはできない。もしそうだったなら、市民政府は必要なかっただろう。国家という建築物の材料は人間である。この「人間」とは、人間のあるべき姿ではなく、実際に存在する人間であり、理性と感情、徳と悪徳の両者からできている。人間本性は以下のような状態にある。人間社会に幸福と安らぎをもたらすためには、徳や宗教の原理はより程度の低い原理の助力と協力を得て、十分な影響を持ち、悪い行為から人々を隔離し、正しいことを行なうよう、人々を促さなければならない。

誤った行為は判断の誤りか、誤っているとわかっていることをするように人間を導く誘惑のいずれかに原因がある。何の誘惑もなしに悪のために悪を行なうという、まさしく堕落した人間が存在するなら、彼らは社会の一員となるにふさわしくなく、ただ抑圧と処罰の対象でしかないだろう。

以上から次のことが帰結する。文明化された社会では誘惑の数と程度に比例して犯罪が起こるだろう。悪い行いが最も少ないのは、市民が自らの義務を適切に教えられ、悪を行なう誘惑が最も小さい社会である。

だが社会の幸福にとっては、人間が悪を行なわないというだけでは十分でない。彼らは善を実践しなければならない。そして彼らの勤勉と活動によって、幸福に必要な共有財産が増やされる。

社会の幸福に必要な活動へと人間を駆り立てるためには、美徳と信仰の原理を補助する人間本性の下位の原理が必要だが、それらのうちで、公の評価、名誉、地位への愛が最もこの目的にふさわしい。それは明らかに、貨幣や私的利益への愛よりは寛大で高潔な原理である。またそれはより徳に結びつく。人は誠実な手段でも不誠実な手段でも富を得ることができるが、評価を得るためには、彼の行為は誠実であり、称賛に値するものでなければならない。評価は功績に対する当然の報いであり、人間誰しもが評価されようという強い欲求を持っている。すべての人の功罪が公に知られて、そしてそれにつりあう公的な名誉や不名誉が人生を通じてつきまとい、死ぬまで離れないとする。このように強い誘惑があっても、人間が勤勉や活動に駆り立てられないと考えることは難しいだろう。

以上のことから私の考えでは、政治社会の最良の形態では、一般的に以下の三つが同時に生じると結論できる。第一に、市民の心の内で美徳と真の信仰の原理を強固にし、何が善で何が悪か、何が名誉で何が不名誉かを彼らに知らせるため、最も効果的な手段が使われること、第二に、悪い行為や犯罪への誘惑ができるだけ少ないということ、そして第三に、公の評価と名誉と地位が、実際の功績にできるだけ正確に対応していることである。

もしそうなら、純理論的な意味での政治的知識は、これら三つの目的を最も効果的に達成する手段の知識となるに違いない。

第一の、人々を啓発して善悪を分別させ、彼らの心の内で真の信仰と美徳の原理を強固にすることは、確かに政治的統治で非常に重要なことだと私は考えるのだが、それは今までより高い目的、すなわち来世の人間の幸福に関連して非常に頻繁に論じられてきたので、ここでは扱わないですましておく。それを国家の動力として考えれば、信仰の品位を下げるのではないかと私は恐れるのである。

そこで悪い行為への誘惑が最も少ないような社会の状態、もしくは秩序とは何かを考察しよう。そして私には、この点でトマス・モア卿のユートピアの体系が、他のすべての体系より優っているように思われるのである。

この体系に私的所有が存在しないことは、よく知られている。そこではわれわれが「財産」と呼ぶべきすべてが、国家という一つの家族の共同の利益のために、国家の管理下におかれている。

この統治は実際、純粋に自然に生まれた仕組みと言える唯一の統治である、家族の家政に似ている。それ以外のすべての存在する統治は人工的で、人間が考案したものである。

人間が労働によって生計を立て、また国民が安楽に生きるためにある量と種類の労働が必要なのは、自然の決まりである。この労働によって、われわれが財産と呼ぶもののほとんどすべてが生産される。そして労働は二つの方法で規制できる。すべての労働者は、自分自身と家族のために、必要や欲望によって促されるままに労働し、自身の労働生産物の所有者となる。あるいは全員が国家全体のために労働し、彼らの労働生産物は共通の蓄えに編入され、すべての市民は自身の欲求に応じてそこから供給を受ける。

最初の体系は私的所有の体系と呼ばれ、あらゆる国で見られる。第二の体系はユートピアの体系と呼ばれ、私の知る限りこれは、どのような大国でも実践されていない。それは世俗世界から隠居し、自らの労働によって生活する修道士と僧侶の社会で、さまざまな時代に実践されてきた。それはこの世での神聖な職務に従事している間は財産を共有していた、救世主と一二使徒によって実践された。そして救世主の昇天後、最初のキリスト教徒たちはあらゆるものを共有し、土地や家を持つキリスト教徒はそれらを売って、対価を使徒の足元に置き、分配は諸個人の必要に従った。キリスト教徒が数千からなる大集団に成長すると、共有財産を管理し分配するために七人の助祭が選ばれた。そしておそらく、キリスト教徒間で行なわれたこの財産共同体を終わらせたのは、ユダヤ人迫害によって、彼らがさまざまな国に散らばったためである。

この体系はまたイエズス会士たちによって、パラグアイの広大な地域に建設された。彼らは強制することなくただ善行によって、未開の人々をこの専制的な権力に従わせた。穏和ではあるが専制的な権威によってこの国を統治したイエズス会士は、南アメリカのさまざまの地域で大規模な貿易を行ない、臣民一人当りにつきスペイン国王に一ピアスタを支払ったのだが、世紀半ばに達すると、臣民の数も四〇万を越えたと言われる。しかし臣民たち自身は貨幣も財産も持たず、貿易も行なっていなかった。パラグアイにおけるイエズス会士の統治はおよそ一五〇年間続き、イエズス会士の社会が完全に崩壊したときに終わったのである。

ユートピアの体系では、人々は食物と衣服を公的に与えられ、欲求が公的な供給によって満たされる。そのため人々の労働は公的に指揮され、生産物が量と質の両面でそれに十分であるようにならなければならない。さまざまな職業に従事するすべての労働者は、訓練され、指導され、監督されなければならず、正規の官吏が彼らの労働生産物を受け取って貯蔵しなければならない。

これらを実行する手段は後に考察する。まず初めにわれわれは、この体系がもたらすものが社会の幸福にとって重要であるかどうかを考えるべきである。国民一人一人が欲求を公的な供給によって満たされ、彼らの労働生産物が共通の利益のために公に蓄えられるような国を考えてみよう。私的所有の体系で生じる誘惑に比べ、そのような国では悪事や犯罪への誘惑が小さいことを私は立証しようと思う。

貨幣愛があらゆる悪の根源だというのは、最も権威ある格言である。もちろん他のことわざと同じように、これにも例外があることを承知しておかなければならない。しかしあらゆるキリスト教徒がその正しさを認めている事実は、当てはまる場合と比べ、この格言には例外がほとんどないことを意味する。貨幣愛にまったく関係のない犯罪が存在するのは、おそらく疑い得ないだろう。しかし人間社会に見られる犯罪の大部分がこの根源から直接に、あるいは間接に生じる。貨幣愛が容認されたとき、どのようにそれが社会全体に蔓延し、社会全体を侵していくのかを考えれば、それは不思議なことではない。ところでこれに関して財産と金と富という言葉が、区別なく同義語として使われることを想起してみよう。それは貨幣があらゆる富の尺度であり、すべての富はその貨幣価値に従って売られたり買われたりするからである。富とは、貨幣かそれ以外の形での財産の余剰を意味している。

同胞たちの間で卓越し傑出したいという欲望は、生命と生活必需品への欲望の次に最も強い、人間の自然な欲望の一つである。生活必需品を得るために必ずしも彼の活動のすべてを使用しなくてもよいときには、それは最も強く、最も一般的で、最も永続する活動と努力のバネとなる。あらゆる文明社会では、この願望を満足させるのに、富が他の何にまして有利であると思われる。第一に、これらすべての社会で、富は知恵や美徳や学識や技術など、一人の人間が他より優れているあらゆることよりも尊敬されている。

第二に、富はほとんどの欲望を満足させる手段である。それらは権力の一種であり、すべての人間にとって欲望の自然な対象である。それは同時に、最良の目的と最悪の目的に役立ち、所有者とそれ以外の多数者に、幸福と悲惨の双方をもたらすだろう。それは悪人の場合、プライドと虚栄心と奢侈と官能を助長する。そして抑圧と復讐を誘い、すべての悪い情念を満足させる手段を供給する。善人の場合には、それは大変よい行いをする手段にもなるだろう。

第三に、富や、一般にそれから生まれ、それに伴う世襲の地位は、人間が子孫や家族に残すことができる唯一の、他者に対する優越性である。

第四に、富の獲得には才能も美徳も必要としない。そのためにあらゆる人が、この手段によって他人より秀でようとする。そのうえ他の手段ではそうすることを断念せざるを得ないような人々でさえ、それに加わるのである。

最後に、多くの情念はそれらの対象によって十分に満足させられるし、飽きることさえあるが、金銭への愛情は決して満足させられず、他の欲望が徐々に消えゆく老齢期においても増大することを付け加えておこう。

これらのことを述べたのは、私的所有がいったん認められれば、欲望とその追求と、そこから生じるすべての罪悪が普遍的に見られるようになり、社会のいたるところにはびこるのはなぜかを示すためである。

実際社会を広く見渡せば、貨幣の奪い合い以外に何があるだろう。財産を相続した少数者はそれによって己の荘厳さを示し、誰が自分の富を最も華々しく見せるかという競争を行ないさえするだろう。私的所有の体系の結果として、こんなことが人類の重要事になってしまうのだ！

ユートピアの体系は、大多数の民衆の欲求と社会にとっての有用性に応じて、貨幣全体が慎重に分配される体系として描き出せるだろう。私的所有の体系は、同量の貨幣を同じ大衆に無差別に放り投げ、それをめぐって彼らが争うままにする。

私的所有はつねに、そして必然的に、極めて不平等に分配される。時がたち、社会が進歩するにつれて、自然にこの不平等は拡大し、最後には国民の大部分が貧困によって打ちひしがれ、少数者に依存するようになる。彼らは富者のプライドと奢侈を満たし、生活必需品を購うわずかな収入をえるために、重荷を背負った獣のように労働しなければならない。それによってこの二者がともに腐敗するのである。大多数は奴隷状態に貶められる。そのため彼らはあらゆる寛大な感情を持つことを妨げられ、より臆病な人々の間にはあらゆる妬みと不満を、より大胆な人々の間には、窃盗と強盗と殺人と扇動と反乱とを生み出してしまう。

貧者が人間の自然条件よりはるかに惨めな状態に置かれているのに反比例して、富者は人間としては不自然に高い地位に登る。そしてそれは通常、富者個人の美徳や功績には何の関係もない。彼らは貧者が貧困によって腐敗するのと同じくらい、富によって堕落する。富が節度のない者を誘惑する悪徳を数え上げればきりがない。これらのことは理性にとって明らかで、経験的にもよく知られていることである。

また富に付随する優越性が、それ以外のより価値ある資質で人より抜きん出ようとする動機を極めて小さくしてしまうことも明白である。

すべての人間が抱く卓越性や高い地位への強い欲望は、社会的に尊敬される有用な行為へと自然に人間を駆り立てるため、至高の存在によってわれわれの内に植え付けられた。それが私的所有の体系によって、最も容易で確実な卓越性への道である貨幣愛へと歪んでしまう。これは私的所有の体系に当然帰する諸悪の中でも、大きな悪の一つなのである。

私的所有の体系ではすべての人間が個人的な利益を有するが、それは公共の利益とだけではなく、彼が関係し、交際しているどんな個人の利益とも異なっている。そこには政治体全体の利益と、すべての個人に固有な利益の二つがある。これらの個人の異なった利益は、相互に無数の衝突を生むに違いない。そして公共の利益はそれらすべての個人的利益とぶつかるのだ。なぜならほとんどの場合、公的なものは個々人の犠牲によって維持されるからである。

この利害対立から、公的なものに対する敵意と不満と反抗と党派争いと訴訟とが生じ、それらによって人間の持つすべての悪い情念がかきたてられ、満たされる。そしてそれにしたがって、公共精神とすべての自然な慈愛の感情が抑制され、批判され、衰退する。

ユートピアの体系では、公衆の利益と対立する個人の利益は存在しない。公的なものに対する配慮が、それに対立するものもなく機能する。口論や訴訟を生み出すような個人間の利益の衝突も存在しない。慈愛の感情の働きを阻害する、私利私欲に満ちた動機も存在しない。

私はユートピアの体系に特有な、人間を悪い行いに向かわせる誘惑があるとは思わない。したがって双方の体系に共通な誘惑を差し引くなら、以下に示すような、私的所有に不利なあらゆる誘惑が残る。それは文明化されて繁栄している国で生じる、財産を獲得したり、それを他人の侵害から守ったり、あるいはそれを使う際の誘惑である。またそれは大多数の人々にとっては貧困から生じる誘惑であり、少数の人々にとっては利益に対する貪欲な欲望から生じる誘惑、また他の一部の人々にとっては、他人の富が過剰であることから生じる誘惑である。

もちろん私は以下のことも認める。いま言及した誘惑ではなく徳と敬心の原理に導かれた人は、公正で正直な手段によって財産を得て、社会を傷つけることなくその財産を思慮深く平和に守り、そして節度を持って寛大に使用するだろう。しかしすべての政治的な論議では、人がそうするかもしれないとか、人が何をするべきかではなく、現実の弱々しくて腐敗した人間本性の状態で、人が必ず何をするかを考えなければならないのだ。われわれは日々の経験を通じて、利益の誘惑が義務感のみならず、隣人や友人、最も近しい血族、さらには公的なものに対する生得のよい感情を凌駕してしまうことを知っている。

これまで述べられてきたことから私は、ユートピアの体系では悪しき行為への誘惑が最も少ないことが明らかになったと考える。そこで私は以下の考察に進もう。それはこの体系では、個人の功績に対して与えられた社会的評価や名声や社会的地位が、社会の存続と幸福に必要なあらゆる労働や努力に対する十分な誘因になっているかどうかである。

そのためには国家の最大の関心事の一つとして、すべての臣民への正しい教育が行なわれ、そして教育は、資格を持ち、この任務の尊厳さと重要性に見合った地位と公的評価を与えられた人によって監督されることが、絶対に必要である。

人間に知識を持たせるのも無知にするのも一般に教育だが、彼を正しくするのも誤らせるのもまた教育なのである。これについては、われわれはまた別の格言の権威を借りられよう。すなわち、しかるべき方法で子どもをしつければ、彼は大人になったとき、その道から逸れることはない。

社会の最大幸福のためには、社会を構成する人々がそれぞれの持ち場で、そうあるべきように生きて年老いていくということ以上に、望まれるべきことはない。最も賢明な人々の考えでは、この目的を達成する適切な方法とは、彼らを正しく教育することである。正しい教育がなされないなら、いかなる統治の体系にも、すべての善良な人々が望むような完全で幸福な社会を期待することはできない。政治的組織の素材は、それが置かれる場所に応しいようにあらかじめ形作られなければならない。これらなしでは、この構成体の美しさも安定性もあり得ないのだ。

私的所有の体系の自然な成り行きとして、あらゆる国民の青年期教育は（言い伝えられている古代の国々のいくつかの例を除けば）、親の愛情と判断の下に置かれたままであるように思われる。あらゆる諸国民で、親のほとんどが貧困で無学であるため、大部分の住民に対する教育は、それが当然そうされるべきものから極めて異なっているに違いないこと、そしてまた彼らが社会で適切な役割を果たすために最も有効な方法が不足したままであることも、この体系の必然的な結果なのである。

ユートピアの統治では、市民の労働と努力はすべて公的に報酬を受けるので、彼らをその目的のために適切に教育することは、最も重要な公的関心事の一つであるに違いない。

古代でも現代でも教育に関して多くのことが書かれてきたので、それには触れないでおこう。私は以下の点を指摘するにとどめる。読み書きと算術を教え、身体の強さと敏捷性を育むさまざまな運動を教えること、さらにはラテン語やギリシア語や数学やその他哲学のさまざまな部門を教えること、社会にとって有益な特定の科学や有用な技芸の原理を教えること、これらがどれほどうまく実行されようと、それらは正しい教育の本体ではない。これらの知識のすべては本質的に両義的であり、持っている人間の性質に従って、社会の善にも害にもなり得るだろう。人間がよい慣習とよい気質を持つように陶冶し、悪い性質を抑制することこそが、正しい教育の真髄であり、精神なのである。人間に可能なあらゆる手段を尽くしてこれを達成するためには、人間本性に関する多くの知識と、不断の注意力と優れた気質と忍耐と勤勉が必要である。精神の病は身体の病と同様、素直で御しやすく、思慮深い方法によって治療し、軽減されることができる。

ユートピア社会で教育を担当する人々は、社会にとっての自身の有用性にしたがって、公的な尊敬と栄誉を得るべきである。公的な尊敬と栄誉は彼らの訓戒に権威を与え、彼ら自身を彼らによって教育される人々のお手本にする。自然は、社会的に役立つ身体と精神の素質を世襲させたり、特定の階級に固有のものとはしないので、いかなる地位の人々についても、このような素質の徴しは注意深く観察されて育成され、しかるべきときに適切に登用されるべきである。

あらゆる市民に共通して与えられるべき教育がある。それは彼らに人生の義務を教え、その義務の実践を促すことを教えることである。これに続いて、身体と精神のさまざまな素質と社会の必要に応じて、若い市民たちはそれぞれの職業の教育を受けなければならない。

あらゆる職種での労働はすべて公衆のためなので、それは公的に任命された役人によって監督されなければならない。そしてその役人たちは、彼らの管理下にある諸個人の勤勉や技術や道徳的行為を、上位の役人に定期的に報告する。

さまざまな職業や仕事が、実際の効用やその遂行に必要な能力に即して尊敬され、評価されないということは、私的所有の体系の大きな欠点である。最も有用で必要な仕事は評価されず、実際にも、それに値しない。なぜならそれらは私利私欲のためだけに引き受けられるからである。職業が公的な効用を持つのは偶然でしかなく、それを行なう者の目的ではない。すべての人々がそれぞれ己れの天職であるような労働を行なうユートピアの体系では、労働は自分自身のためではなく、公共の利益のためである。そのため人々は、彼らの労働がもたらす公的な利益と、労働を行なう難易度に従って、適切に評価を与えられる。

そのような社会では、すべての職業と仕事には、それらの社会的な効用と、それを果たすために必要な能力に比例して与えられる地位を示す、名誉の尺度がなければならない。それにしたがって、すべての人々によく目立つ記章と衣服が与えられる。それによって会合の際に、彼らの地位と尊厳の度合いが観察されて、周知されることになるだろう。

すべての職業と仕事には卓越と熟練の異なる段階があるので、ユートピアの体系では、これらの位階が競争や努力を刺激とするために用いられるべきである。学術では大学学部在籍生、学士、修士または博士の学位がある。それらが人々の勤勉さを促すのに役立つのであれば、すべての仕事にこのような称号が与えられない理由はない。ユートピア社会はこれらを欠くべきでない。このような社会では、公的な尊敬や名誉を得たいという欲望は、美徳の原理に次ぐ、国家という機械の全体を動かす巨大なバネである。すべての人々をそれぞれの立場で公的な善に向かわせるために、公的な名誉への多数の道が存在すべきである。

この理由から、前に言及した公的な栄誉の種類や段階に加えて、今まで述べてきたことには含まれないようなことについても、何らかの意味で極めて社会の役に立つ人々のために、さまざまな社会的有用性の序列があるべきである。例えば国家の中での責任と権威に基づく栄誉と尊厳を、これらに加えてみよう。それらは多種で、それぞれにさまざまな段階があるに違いない。そのような国家には、他のいかなる国家よりも多様な地位があるだろう。そしてこれらは富や世襲によって、つまり自然でなく人工的な制度に基づいて区別されるのではない。それらははるかに自然な方法で区別されるだろう。すなわち生得の、あるいは獲得された能力と、公共の利益への貢献に、同胞市民から与えられる権威と信用に従って。

飲食時の贅沢と不節制はどの階級でも悪徳だが、私的所有の体系ではほとんど抑制されない。ユートピア国家でそれがどのように抑制されるかは明らかなので、ここで述べる必要もない。すべての生活必需品は人間に健康と強靭さをもたらすようなものであるべきであり、労働のためにそれを大量に必要とする人々に対して、最も自由に与えられるべきである。この点以外には、これについては市民の間にどんな違いもないだろう。

しかしトマス・モア卿の考えとは違い、壮麗で荘厳さを示す使用人や馬や馬車や家や家具の所有が、ユートピアの体系と相容れないとは私には思えない。

そのような名誉が生前か死後に、功績への報酬として国家から与えられるとする。それは国家が与えることができる最も実質的な報酬であり、より低い地位の人々の敬意を生み出し、同じような功績を達成するように他の人々を動機付けるだろう。

壮麗さや荘厳さが有用性と無関係に富によってのみ生み出されるような場合には、それは所有者の高慢さと尊大さを満足させ、富を獲得できる人々の間で貨幣愛を増長させ、富を得られない人々の間に羨望と怨恨を生み出すのである。

「召使い」という語は他者への依存という、人間の品位を損なう観念を伴い、ユートピアの市民の尊厳には不適当なので、ユートピア国家では、彼らを世話役とか補助役と呼ぶべきだろう。地位の高いあるユートピアの住人が名誉のためか、または有用な目的のために何人かの世話役を与えられた場合、彼らは彼と同様に国家公務員なのである。彼は世話役たちより地位が高いだけなのだ。彼らは自身が仕えている人物に依存しているのではなく、国家に依存し、そして彼ら自身の社会に対する有用性に即して生計を立て、報酬を得ているのであって、それについては、彼らが仕えている者とまったく同様な状態にあるのだ。彼らはユートピア市民が有しているすべての権利を持っており、したがって世話役であっても人間としての品位を損なうことはない。

私は次のことを示すために、以上の議論を続けてきた。すなわち適切に教育されたユートピアの市民は、自由な生活を保証され、社会に対する有用性に比例した公的評価や名誉や地位を与えられることによって、私益という動機なしに、それぞれの立場で公共の利益のために努力する十分な動機を持っている。

これらの動機によっては、怠惰や不精やその他の悪い性向が克服できないほどに堕落した人々がいても、ユートピア国家は彼らに対する手段を持っている。それは不名誉と恥辱である。そのような人々は、不名誉と恥辱の徴しを持つよう強制されることもある。それはちょうどその他の人々が、威厳と名誉の徴しを持つのと同じである。

名誉と不名誉のどちらもが、社会の中で自分たちの役割を果たす動機にならないような、非常に悪い本性の人々が存在するとすれば、彼らに対しては、他の国家と同様に刑法や処罰が用いられる。それらはユートピア国家では、彼らにだけ適用されればよい。そうした人々は奴隷の気質を持っており、その状態に貶められなければならない。彼らにはユートピアの市民と呼ばれる価値はなく、またそうなることもできない。

ユートピア国家では、臣民が他人や外国人と取引できないのは明らかである。しかし国家は商業的であり得る。国家が国民のすべての蓄えを自由に処分できるのだから、それには大きな利点がある。国民の労働が消費以上に生産した場合、それらを他の国民や個人に対して、その価値にしたがって引き渡し、それによってユートピアの住人は必需品や便益品を供給されることができる。

ユートピア国家は公的な蓄えを倹約して用い、適切な動機によって臣民を勤労と労働へと向けることで、つねに十分な蓄えと豊富な資金を供給されるべきである。それによって市民の一年の消費分が支給されるだけでなく、外国取引や防衛費や、凶作や洪水や地震や暴風雨、そして貿易の予期せぬ変化による偶然の損失に当てる、資金の蓄積が保持されるだろう。

そのような不幸によって財産の損失が生じれば、それは負担可能な公的な蓄えのみによって支払われる。それは個人には影響しない。そのような大災害によって他の諸国民が蒙る苦痛や不安から解放されている国民がどんなに安心か、容易に想像できよう。国家の蓄えや国家の信用によって、ユートピア市民は自身の生計や社会的地位の維持に関するすべてのものを保障されている。彼は彼自身の不正行為によるものを除く、あらゆる災難に対してそうされているのである。彼は火事や水害やその他の自然災害、また債務者や借用人の破産、外国や国内の敵による略奪行為などによる財産の損失を恐れる必要がない。

この体系では、政府の通常業務に加え、国家が多くの仕事を負わされているように見えるかもしれない。男女を問わずあらゆる青年の教育、あらゆる働き手の監督、彼らの労働生産物を集めて蓄えて管理すること。あらゆる個人の功罪と、名誉と昇進のあらゆる段階を公的に記録して保存すること。正義と公平性に基づいて称号を与えるための規制、貿易による蓄えの管理など、これらは疑いなく多くの配慮と忠実さ、また多くの人手を必要とするだろう。

この点についてユートピアの統治に公平な判断を下すためには、追加されるこれらの負担と軽減される負担の両者を秤にかけてみる必要があるだろう。また臣民が免除される負担も秤に加えるべきだろう。この体系では政府と臣民は共通の利害を持った一つの全体なのだから、片方から取り去られたものが他方の負担となっても、全体の負担は増加しないからである。

政府はこの体系では、動産や不動産に物品税やその他の税を課して取り立てるという、多くの苦労や問題から解放される。そしてそれを行なうためや、税金逃れを発見し予防するために雇用される多くの人手が不要になる。市民が公的利益に反してそういう誘惑に陥ってしまうのは、私的利益や強欲からだからである。

私的所有の体系では、政府を支えるために必要なあらゆる種類の税によって、全体の利益と個人の利益が対立してしまうという不都合が生じる。そしてそのために、政府に対する不満や扇動や暴動を生み出す傾向がある。またそれにはつねに、市民の道徳性を堕落させ、数え切れない訴訟を生み出すような、密輸や詐欺や隠匿を伴う。

一つの国の中で行なわれる取引のすべてを管理するのは確かに大変な仕事であり、それはそのためのさまざまな部門で、多くの人手を雇用することを必要とする。しかし以下のことが考慮されるべきだろう。取引される蓄えの全体を一つにして管理する方が、それを異なった会社や個人に属する、何千もの資本に分割した場合よりも、国民にとってよりうまく、より有利に運営できるのではないか。後者の場合、個人や会社の私的利害は、数え切れない仕方で、お互い同士ぶつかり合い、あるいは公的利害と対立するからである。

ユートピア国家では青年を正しく教育することが非常に重要なので、そのため通常この分野で雇用されるより多数の人手や、はるかに有能な人材を必要としたとしても、市民の習俗や道徳に与える良い影響はこの損失を補って余りある。

正義や公正さに基づいて名誉の称号や地位を授与することは、あらゆる社会で多かれ少なかれそうであるように、公の熟慮という規則に基づいて行なわれる。だがこのことについて、利害に動かされて不公平が生じるといったことがないのは、ユートピアだけだろう。候補者の人格や行動、彼らの技能や努力や功績は、そのための査察によってすべて公に知られるようになるに違いない。

ユートピアで保管される監督者たちの報告書や、すべての人々に与えられた名誉の称号や昇進を記してある記録簿は、他の方法では得られない、極めて重要で豊富な統計的知識を政府に提供する。それによって政治体の全体とすべての部分に関する、長所や短所、不足と余剰が知られるのである。不作もしくは何らかの偶発的災害によって、生活必需品が全国的に、またはある地域で不足した時には、そのことはすみやかに知られ、供給が十分に間に合うようにされる。また余剰が生じれば、それは貯蔵されたり、外国の市場に輸出されたりするだろう。どの分野の雇用についても、人手の不足や余剰は補正されるだろう。どんな有用な発明や改良も、発明者の個人的利害のために秘密にされたり、近親にのみ告げられたりするのではなく、早急に全国民に知らされる。管理や統治の仕事に誰が適任かも見分けられる。このような人々は、通常のように策謀や重要人物の縁故によってではなく、人物の能力や有用性に対する公の判断に基づいて任命されるだろう。

またユートピアの統治では行政機関が多くの負担を強いられる一方で、立法府と司法機関では多大な労働が軽減される。

第一に、ユートピアには、物品税やその他の内国税に関係する法律、これらの法の執行を担当する上級、下級の司法当局、そしてそれによって引き起こされる、政府と臣民との間のすべての訴訟が存在しない。

第二に、同様にこの体系では、臣民と臣民、また臣民と外国人との間の利害にかかわる訴訟を裁決するすべての法や、司法機関が消滅する。

土地の買収や譲渡や相続、土地所有の制限やそれに伴う特権や地役権、そしてさまざまな土地の占有権を規制するために、どれほどの膨大な法体系が必要とされることだろう？ それらが上級や下級の司法機関にもたらす仕事は、どれほど多いことだろうか？ 動産についての紛争を裁決するのにどれだけの法律が必要なことだろうか？

財産から生じる取引は無限に多様である。新しい発明や新しい職業や新しい流行は、新しい詐欺や違法行為を引き起こし、新しい法律を必要とするので、長い歴史を持って繁栄している国では、それはいまだに増加し続けている。

そのため財産を規定し、財産に関する悪事を矯正する法の大部分は、一生かかっても学ぶことができないほどに増大し続けている。そしてそれはさまざまな専門職や職業分野に分担され、さらに細分される。それは司法機関や裁判官に加えて、大勢の顧問弁護士や弁護士や高等弁護士や事務弁護士、譲渡取扱人や事務官や書記者を雇用する。彼らは彼らのうちの一部が誇りを持ってそう呼ぶ、「法の偉大な不確実さ」によって生計を得ているのだ。

第三に、財産は人々の間で起こる争いの火種である。怒りや悪意などの感情がそれによってかきたてられる。そして人々は彼らの財産のみならず、互いの人格や名声を傷つけ合うように仕向けられる。ユートピアの体系では財産に関するすべての争いが取り除かれていて、邪心や悪意の感情を焚きつけるものは存在せず、それらによって社会の中に生じる諸悪がほとんど見られない。

そのため、ユートピア国家の行政機関で使用される労働と、そのために雇われる人手に対して、立法府と司法部で節約される労働と人手を秤の反対側に置くべきである。

立法府では、政府を支えるために必要なあらゆる種類の税を作り出して課税する労働、また社会の中で生じる民事上や商事上の取引の無限の多様性に合わせ、動産所有や不動産所有を規制する法律を制定するための、さらに多大な労働が節約される。

これらの法律によって規定されたすべての犯罪と訴訟を裁いて決定する労働が、司法部では節約される。

ユートピアの体系では人手も多く節約される。第一に、先に述べたように国家については、立法と裁判に必要な労働を担当する人手が節約される。第二に臣民については、財産に関する法律を実行するために雇用される、弁護士や譲渡取扱人や従者が節約される。

第三の節約は、そしてこれが最大のものだが、財産についての論争や訴訟から直接的に、あるいは間接的に発生するあらゆる問題から臣民が解放されるということである。

これらのことから、ユートピア国家の法典は極めて小さくなるので、それを扱うことが専門的な職業になるなどとはとても考えられないだろう。法は分別の年齢に達した一般庶民なら誰でも理解できよう。またそれをすべてカレンダーの中に書き込んでしまうことができるかもしれない。

私がユートピアの体系と呼ぶものは、以下の三つの事項に要約できよう。第一に、それによって、誤った行為や犯罪への誘惑は、あらゆる私的所有の体系で可能な限界を超えて、著しく減少させられるだろう。

第二に、適切な教育と、功績に応じて与えられる名誉と階級の称号によって、ユートピアの市民は国民の快適な生活に必要なあらゆる勤勉と労苦を払う十分な動機を持つことになる。第三に、ユートピア政府の行政部門で必要とされる労働は、立法部と司法部で余った労働によって補償される。さらにそれ以上にその労働は、財産の違いから生じる、あらゆる悪い情念や口論や争いや訴訟問題から臣民が解放されるということによって償われるのである。

さてこれまではユートピアの体系のよい部分しか見てこなかったので、公平な判断を下すためには、同様にその暗部についても熟考すべきだろう。

第一に、政治学での推論は論証的ではなく、蓋然的な性質を持っている。人の心は迷宮である。それはあまりに複雑で、人間理性によって完全に明らかにすることはできない。個々人だけではなく人間の大集団も、しばしば人間本性の一般的原理から予想できるものとはまったく異なった役割を演じることを、われわれは知っている。そのため政治を扱う著作を書く人々は通常、類似の状況下でかつて行なわれたことや、起こったことの実例によって、彼らの推論を補う。だがこの主題については、推論を補強するための証拠がまったく存在しない。そのため以上の議論の説得力は弱くなるに違いない。われわれはユートピアの統治の実例を求めることができない。かつてそのように統治された国家が存在しなかったからである。

第二に、現在の人間は試されて向上する段階にあるので、そこには必然的に誘惑が存在する。美徳が試され、実行され、強められるのは誘惑による。まったく誘惑に遇ったことがないような無垢さは、確かに非常に愛らしいものである。しかし強い誘惑と争い、それに勝利するという苦労を経て試された美徳は、神と人間の両者からより多くの尊敬を受ける。無垢な状態にある人間でさえ、誘惑をまったく免れてはいなかった。ある者には他の人間より強い、あるいはより多くの誘惑があるだろう。しかしどの程度の誘惑が人間の現在の状態にふさわしいのか、われわれは知らない。それはただわれわれを創造し、われわれを裁くことになるあの方のみが知っているのである。

第三に、ユートピアの体系は悪行への誘惑を大いに減少させるので、富裕と貧困に由来するいくつかの卓越した徳を実践する機会を奪う。貧困によって打ちひしがれながら、そうした貧困から生じる誘惑に抵抗して己の義務を果たすだけでなく、天上の父がその人にとって最善だと見なして与えてくれた運命に満足し感謝する人間、強欲な眼差しや羨望や悪意など持たないで財産の豪華さに無関心な人間は、苦境の中にあって高貴な魂を獲得する。貧困はその人を高め、その徳をより卓越したものにする。富と高貴な地位から生じる誘惑は、もしかすると貧困から生じる誘惑より克服が難しいのかもしれない。従ってそうした誘惑を克服するにはより高い徳を必要とする。そうした人間が自己を過小評価し、自分より低い者にへりくだり、力の及ぶ限り人々の幸福を増進して不幸を減らすなら、その人は地上の神ともいえるし、彼の富は本人とその他周囲の者すべてにとって、神からの恩恵である。

ユートピアの体系には、これらの高貴な徳が存在する余地がない。ユートピア市民はそのような気質を所持しているかもしれないが、彼はそれらを実行する機会を持たないのだ。

第四に私は、以下のことを付け加えておきたい。ユートピアの体系では、公的な尊敬、名誉と階級に対する願望が、社会的な義務を果たすように人々を刺激することによって徳の手助けをする。だがそれが度を超してしまい、それが手助けするべき徳に取って代わってしまうことがある。このような場合、なるほどユートピア市民は己の義務を遂行する。しかしより高度な動機を持つべきなのに、彼は人々に見られるからこそそうするのだ。そしておそらく名誉や人々からの尊敬を不断に追求することは、宗教が求める謙遜と依存心と己の欠陥の自覚にはふさわしくない、精神の高慢を生み出す可能性がある。

結論を述べよう。個人についても社会についても、もしくは政府についても、完全さを期待するのはやめよう。なぜなら今われわれはユートピア社会に生きているのでもなければ、摂理によってそういう社会で生きていくことが決められているのでもないからである。われわれは誘惑に取り囲まれた人々の間で生きるのであり、そして数限りない場面で、彼らの利害は干渉し合い、ぶつかり合うのである。われわれは我々自身の多くの不完全さに気づいている。統治の手綱を握っている人々はわれわれと同様の情念を持つ人物であり、彼らに対する誘惑はさらに大きい。

[――――――――――――]

婚姻もしくは親子関係のような国家と臣民の関係は、強力で、また重要である。それは自然の創造者によって創設された関係である。国家がなければ、人間は野蛮人であるに違いない。この神聖な繋りを維持し強化することは、双方の名誉と利益にとって重要であり、義務は双方に存在する。一方には法律による保護と便益の増進があり、他方では尊敬と従順と危急の際の防衛への参加がある。何ほどかの優れた点が国家体制にあれば、われわれが近しい親族の美徳を誇りに感じるように、それが臣民の自慢と誇りになるはずである。もし国家体制や統治の不完全さに気づくか、もしくは気づいたと思ったとしたら、この地上には、人間による完全な統治は決して存在しないと考えるべきだろう。あらさがしする悪意のある目ではなく、最愛の友人の欠点を知る正直さと寛大さで、そのような欠点を見るべきである。極悪非道な行為のみが、この神聖な繋りを解消させることができる。そうでない場合には、慎重で穏やかなあらゆる手段によってそれを強化し、確立するべきである。平和で、親しく、相互によく義務を果たし合って交際していくことのできる人こそが良い友人、良い隣人であるように、良い統治とは、その下でわれわれが信仰と誠実さを持って、静かで平和な生活を送ることができるような統治なのである。

（訳：長尾伸一、福田名津子、鈴木平、松波京子、西本和見）

あとがき

日本でのトマス・リードは、とくに不運な哲学者である。時代が経つにつれ、欧米の哲学界での彼の名声が、ヒュームやカントのそれに反比例して失墜していったのは仕方のないことだろう。また経済思想史、社会思想史の研究者が一八世紀スコットランド思想研究の多くを担ってきた日本では、小論「政治的革新の危険性についての省察」のためリードはほとんど無視されてきたと言っていいが、それもこの国でのこの分野の研究の独特な展開を考えれば、無理のないことだっただろう。

むしろ日本での哲学者リードの不幸は忘却ばかりでなく、再生の過程にある。欧米でのリード再興を日本で受け止め、最初に著書を発表したのは、哲学史家ではなく、経済思想史家である篠原久の『アダム・スミスと常識哲学』だった。この研究は『人間の知的力能について』などのリードのグラスゴー時代の著作を初めから主役として登場させ、リード哲学をアダム・スミスの『道徳感情論』批判の文脈の中に置いていた。それは国際的に見ても例外的に密集した経済思想史研究が行なわれている日本らしい、非常に独創的な視点に基づく研究であり、その先駆性が今後も高く評価されるべき達成だった。しかし、このあまりにユニークなリード像の提示が、発表当時十分な理解を持って受け入れられたとは思えない。しかもこの本の出版時点ではホーコンセンによるリードの『実践倫理学』はまだ公刊されておらず、社会思想史分野でのリード再考を促すはずの「ユートピアの体系についての考察」は、アバディーン大学貴重図書室に眠ったままだった。リードの倫理思想に関する特殊研究とも見ることができる篠原の本が現れる前に、リーラーやダニエルズが書いたような著書が、日本の哲学史研究者たちによって書かれるべきだったのだ。

日本における哲学者リードにとっての、これ以上に不幸な事態は、厚顔にも彼の名前を正題として冠した本書の出版だろう。本書は確かに、日本語で書かれる最初の『トマス・リード』という書物であることを意識している。本書がリードに関する簡単な伝記を含み、論述のあちこちで諸資料への参照を指示し、いまだよく知られていない草稿についての論及や、主著や草稿の一部の翻訳まで備えているのは、そのためである。そうした点では、「今後の研究の一礎石」となる意図を、本書がまったく持っていないわけではない。

だがおそらく、ヒュームの敵であり、「観念の理論」の批判者として評価されてきた哲学者リードの思想を理解しようという意図を持って本書を開いた読者を前にして、この書物は狭い意味での「リード哲学」を解説しようとはしていない。むしろ科学者であり、社会思想家であるリードを前景に示し、それらの点では思想史的な「入門」としての役割を自覚しながら、本書は哲学以外の方向へと、未来のリードの読者を誘導しようとしている。そればかりでなく、この書物は「リード哲学」を提示するどころか、それが存在しない理由を示すことにかなりのページを割いている。なぜなら本書の主要な主張の一つは、リード自身にとっての知の体系が、狭義のリード哲学をその一部に含む「証拠」論という広がりを持ちながら、当時の知的世界のほぼ全体を覆っていたということだからである。リードの哲学的リアリズムは、そのような形でしか知の全体を包括することはなく、またじっさいにはそうすることもできなかった。その意味で、「厳密な意味での哲学」をリードに求めることはできないのだと、この本は議論する。

また七〇年代以後にリードの名を冠した哲学畑の書物が増えてきたことを気にかけていた読者は、そこにどのような「現代性」があるのかを知る希望を持って、本書を手にしているかもしれない。確かに本書は、リード哲学の研究者の脳裏から離れることがない「リード哲学の現代性」を、リードのテクストから抽出する試みを行なっている。だがそれらの議論は最初から、リード自身を裏切る結果へと意図的に方向付けられている。なぜなら、特定の発話共同体の内部で創造された言説としてリードの著作を読むという本書の操作は、リードのリアリズムを現代の読者の口に合うように味付けし直すだけではない。それは、発話共同体という歴史的存在に「哲学」を還元することによって、あらゆる認知の前提に確固としたア・プリオリな根拠が実在することを確信していたリード個人の信念に、完全に反した「解釈」をもたらす。さらにリードの体系を論理的構築物としてとらえた際にも、同様な観念体系自身の、創造者との背反が生まれてくる。キリスト教信仰と一体化したリードの哲学的リアリズムは、外部参照性という点から現代の意味的世界への「移築」の操作を試みたとき、ポストモダン哲学にも類似した懐疑論的性格を帯び、自分自身の反対物に変貌したのだった。これらの操作を「リード哲学の解明」と呼ぶなら、これほど体系の作者の意に反することはないだろう。その結果に現代の読者がわずかな面白みを見出すことがあったにしても、それらはリード哲学が決定的に「死んだ」ことを逆説的な形で証明していることになる。それがこれらの議論を構成した際に、著者があらかじめ狙っていたことなのだ。

こうして哲学者としてのリードが、復活のその瞬間に背後から刺されたことは確かである。とはいえ確かにリード研究の正道が、「哲学者リード」の解明にあることは否定できない。このような現時点までの日本でのリード研究の奇妙な展開が、本書によって惑わされることがない哲学畑出身の著者たちによって今後書かれると思われる、本格的かつ浩瀚な研究書によって正統的な筋道に戻されることは、じつは本書の著者自身が望んでいることでもある。

もっとも、これだけでは本書の「あとがき」にはならないだろう。そもそも著書の取り繕った本文から外され、その枠外に置かれた「あとがき」とは何だろうか。それは著者の研究に関連した人々に対する謝辞とともに、出版の経緯や、研究の個人的な動機や経過を暴露する場所なのだろう。本文を読み進める前に、「はじめに」に続いて「あとがき」を読む読者は少なくないだろうが、おそらく彼らはそこに、眼前の書物に関する一種の「種明かし」を求めているのである。前述の本書に対する警告だけでは、この小文に期待されているその役割は果たされていない。そこで次の問いかけに回答することで、このメタ・テクストの責めをふさぐことにしよう。

著者はなぜ『トマス・リード』を本書のような形で書いたのだろうか。言い換えると、著者はなぜ本書によって、「哲学者としてのリード研究」を脱線させることをもくろんだのだろうか。その「舞台裏」を示唆するために、一つのエピソードを紹介してみよう。

二〇〇〇年七月にリードの母校アバディーン大学キングズ・カレッジで開催された「第二回国際リード・シンポジウム」に出席したことが、著者に本書の直接の構想を与えることになった。シンポジウムの最後に、リーズ大学で科学史の大学院生だった時代からリードの草稿に取り組んできた、思想史的研究の中心人物であるポール・ウッドが、

「トマス・リードとは誰なのか」という、いささか挑発的な報告を行なった。ウッドは本書でも論じたように、リードの草稿の大部分が数学や自然科学に関するものであり、純粋な「哲学者」というリード像は、デュガルド・スチュアートやアーチボルド・アーサーたちが、フランス革命期の反動の中で道徳哲学を守ろうとして作り上げた、意図的なイメージであることを指摘した。そして会場の哲学者たちに向かって、草稿から見たとき「トマス・リード」とは、自然科学者としてのあり方を中心とした一種の一八世紀的な知識人であり、そのような人物として理解されなければならない、と主張した。それは本書の第I部の中心的な主張の一つでもある。

これに対して哲学者ピーター・キヴィが反論した。彼にとっては、リードは哲学者として検討に値し、それがリード理解の中心に置かれるべきなのだった。ウッドはキヴィに対して、どうして草稿や書簡という、これほど大量の証拠があるにもかかわらず、リードが哲学者であり、彼の思想はその主著を中心に検討すべきだと言い続けることができるのか、と問い返した。これに対して思わずキヴィは、「それは僕が哲学者だからだ」と言い返した。ウッドは「それなら僕にはそう考えなければならない理由はないよ。僕は歴史家だからね」と答えた。

この楽しくまた緊張したやりとりは、リード研究だけにとどまらず、哲学畑と思想史の両者のアプローチが共存して進む現在の思想家研究の問題状況をよく示している。「ウィッグ史観」的なアナクロニズムを否定し、与えられた時空間の内部で完結するものとして対象を描き出そうとする思想史学と、現代のツールを使って過去の「哲学」を記述し、それによってその「現代性」を開示しようとする哲学的研究とは、車の両輪どころか、好き勝手に別々の方向へ疾走する犬たちに引かれた橇のように迷走して、思想家の一貫した描写を不可能にしてしまう危険性を孕んでいる。

この応酬を観戦しながら本書の著者は、基本的に前者に軸足を置きながら、そこから後者の課題意識にも答える方法は何か、と考えていた。その一つの結論が、前者の方法をある方向へ徹底することで、後者への道をつなぐ、という本書の構想だった。それは歴史上の思想の現代的な諸観念からの断絶を強調し、それを時空的限定性の内部で描くことで、かえって新しい視野を示唆する素材を提供できる、ということだった。Xの研究者である歴史家は、アナクロニズムを承知しながら、公衆への影響力を得るとか、あるいはたんに研究助成金を獲得するために、自らの社会的役割を顕示することを狙って「現代に生きるX」を喧伝するのではなく、「Xは死んだ」と率直に宣告することで、この回り道を経て、歴史学的な想像力を解き放つ鍵の一つを手に入れることができるのだ。

この考えは前著『ニュートン主義とスコットランド啓蒙——不完全な機械の喩』を書く際にも念頭にあった。しかしこの本の場合は、時系列的な展開という、全体のナレティヴが与える論述構成上の制約の中で、個々の部分的な記述としてこの構想の具体化が行なわれたため、クウェンティン・スキナー的なコンテクスト主義による叙述と、回顧的な観点からの記述が、ときとして同一ページに文として混在することになった。本書は章別の構成でそれを明確にしているので、以前より少しは著者の意図がはっきり表現できたのではないかと考えている。

トマス・リードが著者の目的にふさわしい思想家だったことも確かである。本書が第6章で展開してみせた二つの解釈／批判には、著者ばかりではなく、犠牲となったリード自身にも責任がある。例えば第一節での言語共同体への還元という再構成は、リードの愛用語である「コモン・センス」の意味的多義性によって可能になっている。この逸脱的解釈は、非ユークリッド幾何学を展開する際に見せたような、厳密な数学的推論を遂行する能力とは対照的な、リードの不用意であいまいなこの術語の理解と使用に原因があるのだ。また第二節での未完成の体系という形での「移築」の操作は、個々の議論の細密な展開にもかかわらず、あるいはそうであるからこそ、リードが体系を構成するにあたって、決定的な部分を宗教という表象体系に委ねたままにするという、哲学者としての不徹底さを持っていたからこそ可能だった。そういう点では、この本を書かせたのはリード自身であり、著者はリードを不当に扱ったのではない。完全に死ぬことによってのみ思想が蘇りを果たすということが教えるのは、われわれはつねに過去の亡霊から自由であるとともに、究極的には、現在の専制君主からも束縛を受けない存在だということである。

本書の読解を意図的に方向付けるこの付記の最後に、本書の読みを容易にする「種明かし」の一つとして、著者が「リード研究」に従事して以来、水田洋先生をはじめとした、研究者としての先輩たちに問われ続けた、「なぜリードが面白いのか」という疑問に回答しておこう。本文中に記したように、その一つの理由はリードの自然科学的、数学的思考法にあるのだが、その他にも、本書を書く過程で初めて気づかされたことがある。それは「トマス・リード」という個人が、思想的には根本的に著者と意見を異にするにもかかわらず、人間的にはある程度著者と同質的な人格だということだった。

だがそれは結局、「ある程度」に過ぎなかった。本書の全体を通じて明示的に表明されている、本書の著者と本書の対象との不一致は、端緒的な要因としては、極めて整合性が高く、巌のように確固として統合された不動の人格である「トマス・リード」と、多声的／非統合的な人格を持っている著者との違いにあった。著者がリードとともに経験科学の有効性と認知的達成を尊重しつつ、しかし究極的には哲学的リアリズムではなく懐疑論に親和的な立場を採る理由の一つには、そのようなパーソナリティの問題が絡んでいる。人格的にも方法的にも、また語り方の点でもモノトナスなリードの叙述を解釈するにあたって、本書が意図的に、思想史の作品としては異例なバフチン的ポリフォニーによるナレティヴを採用し、リードが「哲学」の作品とは無縁であるとした「詩的」な修辞をあえて多用したのは、その他の点ではともかく、知的誠実さについては同時代人をはるかに凌駕する偉大な思想家であるこの人物に対して、親近性と異和の両面からの敬意を払うためだったのだ。

本書本文にメタ・テクストである以上の「種明かし」が付加されているのは、本文が主張している、人文的学としての歴史叙述には究極的に個別性を担う署名が必要であり、それを欠落させた思想史は、すべて架空の「もの」に取り憑かれているのではないかという疑念の眼で読まれるべきだと、本書が主張するからである。読者がこの破壊的で自己言及的な著作意図を、文字通りに受け取られることを、著者は期待している。

＊

本書の成立は安藤隆穂教授をはじめとして、研究への没頭を許していただいた名古屋大学大学院経済学研究科の寛大さに多くを拠っている。また著者は篠原久・関西学院大学教授、水田洋・名古屋大学名誉教授ら先輩たちから多くを学んでいる。エディンバラ滞在中に何度も面談したポール・ウッド・ヴィクトリア大学教授からは、多くの示唆をいただいた。また科学史的・哲学史的関心を共有する友人で、若い世代の研究者サヴィーナ・トロペア博士との会話も、非常に有益だった。アバディーン大学哲学科のゴードン・グラハム教授と、同大学の旧リード・プロジェクト事務局長だった、現ロンドン大学のマリア＝ロサ・アントニャッツァ講師からは、スコットランド哲学の知識ばかりでなく、研究ネットワーク等についても援助をいただいた。このネットワークに属するジェイムズ・ムーア・コンコーディア大学教授、M・A・スチュアート・アバディーン大学教授、ルイジ・トゥルコ・ボローニャ大学教授との対話も有益な方向付けとなった。翻訳を含め本書の文責はすべて著者にあるが、名古屋大学大学院経済学研究科の福田名津子さんを中心に、同大学院の鈴木平さん、松波京子さん、西本和見さんには、大学院演習で「ユートピアの体系についての考察」の翻訳をしていただいた。著者は監修と文体の統一等を行なった。名古屋大学出版会の橘宗吾さんには、企画の段階からお世話になり、最後は遅れに遅れた原稿のために多大のご迷惑をおかけした。とはいえその理由の一つであるこの国の大学の再編が、間接的にではあれ、人文的諸学の命運について考察した本書の出版とかかわっていたことは、偶然にせよ、意味のあることだったのかもしれない。それは本書が、自然科学系の研究者の主導によって進行している研究評価システムに対して、作品としての書物でしか伝達できない内容が何かを示しているからである。

本書の出版は平成一五年度日本学術振興会科学研究費補助金（研究成果公開促進費）に基づいている。最後に、著者のわがままな人生に現在まで終始つきあってくれてきた長尾寛子に、この一つの出発点となる小さな著作を献げたい。

二〇〇三年一一月

著　者

《著者略歴》

長《なが》尾《お》伸《しん》一《いち》

1955年　愛知県に生まれる
1987年　京都大学大学院経済学研究科博士課程修了
現　在　名古屋大学大学院経済学研究科教授
　　　　京都大学博士（経済学）
主　著　『ニュートン主義とスコットランド啓蒙——不完全な機械の喩』（名古屋大学出版会，2001年，サントリー学芸賞）

トマス・リード

2004年2月25日　初版第1刷発行

定価はカバーに
表示しています

著　者　長　尾　伸　一
発行者　岩　坂　泰　信

発行所　財団法人　名古屋大学出版会
〒464-0814　名古屋市千種区不老町1名古屋大学構内
電話(052)781-5027/FAX(052)781-0697

印刷・製本 ㈱クイックス　ISBN4-8158-0478-8
乱丁・落丁はお取替えいたします。

人名索引

ア 行

アーサー，アーチボルド　Arthur, Archibald　7, 198, 200
アリストテレス　Aristoteles　178, 196
ウィザースプーン，ジョン　Witherspoon, John　22
ウィルスン，ジェイムズ　Wilson, James　21
ウィルバーフォース，ウィリアム　Wilberforce, William　202
ウィンチ，ドナルド　Winch, Donald　68
ウェイランド，フランシス　Wayland, Francis　22
ウォーカー，ジェイムズ　Walker, James　22
ウォレス，ロバート　Wallace, Robert　212-5, 234
ウッド，ポール　Wood, Paul　31, 198, 200-1
ヴォルフ，クリスティアン　Wolff, Christian　24
エピクテトス　Epiktetus　178
エマースン，ロジャー　Emerson, Roger　172
エルヴェシウス，クロード＝アドリアン　Helvétius, Claude-Adrien　38
オーグルヴィ，ウィリアム　Ogilvie, William　156, 192, 207-8, 210-1, 219

カ 行

カーマイケル，ガーシャム　Carmichael, Gersham　9, 193
カバニス，ピエール・ジャン・ジョルジュ　Cabanis, Pierre Jean Georges　20
カント，イマヌエル　Kant, Immanuel　2, 23-30, 33, 38-9, 119, 143-5, 149, 162, 180, 184, 194, 222, 236, 245-7, 250, 253, 256
ガウス，カール・フリードリッヒ　Gauss, Carl Friedrich　158
キケロ　Cicero, Marcus Tullius　178, 190
キャンベル，アレグザンダー　Campbell, Alexander　22
キャンベル，ジョージ　Campbell, George　13, 112, 223
クーザン，ヴィクトール　Cousin, Victor　20-1
クーン，トマス　Kuhn, Thomas　42
クーン，マンフレート　Kuhn, Manfred　27
クセノフォン　Xenophon　178
クラーク，サミュエル　Clarke, Samuel　25, 115, 132, 177
グッチャルディーニ，ニッコロ　Guicciardini, Niccolò　157
グレゴリー，ジェイムズ　Gregory, James（数学者，天文学者）　12
グレゴリー，ジェイムズ　Gregory, James（医学教授）　202-3
グレゴリー，デヴィッド　Gregory, David　9, 148
グロティウス，フーゴー　Grotius, Hugo　195
ケイムズ卿（ヘンリー・ヒューム）　Kames, Lord, Henry Hume　6, 19, 26, 112, 130-2, 148, 155, 172, 198, 223, 236
ケインズ，ジョン・メイナード　Keynes, John Maynard　69, 166-9, 221, 234
コンディヤック，エチエンヌ・ボノ・ド　Condillac, Etienne Bonnot de　20
ゴドウィン，ウィリアム　Godwin, William　166

サ 行

サッケーリ，ジョヴァンニ・ジローラモ　Saccheri, Giovanni Gerolamo　157
サルトル，ジャン・ポール　Sartre, Jean Paul　267
サンダースン，ニコラス　Sunderson, Nicholas　8, 156
シェイピン，スティーヴン　Shapin, Steven　69
シジウィック，ヘンリー　Sidgiwick, Henry　20
シムスン，ロバート　Simson, Robert　157
シャフツベリ伯，第三代（アンソニー・アシュレー・クーパー）　Shaftesbury, 3rd Earl of, Anthony Ashley Cooper　171, 180, 196
シュルツェ，ゴットリープ　Schulze, Gottlieb　23
ジェイムズ，オズワルド　Oswald, James　112
ジェフリー，フランシス　Jeffrey, Francis

198
ジェラード，アレグザンダー　Gerard, Alexander　122, 129
ジュフロワ，テオドール　Jouffroy, Theodore　21
スキーン，デヴィッド　Skine, David　15, 175-6
スキナー，クウェンティン　Skinner, Quentin　73
スチュアート，ジェイムズ　Steuart, James　246
スチュアート，ジョン　Stewart, John　8, 14, 121, 125-6, 157
スチュアート，デュガルド　Stewart, Dugald　8, 19, 21-2, 112-3, 174, 183, 198, 200, 223
スペンス，トマス　Spence, Thomas　192, 208, 210-1, 219
スミス，アダム　Smith, Adam　2-3, 6, 7-8, 21, 32-6, 40, 123, 148, 155, 167, 171-2, 180, 183, 186, 191-2, 198, 203, 205, 208-9, 213, 246, 248
スミス，サミュエル・スタンホープ　Smith, Samuel Stanhope　22
ソクラテス　Socrates　178

タ 行

ターンブル，ジョージ　Turnbull, George　2, 18, 114-8, 129, 131, 171-2, 177, 180, 190, 195-6, 212, 223, 234, 259
ダニエルズ，ノーマン　Daniels, Norman　149, 154, 156, 158
ダン，ジョン　Dunn, John　69
ダンカン，ロバート　Duncan, Robert　177
ティンダル，マシュー　Tindal, Mathew　115
テーテンス，ヨハンネス・ニコラウス　Tetens, Johannes Nikolaus　28
テパン，ヘンリー　Tappan, Henry　22
デカルト，ルネ　Descartes, René　29, 37, 133, 154, 162-3, 166, 222, 249, 263
デスクフォード卿（ジェイムズ・オーグルヴィ）　Deskford, Lord, James Ogilvy　6, 172
デステュット・ド・トラシ，アントワーヌ＝ルイ＝クロード　Destutt de Tracy, Antoine-Louis-Claude　20
トーランド，ジョン　Toland, John　114, 117, 220, 234
ドルバック男爵（ポール・アンリ・ティリ）　d'Holbach, Baron, Paul Henri, Thiry　38

ナ・ハ行

ニーチェ，フリードリッヒ・ヴィルヘルム　Nietzsche, Friedrich Wilhelm　163
ニュートン，アイザック　Newton, Isaac　118-9, 121-2, 126, 133, 141, 146, 157
ノートン，デヴィッド・フェイト　Norton, David Fate　139
ハートレー，デヴィッド　Hartley, David　140
ハーマン，ヨハン・ゲオルク　Hamann, Johann Georg　23, 27
ハイエク，フリードリッヒ　Hayek, Friedrich　31, 166, 170
ハチスン，フランシス　Hutcheson, Francis　8, 21, 43, 112, 114, 168-9, 177, 189
ハミルトン，ウィリアム　Hamilton, William　19, 22, 183-4, 245-7
ハリントン，ジェイムズ　Harrington, James　178, 208
ハレ，ロン　Harré, Rom　42-3, 256
ハワード，ジョン　Howard, John　202
バーク，エドマンド　Burke, Edmund　31, 169-70, 200, 207, 216
バークリー，ジョージ　Berkeley, George　17-8, 32, 69, 113, 119, 121, 126, 131-2, 134, 140, 142, 144-5, 148, 154-5, 158-9, 228, 232, 247
バタイユ，ジョルジュ　Bataille, Georges　150
バトラー，ジョージフ　Butler, Joseph　126, 178, 180
バルベイラック，ジャン　Barbeyrac, Jean　177
パース，チャールズ・サンダーズ　Peirce, Charles Sanders　23
パスカル，ブレーズ　Pascal, Blaise　163
パトナム，ヒラリー　Putnam, Hilary　2, 44-5, 60, 223, 227, 245-7
ヒューム，デヴィッド　Hume, David　2-3, 6-13, 17-8, 23-30, 32-40, 69, 110-2, 126, 130-5, 140-5, 148-9, 163, 178, 180-1, 191-3, 198, 208, 217, 222, 228, 233, 247, 249-50, 253
ビーティー，ジェイムズ　Beattie, James　26, 112, 223, 236
ファーガスン，アダム　Ferguson, Adam　31, 174-5, 198, 205, 208-9
フェーダー，ヨハン・ゲオルク　Feder, Johann

Georg 27
フォークス，マーティン Falks, Martin 8
フッサール，エドムンド Husserl, Edmund 38, 263, 265
フリスビー，レヴィ Frisbie, Levi 22
フレッチャー，アンドリュー Andrew Fletcher 208
ブラウン，トマス Brown, Thomas 22, 246
ブラウン，フランシス Brown, Francis 22
ブラック，ジョージフ Black, Joseph 162
ブレア，ヒュー Blair, Hue 11, 124
プーフェンドルフ，サミュエル Pufendorf, Samuel von 195
プラトン Platon 137, 178
プリーストリー，ジョージフ Priestley, Joseph 24, 27
ヘーゲル，ゲオルク・ヴィルヘルム・フリードリッヒ Hegel, Georg Wilhelm Friedrich 146, 162, 264
ヘッジ，レヴィ Hedge, Levi 22
ベーコン，フランシス Bacon, Francis 134, 146
ベンサム，ジェレミー Bentham, Jeremy 7, 166, 203
ベントレー，リチャード Bentley, Richard 8
ペイン，トマス Paine, Thomas 192, 208, 210-1, 219
ホーコンセン，クヌート Haakonssen, Knud 177, 191-2
ホッブズ，トマス Hobbes, Thomas 43, 180
ボイル，ロバート Boyle, Robert 144
ポーコック，ジョン・グレヴィル・アガード Pocock, John Greville Agard 73
ポーターフィールド，ウィリアム Porterfield, William 153
ポッパー，カール Popper, Karl 42, 166

マ 行

マキアヴェッリ，ニッコロ Machiavelli, Niccolò 178
マクローリン，コーリン MacLaurin, Colin 2, 14, 125-6, 128, 139, 157-9, 195, 222, 259-60
マコッシュ，ジェイムズ McCosh, James 10, 22-3, 35
マッキントッシュ，ジェイムズ Mackintosh, Sir James 208
マハン，アサ Mahan, Asa 22
マルブランシュ，ニコラ Malebranche, Nicolas 153
マルクス，カール Marx, Karl 216
マンデヴィル，バーナード Mandeville, Bernard 180
ミラー，ジョン Millar, John 6-7
ミル，ジェイムズ Mill, James 198
ミル，ジョン・スチュアート Mill, John Stuart 247
ムーア，ジョージ・エドワード Moore, George Edward 229-36, 252
メーヌ・ド・ビラン，フランソワ＝ピエール＝ゴンティエ Maine de Biran, François-Pierre-Gonthier 20
モア，トマス More, Thomas 212-5, 218-9, 222
モールズワース，ロバート Molesworth, Robert 114
モンテスキュー男爵，シャルル＝ルイ・ド・スコンダ Montesquieu, Baron de La Brède et de, Charles-Louis de Secondat 178, 195-6

ヤ・ラ・ワ行

ヤコービ，フリードリッヒ・ハインリッヒ Jacobi, Friedrich Heinrich 23
ライプニッツ，ゴットフリート・ヴィルヘルム Leibniz, Gottfried Wilhelm 24, 127, 141
ラカトシュ，イムレ Lakatos, Imre 42
ラプラス，ピエール＝シモン・ド Laplace, Pierre-Simon de 119
リード，アレグザンダー Reid, Alexander 3-4
リカード，デヴィッド Ricardo, David 167, 208
ルソー，ジャン＝ジャック Rousseau, Jean-Jacques 2, 213
ローティ，リチャード Rorty, Richard 223, 235, 243, 249-53, 265-7, 269
ロック，ジョン Locke, John 27, 30, 38, 126, 134, 140, 155, 166, 181, 195, 210-1, 222, 249, 253, 255-6
ロバチェフスキー，ニコライ・イワノビッチ Lobachevsky, Nikolai Ivanovich 158
ロワイエ＝コラール，ピエール・ポール Royer-Collard, Pierre-Paul 20
ワトスン，ジョン・ブローダス Watson, John Broadus 233

注

第 1 章 「忘れられた哲学者」

(1) Hilary Putnam, Foreword to Norman Daniels, *Thomas Reid's 'Inquiry' : The Geometry of Visibles and the Case for Realism*, Stanford University Press, Stanford, 1989, p. i.

(2) Dugald Stewart, Account of the Life and Writings of Thomas Reid, D. D. F. R. S. Edinburgh, late Professor of Moral Philosophy in the University of Glasgow, Read at different meetings of the Royal Society of Edinburgh, Edinburgh and London, 1803, in Thomas Reid, William Hamilton (ed.), *The Works of Thomas Reid*, Vol. 1, James Thin, Edinburgh, 1895, pp. 3–4.

(3) Paul Wood (ed.), *The Correspondence of Thomas Reid*, Edinburgh University Press, Edinburgh, 2002, p. 32.

(4) *Ibid*., p. 202.

(5) この旅行については，スチュアートと共に書いたと思われる宛先人不明の書簡の下書きが残っているが，その人物との間に学問的な交流があったことを知ることができる (*Ibid*., p. 3)。

(6) Stewart, *op. cit*., pp. 10–11.

(7) *Ibid*., p. 30.

(8) *Ibid*., pp. 30–31.

(9) *Ibid*., p. 31.

(10) James McCosh, *The Scottish Philosophy, Biographical, Expository, Critical, from Hutcheson to Hamilton*, Macmillan and Co., London, 1875, p. 193.

(11) 渡辺義雄・小田清治編『西洋哲学のあゆみ（修正版）』尚学社，1967 年，176–77 ページ。

(12) 「[常識学派] は，ヒュームの懐疑的態度を批判し，常識の原理に基づいて，良心すなわち道徳の問題に適用される常識は，直接，神からわれわれに与えられているとして，良心を懐疑主義から守ろうとした」(小倉志祥編『西洋哲学史』以文社，1979 年，175 ページ)。

(13) 「道徳上で感覚に対する理性の優位を強調し，理性により万人ひとしく道徳の基本原理を直覚しうると見做す，クラークやバトラーらの〈合理的直覚説〉もあらわれた。この傾向を継ぐものにリードを代表とするスコットランドの〈常識学派〉がある。後者はとりわけヒュームの懐疑論に反対して，万人共通の自明な真理を直覚する能力として〈常識〉の役割を重視したことで知られる」(山下太郎編著『西洋哲学史（大学教養選書）』北樹出版，1989 年，110 ページ)。

(14) Derek Brookes (ed.), *An Inquiry into the Human Mind on the Principles of Common Sense*, Edinburgh University Press, Edinburgh, 1997, pp. 3–4.

(15) 以下がこれに関する書簡である。

「エディンバラ，1763年2月25日
拝啓
このたびブレア博士のおかげで，あなたがお書きになったものを拝読する機会に恵まれ，それをじっくりと読ませていただき，大変うれしく思います。じっさいこれほどの深い哲学的な内容が，生気に充ち，読者を楽しませるような形で書かれるのはめったにないことです。全体を読んで部分を比較することができない状態で読んだことは，大変残念なことです。おそらくそのためでしょうが，あなたの要約があるとはいえ，いくつかの不明な点があなたの体系にあるように思えました。あなたほどにご自分のお考えを明晰に表現できる人はいないように思えますので，そう考えないと公正さを欠くことでしょう。あなたが探究しておられる著述の分野では，この才能は何にもまして必要とされるものです。視覚についての第四章については，それらが私の不十分な理解からのものでないとすれば，私にはいくつかの反論があります。しかしブレア博士に教えていただいたように，以前お伝えしたいくつかの反論が誤解から来ているので，おそらくこれらもそうではないかと危惧しています。そのためご著作の全体を見ることができるまで待って，現時点ではあなたの推論の問題点を指摘することは止めておきます。この深遠で重要な主題を葬ることなく解明することに成功されたら，私は私の誤りが少なくともあなたをして，私の原理のより厳密な検討へと導き，その無用さを見出させたという点で，名誉の一部を請求することができると，虚栄をはることができることでしょう。あなたのお役に立とうと思いましたので，文体についても気をつけて見させていただきました。しかしそれはまったく正確でよい英語で書かれているので，さして言うべきことは何もありません。この章の一つの文章でhinder to doという言い回しを使われていますが，英語ではhinder from doingとなります。しかしそれがどこにあったか探そうとすると，見つかりませんでした。こんな小さな欠陥しか見つけられなかったことから，私にどれほど全体が稀な著作と映ったか，おわかりになるでしょう。私の友人にして論敵であるキャンベル博士，ジェラード博士によろしくお伝え下さい。それから私にはそうおっしゃったことがないのですが，同様な考えをもっていらっしゃると思えるグレゴリー博士にもよろしく。

あなたの最も忠実な僕である

デヴィッド・ヒューム」(Wood, *op. cit*., pp. 29-30)。

リードの返礼は以下の書簡である。

「キングズ・カレッジ，1763年3月18日
ヒューム様
先週の木曜日に，ファークハー氏がブレア博士からのものとともに，2月25日付のあなたからのお手紙をもってきてくださいました。私はブレア博士の友情のおかげで，私の著作についてのあなたのご意見を知ることができるようになって大変喜んでおります。またこれほど丁重で好意に満ちた文章で，私にも直接ご意見をお知らせいただいたことについては，感謝のしようもありません。私の役に立つようにと私の文体をよく見ていただいたことは，批判者に対してのあなたの公正さと寛大さの証と思っております。そうであることに私にはいささかの個人的な理由もないですし，いつでも気持ちよいお付き合いをできるのですが，確かに大変気にかかることではございました。私の文体についての評価は，私を大変力づけてくださいました。私の英語は大変悪いもので，訂正のためにキャンベル博士とジェラード博士の手を煩わせることが多かったものですから。

あのような深遠な主題にいくらかでも新しい光を当てることを試みる際には，私は満足

と絶望の中間の立場を維持しようと思っております。しかし実際に私がそれに少しでも成功したとすれば，私は形而上学ではあなたの弟子であることを告白いたします。私が読んだ他の著者のすべてを合わせても，あなたの著書から学んだものにはおよびません。あなたの体系はすべての点で一貫しているだけでなく，同様にまた哲学者たちに広く受け入れられている諸原理から正当な形で引き出されたものであると思います。あなたが『人間本性の研究』で導いたいくつかの結論を知るまで，私はそれらの原理を問題にすることなどありませんでしたが，それを読んで，私は疑いを抱くようになりました。もしこれらの原理がゆるぎないものなら，あなたの体系は成り立つでしょう。そしてそうであるかどうかは，あなたがまだ雲と暗闇に中に隠されていた体系の全体を明るみに出したときに判定されることができるでしょう。この体系が破壊されたとしても，批判の標的にできるほどそれを明確ではっきりした形にし，そしてそうするための正当な武器を与えた点で，あなたには大きな評価を得る権利があるでしょう。

あなたが私の仕事の全体をご覧になったとき，それについてのあなたのご意見をいただくことは，訂正であるにせよ何にせよ，それから大きな示唆をいただくわけですから，それは私にとって甚大なご好意となります。あなたの友人であり批判者であるキャンベル博士やジェラード博士やグレゴリー博士は，それぞれお礼状を差し上げると思います。ここにはこの三人が会員である小さな哲学協会があり，そこでの議論の喜びの多くをあなたに負っております。われわれはみなよきキリスト教徒ですが，あなたがいらっしゃるとすれば，聖アタナシウス以上に歓迎されることでしょう。そしてなにしろあなたにご出席いただくことができないものですから，あなたはそこにいる他の誰よりも被告人席について，批判されたり弁護されたりされていらしゃいます。いささかの悪意もなしに，議論はずいぶん盛り上がります。もしあなたが道徳や政治や形而上学についてもう何もお書きにならないと，私たちは議論することがなくなってしまいます。

あなたのもっとも忠実で賤しい僕

トマス・リード」(Wood, *op. cit*., pp. 30–31)。

ヒュームとリードの往復書簡については，A. Sinclair, “The failure of Thomas Reid's attack on David Hume,” *British Journal for the History of Philosophy*, 3(2), September 1995 ; J. W. F. Somerville, “Whose failure, Reid's or Hume's ?” *British Journal for the History of Philosophy*, 6 (2), 1998.

(16) Brookes, *op. cit*., p. 31.

(17) Wood, *op. cit*., pp. 210–11.

(18) Brookes, *op. cit*., p. 5.

(19) 次のような「アバディーン啓蒙」の担い手たちが会員だった。James Beattie, Alexander Gerard, George Campbell, James Dunbar, John Farquar, Thomas Gordon, John Gregory, William Ogilvie, John Ross, David Skene, George Skene, John Stewart, Robert Trail. 設立は 1758 年 1 月 12 日で，グレゴリー，スキーン，スチュアート，キャンベル，リード，トレイルが設立時の会員だった。この会合ではグレゴリーが会長を務め，リードは書記を分担した。

(20) 長尾伸一『ニュートン主義とスコットランド啓蒙――不完全な機械の喩』名古屋大学出版会，2001 年，第 1 章参照。

(21) James Gray Kyd (ed.), *Scottish Polulation Statistics, including Webster's Analysis of Population 1755*, Scottish Academic Press, Edinburgh, 1975.

(22) Alexander Gerard, *An Essay on Genius*, London, 1774.
(23) Wood, *op. cit*., p. 40.
(24) H. Lewis Ulman (ed.), *The Minutes of Aberdeen Philosophical Society 1758-1773*, Aberdeen University Press, Aberdeen, 1990, Table A-1, Minutes.
(25) *Ibid*., p. 194.
(26) Brookes, *op. cit*., p. 289.
(27) *Ibid*., p. 290.
(28) *Ibid*., p. 290.
(29) *Ibid*., p. 291.
(30) *Ibid*., p. 294.
(31) George Turnbull, L. L. D., *The Principles of Moral Philosophy*, London, 1739.
(32) Henry Home, *Essays on the Principles of Morality and Natural Religion*, A Kincaid and A. Donaldson, Edinburgh, 1751.
(33) 原祐『西洋哲学史』勁草書房，1962 年，152 ページ。
(34) Preface, Stephen F. Barker and Tom L. Beauchamp (eds.), *Thomas Reid : Critical Interpretations*, Philosophical Monographs, Philadelphia, 1976.
(35) Edward S. Reed, “The Separation of Psychology from Philosophy,” C. L. Ten (ed.), *Rutledge History of Philosophy*, Vol. VII, Rutledge, London and New York, pp. 300-1.
(36) Victor Cousin, *Philosophie ecossaise*, Librairie nouvelle, Paris, 1857.
(37) James W. Manns, *Reid and His French Disciples*, E. J. Brill, Leiden, 1994, p. 70. Victor Cousin, translated by A. G. Henderson, *The Philosophy of Kant*, John Chapman, London, 1854, p. 114.
(38) Manns, *op. cit*., p. 71. Victor Cousin, translated by C. S. Henry, *Elements of Psychology*, Ivison, Phinney, Blakeman & Co., New York, 1864, p. 160.
(39) Manns, *op. cit*., p. 70. Cousin, *op. cit*., p. 277.
(40) Manns, *op. cit*., pp. 5-7.
(41) Archie Turnbull, “Scotland and America,” David Daiches, Peter Johnes and Jean Jones (eds.), *Scottish Enlightenment, A Hotbed of Genius*, Edinburgh University Press, Edinburgh, 1996.
(42) Bruce Kuklick, *A History of Philosophy in America 1720-2000*, Clarendon Press, Oxford, 2001, p. 49.
(43) 「アメリカの哲学教授たちは，哲学のクラスのためにトマス・リードの『人間の知的力能について』や『人間の能動的力能について』や，デュガルド・スチュアートの『人間精神の哲学』や『能動的，道徳的力能』を要約したのだった」(*Ibid*., pp. 59-60)。
(44) この時期の合衆国の講壇哲学では，リードの考えが正統的なものとして教えられていたと考えることができる。「アメリカの哲学者たちはロックに偉大さと『形而上学』的な思索の貧困さを見る点で，スコットランド人の考えに固執していた。彼らはロックの経験主義，帰納法の使用，感覚的証拠に依拠すること，外的世界の存在の確信を高く評価していた。しかし表象理論的なリアリズムの点で，ロックは混迷したと彼らは考えた。ロックは観念が対象を媒介するとした点で誤っていた。ロックが自己を意識に限定したために，バークリーの観念論やヒュームの懐疑論が彼を継いだのだ。……スコットランドの伝統はロックの説を整理して，ブリテンの経験主義の評価すべき側面を継承したのだった。……

19 世紀には，ロックからバークリーにいたるブリテンの経験主義が最後には懐疑論に行き着くという合意があった」(*Ibid*., pp. 60–62)。

(45) Manns, *op. cit*., pp. 1–2.

(46) Kuklick, *op. cit*., pp. 65–66.

(47) Preface, Stephen F. Barker and Tom L. Beauchamp (eds.), *op. cit*. 現代アメリカ哲学への影響については，K. Lehrer, "Scottish influences on contemporary American philosophy," *Philosophical Journal*, 5, 1968 ; K. Lehrer, "Chisholm, Reid and the problem of epistemic surd," *Philosophical Studies*, September-October 1990 ; R. M. Chisholm, "Keith Lehrer and Thomas Reid," *Philosophical Studies*, September-October 1990 ; D. Schulthess, "Reid and Lehrer : metamind in history," *Grazer Philosophische Studien*, 40, 1991 ; K. Lehrer, "Reply to Daniel Schulthess's Reid and Lehrer : metamind in history," *Grazer Philosophische Studien*, 40, 1991 ; R. Gallie, "Lehrer on Reid on general conceptions," *British Journal for the History of Philosophy*, 1(2), 1993.

(48) 19 世紀にはシュルツェの影響で，ショーペンハウアーがリードを高く評価した。Heiner F. Klemme, Intoroduction, *Untersuchungen über den Menschlichen Geist, nach den Grundsaetzen des Gemeinen Menschenverständes*, Thoemmes Press, Bristol, 2000, p. xi.

(49) *Ibid*., p. viii.

(50) Immanuel Kant, *Prolegomena zu einer jeden künftigen Mataphysik*, Felix Meiner Verlag, 1976, S. 5. 篠田英雄訳『プロレゴメナ』岩波文庫，1977 年，15–16 ページ。

(51) *Ibid*., S. 5. 篠田英雄訳，前掲書，17 ページ。

(52) *Ibid*., SS. 5–6. 篠田英雄訳，前掲書，18 ページ。

(53) *Ibid*., S. 6. 篠田英雄訳，前掲書，18 ページ。

(54) Joseph Priestley, *An examination of Dr. Reid's Inquiry into the Human Mind, Dr. Beattie's Essay on the Nature and Immutability of Truth, and Dr. Oswald's Appeal to Common Sense in Behalf of Religion*, J. Johnson, London, 1774.

(55) Wood, *op. cit*., p. 29.

(56) *Ibid*., S. 6. 篠田英雄訳，前掲書，19 ページ。リードとカントの比較は，B. Peach, "Common sense and practical reason in Reid and Kant," *Sophia*, XXIV, 1956. リードによるアルノーの誤読について，S. M. Nadler, "Reid, Arnauld, and the objects of perception," *History of Philosophy Quarterly*, 3, April 1986.

(57) Manfred Kuehn, *Kant : A Biography*, Cambridge University Press, Cambridge, 2001, pp. 252–56.

(58) Manfred Kuehn, "Reid's Contribution to 'Hume's' Problem," Peter Jones (ed.), *The 'Science of Man' in the Scottish Enlightenment*, Edinburgh University Press, 1989. Manfred Kuehn, *Scottish Common Sense in Germany, 1768–1800*, McGill-Queen's University Press, Kingston and Montreal, 1987.

(59) *Ibid*., S. 6. 篠田英雄訳，前掲書，19 ページ。

(60) Knud Haakonssen (ed.), Thomas Reid, *Practical Ethics*, Princeton University Press, Princeton, 1990, p. 12.

(61) Adam Smith, *The Wealth of Nations*, Vol. 2, Clarendon Press, Oxford, 1976, pp. 788–89. 水田洋監訳『国富論（四)』60–61，65 ページ。

(62) *Ibid*., pp. 792–93. 水田洋監訳，前掲書，69 ページ。

(63) *Ibid*., p. 791. 水田洋監訳，前掲書，66 ページ。

(64) *Ibid*., p. 791. 水田洋監訳，前掲書，67–68 ページ。

(65) McCosh, *op. cit*., pp. 199–200.

(66) Brookes, *op. cit*., p. 12.

(67) 山崎正一『近代イギリス哲学の形成』春秋社，1950 年，73–75 ページ。

(68) 玉井茂『西洋哲学史（下）』青木書店，1974 年，169 ページ。

(69) 「18 世紀の後半には，スコットランド学派の活動がある。その祖トマス・リードの常識哲学は，ヒューム哲学の立場に立って，旧き理性の再編成を企てたものということができるであろう。それは畢竟ヒューム哲学の範囲内にあって，しかも宗教を弁護せんとしたものであるが，しかし結果において，それが精細な心理学的分析を生み出したことは注目されるべきであろう。リードに始まる常識学派は教会の聖職者の間に広範な普及を見出し，懐疑的帰結に陥るまいとする牧師たちの最後の理論的牙城となり，やがてフランス革命後の反動の時代にはフランスおよびドイツにも影響を与えたのである」（山崎正一・原祐・井上忠『西洋哲学史（新版）』東京大学出版会，1965 年，154 ページ）。

第 2 章　哲学的リアリズム，表象，失われた世界

（1） 以下は代表的な研究である。

Norman Daniels, *Thomas Reid's Inquiry, the Geometry of the Visibles and the Case for Realism*, Franklin, New York, 1974 ; 2nd edition, Stanford University Press, 1989.

Stephen Barker and Tom Beauchamp (eds.), *Thomas Reid : Critical Interpretations*, Temple University Press, 1976.

Lewis White Beck (ed.), The Philosophy of Thomas Reid, *The Monist*, 61, 1978.

William E1los, *Thomas Reid's Newtonian Realism*, University Press of America, 1981.

Louise Marcile-Lacoste, *Claude Buffier and Thomas Reid : Two Common Sense Philosophers*, McGill-Queen's University Press, 1982.

William Alston (ed.), Thomas Reid and his Contemporaries, *The Monist*, 70, 1987.

Melvin Dalgarno and Eric Matthews (eds.), *The Philosophy of Thomas Reid*, Kluwer, Dordrecht, 1989.

Roger Gallie, *Thomas Reid and the Way of Ideas*, Kluwer, Dordrecht, 1989.

Keith Lehrer, *Thomas Reid*, Routledge, London, 1989.

William Rowe, *Thomas Reid on Freedom and Morality*, Cornell University Press, 1991.

James Manns, *Reid and his French Disciples : Aesthetics and Music*, Brill, Leiden, 1994.

Peter Diamond, *Common Sense and Improvement : Thomas Reid as Social Theorist*, Peter Lang, New York, 1998.

Roger Gallie, *Thomas Reid : Ethics, Aesthetics and the Anatomy of the Self*, Kluwer, Dordrecht, 1998.

John Haldane (ed.), Thomas Reid, *American Catholic Philosophical Quarterly*, 74, 2000.

John Christian-Smith, *Companion to the Works of Thomas Reid*, Edwin Mellen Press, Lampeter, 2000.

Nicholas Wolterstorf, *Thomas Reid and the Story of Epistemology*, Cambridge Univer-

sity Press, 2001.

Philip de Bary, *Thomas Reid and Scepticism : His Reliabilist Response*, Routledge, London, 2002.

また1987年から2001年末までアバディーン大学哲学科は，リード研究を中心とした雑誌 *Reid Studies* を編集・出版してきた（年2回出版）。同誌は2002年からは企画を拡充して，エディンバラ大学出版局から *Journal of Scottish Philosophy* として出版されている。本誌上には，代表的なリード研究者や若手研究者の論考が掲載されている。日本の研究には石川徹「トマス・リードの心の哲学 (1)——知覚論」『香川大学教育学部研究報告』95号，1995年；朝広謙次郎「トマス・リードの知覚論」『現代思想』22巻4号，1994年などがある。

（2） Rom Harré, *Varieties of Realism : A Rationale for the Natural Sciences*, Basil Blackwell, Oxford, 1986, pp. 1-2.

（3） Roy Bhaskar, *Realist Theory of Science*, Harvester Press, Hassocks, Sussex, 1978.

（4） Daniels, *op. cit*., p. iii.

（5） *Ibid*., p. v.

（6） 日本の哲学界については，新しく書かれた入門書ほどテクストに即したリード理解を与えているとは言えない。例えば1940年代に九鬼周造は，後に説明するリードの「証拠」論を取り上げて紹介している。

「経験論は人類の常識が知識の最も確実な事実として承認する，まさにそれらの事物を否定してしまった。……感覚は事物実在性に関する直接の信仰を有っている。そしてこの直接の確実性が真理の標識をわれわれに提供するのである。すべて証明というものはそういうような直接の知識に基づいている。更に証明することができぬ自明な原理に基づいている。それらの原理と真理の標識の知識とが常識である。そういう原理はわれわれが観察によって発見するものであるが二種類ある。必然的真理の原理と偶然的真理即ち事実的真理の原理とがある。必然的真理に属するものとしては論理と数学の公理の外に文法的原理，趣味の原理，道徳の原理，形而上学的原理がある。偶然的真理即ち事実的真理の原理に属するものは12挙げたが，Berkeley と Hume との懐疑が考慮してあることが明らかである。そのうち主要なものを挙げれば

自分が意識している状態は現実的である。

我が思惟は我が自我の存在を保証する。

我が記憶は我が人格の同一性を我れに確かめる。

事物はわれわれが知覚するが如くである。

われわれはわれわれの行為の上に或る力を有っている。

私と一緒にいる人々は生命と理性とを有っている。

他人の権威は或る重さを有っている。

自然の過程にあっては，嘗て起こったことと今起こっていることとの間に一致がある」（九鬼周造『西洋近世哲学史（上）』岩波書店，1944年，284ページ）。

あるいは1950年代の初めに桂寿一は，リードが「常識」に安易に依拠したという理解を排している。リードは認識が成立するためにはその前提にいくつかの原理の存在が想定されなければならないと主張したのであって，リード哲学については通常使用される「常識哲学」という名称が妥当ではないと，桂はテクストに即して正しく述べている。

「なかでも中心人物たるトーマス・リードは，ヒュームの前提に遡って批判を加えた

……いずれにせよ，われわれの知識の対象が心内の観念であるということは，ヒュームやその先駆者たちによって仮定されているが，それは何によって明らかなのであろうか，ここから出発するかぎり，心の外にある事物や心そのものの存在を証明することも，また知識の要求する事物の関係を説明することも，当然，不可能と言わねばならぬ。

のみならず，ヒュームはその先駆者とともに，われわれの知覚が個々に区別された存在であり，心は区別された存在の間の，実在的な関係を知覚しないというが，これもそもそも誤った想定である。われわれは先ずこうした観念を得て，次いでそれらの間の関係に進むのではない。単純観念でなくして，判断が単位である。観念を捉えるとは，むしろかような判断を分解することに他ならぬ。単なる感覚の作用にも，実は判断や確信が含まれていることを忘れてはならぬ。……

しかしかれらが問題にした観念間の『関係』や，外界の事物の存在についてはかれの見解は必ずしも明白とは言い得なかった。即ちかれは，一方の観念は相手の観念，及び関係そのものをも『示唆する』，また感覚も外にある『性質』を，示唆するというのである。ここに『示唆』とは，『習慣』に基づくものではなくして，『われわれの心の原本的な体制』を指す。つまりリードは，われわれの本性が当然，確信せしめるようないくつかの根本的原理を，認めなければならないと考えるのであって，これを『常識の原理』と呼んだので，前述のごとく『常識哲学』の名が生まれたのであるが，しかしこの名称は前の『示唆』と同様，必ずしも適当な表現ではなかった。『通常の理解力』をもった人が，これらの原理について一致すると考えたからであろうが，しかしかれはむしろ経験の分析から，『あらゆる推理及び科学の基礎』として，これらの原理を見出そうとしたのであって，いわゆる常識を問題にしたのではなかった」（桂寿一『西洋近世哲学史 (1)』岩波書店，1951年，233-35 ページ）。

これらの短いが注意深い記述と，それらに続く時期に書かれた，先に挙げた必ずしも緻密とは言えない理解との間に，いったい何があったのだろうか。その典型的な記述を残した山崎は，以下のように九鬼の叙述を受け継ぎながら，「反動の哲学」という単純な定式化に行き着いたのだった。

「[常識学派] の認識論上の最も重要なる点は，観念の外側に，観念の対象の実在を認めるというリアリズムに存する。われわれは観念によって，ただちにその外的対象を知覚するのである。これが常識である。リードによれば，われわれの感覚的知覚表象は，われわれの知覚表象と独立した外的世界にその対象が実在するという信念乃至判断と直接結び付けられている。これは常識であって説明できぬが，証明する必要のないほど自明的な事柄である。リードはこうした常識の原理を，偶然的真理と必然的真理とに分けている。偶然的真理とは，時と共に変化する真理であり，必然的真理とは永遠の真理である。偶然的真理のうちには，われわれの意識する事物の存在，即ち，われわれの記憶，われわれの人格的同一性，われわれの意志作用，感覚的知覚の諸対象がある。必然的真理とは，文法，論理学，数学，美学，倫理学，形而上学の第一原理または公理がある。前者は状況に応じて真理であり，後者は直覚的に真理である。道徳の諸原理は，われわれの『道徳感』または『良心』によって直覚的に知られる。

ここで判るように，リードはバトラーの思想に従っているのである」（山崎正一『近代イギリス哲学の形成』春秋社，1950 年，73-74 ページ）。

（7） Richard Rorty, *Philosophy and the Mirror of Nature*, Basil Blackwell, Oxford, 1990 (from Princeton University Press, 1980), p. 142. 野家啓一監訳『哲学と自然の鏡』産業図

書，149ページ。

(8) Richard Olson, *Scottish Philosophy and British Physics 1750-1880*, Princeton University Press, Princeton and London, 1975.

(9) Luigi Turco, *Dal sistema al senso comune : Studi sul newtoniasmo e gli illuministi britannico*, il Mulino, Bologna, 1974. トゥルコたちの最近の成果は，次の論文集に集められている。Antonio Santucci (ed.), *Filosofia e cultura nel settecento britannico II : Hume e Hutcheson, Reid e la scuola del senso comune*, Società editrice il Mulino, Bologna, 2000.

(10) Thomas Reid, *The Works of Thomas Reid*, Vol. 1, Thoemmes Press, Bristol, 1994, p. 148.

(11) Stewart, *op. cit*., p. 5.

(12) *Ibid*., p. 5.

(13) Ulman, *op. cit*., "Questions."

(14) 以下が2003年時点までの成果である。

Knud Haakonssen (ed.), Thomas Reid, *Practical Ethics. Being Lectures and Papers on Natural Religion, Self Government, Natural Jurisprudence, and the Law of Nations*, Princeton University Press, Princeton, 1990.

Paul Wood (ed.), *Thomas Reid on the Animate Creation : Papers Relating to the Life Sciences*, Edinburgh University Press, Edinburgh, 1995.

Derek R. Brookes (ed.), *An Inquiry into the Human Mind on the Principles of Common Sense*, Edinburgh University Press, Edinburgh, 1997.

Derek R. Brookes (ed.), *Essays on the Intellectual Powers of Man*, Edinburgh University Press, Edinburgh, 2002.

Paul Wood (ed.), *The Correspondence of Thomas Reid*, Edinburgh University Press, Edinburgh, 2003.

(15) 「確かに啓示は，理性によっては発見できない他の知識とともに，自然神学の内容をも与えるだろう」(Haakonssen, *op. cit*., p. 108)。

(16) 「しかし啓示とともに，理性が神に由来することもまた確かである。それらは光の父によってわれわれに許された光なので，われわれはこの両者を最大限に使用すべきであり，一つを使うという理由で，他の一つを放置すべきでない」(*Ibid*., pp. 108-9.)。

(17) *Ibid*., p.109.

(18) このノートの紹介は，長尾伸一，前掲書，第5章。

(19) Brookes, *op. cit*., pp. 11-12.

(20) これらについては，長尾伸一，前掲書，第5章。

(21) 長尾伸一，前掲書，第7章。

(22) 長尾伸一，前掲書，第7章。

(23) Haakonssen, *op. cit*.

(24) *Ibid*., p. 14.

(25) 篠原久「トマス・リードと『ユートピア制度』——スコットランド啓蒙末期のひとこま」『経済学研究』46巻2号，1992年。

(26) Wood, *op. cit*., pp. 231-32.

(27) *Ibid*., pp. 84-87.

(28) *Ibid*., pp. 272-73.

(29) Ulman, *op. cit*.

第3章 リヴィジョニズムを超えて

(1) 例えばピーター・バーク編，谷川稔他訳『ニュー・ヒストリーの現在——歴史叙述の新しい展望』人文書院，1996年。
(2) J. C. D. Clark, *English Society 1688–1832*, Cambridge University Press, Cambridge, 1985.
(3) これについては金森修・中島秀人編著『科学論の現在』勁草書房，2002年，第2章，第8章参照。
(4) 金森修・中島秀人編著，前掲書，第1章など参照。

第4章 科学する哲学者

(1) 長尾伸一，前掲書，第7章。
(2) 長尾伸一，前掲書，第3章。
(3) Haakonssen, *op. cit*., p. 7.
(4) M. A. Stewart, George Turnbull and Education Reform, Aberdeen and Enlightenment, Aberdeen University Press, 1987, p. 95. 以下の伝記的記述はスチュアートのこの論文に拠っている。
(5) *John Toland, Christianity Not Mysterious*, London, 1696.
(6) 長尾伸一，前掲書，第3章。
(7) Mathew Tindal, *Christianity as old as the Creation*, London, 1732.
(8) George Turnbull, *Christianity neither false nor useless, tho' not as old as the Creation : or, An Essay to prove the usefulness, Truth, and Excellency of the Christian religion ; and to vindicate Dr. Clarke's Discourse concerning the Evidences of Natural and Revealed Religion, from the Inconsistencies with which it is charged by the Author of Christianity as old as the Creation, By the Author of the Philosophical Enquiry, &c.*, London, 1732.
(9) George Turnbull, *A Philosophical Enquiry concerning the Connexion between the Doctrines and Miracles of Jesus Christ. In a Letter to a Friend by George Turnbull, A. M., second edition, with large additions*, London, 1732.
(10) George Turnbull, L. L. D., *The Principles of Moral Philosophy*, London, 1739.
(11) *Ibid*., p. 10.
(12) *Ibid*., p. 6.
(13) 「感覚世界の構成と秩序であろうと，モラルのあり方とその統治であろうと，同じ法則から組み立てられ，同じ研究，帰納，推理の方法によって展開されなければならない」(*Ibid*., p. 2)。
(14) Turnbull, *Christianity neither false nor useless, tho' not as old as the Creation*, p. 43.
(15) 長尾伸一，前掲書，第3章。

(16)　長尾伸一，前掲書，第 3 章。

(17)　Colin MacLaurin, *An Account of Sir Isaac Newton's Philosophical Discoveries*, Johnson Reprint Corporation, New York and London, 1968, p. 11.

(18)　*Ibid*., p. 388.

(19)　*Ibid*., pp. 387–88.

(20)　John Stewart, *Sir Isaac Newton's Two Treatises of the Quadrature of Curves, and Analysis by Equations of an Infinite Numbers of Terms, By John Stewart*, London, 1765.

(21)　*Ibid*., pp. viii–ix.

(22)　*Ibid*., p. x.

(23)　Hamilton, *op. cit*., Vol. II, Essay II, Chapter IV.

(24)　長尾伸一，前掲書，第 5 章，第 7 章参照。

(25)　*Minute Book of the Newtonian Society*, 長尾伸一，前掲書，第 1 章。

(26)　Brookes, *op. cit*., p. 262.

(27)　*Ibid*., p. 262.

(28)　「哲学の著作は本質的に方法を持たなければならないが，それを見せびらかすのは必要ではないと私が考えたからである」（*Ibid*., p. 262）。

(29)　リードの自然科学研究についてはポール・ウッドの学位論文（Paul Wood, *Thomas Reid, Natural Philosopher, A Study of Science and Philosophy in the Scottish Enlightenment*, Leeds University, Ph.D. Thesis, 1984）が現在も主要な研究であり，本章の記述も多くをこれに拠っている。またリードの数学研究の妥当な評価は，Paul Wood, "Reid, Parallel Lines, and the Geometry of Visibles," *Reid Studies*, 2(1), Autumn 1998 ; Niccolò Guicciardini, "Thomas Reid's Mathematical Manuscripts : A Survey," *Reid Studies*, 4(2), Spring 2001.

(30)　Wood, *Correspondence*, pp. 4–5.

(31)　長尾伸一，前掲書，第 6 章。MS.3021/5/I/20, MS.3021/6/I/17.

(32)　Ulman, *op. cit*., Table A–4, p. 111.

(33)　*Ibid*., "Questions."

(34)　長尾伸一，前掲書，第 5 章。

(35)　David Hume, T.H. Green and T.H. Grose (eds.), *A Treatise of Human Nature*, Scientia Verlag, Aalen, 1964, p. 308.

(36)　長尾伸一，前掲書，第 4 章。

(37)　長尾伸一，前掲書，第 5 章。

(38)　Brookes, *op. cit*., p. 259.

(39)　「先行するすべての体系は，これらの間の類似性に基づいていた。アリストテレスはあらゆる感覚は，それに対応する可感的性質の形式や像だとした。ロックは第一性質によって持つ感覚がそれと類似性を持つとしたが，第二性質はそうでないとした。バークリーとヒュームはじっさい外的な可感的事物の存在を認めなかったが，可感的性質と呼ばれるものの概念のすべてが，感覚の複製や像だとした」（*Ibid*., pp. 259–60）。

(40)　*Ibid*., p. 260.

(41)　「この種のことの最終審級は，人間自身の知覚でなければならない。思考の対象とするために感覚に注意を向け，それを可感的性質と比較することができる者は，この問題について困惑することなく判断を下すことができる。そしてもし困惑したとすれば，それは彼

が比較すべきものの明晰判明な概念を持っていないことの証明である。感覚を観察する大変な労苦を払い，それらの明晰判明な概念を形成したので，私には感覚が可感的性質に似ていないことが明確で確かに思えるのである。それはちょうど歯痛が三角形と異なっているようなものなのである」(*Ibid*., p. 260)。

(42) *Ibid*., p. 258.

(43) 「そのため私は自分自身，とくに私の内に生じて，その対象が存在する間存続する喜びの感覚の印象を研究した。私は自分が感じるものに注意を向けることができる。感覚とは，私が感じることによって所有するところのもの以外の何ものでもなく，それ以外のどのような性質も持っていない。『存在するとは知覚されること』であり，感じられない何ものも，そこには存在しない。そこで私は，私の感覚とは何かを完全に知ることができると結論した。私は可感的な対象に注目することができ，それらを私の感覚と比較することができ，それらが似ているかどうかを考察することができる」(*Ibid*., p. 258)。

(44) *Ibid*., p. 258.

(45) 「この困難は，感覚からそれに対応する性質へと瞬間的に注意を移してしまい，後者にのみ注目するように，われわれが生まれながらに作られていることから生じる。このような感覚を注意深く観察すると，もっとも労苦の多い抽象化も，それ以上に困難でないことがわかる。そしてこの困難さに気づいた哲学者は，私が知る限り一人もいなかったので，これらの感覚に十分に注意した者もなかったと思われる」(*Ibid*., p. 258)。

(46) *Ibid*., p. 258.

(47) *Ibid*., p. 259.

(48) 「感覚と可感的性質の非類似性が確立され，それが感官に関わるすべての先行する体系の当否に与える影響をとりあえず考えた後，当然以下のような問いが発せられるだろう。それは，精神の内の感覚は，それにまったく似ていない可感的対象の概念をどのようにしてもたらすのか，という問題である。感覚はたんにそれらのものの概念だけでなく，それらが実際に存在するという強固な信念を与えるのである」(*Ibid*., p. 260)。

(49) *Ibid*., p. 261.

(50) *Ibid*., p. 261.

(51) *Ibid*., p. 261.

(52) *Ibid*., p. 260.

(53) *Ibid*., pp. 260–61.

(54) *Ibid*., p. 261.

(55) これはリージェントとして担当したクラスが卒業する際に行なわれるもので，その中で教師の哲学的立場や学説を概括する習慣があった。1751 年のリードの就任以来，1753, 1756, 1759, 1762 年と 3 年ごとに行なわれているのはそのためである。Introduciton, Walter Robson Humphries (ed.), *Philosophical Oratations of Thomas Reid*, Aberdeen University Press, Aberdeen, 1937. D. D. Todd (ed.), *The Philosophical Orations of Thomas Reid : delivered at graduation ceremonies in King's College, Aberdeen, 1753, 1756, 1759, 1762 ; translated from the Latin by Shirley Darcus Sulliva*, Southern Illinois University Press, Carbondale, 1989.

(56) Todd, *op. cit*., p. 32.

(57) *Ibid*., p. 45.

(58) *Ibid*., p. 47.

(59) Daniels, *op. cit.* リードの感覚分析については，W. J. Ellos, "Thomas Reid's analysis of sensation," *New Scholasticism*, LVII (1), Winter 1983 ; J. C. Smith, "Reid's functional explanation of sensation," *History of Philosophy Quarterly*, 3, April 1986. 計算理論については，J. C. Smith, "Reid's functional explanation of sensation," *History of Philosophy Quarterly*, 3, April 1986.

(60) George Berkeley, An Essay towards A New Theory of Vision, Dublin, 1709. G・バークリ，下條信輔・植村恒一郎・一ノ瀬正樹訳『視覚新論』勁草書房，1990年。

(61) Wood, *Correspondences*, p. 23.

(62) Niccolō Guicciardini, *Reading the Principia : The Debate on Newton's Mathematical Methods for Natural Philosophy from 1687 to 1736*, Cambridge University Press, Cambridge, 1999.

(63) 長尾伸一，前掲書，第8章。

(64) John Stewart, *op. cit.*, p. ix.

(65) 長尾伸一，前掲書，第3章。

(66) Paul Wood (ed.), *Thomas Reid on the Animate Creation*, Edinburgh University Press, 1995 の中の諸論考参照.

(67) Brookes, *op. cit.*, p. 72.

第5章　道徳哲学と経験主義のユートピア

(1) 「資本主義は，うまく管理されるなら，経済的成果をあげるためには他の考えうるどのようなシステムより効率的である，と私は考える……だがそれは多くの点で，極めて反論に値する存在である，とも私は考える」("The End of Laissez-Faire," John Maynard Keynes, *The Collected Writings of John Maynard Keynes*, Vol. IX, Essays in Persuasion, Macmillan St. Martin's Press, London and Basingstoke, 1972, p. 294)。

(2) *Ibid.*, p. 293.

(3) 「われわれの問題とは，満足に値する生活様式を侵すことなく，できる限り効率的であるような社会組織を見出すことである」(*Ibid.*, p. 294)。

(4) *Ibid*, p. 296.

(5) 齋藤隆子「J・M・ケインズの政治哲学――バークとケインズ」，田中眞晴編著『自由主義経済思想の比較研究』名古屋大学出版会，1997年。

(6) Hamilton, *op. cit.*, Vol. 1, Essay VIII.

(7) James Moore, "The Two Systems of Francis Hutcheson," M. A. Stewart, *Studies in the Philosophy of the Scottish Enlightenment*, Clarendon Press, Oxford, 1990.

(8) この人事の詳細については Paul Wood, '"The fittest Man in the Kingdom" : Thomas Reid and the Glasgow chair of Moral Philosophy', *Hume Studies*, 23 (2), 1997.

(9) Roger L. Emerson, *Professors, Patronage and Politics*, Aberdeen University Press, Aberdeen, 1992.

(10) Haakonssen, *op. cit.*, p. 45.

(11) *Ibid.*, p. 46.

(12) Wood, *Correspondence*, p. 36.

(13) *Ibid*., p. 45.
(14) Haakonssen, *op. cit*., p. 17.
(15) *Ibid*., p. 36.
(16) *Ibid*., p. 36.
(17) Wood, *Correspondence*, p. 44.
(18) 「エディンバラとの交通は容易です。夕食前にステージ・コーチに乗って発てば，午後いっぱいをエディンバラで過ごし，グラスゴーでの翌日の夕食には間に合います」(*Ibid*., p. 51)。
(19) *Ibid*., p. 57.
(20) George Jardine, *Outlines of Philosophical Education*, Glasgow, 1825, pp. 263-64.
(21) *Ibid*., p. 46.
(22) "A Statistical Account of the University of Glasgow," Hamilton, *op. cit*., Vol. II, p. 727.
(23) Haakonssen, *op. cit*., pp. 7-8.
(24) *Ibid*., p. 7.
(25) MS.2131/6/I/17.
(26) サミュエル・クラークと彼の学説の検討は，ターンブルやケイムズなどの青年期にも重大な影響を与えた。
(27) Joseph Butler, *The Analogy of Religion, Natural and Revealed*, London, 1736.
(28) ストア派の影響については A. Benz, *The Stoic Influence on Thomans Reid's Moral Philosophy*, Universität St. Gallen, St. Gallen, 1998.
(29) Ulman, *op. cit*., "Questions."
(30) Haakonssen, *op. cit*., p. 15.
(31) MS.2131/8/V/1. Haakonssen, *op. cit*., p. 18.
(32) Ulman, *op. cit*., "Questions."
(33) リードの経済学研究については，長尾伸一，前掲書，第 6 章参照。
(34) 「精神の哲学，あるいはニューマトロジーは，アバディーンとグラスゴーでのリードの哲学の教育の中心であり，それが知識の可能性を示す限りで，他の諸科学の基礎であると見なされていた。これに対する彼のアプローチは，一貫したベーコン＝ニュートン主義の方法だと彼が考えていた実験的，経験的方法が，物質の科学と同様に，精神科学についてもうまくいくということを示すように計画されていた。そしてその結果として，物質世界と精神世界の両者が同様に法則によって支配されているが，両者は内的に類似していないことが導かれるのだった」(Haakonssen, *op. cit*., p. 15)。
(35) Humphries, *op. cit*.
(36) Hamilton, *op. cit*., Vol. 2, p. 607.
(37) John Haldane and Stephen Read (eds.), *The Philosophy of Thomas Reid : A Collection of Essays*, Blackwell Publishing, Oxford, 2003. リードの自由意志論については，W. L. Rowe, "Two concepts of freedom," *Proceedings of the American Philosophical Association*, Supp. 61, September 1987, pp. 43-64 ; W. L. Rowe, "Reid's conception of human freedom," *The Monist*, 70(4), October 1987, pp. 430-41.
(38) リードは同胞愛について，「共感」するためには，まず同情しなければならず，同情できない人間には共感もできないとして，スミスの同感理論を否定した。
(39) Hamilton, *op. cit*., Vol. II, p. 591.

(40) *Ibid*., p. 592.
(41) *Ibid*., p. 591.
(42) *Ibid*., p. 592.
(43) 「私の講義は精神学《ニューマトロジー》，倫理学，政治学の三部から成っている。最初にこの三つの概観とそれぞれの依存関係とを示しておこう。というのは，これらはそれぞれ哲学の別種の部門であり，またつねにそう考えられてきた。だが通常信じられている以上に，それらの間の関係と相互依存は大きいからである。とくに後の二つは最初のものに大きく依存しているので，精神学《ニューマトロジー》の適切な諸原理の上に築かれないと，理解されることも科学的に扱われることもできないのである」(Haakonssen *op. cit*., p. 103)。
(44) *Ibid*., pp. 103–4.
(45) *Ibid*., p. 106.
(46) *Ibid*., p. 110.
(47) 「われわれが神性について持つことができるどのような優れた概念も，極めて不完全で不適当であるにとどまる。しかしそうだとしても，それはわれわれが自身の精神について知ることから引き出されるべきである。われわれは人間精神の中にどのような映像も類似も持たないような知的，道徳的属性については，どんな観念も形作ることはできない。したがってわれわれの神についての知識は，人間精神についての知識に基づかなければならないのである」(*Ibid*., p. 109)。
(48) *Ibid*., p. 113.
(49) *Ibid*., pp. 113–14.
(50) *Ibid*., p. 250.
(51) *Ibid*., p. 252.
(52) *Ibid*., pp. 114–15.
(53) *Ibid*., p. 116.
(54) Hamilton, *op. cit*., Vol. 2, pp. 577–78.
(55) 『人間精神の能動的力能について』の上述の部分に，19 世紀の注釈者ハミルトンはこの点でイギリスが最も遅れているという注釈を付けている（*Ibid*., p. 578)。
(56) *Ibid*., p. 578.
(57) *Ibid*., p. 578.
(58) MS.3061/6. このマニュスクリプトはバークウッド・コレクションに含まれていない。
(59) Wood, *Correspondence*, p. 314.
(60) *Ibid*., pp. 223–24.
(61) Wood, Ph.D. Thesis, p. 188.
(62) Rosalind Mitchison, *The Old Poor Law in Scotland : The Experience of Poverty, 1574–1845*, Edinburgh University Press, Edinburgh, 2000.
(63) 「ジョージ・ウィルソンからジェレミー・ベンサムへ
1788 年 12 月 4 日木曜夕刻
親愛なるベンサム
　今日エディンバラのグレゴリー博士から送られてきた論文［この論文はウッドによると，おそらく 1778 年 3 月 20 日の論説を指している］を同封しましたが，それを見られるとあなたは驚かれるかもしれません。著者はグラスゴー大学道徳哲学教授リード博士です。彼はあなたが読まれたか，知っていらっしゃるいくつかの本の著者です。これは講義

の一部か，文芸協会などで発表された論説かのどちらかのように思えます。書かれたのはアメリカ戦争の初め頃でしょう。グレゴリー博士宛の手紙の最後のパラグラフを見ると，彼の考えはより寛大になっていて，今では貨幣の貸し借りについては例外を認めない点で，あなたと同じ意見を持つようになっています。安全性の違いの問題をどこでも考慮していないという点は，彼の議論の大きな欠陥でしょう。商業国家と非商業国家についての彼の推論にはあなたは同意されないでしょうし，利子の伴う悪評を扱った最初の部分についてはなおさらそうでしょうね。しかし著者は聖職者ですし，これが書かれたのは，こういう理論がスコットランドでは大変盛んだったずいぶん前のことだということを考慮してやるべきです。これらの事情を差し引いて考えれば，この論文は自由な思考と賢明な判断力が生み出した立派な労作と言えましょう。彼はいまや80歳に達そうとしていて，精神の活力にはいささかも衰えを見えていません」(*Ibid*., pp. 201–2)。

(64)　「政治の科学は，その諸原理を人間の性格と行動についての経験的な知識から得てくる。われわれは人間がどのようなものであるべきかではなく，人間はどのようなものであるのかを考察し，異なった環境や条件の下に置かれた人間がどう行動するかを結論する。このような原理から，さまざまな統治，法，習慣，慣習の原因と結果について推論する。人間がより完全な，あるいはより不完全な，より良い，あるいはより悪い存在だったなら，政治学は現在とは異なった科学となっていただろう」(Haakonssen *op. cit*., p. 591)。

(65)　Wood, *Correspondences*, pp. 44–45.

(66)　Haakonssen, *op. cit*., p. 82.

(67)　議事録の議論については，長尾伸一，前掲書，第1章，第9章参照。

(68)　Thomas Spence, *The Real Rights of Man*, 1793 (1775年の講演). William Ogilvie, *The Right of Property in Land*, 1781. Thomas Paine, *Agrarian Justice*, 1796. T. スペンス他著，四野宮三郎訳『近代土地改革思想の源流』御茶ノ水書房，1982年。リードの自然法学講義については，M. Dalgarno, "Reid and the rights of man," *Man and Nature. Proceedings of the Canadian Society for 18th Century Studies*, IV, 1985; K. A. B. Mackinnon, "Giving it all away? Thomas Reid's retreat from a natural rights justification of private property," *The Canadian Journal of Law and Jurisprudence*, VI(2), July 1993.

(69)　Robert Wallace, *Various Prospects of Mankind, Nature, and Providence*, London, 1758 (reprint by Augustus Kelley, New York, 1969).

(70)　*Ibid*., pp. 46–49.

(71)　*Ibid*., pp. 67–69.

(72)　*Ibid*., p. 115.

(73)　*Ibid*., p. 111.　ウォレスとヒュームの比較については，坂本達哉『ヒュームの文明社会——勤労・知識・自由』創文社，1995年。

(74)　Thomas More, *The Yale Edition of the Complete Works of St. Thomas More*, Vol. 4, Yale University Press, New Haven and London, 1965, pp. 238–41. 平井正穂訳『ユートピア』岩波文庫，1957年，177ページ。

(75)　Wallace, *op. cit*., p. 51.

(76)　*Ibid*., pp. 50–51.

(77)　Haakonssen, *op. cit*., pp. 18–19.

(78)　*Ibid*., p. 19.

(79)　「われわれがその一部しか知らない宇宙全体の物体のシステムは，物質世界と呼ぶこと

ができよう。無限の創造者から思考を持たされたもっとも賤しい被造物にまでいたる，宇宙の精神と思惟する存在の体系は，知的世界と呼ぶことができよう。あらゆる科学と技芸は，このどちらかか，それら双方に関係した事象を扱っている。これが二つの偉大な自然の王国であり，人間の知識はそれに限定されている。どんな盛んな想像力も，この限界を超えることはできない。この宇宙に物体のように延長と硬さと不貫通性を持たず，あるいは精神のように思考と知性を持たない存在が実在するかどうかは，われわれの知識の範囲を超えている。じじつ，物体と精神の間には巨大な間隙がある。この二者を結び付ける中間者が存在するかどうか，われわれは知らない。われわれには植物に，知性どころか，感覚の存在でさえ想定する必要はないとはいえ，植物は内部の物質の配置や結びつきの結果とは思えない，能動的な力とエネルギーを持っている。同様なことは，動物の成長や，物体の落下や，電磁気的な牽引と反発の力や，硬い物体が凝集することなどについても言える。ある者は，能動的な力を必要とする物質世界は，知的存在の恒常的な働きによって支えられていると言う。他の者は，宇宙にはあらかじめ決められた使命を遂行する，知識や意図なしに知性のない，いわば粒子的な機械とも言うべき能動的な存在があり，それらが至高の知恵によってつくられたと考える。だが人間の能力を超えた物事について憶測したり，知っているふりを装うことを止めて，われわれが何らかの知識と概念を持つことができる存在は，物体と精神だけであるということで，われわれは満足しなければならない。もしそれ以外の種類の存在があるにしても，それは神から与えられたわれわれの能力では発見できないので，われわれにとってはあたかも存在しないのと同じことになるのである」（*Ibid*., pp. 103–4）。

(80)　Hamilton, Vol. 1, p. 236.

(81)　長尾伸一，前掲書，第 3 章。

第 6 章　未完成な機械の中のゴースト

(1)　Daniels, *op. cit*., p. i.

(2)　*Ibid*., p. i.

(3)　伊藤邦武『ケインズの哲学』岩波書店，1999 年，第 1 章。

(4)　George Edward Moore, “What is philosophy ?” *Some Main Problems of Philosophy*, Geroge Allen & Unwin, London, 1953.

(5)　*Ibid*., p. 2.

(6)　*Ibid*., p. 25.

(7)　*Ibid*., p. 14.

(8)　*Ibid*., p. 26.

(9)　*Ibid*., p. 19.

(10)　*Ibid*., p. 19.

(11)　George Edward Moore, A Defence of Common Sense, J. H. Muirhead (ed.), *Contemporary British philosophy*, Allen and Unwin London, 1925. リードの言語論については，H. Jensen, “Reid and Wittgenstein on philosophy and language,” *Philosophical Studies* (Boston), 36, 1979 ; K. Schuhmann, “Elements of speech act theory in the work of Thomas Reid,” *History of Philosophy Quarterly*, January 1990 ; B. Smith and K. Schuhmann,

"Elements of speech act theory in the work of Thomas Reid," *History of Philosophy Quarterly*, 7, 1996; R. Harrè and D. N. Robinson, "What makes language possible? Ethological foundationalism in Reid and Wittgenstein," *Review of Metaphysics*, L(3), March 1997. リードの修辞学については，E. W. Skopec, "Thomas Reid's rhetorical theory: a manuscript report," *Communication Monographs*, 45, August 1978; E. W. Skopec, "Thomas Reid's fundamental rules of eloquence," *Quarterly Journal of Speech*, 64(4), December 1978.

(12) 同時代のフランスにおける「マニュスクリプト出版」の意義については，寺田元一『編集知の世紀――十八世紀フランスにおける「市民的公共圏」と「百科全書」』日本評論社，2003年，80ページ。

(13) 『人間の知的力能について』では，基礎的な事項を「当然と見なす」という原理が論じられている。Hamilton, *op. cit*., Vol. I, Essay I, Chapter I.

(14) Daniels, *op. cit*., p. i.

(15) *Ibid*., p. i.

(16) 「しかしリードの哲学的没落をすべてハミルトンのせいにするのは公平ではない……リード自身の哲学的思索には重大な弱点があった」(*Ibid*., pp. vi–vii)。

(17) 「リードにとって，人間の概念的構造に内的であるものは必然的に真理なのだった」(*Ibid*., p. vii)。

(18) *Ibid*., p. vii.

(19) 「そしてリードの追従者たちは，リード以上に哲学的問題を安易な仕方で『解こう』とした。それは神の存在，魂の不死性，自由意志等々，何でも彼らの目的に適うものは内的であると見なすというやり方だった。ミルがあれほど効果的に嘲笑したのは，学派のこのような独断的な側面だったのだ」(*Ibid*., p. vii)。

リードのコモン・センス原理については，J. G. Hanink, "Thomas Reid and common-sense foundationalism," *New Scholasticism*, 60, 1986; D. Mcdermid, "Thomas Reid on moral liberty and common sense," *British Journal for the History of Philosophy*, 7(2), 1999.

(20) Rorty, *op. cit*. 野家啓一監訳，前掲書，149ページ。

(21) *Ibid*., pp. 147–48. 前掲書，151–52ページ。

(22) *Ibid*., p. 144. 前掲書，177ページ。

(23) 「ここ十年の間に，イギリスでも大陸でも，『実在論』を支持するような反動が生じ，『実在論』は『反プラグマティズム』と同義のものになってしまった」(Richard Rorty, *Consequences of Pragmatism*, University of Minesota Press, Minneapolis, 1982, p. xxi. 室井尚・吉岡洋・加藤哲弘・浜日出夫・庁茂訳『哲学の脱構築――プラグマティズムの帰結』御茶ノ水書房，1985年，23ページ)。

(24) *Ibid*., pp. xlii–xliii. 前掲書，61ページ。

(25) 長尾伸一，前掲書，第7章，

(26) Hamilton, *op. cit*., Vol. I, p. 260.

(27) J. Todd Buras, 'The Problem of Reid's Direct Realism', in Haldane and Read, *op. cit*.